21 世纪普通高等教育规划教材·公共基础课系列

证券投资学

张 娥 主 编
王雅琳 王 紫 汪天倩 副主编

上海财经大学出版社

图书在版编目(CIP)数据

证券投资学/张娥主编. —上海:上海财经大学出版社,2018.8
(21世纪普通高等教育规划教材·公共基础课系列)
ISBN 978-7-5642-3055-5/F·3055

Ⅰ.①证… Ⅱ.①张… Ⅲ.①证券投资-高等学校-教材
Ⅳ.①F830.91

中国版本图书馆CIP数据核字(2018)第131780号

□责任编辑 柳萍萍
□封面设计 晨 宇

证券投资学

张 娥 主 编
王雅琳 王 紫 汪天倩 副主编

上海财经大学出版社出版发行
(上海市中山北一路369号 邮编200083)
网 址:http://www.sufep.com
电子邮箱:webmaster @ sufep.com
全国新华书店经销
上海景条印刷有限公司印刷装订
2018年8月第1版 2018年8月第1次印刷

787mm×1092mm 1/16 17.5印张 448千字
印数:0 001—4 000 定价:39.00元

21世纪普通高等教育规划教材
21 SHI JI PU TONG GAO DENG JIAO YU GUI HUA JIAO CAI

编委会

BIAN WEI HUI

前 言

随着我国经济体制改革的不断深化，自20世纪90年代至今，中国证券市场从无到有，从无序到有序，发生了根本性变化。证券市场各项功能逐步健全，已经成为社会主义市场经济体系的重要组成部分。它不仅搭建了筹资者和投资者沟通的桥梁，而且成为我国经济结构调整和产业升级的重要平台，推动了经济和金融体系的改革，促进了国民经济的增长。尤其是当前社会已经步入证券化的时代，证券投资产品日益丰富和创新，证券化的资产和财富迅速膨胀，沪深主板、中小板、创业板、新三板资本市场体系逐步建立和完善，包括目前如火如荼的“互联网十”市场行情，使证券投资成为社会公众、企业和政府重点关心的经济活动。

我国的证券投资学是在改革开放之后，在近二三十年随着中国资本市场的发展而发展起来的。如今，证券投资学已成为很多高等学校经济管理类专业普遍设置的课程，而一些非经济管理类专业的学生也会选修投资类课程。在这种背景下，出版一本适应新形势的证券投资学教材是十分必要的。基于此，结合中国证券市场的运行实践，我们立足于高等院校财经类专业和其他相关专业的教学需求特编此书。

在编写过程中，本书注重结合本科应用型人才培养的教学内容与课程体系研究成果，充分体现应用型本科教学特色。在总结多年的教学和实践经验的基础上，本书根据当前证券投资理论与实践以及证券市场发展的新变化，在重点阐述证券投资基础知识、基本原理的前提下，将证券投资领域的最新理论研究、证券市场的制度变迁、法律法规变化以及政策调整等相关内容尽可能地融入其中，力求实现理论与实践的有机结合，突出专业知识的基础性和实用性，使读者在系统掌握证券投资基本理论的同时，切实提高证券投资的分析能力和水平。

本书系统介绍了证券投资的基本知识、基本理论和基本方法，深入分析了证券市场的运行过程和运行规则，全面阐释了证券投资的现代理念和应掌握的重要方法，探讨了如何对证券市场进行适度监管等问题。除导论外，本书的总体框架设计为四大篇：第一篇证券投资工具共四章，分别介绍了股票、债券、证券投资基金、金融衍生工具等证券投资产品，这是深入进行资本市场领域和证券投资研究所必须的基础理论准备；第二篇证券市场共三章，主要讲述证券投资市场运行和发展的状况，包括证券市场概述、证券发行市场、证券交易市场；第三篇介绍了证券投资分析，系统讲述了证券投资分析的主要信息来源、证券投资的基本面和技术面分析，包括其基本理论、方法和实践应用，共三章；第四篇是证券投资管理，向读者提倡正确的证券投资观念、方法和心理技巧，强调风险控制和经验积累的重要性。本书框架结构划分较细，脉络清晰，重点突出，理论贯通实务；具有创新精神和前瞻意识；语言简明扼要、通俗易懂，深浅适度、举例生动，力求调动学生学习的积极性和主动性；实务操作性。每章后设计相应思考题和阅读专栏可供学生课后复习并拓展知识。本书可作为高等院校经济类、管理类各专业的教材，也可以作为独立院校、高职高专、职业培训机构的专业教材。

本书由张娥担任主编，王雅琳、王紫、汪天倩担任副主编。在本书的编写过程中，我们参阅了国内外大量专家同行的著作和文献资料，并从中吸取了一些符合本教材编写要求的内容，在此，我们对这些作者表示崇高的敬意和衷心的感谢！

同时，本书在编写过程中，得到了湖北大学知行学院各级领导和上海财经大学出版社的积极支持，在此，表示诚挚的谢意！

由于时间仓促，学识水平和能力有限，书中难免存在瑕疵和遗漏之处，敬请读者批评指正，编者将及时更正。

王雅琳

2018年7月

目　录

第三篇　证券投资分析

第四篇　证券投资管理

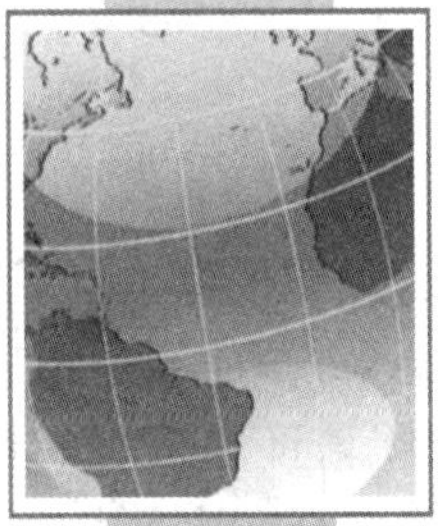

导　论

学习目标

◇ 掌握证券的概念、特征及分类。

◇ 熟悉投资、风险和风险偏好的概念。

◇ 掌握证券投资的概念与内容。

导入案例

巴菲特投资理念的精髓

在世界投资业的发展史上，巴菲特可谓独占鳌头。他从零开始，仅从事股票和企业投资，积聚起巨额财富，成为20世纪世界大富豪之一。自1956年起，在50多年的时间里，巴菲特在股票市场上的业绩非凡，获取了惊人的盈利，未曾遭遇过大的风险，这真是一个奇迹！在市场专家、华尔街经纪人及旁观者们看来，这简直是一件不可思议的事。无论股市行情牛气冲天还是瘫软低迷，无论经济繁荣与否，巴菲特掌管的基金在证券市场上的表现总是很好，总是很令人放心。

可以说，巴菲特在50多年的股票投资活动中所做的主要工作就是寻找内在价值被市场低估的公司的股票，然后便买入持有，等待收获。因为巴菲特确信，由于市场的非理性行为，某些股票的内在价值有时会被市场低估或高估，而股票的合理价值，最终会在市场中得到体现，这样，买入内在价值被市场低估的公司的股票，便为投资者创造了一个安全获利的空间。这种追求内在价值的投资理念，相信已几乎被世界上所有证券投资者认同，同时它也是被我国广大投资者广泛认同的投资方法。

那么，证券及证券投资究竟是什么，证券投资的基本方法又有哪些呢？本导论部分将对证券及证券投资的相关知识做一个基本概述。

第一节 证券概述

一、证券的基本概念

证券投资的基本对象是证券。证券是指各类记载并代表一定权利的法律凭证,它用以证明持有人有权依其所持凭证记载的内容而取得应有的权益。从一般意义上来说,证券是指用以证明或设定权利所做成的书面凭证,它表明证券持有人或第三者有权取得该证券拥有的特定权益或证明其曾经发生过的行为。证券必须具备两个最基本特征:法律特征和书面特征。证券的四个基本票面要素包括:持有人、证券标的物、标的物的价值和权利。

作为证券投资活动的基本对象,证券主要是指有价证券,即是指标有票面金额、证明持有人有权按期取得一定收入并可自由转让和买卖的所有权或债权凭证。有价证券是虚拟资本的一种形式,它本身没有价值,但有价格。虚拟资本是以有价证券形式存在,并能给持有者带来一定收益的资本。它独立于实际资本之外,本身不能在生产过程中发挥作用。一般情况下,虚拟资本的价格总额大于实际资本额,其变化并不反映实际资本额的变化。

二、证券的基本特征

(一)证券的收益性

证券的收益性是指持有证券本身可以获得一定数额的收益,这是投资者转让资本使用权的回报。证券代表的是对一定数额的某种特定资产的所有权或债权,而资产是一种特殊的价值,它要在社会经济运行中不断运动、不断增值,最终形成高于原始投入价值的价值。由于这种资产的所有权属于证券投资者,投资者持有这种证券也就同时拥有取得这部分资产增值收益的权利,因而证券本身具有收益性。

(二)证券的风险性

证券的风险性是指证券持有者面临着预期投资收益不能实现,甚至使本金也受到损失的可能性。这是由未来经济状况的不确定性所致,任何一个资本证券均有可能因证券经营者的经营不善或者证券价格的下降而难以达到预期收益的目的。在现有的社会生产条件下,未来经济的发展变化有些是投资者可以预测的,而有些则无法预测。因此,投资者难以确定其所持有的证券将来能否取得收益和能获得多少收益,从而使持有证券具有风险。一般来说,股票、衍生品的投资风险较大,但同时也可能获取较高的收益水平;银行存款基本上不会面临风险,自然其收益能力有限;而债券投资的收益与风险水平介于上述两者之间。

(三)证券的产权性

证券的产权性是指有价证券记载着权利人的财产权内容,代表着一定的财产所有权,拥有证券就意味着享有财产的占有、使用、收益和处置的权利。在现代经济社会里,财产权利与证券已密不可分,财产权利与证券两者融合为一体,证券已成为财产权利的一般形式。虽然证券持有人并不实际占有财产,但可以通过持有证券来拥有有关财产的所有权和债权。

(四)证券的流通性

证券的流通性又称可变现性,是指证券持有人可按自己的需要灵活地转让证券以换取现金。流通性是证券的生命力所在,流通性不但可以使证券持有人随时把证券转变为现金,而且还使持有人根据自己的偏好选择持有证券的种类。证券的流通是通过承兑、贴现、交易等实现的。

(五)证券的期限性

除股票外,证券一般有明确的期限,以满足不同投资者和筹资者对融资期限以及与此相关的收益率需求。证券的期限有绝对期限和相对期限之分。绝对期限是指证券从发行起到这种证券的功能完全消失,归还本金所经历的时间;相对期限则是指投资者从持有证券开始所经历的时间。不同类型的证券期限具有很大的差异。债券的期限具有法律的约束力,是对双方融资权益的保护。股票只要公司存在,就没有期限,是一种永久证券,亦可称为无期证券。

三、证券的基本分类

1. 证券是商品经济发展到较高级阶段的产物,证券大体上可分为以下三种:商品证券、货币证券、资本证券等。

(1)商品证券。商品证券是证明持有人具有商品所有权或使用权的凭证,取得这种证券就等于取得这种商品的所有权或使用权,持有人对这种证券所代表的商品所有权或使用权受法律保护。常见的商品证券有提货单、运货单、仓库栈单等。

(2)货币证券。货币证券是指本身能使持有人或第三方取得货币索取权的有价证券。货币证券主要包括两大类:一类是商业证券,主要包括商业汇票和商业本票等;另一类是银行证券,主要包括银行汇票、银行本票和支票等。

(3)资本证券。资本证券是指由金融投资或与金融投资有直接联系的活动而产生的证券,主要包括股票、债券及其衍生品种如金融期货、可转换证券等。资本证券是有价证券的主要形式,狭义的有价证券即指资本证券,资本证券的持有人有一定的收入请求权。我国《证券法》中的"证券"是指资本证券,是证明投资者对收益有请求权利的有价证券,包括股票、公司债券、政府债券、证券投资基金等。

2. 按照证券是否可以上市交易,可以将其分为上市证券和非上市证券。

(1)上市证券。上市证券又称挂牌证券,是指经证券主管机关批准,在证券交易所注册登记,获得在交易所内公开买卖资格的证券。目前,在我国上海、深圳两家证券交易所上市的证券品种已多达 2 000 只,包括 A 股、B 股、政府债券、公司债券、证券投资基金、股票权证等。

(2)非上市证券。非上市证券也称非挂牌证券,是指未申请上市或不符合在证券交易所挂牌交易条件的证券。非上市证券不允许在证券交易所内交易,但可以在其他证券交易市场交易。

3. 根据所发行的证券上是否明确记载持有人的姓名或名称划分,可以将证券分为记名式证券和无记名式证券,这种分类方式大都适用于股票和债券等。

(1)记名式证券

记名式证券是指证券上明确记载了持有人的姓名或名称,在转让此种证券时,一般采取背书方式进行,转让完成后还需变更记载股东名册或债券存根簿。

(2)无记名式证券

无记名式证券是指所发行的证券上并不明确记载持有人的姓名或名称,仅需交付证券即可达到转让的目的,故其转让较记名式证券更为简便。

第二节 证券投资概述

一、投资的一般概念

经济学中的投资是指预先投入货币或实物，以形成实物资产或金融资产，借以获取未来收益的经济行为。投资本质上是一种基于获取未来收益的目的而提前进行的财富预付行为。这种投入是将本可以由投资者支配用作现实消费的财富用于非消费用途，并且只有到将来才能产生效益，因而可看作是对现实消费的抑制。投资的最终目的是实现预期收益，当然这种收益应当大于预付财富，即能够给行为主体带来增值收益。

根据上述分析，投资主要形成以下两类资产：实物资产与金融资产。实物资产就是以住宅、大宗耐用消费品、工厂、设备等物理形式存在的资产，该类资产在高通货膨胀环境下，是资产保值的较好手段，但保持成本较高、流动性低。金融资产是指以价值形态而存在的资产，如股票、债券、投资基金、银行存款、现金等。金融资产可细分为以下三类：

1. 货币资产：包括银行存款和现金。该类资产收益比较稳定，较容易预测，一般不会受到本金损失，并且流动性较强。但容易受到物价的影响，在面临较高的通货膨胀时，其实际收益可能为负值，从而导致实际购买力的下降。

2. 债权资产：包括政府债券、企业债券等。相对于货币资产，该类资产的收益性要高一些，但流动性稍差一些。

3. 股权资产：包括股票、基金等。相对于货币资产和债权资产，该类资产的持有风险较高，可能获得的收益也较高，投资期限较长。

二、风险和风险偏好

"风险"一词的由来，最为普遍的一种说法是认为其源自中国远古时期。在远古时期，以捕捞打鱼为生的渔民，每次出海前都要祈祷，祈求神灵保佑自己能够平安归来，其中主要的祈祷内容就是让神灵保佑自己在出海时能够风平浪静、满载而归。他们在长期的捕捞实践中，深深地体会到"风"给他们带来的无法预测、无法确定的危险，他们认识到，在出海捕捞打鱼的生活中，"风"就意味着"险"，因此有了"风险"一词。

而另一种说法认为"风险"一词源自国外，"风险"(risk)一词是舶来品，有人认为来自阿拉伯语，有人认为来源于西班牙语或拉丁语，但比较权威的说法是来源于意大利语的"RISQUE"一词。在其早期的运用中，也是被理解为客观的危险，体现为自然现象或者航海遇到礁石、风暴等事件。

现代意义上的"风险"一词，已经大大超越了"遇到危险"的狭义含义，而是"遇到破坏或损失的机会或危险"。可以说，经过 200 多年的演绎，"风险"一词越来越概念化，它随着人类活动的复杂性和深刻性而逐步深化，并被赋予了哲学、经济学、社会学、统计学甚至文化艺术领域的更广泛、更深层次的含义，且与人类的决策和行为后果联系得越来越紧密，"风险"一词也成为人们生活中出现频率很高的词汇。

无论如何定义"风险"一词的由来，其基本的核心含义已经突破原来的范围，而且风险的内涵不断深化。综上所述，风险可以理解为"未来结果的不确定性或损失"，也可以进一步定义为"个人和群体在未来获得收益和遇到损失的可能性以及对这种可能性的判断与认知"。

不同的投资者对于同一种风险可能也有不同的看法。这是因为，对于不同的投资者，其风险承受能力有所不同，而风险承受能力与不同投资者的风险偏好又是密切相关的。如前所述，风险能给投资者带来额外的收益，但也可能带来损失。投资者对风险所带来收益和损失的可能性认识不同，就会有不同的投资偏好。一般而言，风险偏好可以归纳为以下三大类，即风险规避、风险中立、风险偏好。很显然，风险规避者对风险所带来的损失更为看重，所以对风险往往采取规避的态度；风险偏好者看重风险所带来的收益，所以会冒着高风险来获得高收益；而风险中立者对风险的态度则介于前两者之间。

三、证券投资的概念

本教材所讲述的证券投资范畴，其研究对象仅以金融资产中的股票、债券、基金及其衍生品为限。所谓证券投资，是指投资者（法人或自然人）购买股票、债券、基金等有价证券以及这些有价证券的衍生产品以获取红利、利息及资本利得的投资行为和投资过程，是直接投资的重要形式，对促进社会资金合理流动、促进经济增长具有重要作用。

从这个定义可以看出，证券投资应包括以下三大要素：收益、风险、时间。

（一）收益要素

证券投资的收益来源主要包括投资于股票所分配的红利、投资于债券的利息收入以及在二级市场上证券的买卖差价收入（即资本利得）等，收益水平的高低一般用年化收益率来表示。投资于不同的证券品种，其收益的主要来源是不同的。债券投资的主要收益来源于债券的利息收入，通过投资于一些上市交易的债券也可以获得买卖差价收入，但由于债券一般都有较为确定的到期值，因此决定了其在二级市场上的价格波动幅度一般是较小的，当投资规模有限时，通过交易可获取的差价收入也是有限的。股票投资的主要收益来自二级市场上低买高卖而获取的差价收入，在股票价格波动幅度较大的情况下，如果投资者具有正确的投资理念与较高的专业投资水平时，通过专业投资管理，可以获取较高的投资收益。基金投资的主要收益来自基金管理公司所获取利润的分成，其高低取决于基金管理人的业绩。而投资于金融衍生品如股票指数期货、股票期权等则要求投资人具有很高的专业投资知识与投资能力，可能会获取较高的收益，但所面临的投资风险则较债券、股票与投资基金要高得多。

（二）风险要素

证券投资的风险是指由于多种不确定因素的影响而导致的预期收益不能实现或导致本金损失的可能性，具体包括系统性风险与非系统性风险。系统性风险是指某种因素的发生对证券市场上所有证券都会带来损失的可能性，如财政货币政策的调整、高通货膨胀的发生、相关法律的制定等，都会影响到市场上所有证券的交易价格。非系统性风险是指某种因素的发生对证券市场上单个证券或部分证券带来损失的可能性，如某公司高管的调换、产品市场占有率的下降等只会影响到该公司股票市场价格的变化，但不会对市场上其他公司的股票价格产生影响。鉴于不同风险的诱发因素是不同的，因此其具体防范措施也是不同的。对于非系统性风险的防范，可以通过构建合理的证券投资组合来规避；而系统性风险不可以消除，不能通过证券投资组合原理来分散。

（三）时间要素

证券投资的时间要素是指具体投资对象的持有时间的长短。一般来说，投资期限越长，所能够获取的投资收益也会越高，当然所面临的风险也会越大。按照投资时间的长短，可以将证券投资分为中长期投资和短期投资。中长期投资是指购入证券后长期持有，以获取股息、利息或其他收益为目的的投资方式。中长期证券投资者遵循价值投资理念，注重所投资对象的成长性，致力于通过公开信息研究行业和个股的投资价值。短期投资是指在证券市场上进行频繁的证券买卖活动，以赚取证券价格的买卖差价为主要目的的投资方式。从事短期投资的投资者较注重证券市场交易数据的研判与分析，跟踪价格变动趋势，把握机会，在较短的时间内完成对所选择投资对象的买卖活动，以获取证券投资收益。

四、证券投资活动过程的组成要素

证券投资活动要得以正常进行，需具备以下三个基本要素：证券投资主体、证券投资工具和证券投资中介。

(一)证券投资主体

证券投资主体是指证券投资活动的参与者，即进入证券市场进行证券买卖的各种投资者。证券投资者既是证券交易的参与者，也是市场资金的供应者，因而是建立一个完善的证券市场所不可或缺的基本要素。投资者通过对证券的买卖反映自身对市场及证券的综合评价，进而影响证券市场的运行态势及整体价格体系。个人、企业、公司、金融机构和政府机构等均可以在证券市场上进行证券投资。按照投资者结构划分，证券投资主体主要包括个人投资者和机构投资者。

1. 个人投资者

个人投资者是指在证券市场上通过买卖证券以获得收益的一般社会公众。个人投资者是证券市场上最广泛和最分散的投资主体，不管男女老幼，也不分文化职业，只要有起码的购买能力和欲望，都可以在证券市场上一试身手。

2. 机构投资者

在我国，机构投资者是指在金融市场从事证券投资的法人机构，主要有保险公司、养老基金和投资基金、证券公司及银行等。

(二)证券投资工具

证券投资工具是指为实现证券投资目的所必须利用的工具，也称证券投资对象，具体来讲，即证券市场上流通转让的各种有价证券。证券投资以各种各样的有价证券为投资工具，不同的证券投资工具具有不同的筹资特征和投资特点，从而形成证券的有效供给和有效需求。证券投资工具可以分为两大类，即基础投资工具和金融衍生投资工具。基础投资工具主要包括股票、债券及证券投资基金等；金融衍生工具则种类繁多，其中最常见的是金融期货与期权。这部分内容将在第一至第四章详述。

(三)证券投资中介

证券市场中介机构从广义上讲就是在证券市场上为参与各方(如发行人、投资等)提供各种服务的机构。按提供服务的内容不同，证券中介机构可以分为证券经营机构、证券结算登记机构、证券投资咨询公司、证券评级机构、证券金融公司、资产评估公司及可从事证券相关业务的各类事务所，另外还包括提供证券交易的交易所。证券市场中介机构是连接证券投资人与筹资人的桥梁，是证券市场运行的组织系统。这部分内容将在第五章详述。

五、证券投资的过程

证券投资过程就是结合投资环境以及投资者所面临的约束条件采取适当的投资策略以实现投资目标的一系列程序。证券投资过程是一个动态过程，投资环境和投资目标是随着时间的变化而变化的，因此，完整的投资过程要求连续不断地监控并随时更新投资组合。投资环境包括各种可交易的证券在什么地方以及如何进行交易，而投资管理过程涉及有价证券投资对象的选择、投资规模和投资时机的确定等内容。一个完整的证券投资过程包括准备阶段、了解阶段、分析阶段、决策与管理阶段这四个阶段。

(一)准备阶段

资金的多少，与投资于何种证券、如何投资，都有很大的关系。因此，投资者在证券投资之初，首先就要面临如何筹集资金的问题，必须确定能否筹集到一定数量的资金，然后才能考虑如何投资。对于大多数个人投资者来说，投资资金的主要来源是储蓄，也有的个人投资者通过其他渠道获得投资资金。对于机构投资者来说，其资金来源因机构性质不同而不同。商业银行的资金来源于存款者的资金，保险公司的资金来源于部分保险费收入等。

(二)了解阶段

投资者准备好投资所需要的资金后，接下来就要对投资的各个方面进行了解。

1. 熟悉收益和风险之间的关系

投资者的投资目的当然是想获得收益，而且收益越高越好，但是收益是以风险为代价的，风险用收益作补偿，投资者必须深刻理解这二者之间的关系，在衡量出自己所能承担风险的能力之后，方能决定准备投入多少资金，以及选择何种证券。

2. 了解各种证券的收益和风险的情况

由于各种证券的性质、时间长短、有无担保等不同，因而其收益和风险的大小也是不同的。投资者必须熟悉这些情况，才能明确应购买哪种证券来满足自己的要求。

3. 了解证券市场的结构

证券交易大都是通过经纪商在证券市场上进行的。所以，要进一步了解市场组织和机制、经纪商的职能和作用、买卖证券的佣金和费用等。

(三)分析阶段

投资者对各种证券的性质及收益与风险、市场的经营方式等各种情况有了一般认识和了解以后，就要对证券的价值、上市价格以及价格变动趋势进行认真的分析，以确定选购何种具体的证券。在分析过程中，需要利用科学、精密的基本分析和技术分析的方法以及适当的分析工具，这对一般投资者来说，恐怕难以亲自进行。不过，投资者不一定非得自己动手不可，可以利用他人有关证券的信息和研究成果以及上市公司各种年报、季报和大众新闻媒介的信息作为参考。这部分内容将在第八至第十章详述。

(四)决策与管理阶段

通过上述各阶段，投资者就“心中有数”了，可以决定把资金投到何种具体的证券上去。一般来说，投资者不会只选择一种证券作为投资对象，因为无论某种证券的质量多好，将全部资金都投到该证券上，也含有较大的风险。因此，投资者总是设法把资金分散地投在几种证券上，以降低风险水平，确保投资的安全性、盈利性和流动性。投资者如何选择适当的证券，每种证券各占多大比重，分散程度应限于多少证券数量的范围以内，才能达到一定的收益水平？投资者又应如何管理证券使得整体投资风险水平最低，或是在一定风险水平下，使得收益最大？这就涉及所谓的“证券组合”(portfolio)理论。这个问题将在第十一章中详述。

知识拓展

专栏 0.1　关于风险内涵的理解

目前，学术界对风险的内涵还没有统一的认识。由于对风险的理解和认识程度不同，或对风险的研究角度不同，不同学者对风险的概念有不同的解释，但可以归纳为以下几种代表性观点：

0.1.1　风险是事件未来可能结果发生的不确定性

A. H. Mowbray(1995)称风险为不确定性；C. A. Williams(1985)将风险定义为在给定的条件和某一特定的时期，未来结果的变动；马奇(March)和夏皮拉(Shapira)认为，风险是事物可能结果的不确定性，可由收益分布的方差测度；布恩米利(Brnmiley)认为，风险是公司收入流的不确定性；马科维茨(Markowitz)和夏普(Sharp)等将证券投资的风险定义为该证券资产的各种可能收益率的变动程度，并用收益率的方差来度量证券投资的风险、通过量化风险的概念改变了投资大众对风险的认识。由于方差计算的方便性，风险的这种定义在实际中得到了广泛的应用。

0.1.2　风险是损失发生的不确定性

J. S. Rosenb(1972)将风险定义为损失的不确定性；F. G. Crane(1984)认为，风险意味着未来损失的不确定性。这种观点又分为主观学说和客观学说两类。主观学说认为不确定性是主观的、个人的和心理上的一种观念，是个人对客观事物的主观估计，而不能以客观的尺度予以衡量，不确定性的范围包括发生与否的不确定性、发生时间的不确定性、发生状况的不确定性以及发生结果严重程度的不确定性。客观学说是以风险客观存在为前提，以风险事故观察为基础，以数学和统计学观点加以定义，认为风险可用客观的尺度来度量。例如，佩费尔将风险定义为可测度的客观概率的大小；F. H. 奈特认为风险是可测定的不确定性。

0.1.3　风险是指可能发生损失的损害程度的大小

马科维茨在别人质疑的基础上，排除可能收益率高于期望收益率的情况，提出了下方风险(downside risk)的概念，即实现的收益率低于期望收益率的风险，并用半方差(semi-variance)来计量下方风险。

0.1.4　利用对波动的标准统计方法定义风险

1993 年发表的 30 国集团的《衍生证券的实践与原则》报告中，对已知头寸或组合的市场风险的定义为经过某一时间间隔，具有一定置信区间的最大可能损失，并将这种方法命名为 Value at Risk，简称 VaR 法，并竭力推荐各国银行使用这种方法；1996 年国际清算银行在《巴塞尔协议修正案》中也允许各国银行使用自己内部的风险估值模型去设立对付市场风险的资本金；1997 年乔瑞(P. Jorion)在研究金融风险时，利用“在正常的市场环境下，给定一定的时间区间和置信度水平，预期最大损失(或最坏情况下的损失)”的测度方法来定义和度量金融风险，他也将这种方法简称 VaR 法。

0.1.5　利用不确定性的随机性特征来定义风险

风险的不确定性包括模糊性与随机性两类。模糊性的不确定性，主要取决于风险本身所固有的模糊属性，要采用模糊数学的方法来刻画与研究；而随机性的不确定性，主要是由于风险外部的多因性(即各种随机因素的影响)造成的必然反映，要采用概率论与数理统计的方法进行研究。

专栏 0.2 证券投资与证券投机

投资和投机的区别在于，投资者是寻求在合理的价位购买股票，投机者却是时时企图预测股票价格变动，并希望从中获利。

——沃伦·巴菲特

投机有广义和狭义两种定义。从广义的角度上讲，投机几乎是投资的同义反复。任何投资都是为了赚取利润，使资本增值，而投机正是指寻找和掌握市场中的投资机会。西方普遍认为，一项良好的投资即是一次成功的投机。狭义的投机，是指人们基于对投资对象未来价格走势的判断而进行短期套利的行为，通常这种套利行为使投资者承担因实际价格的反方向走势而带来损失的行为。证券投机就是在证券市场上投资者甘愿冒受经济损失的风险而期望从价格波动中赚取利润的证券交易行为。

事实上，证券投资与证券投机之间不存在明显的分水岭，很难将两者进行严格的定量区分，但我们可以从以下不同的角度对两者的差异进行分析：

0.2.1 交易的动机不同

证券投资注重的是长期的投资报酬，买进证券是为了获得该证券本身今后所能给予的回报，如股票的红利、债券的利息、衍生证券的保值功能等；而投机着眼于证券交易的差价，谋取短期的收益。

0.2.2 投资实战长短不同

投资者一般长期持有证券，不轻易换手，按期取得资本收益；而投机者则经常出入证券市场，捕捉有利时机，低价买进，高价卖出，交易频繁，故其证券持有时间一般都比较短。当然，对投资时间的长短并没有明确的界限，在国外一般以 6 个月为分界点进行衡量。

0.2.3 承担的风险不同

投资者首先关心的是本金安全，希望在保本的前提下获取最大收益；投机者则正好相反，他们不怕风险，而把收益的最大化放在第一位，因此一般认为，投资是稳健的投机，投机是高风险的投资。

0.2.4 资金的来源不同

投资者一般都是使用自己的钱进行证券的买卖，而投机者往往采用信用交易或保证金交易，买空卖空，做较大的交易。

0.2.5 对证券实际价值的重视程度不同

投资者注重对各种证券所代表的实际价值、公司的业绩和创新能力进行分析，并以其作为他们选购或换购证券的依据；而投机者则不是很注重证券本身的分析，而是密切注意证券市场行情的变化，以证券价格变化趋势作为决策的依据。

0.2.6 按对社会的影响划分

投资者对社会发展有促进作用而投机行为既有积极作用又有消极影响。一方面，证券投机具有平衡价格、保持证券交易流动性以及分担价格变动风险的作用；另一方面，过分的投机将造成市场动荡，影响经济运行。

当然，投资和投机两者在一定情况下也会相互转换。当一个投资者投资于某股票时，若购买后，该股票市场走势很好，收益高于持有的红利时，他会将其卖掉获取价差，成为投机行为；同样，一个投机者买进证券后，市场急转直下，他被套牢后又不能在短期内解套，长期持有就成了投资者了。

课后练习

一、名词解释

1. 证券
2. 投资
3. 证券投资
4. 风险
5. 风险偏好

二、单项选择题

1. 有价证券是(　　)的一种形式。
A. 真实资本　　B. 虚拟资本　　C. 货币资本　　D. 商品资本
2. 按募集方式分类,有价证券可以分为(　　)。
A. 公募证券和私募证券
B. 政府证券、政府机构证券、公司证券
C. 上市证券和非上市证券
D. 股票、债券和其他证券

三、论述题

1. 证券一般包括哪些种类?
2. 如何理解证券的基本特征?
3. 证券投资活动过程的基本要素有哪些?
4. 证券的经济效用有哪些?
5. 证券市场的发展趋势是怎样的?

第一篇　证券投资工具

导入案例

“中国第一股”

1986 年 11 月 14 日，当邓小平将“飞乐音响”股票赠予美国纽约证券交易所的约翰·凡尔霖后，俗称“小飞乐”的“中国第一股”让世界为之轰动。如今，凡尔霖的这一股“小飞乐”通过多年的送配，一股变成了 3 183 股，市值由 50 元变成最高时的 10.76 万元。这只“中国第一股”的诞生具有传奇色彩。

1984 年上半年的某天，上海电声总厂厂长秦其斌参加了上海市长宁区的一次工商联会议。会议上，他听到一些工商业的前辈聊起旧上海很多企业用股票集资的事情。

秦其斌后来回忆说：“这是我第一次听说股票这个东西，当时理解就是一种集资的凭证。”不过，偶然中得到的这点股票知识，让他提出了自己的股份制构想，一方面企业拿出一元钱，另一方面再向企业内部职工集资一元钱，这样，既解决资金问题，又能把职工的利益和企业的命运捆绑在一起，是件一举两得的好事。

于是，1984 年 11 月 14 日，经中国人民银行上海分行批准，由上海飞乐电声总厂、飞乐电声总厂三分厂、上海电子元件工业公司、工商银行上海市分行信托公司静安分部发起设立上海飞乐音响股份有限公司，向社会公众及职工发行股票。总股本 1 万股，每股面值 50 元，共筹集 50 万元股金，其中 35% 由法人认购，65% 向社会公众公开发行。

上海飞乐音响股份有限公司成为上海市第一家股份制企业，而且飞乐音响公司这次发行的股票，没有期限限制，不能退股，可以流通转让，也可以说是我国改革开放新时期第一张真正意义上的股票。人们习惯亲切地称其为“小飞乐”。

现代资本市场的投资工具种类繁多，其中主要的投资工具包括股票、债券、证券投资基金及金融衍生工具等。这些投资工具不仅起到活跃资本市场的作用，而且也是连接资金供求的纽带，是实现产业政策的工具和杠杆。在进行证券投资分析之前，首先必须了解证券工具相关知识。本篇将主要介绍股票、债券、证券投资基金及金融衍生工具等证券工具。

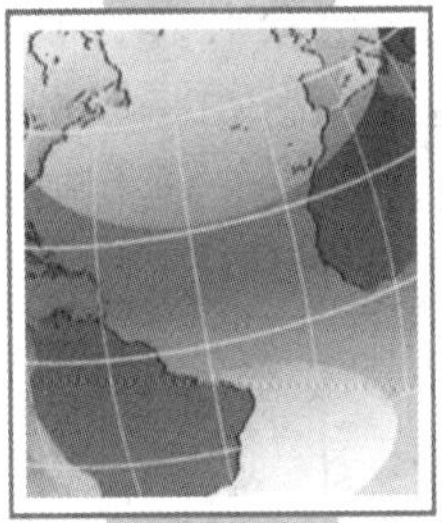

第一章 股　票

学习目标

◇ 理解并掌握股票的含义、特点及分类。
◇ 了解股票价值与价格的不同含义。
◇ 理解和把握股票投资收益和风险的构成，了解衡量股票投资收益和风险的基本方法。
◇ 了解股票价格指数。

第一节　股票概述

一、股份有限公司

股份有限公司也称股份公司，在英美法系中，股份公司被称为公开公司或公众公司。股份有限公司是以一定法律程序组建的、通过发行股份筹集资金，全部资本分为等额股份，股东以其所持股份金额为限对公司债务承担责任，公司以其全部资产对公司的债务承担责任的企业法人。股份有限公司是典型的“资合公司”，公司信用完全建立在资本的基础上。

股份有限公司有两种设立方式：一是发起设立，即由发起人认购公司发行的全部股份而设立公司的方式。发起人必须认足公司发行的全部股份，不向社会公开招募；二是募集设立，是指由发起人认购公司应发行股份的一部分，其余股份向社会公开募集或者向特定对象募集而设立公司的方式。募集设立可通过向社会公众发行股份而募集到更多的资金，其设立程序比发起设立更为严格。如，不同设立方式下，对公司注册资本的规定不尽相同。我国《公司法》中规定：“股份有限公司采取发起设立方式设立的，注册资本为在公司登记机关登记的全体发起人认购的股本总额。公司全体发起人的首次出资额不得低于注册资本的百分之二十，其余部分由发起人自公司成立之日起两年内缴足；其中，投资公司可以在五年内缴足。在缴足前，不得向他人募集股份；股份有限公司采取募集方式设立的，注册资本为在公司登记机关登记的实收股本总额。”

二、上市公司

上市公司是指依法公开发行股票并经过证券交易所审批后，其股票在证券交易所上市交易的股份有限公司。上市公司必须是已向社会发行股票的股份有限公司:以募集设立方式成立的股份有限公司,可以依照法律规定的条件,申请其股票在证券交易所内进行交易,成为上市公司;以发起设立方式成立的股份有限公司,在公司成立后,经过批准向社会公开发行股份后,达到公司法规定的上市条件的,也可以依法申请成为上市公司。因此,上市公司是股份有限公司,具有股份有限公司的一般特点,如股东承担有限责任、所有权和经营权分离、实行财务公开原则等。

三、股票

(一)股票的含义

股票是股份有限公司在筹集资本时向出资人发行的股份凭证。在理解股票的含义时,需要注意以下几个方面:第一,股票的发行主体是股份有限公司。第二,股票是一种资本权益凭证。股票一经发行,其购买和持有者即成为发行公司的资本所有权人,即股东。股票代表着其持有者(股东)对股份公司的所有权,股票表明的首先就是这种股东的资本所有权人身份,而作为资本所有权人,股东当然就必须享有其应得的利益,同时也必须承担公司运营中存在的各种风险。股票在表明持有人股东资格的同时,也设定了持有人的公司资本所有者的相应权益和责任。第三,股票的数量关系用股份额来反映。单位股份额在所代表的价值上是完全一致的,并反映完全相同的资本所有者权利。第四,股票持有者不能要求公司返还其出资,只能通过股票转让方式收回其投资。

股票是社会化大生产的产物,已有近400年的历史。作为人类文明的成果,股份制和股票也适用于我国社会主义市场经济。企业可以通过向社会公开发行股票筹集资金用于生产经营。国家可以通过控制多数股权的方式,用同样的资金控制更多的资源。目前在沪、深证券交易所上市的公司,绝大部分是国家控股公司。

(二)股票的主要特征

1. 不可返还性

股票是一种没有偿还期限的有价证券,投资者认购了股票后不能以任何理由要求发行公司返还股本,只能通过证券市场将股票转让、出售或抵押。股票的转让、出售只意味着公司股东的改变,并不减少公司资本。从期限上看,只要公司存在,它所发行的股票就存在,也就是说,股票的期限就等于公司的存续期限。

2. 收益性

股票的收益性指的是股票持有者凭其持有的股票,有权从公司领取股息、红利,即股东可以参与公司的利润分配。股息、红利的高低取决于公司的经营情况、盈利水平和盈利分配政策。此外,股票的收益性还表现在持有者可以利用股票买卖获取差价收入和实现资产保值增值。也就是说,股票持有者可以通过低价买入和高价卖出赚取差价利润;而在货币贬值时,股票也可能因公司资产的增值、债务负担的相对减轻、折旧的相对下降等原因而实现保值目标乃至获利。例如,沪市上市公司北方稀土(股票代码600111),2008年11月7日的股票收盘价格为5.99元,2010年10月28日其股价最高涨至96.5元,不到2年时间,持有此股票的投资者收益率高达1 511%。

值得注意的是,股票的收益性并不表明它一定能保证投资者获取收益。就最常见的普通股而言,收益的高低乃至有无,都是与公司的实际经营业绩和股票市场的运行态势密切相关的。换言之,普通股票虽然具有收益性,但收益的实际水平却是不确定的。

3. 流通性

股票的流通性是指股票在不同投资者之间的可交易性。股票流通性通常以可流通的股票数量、股票成交量以及股票价格对交易量的敏感程度来衡量。通过股票的流通和股票价格的变动,可以看出投资者对相关行业和上市公司的发展前景及盈利潜力的判断。股票的流通性是消除股票投资的持有风险,从而打消人们对从事股票投资的后顾之忧,保证其作为金融工具能够存在和不断发展的基础性条件;同时,股票的流通性促进了社会资金的有效利用和合理配置。

4. 价格波动性和风险性

股票既然在市场上作为交易对象,也就同其他商品一样,有自己的市场价格。股票价格的高低不仅与公司的经营状况和盈利水平紧密相关,而且与市场利率的变化关系密切。此外,股票价格还会受到国内外经济、政治、社会以及投资者心理、投机操纵等诸多因素的影响。从这一点上看,股票价格的变动又与一般商品的市场价格变动不尽相同:波动十分频繁和波动幅度十分显著是股价变动的基本特征。正是这种波动性,使股票成为一种特别适合投机操作的金融工具。

股票价格波动的不确定性越大,投资风险也就越大。例如,在美国经济史上留下深深烙印的安然公司,在其事业顶峰阶段,2000 年 8 月每股股价高达 90.56 美元,而当其经营出现严重问题时,股价于 2001 年 11 月 30 日下跌至 0.26 美元,安然公司最终于 2001 年 12 月 2 日正式向破产法院申请破产保护。

另外,股票一经售出,就不能退还,因而对不以赚取交易差价为目的的投资者来说,能否获得收益,就取决于发行公司今后的盈利状况。一旦公司经营不善,投资者就无法获得收益甚至血本无归。在公司盈利分配不佳的情况下,其股票的价格通常也较低,市场对其购买需求也是较弱的,此时投资者若要出售股票变现,往往就需要在利益上让步,从而也可能发生损失。

5. 经营决策参与性

根据有关法律规定,股票的持有者即股票发行公司的股东,有权出席股东大会,选举公司的董事,参与公司的经营决策。股东参与公司经营决策权的大小,取决于其所持有股份的多少。投资者拥有的普通股份数量越大,即对公司资本占有的份额越多,其决策参与权也越充分。实践中,只要股东持有的股票数量达到可左右决策结果所需的实际多数时,就能掌握公司的决策控制权。

普通股以外的一些特种股票,其持有人一般不享有公司的经营决策参与权,但这类股票较普通股票在数量上要少得多。

6. 权益稳定性

股票所代表的是一种所有权,只要持有股票,其股东身份和权益就不会改变,这样,股份公司和股票持有人通过股票这一纽带被牢牢地拴在一起。虽然股票可以在市场上进行转让,但新的持有人仍将延续上述权益关系,从而保证了权益的稳定。

7. 股份的可伸缩性

股份的可伸缩性是指股票所代表的股份既可以拆分,又可以合并。股份的拆分,是将原来的一股分为若干股。股份的拆分没有改变资本总额,只是相对增加了股份总数和股权总数。采取分割股份的方式可降低单位股票的价格以争取更多的投资者,以活跃市场的交易。股份的合并则与之相反,是指将若干股股票合并成一股。股份合并可能基于不同的原因,如减少公司名义股本、公司合并重组以及促使过低的股票价格回升等。

第二节 股票的分类

股票的种类很多,不同类型的股票在持有权益、投资收益、投资风险等方面存在着诸多差异。对于投资者来说,了解不同类别的股票对于其投资决策无疑是必要的。

一、按股东所享有的权益划分

根据股东所享有的权益划分,股票主要有普通股票和优先股票。

(一)普通股票(Common Stock)

普通股票,简称普通股,它是特种股票的对称,是股份公司发行的最普遍、最重要也是数量最大的股票种类。普通股作为股份有限公司资本的基本构成部分,具有股票的一般特征,每一股份对公司财产都拥有平等权益,并随股份公司利润的大小而分取相应股息。股份有限公司最初发行的大都是普通股,通过这类股票所筹集到的资金通常是股份有限公司股本的基础。普通股的持有人是公司的基本股东,他们通常享有以下几方面的权益:

第一,公司决策参与权。具体包括:出席股东大会,选举和被选举为公司的董事、监事,具有与公司经营、发展有关的动议提出权及公司其他各种重大事务的表决权等。对于持有较多普通股份者,这一权利体现得尤其充分。普通股股东权益的大小取决于他们持有股份的多少,并且遵循"同股、同权、同利"的原则。

第二,公司盈余分配请求权。普通股的股东有权按其持有股票的数量享受相应的公司盈余分配,即获得股利,以体现资本所有者的利益。股利的分配,一般是在公司盈利已弥补了过去的亏损,提取了各种公积金,支付了债务本息以及其他需要先行支付的特种股票(如优先股)的股息后进行。普通股票每股的股利收入水平主要取决于公司的经营情况,然而普通股股利并不保证支付,也无固定股息率,因而投资风险较大。但另一方面,持有普通股获得高额收益的可能性也是较大的,对于那些敢于冒险的投资者来说,其吸引力相当大。

第三,公司剩余财产分配权。当公司破产清偿时,普通股股东只有在其他索求者,如税务机构、公司职员、供应商、债权人、优先股股东都得到了偿付后,才能行使对公司剩余财产的求偿权。

第四,优先认股权。现有普通股的股东在公司增发新股时,有权优先认购新股票(这种优先认购往往还同时提供价格优惠)。向普通股东提供这种特权,是为了使老股东能保持其对公司资本既有的持股比例,同时能从优先认购中实现经济利益。

第五,股份自由转让权。普通股股东有权自由转让其持有的股票。即使有些公司对其所发行股票的转让可能附加限制条款,其约束意义也是十分有限的。

第六,股东责任的有限性。有限责任意味着在公司破产倒闭时股东的最大损失只是其初始投资。在这方面,股东不同于非股份有限公司的所有者,后者的债权人可以对其私人财产拥有索取权。当股份有限公司破产时,公司股东的责任是有限的,他们个人不对公司的债务负责。

(二)优先股票(Preferred Stock)

优先股票指由股份有限公司发行的、在分配公司收益和剩余财产方面比普通股票具有优先权的股票。优先股票是特种股票中最为重要也最为常见的一种。优先股票与普通股票一样代表对公司的所有权,同属于权益证券。所谓"优先",是相对普通股而言的。优先股相对普通股的优先权体现在两方面:

一是在收益稳定性的保障上优先于普通股。优先股一般有固定的股息，并在公司有条件支付的情况下保证支付。当然，优先股毕竟仍是股票，法律上并未严格限定公司逐期足额支付优先股息；在公司经营状况不佳，的确无力按承诺的股息率支付股息时，也可以少支付或不支付优先股股息（通常欠付部分在以后有条件支付时应予补付）。

二是在收益与剩余财产分配顺序上优先于普通股。即在公司分配盈余时，必须先向优先股持有者支付股息，然后再支付普通股股东的股息；而当公司破产清偿时，剩余财产的分配也必须首先满足优先股持有者的分配要求，然后才进行普通股股东的剩余财产分配。

优先股相对普通股所具有的上述优先性，使其投资风险相对于普通股较小。但优先股也有不及普通股的劣势，主要表现在两方面：

第一，优先股持有者一般无权参与公司的经营管理，没有对公司人事、决策等方面的表决权。

第二，通常优先股股息率固定，即使公司经营状况良好，优先股股东也不能享受公司利润增长所带来的分配利益。

可见，普通股与优先股相比较，各有利弊，分别适合不同的筹资和投资需要，不能把优先股误认为优良股票，而把普通股误解为低权利股票。

优先股又可进一步分成若干种类：

1. 累积优先股与非累积优先股。累积优先股是最常见、最典型的优先股。其特征是当公司由于经营不佳而在某一时期无法支付股息时，欠付额不予注销，而在以后年度补付。非累积优先股则与其相反，即因公司经营状况不佳而在某期欠发的股息随即注销，以后不再补发的优先股。

2. 参加优先股与非参加优先股。参加优先股指当公司盈利情况良好，利润显著增加，普通股股东分红水平显著提高时，持有人除享受固定股息率的股息收入外，还可参加公司剩余盈利分配的优先股。非参加优先股则是原本意义上的优先股，即只享受固定股息，而不能再享受额外收益分配的优先股。一般的优先股都属于此类。

3. 可转换优先股与不可转换优先股。可转换优先股即持有人有权在一定时期内，按一定比例将其转换为普通股的优先股。不可转换优先股则是发行后便始终保持优先股形态，不能转换为公司普通股的优先股。这也是大多数优先股所具有的特征。

4. 可赎回优先股与不可赎回优先股。可赎回优先股是指可以由其发行公司按照一定价格收回的优先股，至于公司是否将其收回则取决于公司本身。不可赎回优先股是指在任何时间、任何条件下都不能由发行公司收回的优先股。

二、按是否记名划分

按是否记名划分，股票主要有记名股票和不记名股票。

（一）记名股票

指持有人姓名载于票面，同时持有人基本情况登录于公司股东名册的股票。我国证券市场目前交易的股票均属此类。公司发行记名股票，是基于掌握股东情况和使股东充分行使权利、享受权益的考虑。记名股票在转让时必须办理过户手续，否则受让人不能享受股东权益。在国外，许多股份公司的章程中都对记名股票的转让规定有某些限制条款，如不得转让给本公司敌对的公司，在股东大会举行前的一定时间内不得转让，乃至发行后特定的时间范围内不办理过户转让手续等，借以维护公司和股东的利益。

(二)不记名股票

指持有人姓名既不在票面上记载,也不在股东名册上登录。派息时不专门通知,持有人可随时转让且无须在转让时办理过户手续的股票。由于对不记名股票持有人的具体情况公司实际上并不掌握,股东要行使权利享受公司赋予的权益,就不得不向公司出示股票,因而不记名股票的印制要求十分严格,以防伪造。

三、按股票交易进行的场所划分

按股票交易进行的场所划分,股票主要有上市股票和非上市股票。

(一)上市股票

上市股票即在证券交易所公开挂牌交易的股票。股份有限公司发行的股票原则上都可以进行公开交易,但交易进行的空间并不相同。上市股票并不是进入市场交易的所有股票的统称,而是特指被允许在证券交易所内集中、公开进行挂牌交易的那部分股票。在可交易的股票中,上市股票在种类上通常只占一个较小的比例,但它们通常都是各行业比较有代表性的、较重要的公司发行的,因而其交易的绝对金额、交易活跃程度、专业化水平和方便性也是其他股票不能比拟的。

(二)非上市股票

非上市股票是指未在证券交易所公开挂牌交易的股票,包括在各类场外市场进行交易和尚未进入市场交易的各种股票,又可以再分为场外交易股和非流通股。前者是在金融机构的柜台、专门的计算机交易网络上进行交易的可流通股票;后者则是不能或由于某些原因暂时未公开流通的股票,如我国一些公司发行的定向募集的股票。

四、按购买时所使用的货币种类划分

按购买时所使用的货币种类划分,股票主要有 A 种股票和 B 种股票。①

(一)A 种股票

A 种股票的正式名称是人民币普通股票,是以人民币计值和购买,主要针对我国境内投资者发行的股票,简称 A 股。这是我国目前发行量最大、最常见的股票。

(二)B 种股票

B 种股票的正式名称是人民币特种股票,是指由我国股份有限公司发行的、在境内上市并以人民币标明面值,供境内外投资者用外币认购的普通股票,简称 B 股。B 股的发行最初主要是为了在更广泛的范围内吸引境外资金,以弥补国内资金缺口。从 2001 年 2 月 26 日起,B 股交易对境内投资者开放。

五、按票面是否标明金额划分

按票面是否标明金额划分,股票主要有面额股票和无面额股票。

(一)面额股票

面额股票或称面值股票。即票面上标明一定金额和股数的股票。面额股票的作用是可以确定每一股在公司资本中所占的比例。如某公司发行总价值为 10 000 万美元的股票,每一股的票面金额为 100 美元,则每一股就拥有公司一百万分之一的所有权。我国现在发行的国内

---

① 这是我国证券市场特有的股票分类。

上市的股票都是有面额的股票，每股股票的面额一般都是人民币1元。[①]

（二）无面额股票

无面额股票或称无面值股票、分权股票、比例股票。即股票票面上未标明金额和股数，仅注明该股票所代表的股份在所发行股份的总量中所占比例的股票。无面额股票的价值随公司资产的增减而增减。发行无票面金额股票，可以由公司董事会对每股规定一个价值，称为设定价值，以此作为公司记账的依据。我国不允许发行这种股票。

六、按绩效或收益特性划分

按绩效或收益特性划分，股票主要有蓝筹股、成长股、收入股、防守股、周期股和投机股等。

（一）蓝筹股

蓝筹股原是美国投资者使用的一个概念，是由一些历史悠久、实力雄厚的公司发行，并有长久及稳定的派息记录的股票。现泛指在证券交易所公开上市的、由著名的大公司发行的、收益可靠而丰厚的股票。发行蓝筹股的公司至少满足以下几个基本条件：第一，公司具有较强的经济实力，经营状况优良、稳定，具有较强的分红能力，每年都能给股东满意的回报；第二，主营业务突出，且公司在所属行业中占有支配性地位；第三，股本规模大，属于股市中的"航空母舰"；第四，公司所处的行业正处于成长期，行业景气度高。蓝筹股的市场表现是价格比较稳定，较少出现急升急跌的情形。因为这类股票一直被稳健的投资者所拥戴，作为长线投资的对象，而且公司在市场上流通的股票总值相当巨大，其股价不易被少数人控制。

（二）成长股

成长股是指由发展前景极佳、销售额及收益额迅速扩张的成长型的公司发行的股票。由于成长型公司（多属高新技术产业、朝阳产业）正处于经营业务蓬勃上升的时期，公司需要大量资金来扩充业务，往往将公司盈余的大部分留作发展基金，用于公司的再投资。收益用于积累和再投资的比例较大，因而其近期的分配收益往往并不很高。与收益股相比较，成长股的特点是股息较低，甚至没有股息而以红股代替，但其发展前景较为乐观，假以时日，其以后的收益分配可望达到相当高的水平，故其交易通常较为活跃，市场价格多处于上扬状态中，因而也是投资者十分青睐的对象。以成长股投资而闻名于世的美国投资家巴菲特旗下的伯克希尔·哈撒韦公司是成长股的代表，该股票1976年11月的股价为67美元左右，2007年12月7日该股票的最高价为15.09万美元。

（三）收入股

收入股是指那些能在当前和今后一定时期内支付较高股息的股票。通常是已进入成熟期而产品的市场需求正处于旺盛期的公司发行的股票。发行收入股的公司多属稳定的行业，这些行业通常不受时势影响，但同时其扩张机会也不大，只能平稳地经营业务，故它的股价涨跌不会很大。正是由于它不需要扩张业务，其收入往往多转化为较高的股息和红利。

（四）防守股

防守股是指在任何经济波动条件下收益都比较稳定的股票。这种股票与周期股票正好相反，在商业条件恶化时，它的收益要比其他股票优厚并且较为稳定，如水、电和交通等公用事业

---

① 在我国20世纪90年代初股票市场刚建立时，股票面值不统一，多数是100元和10元面值的股票，后来都经过拆细，统一为1元面值的股票，即每股股票代表1元价值。但关于每股面值，《公司法》中并没有明确的规定。2008年4月16日发行的紫金矿业是我国第一只面值为0.10元的股票。在国外，每股股票面值是不同的，既有1元（本国货币）面值的股票，也有10元、100元面值的股票以及几分甚至几厘面值的股票。

公司发行的股票就属此类。

(五)周期股

周期股是指那些经营及收益分配水平随商业、经济周期同向变动的股票。其特点是:当商业经济背景改善、市场需求旺盛时,公司的经营业绩也向好,利润大幅度增长,股息支付水平显著提高,股票市场价格也持续上扬;反之,则情形相反。奢侈品及交通运输等行业的生产经营过程因受商业、经济周期影响较为明显,其所发行的股票通常被视为周期股。周期股对于波段性交易者具有相当大的吸引力。

(六)投机股

投机股是指那些价格变化快、幅度大,发展前景很难确定的股票,是由一些盈利情况极不稳定且未来收入难以确定的公司发行的。由于这种股票价格波动大且涨落频繁,给证券投机者赚取巨额差价带来了极大的可能性,因此这种股票备受偏好高风险的证券投机者青睐。

第三节　股票的价值与价格

一、股票的价值

股票的价值可以从不同的角度进行考察,从而得出有关股票价值的不同含义。

(一)票面价值

股票的票面价值又称面值,即在股票票面上标明的金额。面值的作用主要体现在:簿记作用,表明每一份股票所包含的资本数额,并据此确定公司总股本额;表明股票的持有者在公司总股份中所占的份额,是确定股东权利的依据;在首次发行股票时,将股票的面值作为发行定价的一个依据。一般来说,股票的发行价格都会高于其面值。在我国,股票的票面价值一般规定为 1 元人民币。例如,某公司发行股票的总面值为 6 000 万元,每股的票面价值为 1 元。那么,一股股票就代表该公司总股份的六千万分之一,该公司的总股本额就是 6 000 万元。在实际股票投资中,股票票面价值的参考意义不大。

(二)账面价值

账面价值指上市公司财务报表上反映出的每股实际拥有的净资产额,它可以真实地显示每单位股份的含金量。以公司的资产净值除以股份数,即可得出每股的账面价值,即:

$$每股账面价值=\frac{公司资产净额}{普通股股本}$$

式中,公司资产净额=公司资产总额－公司负债总额=股本＋资本公积金＋盈余公积金＋未分配利润。

账面价值是每股股票所代表的实际资产的价值,通常股票的账面价值越高,每股的含金量越高,其投资价值也越高。

(三)清算价值

清算价值是指公司撤销或倒闭解散时,资产经过清算后,每一股份所代表的资产净值。在理论上,清算价值等于清算时的账面价值,但由于公司在倒闭清算时其资产一般要被折价处理,同时,在清算时还要支付一定的清算费用,所以清算价值往往小于账面价值。

(四)内在价值

内在价值主要是用于股票分析时使用的价值形式,它可以看作是一种股票基于其内在品质而在理论上应该具有的价格。股票在市场上流通转让时，受到多种因素的影响，其市场价格会上下波动。内在价值则旨在说明一种股票按其获利能力在正常情况下应该是什么价格。对于其计算，目前国内外并无完全统一的认识，不同的分析家采取的具体方法也各不相同；但多数都是从未来一定时间内该种股票能够取得的现金收益流量的净现值水平这一角度进行计算的。理论上讲，股票的内在价值也就是股票未来收益的现值，它取决于股票持有期的股息收入和市场利率的高低。股票的内在价值会对其市场价格产生制约，但并不能完全决定市场价格。计算股票内在价值的目的就在于研判股票的实际投资价值；同时根据内在价值，也可以判断其现在的市场价格是否合理。

二、股票的价格

(一)理论价格

股票代表的是投资者的股东权益，这种权益的直接经济利益表现为股息、红利收入。股票的理论价格就是为获得股息、红利收入而付出的代价(机会成本)，是股息资本化的表现。静态考察，股息收入与利息收入没有区别，投资者将资金投资于股票还是存进银行，取决于何种方式收益率更高。按照等量资本获得等量收入的理论，如果股息率高于利息率，人们会增加对股票的需求，导致股价上涨，而股息率就会下降，一直降到股息率与市场利息率大体相等为止，由此，得到股票的理论价格为：

$$\text{股票理论价格}=\frac{\text{股息红利收益率}}{\text{市场利息率}}$$

股票的理论价格与市场价格有时存在很大差距，但是理论价格对于预测市场价格的变动趋势提供了重要依据，理论价格也是市场价格形成的基础性因素之一。

(二)市场价格

股票的市场价格是股票在市场上交易形成的价格。股票市场分为发行市场和流通市场，相应的股票市价也分为发行价格和流通价格。股票发行价格前面已经提及。股票在流通市场上的价格才是完全意义上的股票市场价格，简称股票市价或股票行市。股票行市受到经济、政治、法律、军事、文化(宗教)、自然等诸多因素的影响，经常发生变化，这种变化称为行情波动。由于行情波动，股票在不同时点有不同的价格，在证券交易所里最引人注目的价格是开盘价、收盘价、最高价、最低价。特别是收盘价，它是人们分析股市及制作股市行情图表、编制股票价格指数的基本数据。股价的敏感善变导致投资收益大幅波动，投资者总是从影响股价的诸多因素中，力图找出主要因素，以把握股价走势，进行正确的投资决策。

第四节　股票投资的收益和风险

一、股票投资的收益

股票投资收益是指投资者初始投资的价值增值量，即投资者在购买、持有、出售股票的过程中获得的各种投资回报，是社会资本的积累。

股票投资收益主要由以下几部分组成：

(一)股票持有收益

股票持有收益是指投资者购买股票后成为公司的股东，以股东的身份按照持股的多少，从公司获得的股利收益，一般包括股息、红利[①]。股息可理解为股票的利息，优先股股东可以按预定的股息率获取股息，在优先股股东之后，普通股股东也可获取股息，但股息水平不固定；红利是指普通股股东取得的超过股息部分的利润，包括现金红利和红股。现金红利是指公司以现金向普通股股东派发的股利，现金红利的发放根据公司年度盈利情况和今后的发展战略而定。投资者获得的现金红利需交纳投资所得税；红股即股票股利，是公司以增发公司股票的方式向股东分配的股利，通常是按持股比例分发给股东。与现金股利相比，发放红股可以避免公司资本外流；另外，红股的发放在增加投资者的投资资产的同时还可免缴所得税。

股息和红利是股票投资收益的重要组成部分，对拟进行长期投资的投资者来说，股息和红利是其最主要的投资收益。投资者在持有股票期间获取的股息和红利是一个不确定的未来变量，其决定于公司的年度盈利能力、公司经营政策和发展战略、公司债务情况、大多数股东的意愿等因素。

（二）股票交易收益

股票交易收益是投资者持有的股票价格上升所形成的资本增值收益，即投资者以低价买进、高价卖出而获得的差价收益，又称资本利得。股票交易收益的高低与投资者选择的股票与买卖时机相关。

股票市场处于下降趋势时，现金红利和股息是投资者主要的投资收益；而当股票市场处于上升趋势时，获取股票交易收益则是投资者投资股票的主要目的。

（三）股票投资收益的衡量

衡量投资者股票投资收益水平的指标主要有以下几种：

1. 股息收益率

股息收益率又称获利率，是指投资者收到的、公司以现金形式派发的股息（股利）与股票市场价格的比率。其计算公式如下：

$$\text{本期股息收益率}(R)=\frac{\text{每股股息}(D)}{\text{本期股票市场价格}\ P}\times 100\%$$

本期股息收益率表明的是以现行市场价格购买股票的收益水平。公司本期盈利如果增加，发放的股息就会较多，相应地，本期股息收益率就会提高；反之，本期股息收益率就会降低。通常，股息收益率与股价变动保持正相关。但当投资者预期股息水平不变时，股票的收益率就与股票市价呈反向变动。也就是说，当股票市价偏高，收益率就偏低；当股票市价偏低，收益率就偏高。

2. 资本收益率

资本收益率是指投资者买卖股票所获得的交易差价收益与初始投资额的百分比。其计算公式如下：

$$\text{资本收益率}(R)=\frac{\text{股票卖出价格}\ P_t-\text{初始买入价格}\ P_o-\text{交易费用}}{\text{初始买入价格}\ P_o}\times 100\%$$

3. 持有期收益率

持有期收益率是指从投资者购入股票开始到出售股票的一定时期内股票投资收益与初始投资额的百分比。其计算公式如下：

---

① 尽管股息和红利有一定的区别，但两者都是公司对投资者进行的利润分配，实质是一样的，所以人们一般不再对两者进行明确区分，而将两者统称为股息或者是红利。

$$HPR=\frac{\text{持有期收到的每股股息}(D_o)+\text{出售价格}(P_t)-\text{初始购买价格}(P_o)}{\text{初始购买价格}(P_o)}\times 100\%$$

资本收益率和持有期收益率的高低关键在于出售价格与初始购买价格的差值，即股票交易收益。股票交易收益高，其持有期收益率就会提高；反之，持有期收益就会降低。获取投资收益是投资者购买并持有股票的主要目的，投资者投资不同的股票，其投资收益的高低水平也是不一样的。从理论上讲，只有选择高质量、高成长性的股票，并在股票价格较低时买进、较高时卖出，才会获得较高的股票交易收益和持有期收益率。

需要注意的是，投资者在持股期间公司股本发生变化时（如公司送股、配股、增发或缩股时），初始购买价格或出售价格应进行相应调整。

二、股票投资的风险

股票投资风险是指投资者实现不了预期收益或投资本金遭受损失的可能性。股票投资收益和风险是并存的，高收益往往伴随着高风险。

根据股票投资风险的含义，可以将股票投资风险分成两部分：一是股票投资收益风险。股票投资收益风险是指投资者预期收益的背离，即股票投资收益的不确定性。股票投资与银行储蓄或债券相比，收益高且风险大。进行较高风险的股票投资是为了获取高于银行存款或债券的投资收益，如果股票投资者的投资收益低于银行存款或购买债券的收益，那么对投资者来说意味着遭受了风险，这种风险就称之为投资收益风险。二是股票投资资本风险。股票投资资本风险是指投资者在股票投资中面临着投资资本金遭受损失的可能性。

股票投资风险可归纳为两大类：系统性风险和非系统性风险。

（一）系统性风险

系统性风险又称整体性风险，是对市场上所有股票价格都会带来影响的风险。系统性风险造成的后果具有普遍性，其主要特征是几乎所有股票价格都会下跌，投资者无法通过分散投资有效规避风险。经济的、政治的和社会的变动是系统风险的根源，从理论上说，一个国家宏观经济状况良好、政治形势稳定，股票市场上发生系统性风险的可能性就小；相反，经济持续低迷、政局不稳，股票市场上发生系统性风险的可能性就大。系统性风险主要包括政治风险、经济风险等。

1. 政治风险。政治风险是指足以影响股价变动的国内外政治活动以及政府的政策、措施、法令等给证券市场及投资者带来的风险。稳定的社会、政治环境是一国经济正常发展的基本保证，也是证券市场稳定、健康发展的基本前提。倘若一国政治局势出现大的变化，如国家重大政治体制的变更、国家首脑的更迭、国内出现动乱、对外政治关系发生危机时，都会对证券市场的运行产生影响进而影响投资者的投资收益。

2. 经济风险。经济风险是指各种经济因素的变化导致股票价格波动而造成投资者损失的可能性。影响股票价格变动的经济因素包括：经济周期波动、利率、汇率变动、财政收支状况、货币供应量、购买力、国际收支等。经济因素的不确定性是引发系统性风险的主要原因，经济周期波动等经济因素对股票市场的打击是极其严重的。投资者进行股票投资时，必须时刻关注和分析国民经济增长率、经济景气度、国内投资动向、中央银行存款准备金率及银行存贷款利率、通货膨胀率、失业率、国际收支及汇率等经济指标，以掌握国家的宏观经济动向，尽可能地规避和减少因经济因素变化而导致的投资损失。

系统性风险是一个综合性风险，尽管发生系统性风险时，对证券市场上所有的股票都会造成影响，但系统性风险对各种股票的影响程度是不一样的，即系统性风险的强度是不同的。一般地，用β系数来衡量和反映系统性风险的强度。β系数是一种相对性的度量指标，其计算公式是：

$$\beta=\frac{\text{某只股票的预期报酬}-\text{该期报酬中的非风险部分}}{\text{整个市场股票组合的预期报酬}-\text{该期报酬中的非风险部分}}$$

整个市场股票组合的β系数为1，某只股票的β系数高意味着其受系统性风险的影响大，如果β系数高于1，说明该股票的风险程度高于整个市场股票组合的风险水平；反之，β系数低则意味着该股票受系统性风险的影响较小，如果β系数低于1，说明该股票的风险程度低于整个市场股票组合的风险水平。但是需要注意的是，风险与收益是呈正比关系的，风险度较高的上市公司，其预期收益率也较高；反之，风险度较低的上市公司，其预期收益率也较低。

（二）非系统性风险

非系统性风险也称为个别风险，是指与特定公司或行业相关的风险。非系统性风险只对股票市场的个别股票或某一行业的股票产生影响，投资者可以通过合理地进行投资组合加以规避和分散。非系统性风险既可能来自公司外部，如产品需求发生变化、国家产业政策调整等，也可能来自公司内部，如由于公司管理能力、促销能力、技术能力、市场分析、调研能力不高等而使公司盈利能力难以提高，进而致使该公司股票价格下降。

非系统性风险主要可分为：

1. 经营风险。经营风险指的是由于公司的外部经营环境的变化以及公司经营决策的失误或经营管理不善等原因造成公司收入的降低，进而导致投资者预期收益下降的风险。公司收益、收益增长率及现金流量的不确定性程度是衡量经营风险的大小的主要指标，当公司收益下降，公司在支付债务利息和到期本金后，可能会没有足够的现金再向股东们发放股息；同时，公司的收益或收益增长率降低，其股票的市场价格一般也会随之下调，股东们的预期交易收益难以实现。

2. 财务风险。财务风险是指公司财务结构不合理、融资不当而造成其偿债能力下降进而导致投资者预期收益下降的风险。财务风险主要来自融资而产生的财务杠杆作用，负债经营是现代企业必需的经营策略，通过负债经营可以弥补自有资金的不足，还可以用借贷资金来实现盈利。但是，公司资金总量中债务比重大，或是公司的资金利润率低于利息率，就会使股东的可分配盈利减少，股息下降，从而使股票投资的财务风险增加。

第五节　股票价格指数

股票价格指数是反映股票市场价格总水平的一个指标。各种股票价格经常波动，要反映股票市场价格的总水平，就要采用股票价格指数。

股票价格指数有两种表示方法：一种是用绝对数表示，即直接用股票的平均价格表示；另一种是用相对数表示，即以股票价格指数表示。从理论上讲，只有后者才能称为股票价格指数，前者不属于指数范畴，但习惯上将二者都称为股票价格指数，所以我们仍将前者称为股票价格指数。

一、股票价格指数的分类

（一）按指数的形式划分

1. 股票价格平均数。股票价格平均数是用货币单位表示的股票指数。道·琼斯股票价格平均数、日经股票价格平均数都属于这一类。

2. 股票价格指数。股票价格指数是用“点”为单位表示的股票指数。如标准·普尔指数，我国的上证指数和深证指数就属于这一类。

(二)按指数基期的确定方式划分

1. 定基指数。定基指数是各个时期都用某一固定的时期作为基期而编制的股票价格指数。世界上绝大多数股票指数都采用定基指数。

2. 环比指数。环比指数是各期都依次用前一时期作基期所编制的股票价格指数。如我国深圳证券交易所编制的综合股价指数，就是采用的环比指数，总是以上一个交易日作基期。股票价格指数使用环比指数的情况并不多见。环比指数与定基指数的原理是相同的，使用环比指数并不影响股票指数的真实性。

(三)按指数的截止时间划分

股票指数还可以分为年度指数、半年指数、季度指数、月份指数、月指数、日指数、小时指数和分钟指数。

此外，按指数的计算货币可划分 A 股指数和 B 股指数；按指数计算时间和变化情况还可分为开盘指数、收盘指数、最高指数和最低指数。还可以分行业计算指数等。

二、股票价格指数的作用

股票价格指数在现实生活中被广泛使用，它不仅可以为投资和政府决策提供依据，而且其本身也是一种套期保值的工具。

1. 为股票投资者提供决策依据。利用股票指数进行投资决策通常从 3 个方面进行：(1)利用指数趋势进行决策；(2)利用行业指数进行决策；(3)利用股票指数的联动性进行决策。

2. 为国家经济决策提供依据。股票指数是国民经济的晴雨表。股票指数的变化是股票价格变化的结果。归根结底，股票价格变化是由经济因素决定的。

3. 可以作为股票套期保值的工具。在股票市场上，由于股票指数的变化与股票价格的涨落具有趋同性，当期货交易出现以后，便为股票投资者提供了套期保值的工具。

三、股票价格指数编制与计算

在股票交易市场上，有成百上千种股票在进行不断地买进卖出，各种股票的价格各异、价格种类又多种多样，彼此起伏，变幻不定。在瞬息万变的股票市场交易中，用一种股票价格的变动来说明整个市场状况是不全面的。这就需要有一个总的尺度来衡量股票市场总体价格水平的变动，这样，股票价格指数就应运而生。股票价格指数能及时全面地反映市场上股票价格水平的变动，它的上涨和下跌，可以看出股票市场变化的趋势，能从一个侧面灵敏地反映一个国家政治、经济的发展变化，其作用远远超出一个统计数字的作用。

(一)股票价格平均数

股价平均数采用股价平均法，用来度量所有样本股经调整后的价格水平的平均值，可以为简单算术股价平均数和修正股价平均数。

1. 简单算术股价平均数

简单算术股价平均数是以样本股每日收盘价之和除以样本数。其计算公式为：

$$\overline{P}=\frac{1}{n}\sum_{i=1}^{n}P_i$$

简单算术股价平均数的优点是计算简便，但也存在两个缺点：

(1)发生样本股送股、配股、拆股和更换时，会使股价平均数失去真实性、连续性和时间序列上的可比性；(2)在计算时没有考虑权数，即忽略了发行量或成交量不同的股票对股票市场有不同的影响这一重要因素。这可以通过加权股价平均数和修正股价平均数来弥补。

2. 加权股价平均数

加权股价平均数又称加权平均股价，是将各样本股票的发行量或成交量作为权数计算出来的股价平均数。其计算公式为：

$$\overline{P}=\frac{\sum_{i=1}^{n}P_iW_i}{\sum_{i=1}^{n}W_i}$$

3. 修正股价平均数

修正股价平均数是在简单算术平均法的基础上，当发生拆股、增资配股时，通过变动除数，使股价平均数不受影响。其计算公式为：

新除数＝拆股后的总价格/同期样本股成交总量

修正股价平均数＝拆股后的总价格/新除数

目前，在国际上影响最大、历史最悠久的道·琼斯股价平均数就采用修正股价平均数法来计算股价平均数，每当股票分割、发放股票股息或增资配股数超过原股份的10%时，就对除数作相应的修正。

(二)股票价格指数

股票价格指数是将计算期的股价与某一基期的股价相比较的相对变化指数，用以反映市场股票价格的相对水平。

1. 股票价格指数的编制步骤

(1)选择样本股。选择一定数量有代表性的上市公司股票作为编制股票价格指数的样本股。样本股的选择主要考虑两条标准：①样本股的市价总值要占交易所上市的全部股票市价总值的相当部分；②样本股票价格变动趋势必须能反映股票市场价格变动的总趋势。

(2)选定某基期，并以一定方法计算基期平均股价。通常选择某一有代表性或股价相对稳定的日期为基期，并按选定的某一种方法计算这一天的样本股平均价格或总市值。

(3)计算计算期平均股价，并作必要的修正。

(4)指数化。将基期平均股价定为某一常数(通常为100、50或10)，并据此计算计算期股价的指数值。

2. 股票价格指数的计算方法

股价指数的编制方法有简单算术股价指数和加权股价指数两类。

(1)简单算术股价指数又有相对法和综合法之分。

①相对法是先计算各样本股的个别指数，再加总求算术平均数。假设股价指数为P，基期第i种股票价格为P_{0i}，计算期第i种股票价格为P_{1i}，样本数为n。其计算公式为：

$$P=\frac{1}{n}\sum_{i=1}^{n}\frac{P_{1i}}{P_{0i}}$$

②综合法是将样本股票某期价格和计算期价格分别加总，然后再求出股价指数。其计算公式为：

$$P=\frac{\sum_{i=1}^{n}P_{1i}}{\sum_{i=1}^{n}{}_{0i}}$$

(2)加权股价指数是以样本股票发行量或成交量为权数加以计算，又有基期加权和几何加权之分。

①基期加权股价指数又称拉斯佩尔加权指数(Laspeyres Index)，采用基期发行量或成交量作为权数。其计算公式为：

$$P=\frac{\sum_{i=1}^{n}P_{1i}Q_{0i}}{\sum_{i=1}^{n}P_{0i}Q_{0i}}$$

式中：Q_{0i} 为第 i 种股票的基期发行量或成交量。

②计算期加权股价指数又称帕舍加权指数(Paasche Index)，采用计算期发行量或成交量作为权数。其适用性较强，使用较广泛，很多著名的股价指数，如标准・普尔指数等都使用这一方法。其计算公式为：

$$P=\frac{\sum_{i=1}^{n}P_{1i}Q_{1i}}{\sum_{i=1}^{n}P_{0i}Q_{1i}}$$

式中：Q_{1i} 为第 i 种股票的基期发行量或成交量。

四、国际主要的股票价格指数

(一)道・琼斯股价指数

道・琼斯股价平均指数，是世界上最早、最享盛誉的股票价格指数，由美国道・琼斯公司计算并在《华尔街日报》上公布。早在 1884 年 6 月 3 日，道・琼斯公司创始人查尔斯・亨利・道和爱德华・琼斯根据当时美国有代表性的 11 种股票编制股票价格平均数，并发表于该公司编辑出版的《每日通讯》上。以后，道・琼斯股价指数的样本股逐渐扩大至 65 种，编制方法也有所改进，《每日通讯》也于 1889 年改名为《华尔街日报》。

现在的道・琼斯指数实际上是一组股价平均数，包括以下 5 组指标：(1)工业股价平均数。以美国埃克森石油公司、通用汽车公司和美国钢铁公司等 30 家著名大工商企业股票为编制对象，能灵敏反映经济发展水平和变化趋势。平时所说的道・琼斯指数，就是道・琼斯工业股份平均数。(2)运输业股价平均数。以美国泛美航空公司、国际联运公司等 20 家具有代表性的运输业公司股票为编制对象。(3)公用事业股价平均数。以美国电力公司、煤气公司等 15 种具有代表性的公用事业大公司股票为编制对象。(4)股价综合平均数。以上述 65 家公司股票为编制对象。(5)公正市价指数。以 700 种不同规模或实力的公司股票作为编制对象。该指数于 1988 年 10 月首次发表。由于该指数所选的股票不但考虑了广泛的行业分布，而且兼顾了公司的不同规模和实力，因而具有相当的代表性。

道・琼斯股价平均数以 1928 年 10 月 1 日为基期，基期指数为 200。该指数的计算方法原为简单算术平均法，由于这一方法的不足，从 1928 年起采用除数修正的简单平均法，使平均数能连续、真实地反映股价变动情况。长期以来，道・琼斯股价平均数被视为最具权威性的股价指数，被认为是反映美国政治、经济和社会状况最灵敏的指标，甚至是反映西方经济盛衰的重要指标。

（二）金融时报指数

金融时报指数是英国最具权威性的股价指数，由《金融时报》编制和公布。这一指数包括以下3种：(1)《金融时报》工业股指数，又称30种股票指数。该指数包括30种最优良的工业股票价格。它以1935年7月为基期，基期指数为100。(2)100种股票交易指数，它包括100家有代表性的大公司股票。该指数自1984年1月3日起编制并公布，基值定为1 000。(3)综合精算股票指数，它从伦敦股市上精选700多种股票作为样本股加以计算，自1962年4月10日起编制和公布，并以这一天为基期，令基期指数为100。这一指数的特点是统计面宽、范围广，能较全面地反映整个股市状况。

（三）日经225股价指数

日经225股价指数是《日本经济新闻社》编制和公布的以反映日本股票市场价格变动的股价指数。该指数自1950年9月开始编制，最初根据东京证券交易所第一市场上市的225家公司的股票算出修正平均股价，称为“东证修正平均股价”。1975年5月1日，《日本经济新闻社》向道·琼斯公司买进商标，采用道·琼斯修正指数法计算，指数也改称为“日经道氏平均股价指标”，1985年5月合同期满，又改为“日经股价指数”。现该指数分成两组：一是日经225种股价指数，以在东京证券交易所第一市场上市的225种股票为样本股，包括150家制造业、15家金融业、14家运输业和46家其他行业，用1950年算出的平均股价176.21日元为基数；二是日经500种股价指数。该指数从1982年1月4日起开始编制，样本股扩大到500种，约占东京证券交易所第一市场上市股票的一半，因而代表性更广泛。

（四）恒生指数

恒生指数由中国香港恒生银行于1969年11月24日起编制公布，它挑选了33种有代表性的上市股票为成分股，包括金融业4种、地产业9种、公用事业6种、其他工商业14种，其成分股并不固定，自1969年以来，已做了10次调整，以保证其代表性。恒生指数最初以股市交易正常的1964年7月31日为基期，令基值为100，后来因为恒生指数按行业增设了4个分类指数，将基期改为1984年1月13日，并将该日收市指数的975.47点定为新基期指数。

知识拓展

专栏1.1　我国现行的股票类型

我国按投资主体的不同性质，将股票划分为国家股、法人股、社会公众股和外资股等不同类型。

1.1.1　国家股

国家股由国务院授权的部门或机构持有，或根据国务院决定，由地方人民政府授权的部门或机构持有。

国家股从资金来源上看，主要有三个方面：第一，现有国有企业改组为股份公司时所拥有的净资产；第二，现阶段有权代表国家投资的政府部门向新组建的股份公司的投资；第三，经授权代表国家投资的投资公司、资产经营公司、经济实体性总公司等机构向新组建股份公司的投资。如以国有资产折价入股的，须按国务院及国家国有资产管理部门的有关规定办理资产评估、确认、验证等手续。

国家股是国有股权的一个组成部分(国有股权的另一组成部分是国有法人股)。国有资产管理部门是国有股权行政管理的专职机构。国有股权可由国家授权投资的机构持有。在国家授权投资的机构未明确前,则由国有资产管理部门持有或由国有资产管理部门代表政府委托其他机构或部门持有。国有股股利收入由国有资产管理部门监督收缴,依法纳入国有资产经营预算并根据国家有关规定安排使用。国家股权可以转让。

依据最近三年对国有资产管理体制改革的规定,我国各级国有资产管理体系的基本架构将由三个基本层面组成:第一层面为行政监管机构,即国有资产管理委员会及其办事机构(国有资产管理办公室);第二层面为国有产权经营机构,即国资控股公司;第三层面为国有生产经营机构,即有国资成分的企业。第一层面的成员由政府任命,行使所有者权利并对第二层面实施所有者管理,对其主要管理者任免、经营规则制定、重大事项处理等进行管理;第二层面作为第一层面的代理人,受托经营国有资本,并控股、参股第三层面,按出资比例对第三层面行使股东权利;第三层面从事具体生产经营活动。随着新的国有资产管理体制的实行,对上市公司的国有股权运营管理将产生一系列深远影响。

1.1.2 法人股

法人股是指企业法人或具有法人资格的事业单位和社会团体,以其依法可支配的资产投入公司形成的股份。法人股股票以法人记名。

如果是具有法人资格的国有企业、事业及其他单位以其依法占用的法人资产向独立于自己的股份公司出资形成或依法定程序取得的股份,可称为国有法人股。国有法人股属于国有股权。

作为发起人的企业法人或具有法人资格的事业单位和社会团体,在认购股份时,可以用货币出资,也可以用其他形式的资产,如实物、工业产权、非专利技术、土地使用权等作价出资,但必须进行评估作价、核实财产,不得高估或者低估作价。

1.1.3 社会公众股

在社会募集方式下,股份公司发行的股份,除了由发起人认购一部分外,其余部分应该向社会公众公开发行。我国《公司法》规定,社会募集公司向社会公众发行的股份,不得少于公司股份总数的25%。公司股本总额超过人民币4亿元的,向社会公开发行股份的比例应在15%以上。

国有股和法人股目前还不能上市交易,能上市交易的只是社会公众股。

1.1.4 外资股

外资股是指股份公司向外国和我国香港、澳门、台湾地区投资者发行的股票。外资股按上市地域可以分为境内上市外资股和境外上市外资股。

1. 境内上市外资股

境内上市外资股原来是指股份有限公司向境外投资者募集并在我国境内上市的股份,投资者限于:外国的自然人、法人和其他组织;中国香港、澳门、台湾地区的自然人、法人和其他组织;定居在国外的中国公民等。这类股票称为B股,并采取记名股票形式,以人民币标明股票面值,以外币认购、买卖,在境内证券交易所上市交易。

但是,从2001年2月对境内居民个人开放B股市场之后,境内投资者逐渐成为B股市场的重要投资主体,B股的“外资股”性质也发生了变化。境内居民个人可以用现汇存款和外币现钞存款以及从境外汇入的外汇资金从事B股交易,但不允许使用外币现钞。境内居民个人与非居民之间不得进行B股协议转让。境内居民个人所购B股不得向境外转托管。经有关部门批准,境内上市外资股或者其派生形式如认股权凭证和境外存股凭证可以在境外流通转让。公司向境内上市外资股股东支付股利及其他款项,以人民币计价和宣布,以外币支付。

2. 境外上市外资股

境外上市外资股是指股份有限公司向境外投资者募集并在境外上市的股份,也采取记名股票形式,以人民币标明面值,以外币认购。在境外上市时,可以采取境外存股证形式或者股票的其他派生形式。在境外上市的外资股除了应符合我国的有关法规外,还须符合上市所在地国家或者地区证券交易所制定的上市条件。依法持有境外上市外资股、其姓名或者名称登记在公司股东名册上的境外投资人为公司的境外上市外资股股东。公司向境外上市外资股股东支付股利及其他款项时,以人民币计价和宣布,以外币支付。

境外上市外资股主要由H股、N股、S股等构成。H股是指注册地在内地、上市地在香港的外资股。这是因为香港的英文是HONGKONG,取其字首,在港上市外资股就叫作H股。依此类推,纽约的第一个英文字母是N,新加坡的第一个英文字母是S,伦敦的第一个英文字母是L,所以在纽约、新加坡、伦敦上市的外资股就分别称为N股、S股、L股。

红筹股是指在中国境外注册、在香港上市但主要业务在中国内地或大部分股东权益来自中国内地的股票。早期的红筹股,主要是一些中资公司收购香港的中小型上市公司后重组而形成的。此后出现的红筹股,主要是内地一些省市或中央部委将其在香港的窗口公司改组并在香港上市后形成的。红筹股已经成为内地企业进入国际资本市场筹资的一条重要渠道。但红筹股不属于外资股。

专栏1.2 股票价值评估方法

1.2.1 股息贴现模型法

股票具有内在价值的原因是股票能给持有人带来预期收益,由于预期收益是未来收入,一般采用现金流贴现方法将未来的预期收益折算成现值,以确定投资价值和评价当前股票市场价格是否合理。早在1938年,威廉姆斯(J. B. Williams)就将贴现方法用于计算股票的内在价值。后经很多经济学家的努力,建立、完善了分析股票内在价值最常用到的股息贴现模型(简称DDM)。

任何一种股息贴现模型都是通过对股票投资的预期现金流——股息收益和售出股票时的市场价格进行贴现而计算的。其基本计算公式是:

$$V=\sum_{i=1}^{n}\frac{D_t}{(1+t)^t}+\frac{P_t}{(1+r)^t}$$

式中:V为股票的现值;

t为股票持有年限;

D_t为第t期的股息;

r为市场利率或投资报酬率(假设持有期内其固定不变);

P_t为投资者出售股票时的市场价格。

1.2.2 市盈率估值法

市盈率又称股价收益比率或本益比,是股票的市场价格与其每股年收益的比值,一般用倍数表示。市盈率反映了在每股盈利不变的情况下,当上市公司派息率为100%时,经过多少年投资者的投资可以通过股息全部收回。因而，在上述假定条件下，市盈率就是一个静态投资回收期的概念。通常，市盈率高，说明该股票的投资回收期长，价格上升的可能性小，投资价值低；市盈率低，则说明该股票的投资回收期短，股票价格可能仍有较大的上涨余地，投资价值大。如果能够分别估计出股票的市盈率和每股收益，那么就可以根据市盈率的概念反推出股票的价格。这种评价股票价格的方法就是“市盈率估值法”。

1. 静态市盈率估值法

目前，市场上使用最广泛的市盈率通常指的是静态市盈率，即以目前价格除以已知的最近公开的每股年收益(即每股盈利)后的比值。其计算公式为：

$$静态市盈率=\frac{股票的市场价格}{上年每股税后年利润额}$$

公式中的每股税后年利润额用的是上一年度的数据，它不能准确代表公司目前的盈利水平，所以有些投资者在计算市盈率时，用当前年度预测的每股税后利润额代替上年度每股税后利润额。如果预测的当年盈利比较准确，那么计算出来的市盈率则更能体现公司的盈利能力及该股票的投资价值。

市盈率把股票价格和企业盈利能力结合起来，较真实地反映了股票价格的高低。例如，股价同为 30 元的两只股票，假设其每股收益分别为 2 元和 0.60 元，则其市盈率分别是 15 倍和 50 倍。若企业盈利能力不变，这说明投资者以同样 30 元价格购买的两种股票，要分别在 15 年和 50 年以后才能从企业盈利中收回投资。但是，由于公司的盈利能力是不断改变的，因而市盈率也会随着公司盈利能力的变化而变化；另外，不同公司的成长性不同，即使市盈率相同，其投资价值也不会相同。例如，同样是 20 倍市盈率的股票，平均每年利润增长率为 10%的股票就要远比平均每年利润增长 1%的股票有投资价值。假定其他条件不变，公司的成长性会对市盈率产生极大的影响，为了能够准确地对反映股票的投资价值，需要将市盈率与公司的成长性相联系，即将静态市盈率转化为动态市盈率。

2. 动态市盈率估值法

动态市盈率是指与公司成长性挂钩的市盈率。其计算公式是：

$$动态市盈率=静态市盈率\times\frac{1}{(1+i)^n}$$

式中：i 为企业每股收益的年增长率；n 为企业的可持续发展的存续期。

例：某上市公司目前股价为 20 元，上一年度每股收益为 0.50 元，假定年增长率为 20%，该公司保持该增长速度的可持续时间为 3 年。根据上述公式可得：

$$静态市盈率=\frac{1}{0.50}=40$$

$$动态市盈率=40\times\frac{1}{(1+20\%)^3}\approx 23$$

由此可看出，成长性较好的公司，其静态市盈率与动态市盈率相差较大。通常，为获取较高的投资回报，投资者应选择具有较高盈利能力并且能够持续成长的公司股票。

市盈率是分析股票是否具有投资价值的重要指标之一，但是如果投资者仅仅根据市盈率的高低买卖股票，可能会达不到预期效果，甚至会出现投资失误的情况。这是因为股票市场价格的走势是由众多因素决定的，用市盈率一个指标来评判股票市场价格过高或过低是很不科学的。在股票市场上，当投资者完全套用市盈率指标去衡量股票价格的时候，有时会发现市场变得无法理喻：市盈率越高的股票，其市场表现越好；而市盈率越低的股票，其市场表现却一般。

1.2.3　资本资产定价模型

传统的资本资产定价模型建立在资本市场有效、所有投资者都利用马柯威茨模型选择资产组合且满足一系列假设条件的基础上，从理论上解释了资本资产的定价问题，用方程描述了在资本市场均衡状态下资本资产的预期收益与市场风险之间的线性关系，即资本资产的预期收益与衡量市场风险的口值之间存在正相关关系。其基本公式如下：

$$E_{ri}=r_f+\beta_i(E_{rm}-r_f)$$

式中：E_{ri} 为证券(或证券组合)的预期收益率；

r_f 为无风险收益率；

E_{rm} 为资本市场的预期收益率；

β_i 为证券(或证券组合)的相对风险系数，即该证券(或证券组合)相对于资本市场整体回报的风险溢价程度。

该公式将风险与预期收益联系起来，揭示了预期收益和风险系数β的关系是一种正相关关系，风险越高，预期收益也越高；反之，风险越低，则预期收益也越低。

资本市场线和证券市场线是资本资产定价模型的两个主要结论。资本市场线是在以预期收益为纵坐标轴、以市场风险为横坐标轴的图中，表示风险资产的有效组合和无风险资产重新组合后的资产有效组合线，其描述的是在均衡的资本市场上，有效证券投资组合的预期收益率与其风险之间的关系；而证券市场线是表示风险资产组合和无风险资产的重新组合后的资产有效组合线，其描述的则是当证券市场达到均衡时，任何一种资产或资产组合的收益与风险之间的关系。

专栏 1.3　股票的除权除息

在除权除息日，股票的交易价格较上一交易日的收盘价一般会有较大变动，投资者在进行委托报价时应予以注意。如图 1—1 所示，本图为卧龙地产的日 K 线图，该股分配方案为每 10 股转增 8 股派现 1 元(含税)，股权登记日：2010—3—16；除权除息日：2010—3—17。在股权登记日其股票的收盘价格为 15.73 元，除权除息日的收盘价格为 8.80 元，远远超过了 10%的跌幅限制。

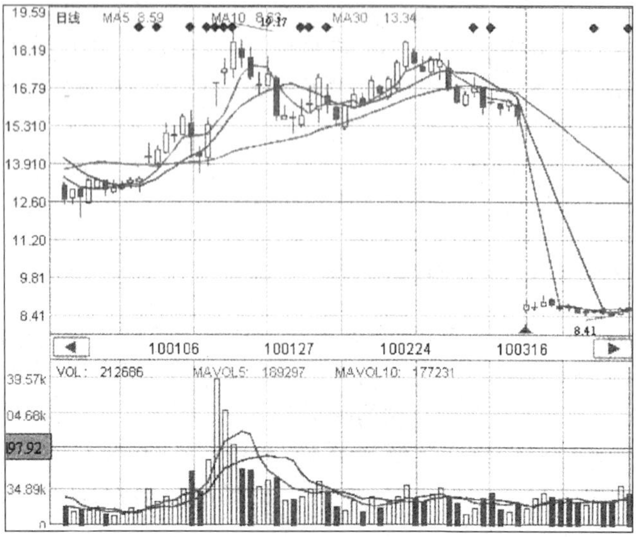

图 1—1　卧龙地产的日 K 线图

卧龙地产股价在前后两天出现如此大的下跌幅度的原因是：上市公司派发现金红利、公积金转增股本、配股等情况时，证券交易所会在股权登记日（B股为最后交易日）下一交易日对该公司股票做除权除息处理。在股权登记日前（包括股权登记日）持有该上市公司股票的投资者享受上述权利，股权登记日的次日为除权除息日，此时再买进该股票的投资者不再享受上述权利。证券交易所根据除权除息前后"股东财富不变"原则，计算并提供一个该股票于除权除息日的交易参考价（又称除权交易基准价），当日股票的涨跌幅度为除权除息日交易参考价的±10%。除权除息日交易参考价的计算公式为：

（1）送股、转增时的交易参考价的计算公式为：

$$交易参考价=\frac{股权登记日股票收盘价格}{1+每股送股(或转增)比例}$$

（2）配股时的交易参考价的计算公式为：

$$交易参考价=\frac{股权登记日股票收益价格}{1+每股送股(或转增)比例}$$

（3）派发现金红利时的交易参考价的计算公式为：

$$交易参考价=股权登记日股票收盘价格-每股所派现金$$

除权、除息之后，股票价格往往会发生很大变化，在股价走势图上则会出现向下的跳空缺口（如图1—1），但股东的实际资产并没有变化。如：20元的股票，十送十之后除权报价为10元，同时，投资者证券账户中的股票数量也增加了一倍，持有的该股票的总市值没有发生变化。但是，除权降息后价格的降低可能会影响部分投资者的正确判断，在股票分析软件中还会影响到技术指标的准确性。

为反映股票价格的实际涨跌情况，可以对当前的股票价格进行复权处理。复权就是对股票价格进行权息修复，按照股票价格的实际涨跌绘制股价走势图。复权包括向前复权和向后复权两种：向前复权，是指保持股票当前价位不变，将以前的价格缩减，同时将除权前的K线向下平移，使图形吻合，保持股价走势的连续性；向后复权，就是保持股票除权、降息前的价格不变，而将以后的价格增加，同时将除权后的K线向上平移，保持股价的连续性。①

图1—2是卧龙地产（600173）复权日K线图。

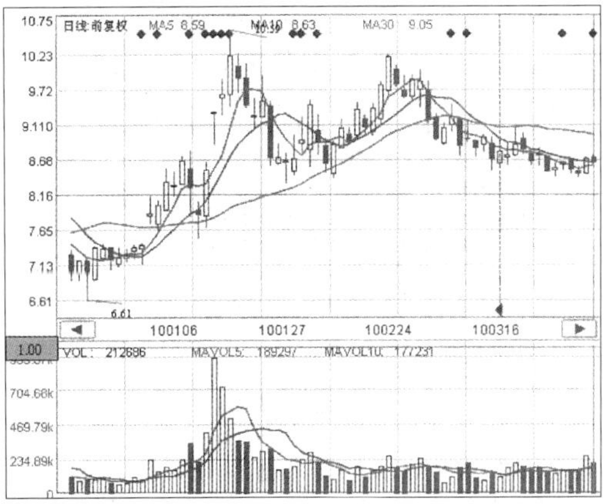

资料来源：http://q.stock.sohu.com/cn/600173/index。

图1—2 卧龙地产（600173）复权日K线图

① 目前大部分股票分析软件都有复权功能。

经过前复权的卧龙地产(600173)日 K 线图,消除了因送股除权对股价的调整,股价的连续性得以修复。

专栏 1.4 股票投资风险的衡量

从定义来看,股票投资的风险是在股票投资过程中,投资者的收益和本金遭受损失的可能性。风险衡量就是要准确地计算投资者的收益和本金遭受损失的可能性大小。一般来讲,有三种方法可以衡量证券投资的风险。

1.4.1 计算股票投资收益率低于其期望收益率的概率

假设某种证券的期望收益率为 10%,但是,投资该证券取得 10%和 10%以上收益率的概率为 30%,那么,该证券的投资风险为 70%,或者表示为 0.70。这一衡量方法严格从风险的定义出发,计算了投资于某种证券时,投资者的实际收益率低于期望收益率的概率,即投资者遭受损失的可能性大小。但是,该衡量方法有一个明显的缺陷,即许多种不同的证券都会有相同的投资风险。显然,如果采用这种衡量方法,所有收益率分布为对称的证券,其投资风险都等于 0.50。然而,实际上,当投资者投资于这些证券时,他们遭受损失的可能性大小会存在着很大的差异。

1.4.2 计算股票投资出现负收益的概率

这一衡量方法把投资者的损失仅仅看作本金的损失,投资风险就成为出现负收益的可能性,这一衡量方法也是极端模糊的。例如,一种证券投资出现小额亏损的概率为 50%,而另一种证券投资出现高额亏损的概率为 40%,究竟哪一种投资的风险更大呢? 采用该种衡量方法时,前一种投资的风险更高。但是,在实际证券投资过程中,大多数投资者可能会认为后一种投资的风险更高。之所以会出现理论与实际的偏差,基本的原因就在于:该衡量方法只注意了出现亏损的概率,而忽略了出现亏损的数量。

1.4.3 计算股票投资的各种可能收益与其期望收益之间的离差

该方法即标准差法,标准差法是金融领域广泛用来量化和测量股票收益概率分布波动性的统计指标。它认为投资者在进行股票投资时,对未来的收益状况都有自己的预期,而未来实现的收益与预期收益之间往往存在着差异,而股票投资的预期收益变动的可能性和变动幅度可以用数理统计学中的概率分布和标准差描述和衡量。其计算公式为:

$$\sigma=\sqrt{\sum_{i=1}^{n}P_i[r_i-E(r)]^2}$$

式中:σ 为标准差;

P_i 为第 i 种情况发生的概率;

r_i 为第 i 种情况时的收益率;

$E(r)$为预期收益率,其计算公式为:

$$E(r)=\sum_{i}^{n}P_i r_i$$

例:假设某只股票在不同的经济状况下的收益情况及可能发生的概率分布如表 1—1 所示。

表 1—1 某只股票可能发生的收益率及概率分布情况

经济状况	收益率 r_i(%)	概率 P_i(%)
良好	30	30
一般	20	40
较差	—10	30

首先,根据表 1—1 计算预期收益率:

$E(r)=30\%\times30\%+20\%\times40\%+(-10\%)\times30\%=14\%$

然后,计算其标准差:

$$\sigma=\sqrt{30\%\times(30\%-14\%)^2+40\%\times(20\%-14\%)^2+30\%\times(-10\%-14\%)^2}$$
$$=16.25\%$$

在现实生活中,股票收益率的范围不可能如表 1—1 中那样局限于几个数值,股票收益率可以是任何数值,所以,股票回报的分布是一个连续的概率分布。

这种衡量方法的特点是:对收益率的概率分布进行了描述,将投资收益的不确定性概括成具体的数字;不仅把证券收益低于期望收益的概率计算在内,而且把证券收益高于期望收益的概率也计算在内;不仅计算了证券的各种可能收益出现的概率,而且也计算了各种可能收益与期望收益的差额。与第一种和第二种衡量方法相比较,显然,标准差法是更适合的风险衡量方法。

专栏 1.5 iFinD 估值模型的使用

iFinD 估值模型由浙江核新同花顺网络信息股份有限公司(公司代码:300033)专门开发用于股票估值。该估值模型是一个 Excel 文件,首先需要对电脑中的 Excel 进行专题设置。模型适宜在 Microsoft Excel 2007 及更高版本上运行。在运行本模型前,请将打开 Excel 的默认软件设置为 Microsoft Office Excel,将 Excel 宏安全性设为"低"(Excel 选项→信任中心→信任中心设置→宏设置→启用所有宏,勾选信任对 VBA 工程对象模型的访问,如图 1—3 所示),迭代计算状态设为"启用"(Excel 选项→公式→启用迭代计算,如图 1—4 所示)。

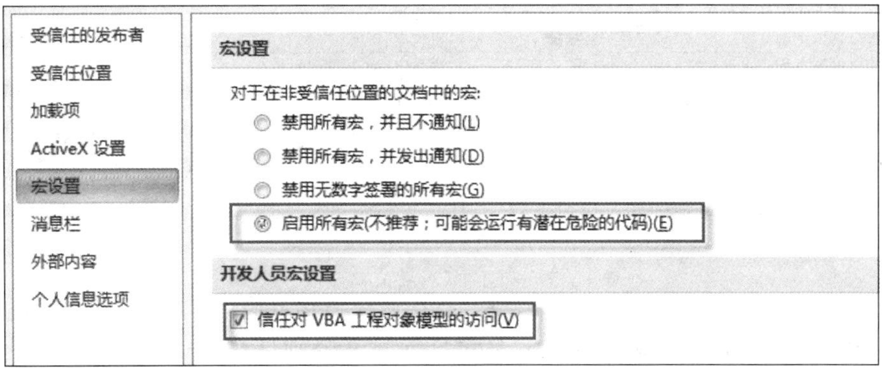

图 1—3

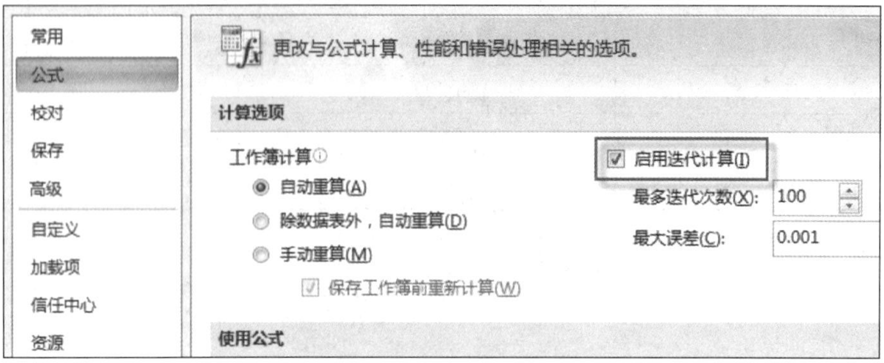

图 1—4

打开 iFinD 软件，在工具栏—股票—估值定价，找到“Evaluator 模型”，单击打开。

图 1—5

在弹出的 Excel 表格 HOME 页中，填写“证券代码”“预测分析日期”“历史数据年数”“预测年数”，选择“最近年报是否公布”“报告类型”“货币单位”后，点击“开始计算”按钮。

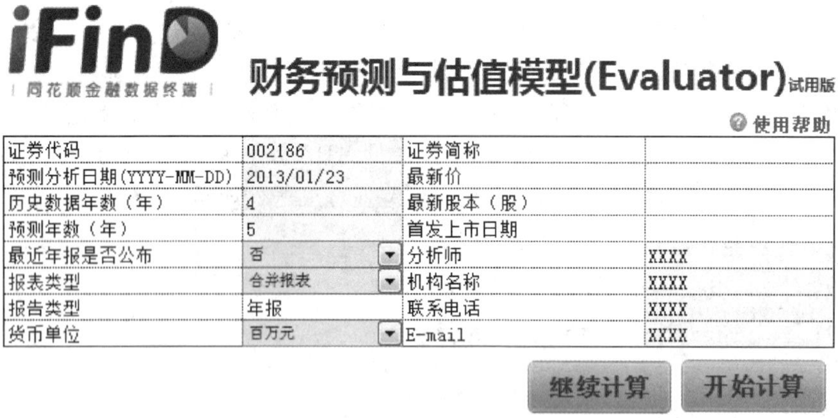

图 1—6

对于目标公司进行估值，我们需要根据已有信息给出相关的假设条件，然后将预测过程中的假设数据输入到模型中，输入的方法一般有两种，我们分别进行介绍。

图 1—7

1.5.1 汇总数据输入

点击 Excel 模型下方的“Assumptions”工作页。这里将数据分成“收入成本预测”“营运资本预测”“资本投资预测”和“资本筹资预测”4 大类别。在“预测方法”列，用户可以在下拉框中选择“简单算术平均值”“移动算术平均值”“最新年报”或者是“自定义”(N 年简单算术平均值=历史 N 年数据加总/N，N 年移动算术平均值=前 N 年数据加总/N，下同)。当用户在下拉框中更改算法后，在预测年份的数值就会有相应的变更；当用户在下拉框中选择“自定义”时，预测年份的相应单元格就会变成蓝绿色，这时用户就可以自行输入相应的数值。

预测方法	2009	2010	2011	2012E	2013E	2014E	2015E	2016E
自定义比率	8.06%	11.45%	34.57%	17.54%	15.55%	11.24%	9.79%	7.91%
比率=4年简单算术平均值	57.55%	57.33%	55.96%	56.37%	56.37%	56.37%	56.37%	56.37%
	4.46%	4.47%	4.50%	4.40%	4.46%	4.46%	4.45%	4.44%
	29.64%	29.72%	27.79%	28.86%	28.86%	28.86%	28.86%	28.86%
	12.61%	13.05%	12.81%	12.62%	12.62%	12.62%	12.62%	12.62%
	-0.32	-0.57	0.51	-0.33	-0.33	-0.33	-0.33	-0.33
	27.73%	25.64%	25.13%	25.96%	25.96%	25.96%	25.96%	25.96%

比率=4年移动算术平均值
比率=3年简单算术平均值
比率=3年移动算术平均值
比率=2年简单算术平均值
比率=2年移动算术平均值
比率=最新年报
自定义比率

图 1—8

填写完 4 大类别的所有数据后，点击上方的“数据导入到预测过程”按钮(如图 1—9 所示)，明细页面中假设条件数据会调用到该页面的预测数据。

图 1—9

在“Scenarios”页面中，可以通过选择不同的情景，对未来的经营数据进行预测分析，并将数据应用于后面的工作表。在“情景选择”下拉框中备选项为：1. 乐观情景预测，2. 一般情景预测，3. 保守情景预测(如图 1—10 所示)。当用户在下拉框中更改“情景选择”时，预测年份的数值会根据选择做出相应的变动。上方的带有年份的表格中的数据会应用于后面的工作表。

经营情景分析

情景选择：1（下拉选项：1、2、3）

		2010	2011	2012E
营业收入同比增长率	8.06%	11.45%	34.57%	18.57%
毛利率	57.55%	57.33%	55.96%	58.06%
营业税金及附加/营业收入	4.46%	4.47%	4.50%	4.27%
管理费用 / 营业收入	12.61%	13.05%	12.81%	12.24%
销售费用 / 营业收入	29.64%	29.72%	27.79%	28.00%
所得税率	27.73%	25.64%	25.13%	25.19%
股利分配比例	82.18%	70.58%	65.75%	77.47%

图 1—10

在“Estimation”页面中，蓝绿色单元格中输入需要的数值，在下拉框中选择需要的计算方法，然后点击“估值计算”按钮(如图 1—11 所示)，即完成最简单的估值计算过程。

估算过程

假设	数值
无风险利率Rf	5.00%
市场预期回报率Rm	10.00%
第二阶段年数（年）	7
第二阶段增长率	2.00%
永续增长率(可参考CPI)	2.00%
有效税率Tx	25.19%

估值计算

图 1—11

本模型主要的数值在“Output”页和“Output_2”页输出。

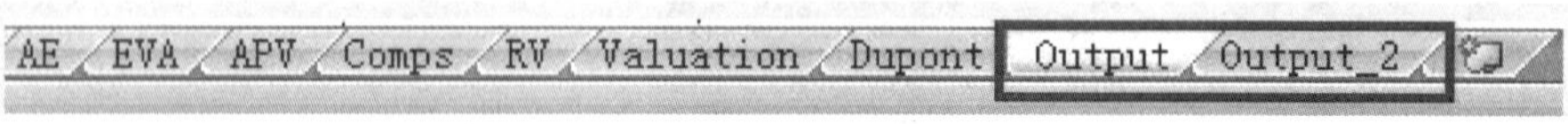

图 1—12

1.5.2　明细数据输入

此外，一些公司主营业务情况明晰，各块业务收入情况可预测性更好，iFind 提供第二种输入方法，可将每块业务分开逐项填写。

图 1—13

在“Scenarios”“IncomeCost”等假设数据明细页面中，可以看到蓝绿色(可填写)数据栏，用户逐一填写数据内容，如图 1—14 所示。

2、经营预测

营业收入合计		35,964.45	39,168.77	49,760.18	67,176.24	87,329.12	100,428.48
营业成本合计		17,262.94	19,192.70	24,382.49	33,588.12	42,791.27	49,712.10
产品线1	销售收入	35,964.45	39,168.77	49,760.18	67,176.24	87,329.12	100,428.48
	成本	17,262.94	19,192.70	24,382.49	33,588.12	42,791.27	49,712.10
	销售收入增长率（自定义）		8.91%	27.04%	35.00%	30.00%	15.00%
	毛利率（自定义）	52.00%	51.00%	51.00%	50.00%	51.00%	50.50%

图 1—14

完成明细数据填写后，点击“刷新数据”按钮时，后面的假设数据会对应填入“Assumptions”页面中。

最后在“Estimation”页面中，蓝绿色单元格中输入需要的数值，点击“估值计算”按钮，即完成最简单的估值计算过程。结果在“Output”页和“Output_2”页输出。

课后练习

一、名词解释

1. 股票
2. 普通股
3. 优先股
4. 股票价格指数
5. 含权股票

二、单项选择题

1. 股票作为投资的凭证，每一股份代表公司一定数量的(　　)。
A. 资产价值　　B. 资产份额　　C. 资产净值　　D. 债务责任
2. 一般情况下，优先股票的股息率是(　　)的，其持有者的股东权利受到一定限制。
A. 不确定　　B. 固定
C. 随公司盈利变化而变化　　D. 浮动
3. 以下说法错误的是(　　)。
A. 上市公司股份回购，只能使用自有资金
B. 上市公司转增股本，股东权益总量和每位股东占公司的股份的比例均未发生变化
C. 上市公司配股，原股东可以放弃配股权
D. 上市公司增发新股，不可以面向少数特定机构或个人
4. 以下关于现金股利说法错误的是(　　)。
A. 现金股利的发放是以现金分红方式
B. 个人投资者取得现金红利的过程中不用支付利息税
C. 现金股利是将公司盈余公积和当期应付利润的部分或全部发放给股东
D. 现金股利的发放致使公司的资产和股东权益减少同等数额
5. 股票是一种资本证券，它属于(　　)。
A. 实物资本　　B. 真实资本　　C. 虚拟资本　　D. 风险资本

三、多项选择题

1. 下列项目中，属于股票应载明事项的有(　　)。
A. 股票的编号　　B. 股票种类
C. 公司成立的日期　　D. 公司名称
2. 在下列表述中，有关股票风险性表述正确的是(　　)。
A. 股票的风险性和收益性是彼此独立的
B. 股票的风险性和收益性是并存的
C. 股东能否获得预期的股息红利收益，主要取决于公司的盈利情况
D. 股东能否获得预期的股息红利收益，并非取决于公司的盈利情况
3. 无面额股票又可以称为(　　)。
A. 比例股票　　B. 权益股票　　C. 份额股票　　D. 资产股票

4. 以下关于股票分割与合并的说法中正确的是(　　)。
A. 事实上,股票分割与合并通常会刺激股价上升
B. 从理论上说,股票分割与合并都不会影响调整后的股价
C. 股票分割通常适用于低价股,股票合并常见于高价股
D. 股票分割与合并,不影响股东权益占公司总股权的比重
5. 能够说明"股票具有有价证券的特征"的有(　　)。
A. 虽然股票本身没有价值,但股票是一种代表财产权的有价证券,它包含着股东可以依其持有的股票,要求股份公司按规定分配股息和红利的请求权
B. 股票与它代表的财产权可分开作价
C. 股票与它代表的财产权有不可分离的关系,它们两者合为一体
D. 股票存在价值,所以它包含着股东可以依其持有的股票,要求股份公司按规定分配股息和红利的请求权

四、论述题

1. 什么是股票? 股票有哪些主要特征?
2. 按不同标准划分,股票可分为哪些类型?
3. 什么是股票投资风险? 投资者可能会面对哪些投资风险?
4. 试述股票价值的不同含义。
5. 简述我国主要的股票价格指数及境外的股票价格指数。
6. 简述普通股和优先股的区别。

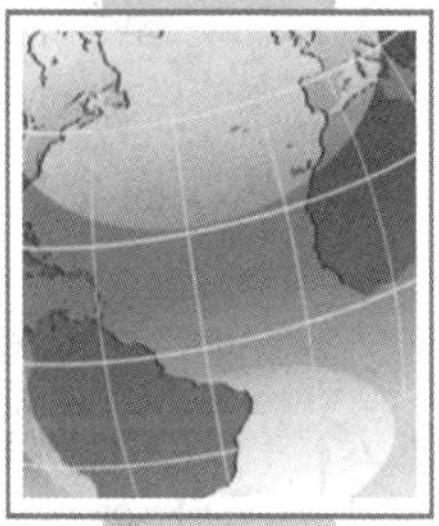

第二章 债　券

学习目标

◇ 掌握债券的概念、基本要素、特点及分类。

◇ 了解债券定价的基本模型。

◇ 理解债券信用评级的必要。

第一节　债券概述

一、债券的含义

债券也称固定收益证券，是债券发行人按照法定程序发行并约定在一定期限内还本付息的有价证券是债券发行人和债券持有人之间债权债务关系的反映。在债券所反映的债权债务关系中，债券发行人是债务人，而债券持有人是债权人。债券的含义可以从以下四个方面来理解：

1. 债券是由债务人出具的。债务人是资金的借入者，一般来说，通过发行债券进行融资的主体主要有政府、政府机构、金融机构以及企业等。

2. 债券是由债权人购入的。债券的持有人是资金的借出者，通常债券的持有人主要有政府、政府机构、金融机构、企业、基金组织、个人等。

3. 债券表明债权人和债务人之间的资金借贷关系具有一定的条件，其中较为普遍存在的一个条件是承诺在一定的期限内还本付息。

4. 债券反映了债券发行人和债券持有人之间的债权债务关系，这种关系是经过法定程序确认的，受到法律的保护。

总之，债券是一种债务证书，也是债券发行人和债券持有人之间的一种合同。它与单纯的借用证书不同，它保持着可以转手出售的证券形态，且它的利息是事先确定的。

二、债券的基本要素

从物质形态上看，债券可以是以纸质形式出现的（如实物债券），也可以采用无纸化的电子符号形式，无论采用纸质形式还是电子符号形式，债券都具有以下的基本要素：

(一)债券票面价值

债券票面价值，即债券票面标定的价格，债券的票面价值包括两个方面的含义：一是币种，即以何种货币作为债券价格的计量标准，若在境内发行，其币种自然就是本国货币；若到国际市场上筹资，则一般以债券发行地国家的货币或国际通用货币为其计量标准；二是票面金额，它根据发行时的具体情况而定。

票面金额的不同，对于债券的发行成本、发行数额和持有者的分布都有影响。票面金额较小，就方便收入低的小额投资者购买，市场就广阔一些，但印刷及发行工作量大，有可能增加发行费用；票面金额较大，有利于少数大额投资者认购，且印刷费用等也会相应减少，但却使小额投资者无法参与。因此，票面金额的确定，要根据债券的发行对象、市场资金供给情况及债券发行费用等因素综合考虑。

(二)债券的价格

债券的价格主要有发行价格和交易价格两种。

债券的发行价格是指债券发行时确定的价格，债券的发行价格可能不同于债券的票面金额。当债券的发行价格高于票面金额时，称为溢价发行；当债券发行价格低于票面金额时，称为折价发行；当债券发行价格等于票面金额时，称为平价发行。债券的发行价格通常取决于二级市场的交易价格以及市场的利率水平。

债券离开发行市场进入流通市场进行交易时，便取得交易价格。债券的交易价格随市场利率和供求关系的变化而波动，同样可能偏离其票面价值。

(三)债券的票面利率

债券的票面利率也称息票利率或名义利率，是债券利息(年利息)和债券票面价值的比率，通常用年利率(百分比)来表示。债券票面利率与债券面值相乘所得到的值，称为债券的息票，是债券存续期内对债券持有人的定期利息支付。影响债券利率的因素主要有：

1. 银行利率水平。银行利率水平提高时，债券利率水平也要相应提高，以保证人们会去购买债券而不是把钱存入银行。

2. 发行者的资信状况。发行者的资信状况好，债券的信用等级高，表明投资者承担的违约风险较低，作为债券投资风险补偿的债券利率可以定得低些；反之，信用等级低的债券，则要通过提高债券利率来增加吸引力。

3. 债券的偿还期限。偿还期限长的债券，流动性差，变现能力弱，其利率水平应高一些；偿还期限短的债券，流动性好，变现力强，其利率水平便可低一些。

4. 资本市场资金的供求状况。资本市场上的资金充裕时，拟发行债券的利率便可低些；资本市场上的资金短缺时，拟发行债券的利率则要高一些。

(四)债券的偿还期限

债券的偿还期限，是指从发行之日起到清偿本息之日止的时间。各种债券有着不同的偿还期限，短则几个月，长则几十年。发行人在确定债券期限时，要考虑多种因素的影响，这些因素主要有：

1. 债券发行者对资金需求的时间长短。足够的偿还期限有利于发行者在规定的期限内，取得相应的资金以便及时清偿债务，这既可以维护发行者的信誉，也便于发行者从容调配资金。

2. 未来市场利率变化的趋势。一般来说，如果市场利率趋于下降，则宜发行短期债券；如果市场利率趋于上升，则宜发行长期债券。这样可以减少因市场利率变化可能引起的筹资成本的提高。

3. 证券交易市场的发达程度。如果交易市场发达，债券变现力强，购买长期债券的投资者就多，发行长期债券就会有销路；反之，如果交易市场不发达，债券变现力差，投资者就会倾向于购买短期债券，长期债券就难有销路。

三、债券的特征

（一）安全性

所谓安全性，是指债券投资者能够按照债券约定的期限、到期条件收回本金获取利息的可能性的大小。相对股票而言，债券是有确定利息的有价证券，它必须按照事先约定的时间、利率支付利息，与债券发行者的盈利状况无关。而股票的收益受到股票发行者——股份有限公司盈利状况的影响，因此，投资债券的安全性要比股票高，风险要小于投资股票。债券投资不能收回有两种情况：一是债务人不履行债务，即债务人不能充分和按时履行约定的利息支付或者偿还本金。不同的债务人不履行债务的风险程度是不一样的，一般政府不履行债务的风险最低。二是流通市场风险，即债券在市场上转让时，因价格下跌而承受损失。

（二）收益性

收益性是指债券能为投资者带来一定的收入，投资债券不仅可以获得利息收入，在一定的条件之下，还可能获得购买价格和到期本金之间的差额收益。从理论上讲，如果利率水平一直保持不变，投资者出售债券所获得的差价就是自其购入日或者自上次付息日至卖出债券这段时间的利息收益的表现形式。但是由于市场利率会不断变化，债券在市场上的转让价格将会随市场利率的升降而上下波动。由于债券的票面利率是相对固定的，一般当利率下跌时，债券的市场价格就会上涨；当利率上升时，债券的市场价格则会下跌。因此，债券持有者能否获得转让价差及能获得多少转让价差，取决于市场利率的变化。

（三）流动性

这是投资债券与投资银行存款相比所具有的最大的优势。所谓流动性，是指资产在不受损失的情况之下的变现能力，投资债券的流动性就是债券投资者能及时地把债券变现而又不在价格上吃亏。显然，投资债券的流动性要远远高于银行的定期存款。如果投资银行定期存款并且要在到期之前需要将其变现，那么存款人在利率上会遭受较大的损失。相反，如果是投资债券，那么在卖出债券取得现金的变现过程中，投资者遭受的损失是很小的，因为无论是国债还是公司债券，一般都有比较活跃的交易市场，有的可以在证券交易所挂牌交易，有的可以在证券公司或者是商业银行的柜台交易。因此，人们很少一直将债券持有至到期兑付，债券的持有者在需要资金时只要卖掉债券即可。

值得一提的是，债券作为一种投资工具，它的安全性、收益性和流动性三个特点具有相互冲抵的关系，由于这个原因，投资者需要根据其投资目标、投资期限和资金的性质决定其所要求的债券特点的排列顺序。如果投资者打算长期持有债券，那么债券的安全性和收益性对投资者来说就要超过债券的流动性；如果将短期资金投资于债券，那么投资者首先要考虑的就是债券的流动性而不是收益性，以便能在需要资金时将债券卖出。

（四）期限性

债券的期限性即债券的偿还性。由于债券具有事先预定的到期期限，因此，投资者可以根据自己的资金使用时间做出合理的安排，从而既能保证获得比较高的收益率，又能保证按期收回本金和利息。虽然债券还本付息的期限多种多样，如短期债券的还本付息期限只有几个月，而长期债券的还本付息期限可达20～30年，但是无论时间长短，债券的还本付息期限是固定的，投资者持有债券后，就能按照约定的期限收取利息，并在到期时收回本金。这种期限性有利于投资者对投资资金的使用做出合理的安排，这也是投资债券与投资股票的一个重要区别。尽管债券的期限是约定的，但投资者在急需资金时也可中途卖出债券，由于债券的利息支付和本金偿付还具有一定的期限性，因而中途卖出债券的价格基本上能反映本金和持有期间利息。

(五)价格变动的平缓性

债券价格的变动主要取决于市场利率的变动，除非遇上宏观经济环境有较大的波动(例如中央银行货币政策的重大改变等)，通常长期的利率结构并不会有太大的波动。即使出现波动，由于贴息等政策措施，债券价格的波动往往也是具有平稳性的。通常债券每一期的发行数额都相当大，其价格不易为少数人或个别人全面控制操纵，因此债券价格的波动比一般的金融性商品或者非金融性商品的价格波动要平缓，买进和卖出的价差起伏变化不是很剧烈。

图2—1截取的是2003～2006年上证国债指数与上证A股指数相叠加的画面，从图中不难看出，A股指数的波动明显，而国债指数的变化则十分平缓。

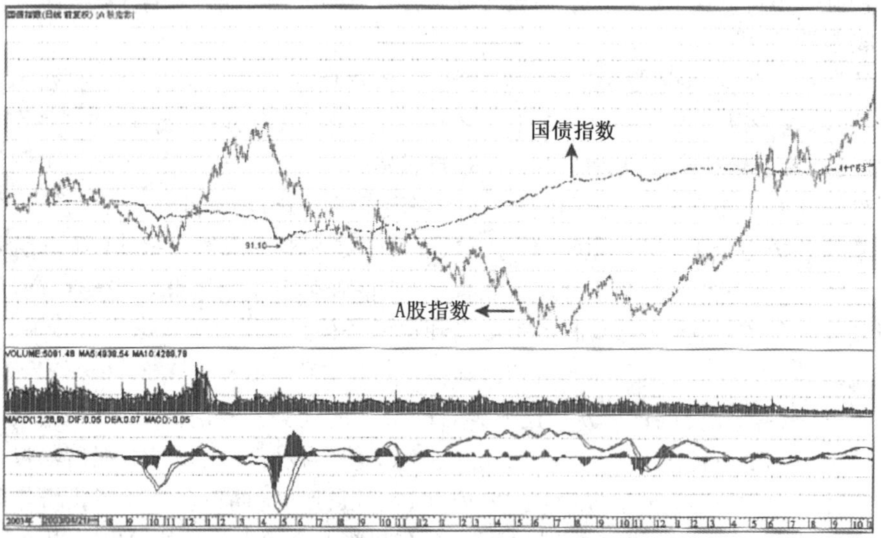

图2—1 上证国债指数叠加上证A股指数

第二节 债券的分类

债券种类繁多，在债券市场的发展过程中，曾经出现过很多不同品种的债券，各种债券共同构成了一个完整的债券体系。债券的种类可以按照不同的标准进行分类。

一、按照债券的发行主体分类

根据发行主体的不同，债券可分为政府债券、金融债券和公司债券三大类(见图2—2)。

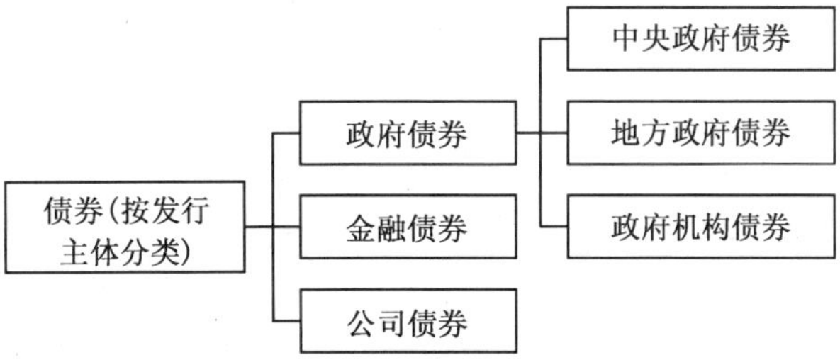

图 2—2 债券的分类(按发行主体进行分类)

(一)政府债券

政府债券也称公债,是由一国或一个地区的政府发行的债券。公债的产生最初是为了弥补财政赤字,然而,由于公债具有较高的安全性和流动性,深受投资者青睐,一般被广泛地用于各种抵押和保证行为。此外,公债还是中央银行的重要交易品种,中央银行通过对公债的公开市场交易,实现对货币供应量的调节,进而实现对最终政策目标的调节,而且这种职能越来越成为市场经济国家宏观调控的重要工具。

政府债券的主要特征包括:

(1)安全性高。政府债券有国家权力及免税能力作保障,具有最高的信用地位,风险也最小。因此政府债券也被称作“无风险债券”“金边债券”。正是由于投资风险低,政府债券的利率也较一般债券要低。

(2)流动性强。由于政府债券对投资者具有较强的吸引力,又容易变现。一般来说,国债市场,尤其是短期国债市场的流动性要高于其他同样期限的金融市场。

(3)免税待遇。大多数国家都规定,购买公债的投资者与购买其他有价证券的投资者相比,可以享受免税待遇。

(4)收益稳定。公债由于利息率固定、偿还期限固定,所以市场价格相对平稳,收益也就较为稳定。

按照政府债券发行主体的级别层次,可以将其分为中央政府债券、地方政府债券和政府机构债券。

(1)中央政府债券,也称国家债券(简称国债),即由中央政府发行的债券。新中国成立至今,我国已发行的国债种类有人民胜利折实公债、国家经济建设债券、国库券、国家重点建设债券、国家建设债券、财政债券、保值债券、基本建设债券等。

(2)地方政府债券,也称市政债券,即由各级地方作为发行主体发行的债券。地方政府发行债券的目的主要是为地方的市政建设,如交通、通信、住宅、教育、医院、污水处理系统等筹措资金。在美国资本市场上,所谓“市政债券”是指各州及州以下市政机构发行的长期债券。目前,美国市政债券市场已经成为美国各州、县政府以及下属政府机构筹集公共事业所需资金的重要市场。

(3)政府机构债券,也称国营特殊法人债券。是指承担公益事业的政府公司或政府金融机构发行的债券。这类债券也是以政府信用为后盾,由政府为其还本付息进行担保。虽然我国目前仍然禁止地方政府发行债券,但是通过政府机构来为公益事业融资的债券发行却在不断扩大。例如,1999 年 2 月,上海市城市建设投资开发总公司发行 5 亿元浦东建设债券,筹集资金用于上海地铁二号线一期工程;2004 年 12 月,北京市基础设施投资有限公司发行“北京地铁建设债券”等。

（二）金融债券

金融债券的发行主体是银行或者非银行金融机构。金融机构一般有雄厚的资金实力，信用度较高，因此，金融债券往往也有良好的信誉。作为社会信用的中介，银行和非银行金融机构发行债券的目的主要有：筹资用于某种特殊用途；改变自身的资产负债结构。与吸收存款的被动负债不同，发行债券是金融机构的主动负债，金融机构有更大的主动权和灵活性。金融债券可以按照不同的标准进行分类，其中最主要的分类标准是利息支付的不同形式，按照该标准可以将金融债券划分为贴息金融债券和附息金融债券。

贴息金融债券，又称贴水金融债券、贴现金融债券。指以低于票面金额的价格发行，到期后按票面金额偿还的金融债券。例如，某债券票面金额为 100 元，发行时投资者只需支付 80 元，三年到期后按 100 元偿还，该债券票面金额与发行价格的差额 20 元，即为该债券三年的利息和。

附息金融债券，即按票面金额发行，另由发行者按一定年利率在债券有效期内分次或者到期后一次性支付给持有人利息的金融债券。附息金融债券是最常见的金融债券，附息金融债券按照利率是否随时间累进提高可以进一步划分为固定利率金融债券和累进利率金融债券。前者在债券有效期内各年的利率保持不变，后者则在债券有效期内逐年递增利率水平。例如，中国工商银行自 1987 年开始发行的累进利率金融债券，在计息方式上采取逐年累进制，即利率第一年为 9％，第二年为 10％，第三年为 11％，第四年为 12％，第五年为 13％。

（三）公司债券

公司债券是公司依照法定程序发行、约定在一定期限内还本付息的有价证券。它表明发行债券的公司和债券投资者之间的债权债务关系，公司债券的持有人是公司的债权人，而不是公司的所有者，是与股票持有者最大的不同点，债券持有人有按约定条件向公司取得利息和到期收回本金的权利，取得利息优先于股东分红，公司破产清算时，也优先于股东而收回本金。但债券持有者不能参与公司的经营、管理等各项活动。

需要强调的是，公司债券是由“公司”发行的，公司债券的发行人是“公司”，而不是其他组织形式的企业。这里的公司不是一般的企业，是“公司化”了的企业。一般情况下，其他类型的企业，如独资企业、合伙制企业、合作制企业都不具备发行公司债券的产权基础，都不能发行公司债券。从理论上讲，发行公司债券的公司必须是承担有限责任的，如“有限责任公司”和“股份有限公司”等；其他类型的公司，如无限责任公司、股份两合公司等，均不能发行公司债券。

公司债券的种类较多，通常可根据持有者享有的权益差别，将其分为所得公司债券、参加公司债券、非参加公司债券、附新股认购权公司债券、转换公司债券和不可转换公司债券等。

所得公司债券是一种特殊的公司债券，其持有人是否获得利息及利息支付数量的多少，主要视公司经营状况和盈利水平而定。在性质上与普通股十分相似，但不同的是，作为债券，其持有人到期时要收回本金。参加公司债券是指持有人除了按照规定的利率获得利息收入以外，还可以在一定程度上参与额外的公司盈利分配的公司债券。然而绝大多数公司债券属于非参加公司债券。附新股认购权公司债券，即同时附有公司新股发行时可优先以优惠条件认购股份的公司债券。

转换公司债券，也称可转换债券，是一种可以在特定时间、按特定条件转换为普通股票的公司债券。可转换债券在发行时就明确约定，债券持有人在转换期内可按照发行时约定的价格将债券转换成公司的普通股票。如果债券持有人不想转换，则可以继续持有债券，直到偿还期满时收取本金和利息，或者在流通市场出售变现。转换公司债券兼有债券和股票双重特点，对企业和投资者都具有吸引力。1996 年我国政府决定选择有条件的公司进行可转换债券的试点，1997 年颁布了《可转换公司债券管理暂行办法》，2001 年 4 月中国证监会发布了《上市公司发行可转换公司债券实施办法》，极大地规范、促进了可转换债券的发展。

二、按照债券发行的区域分类

按发行的区域划分，债券可分为国内债券和国际债券。

(一)国内债券

国内债券是以本国货币为单位在国内金融市场上发行的债券。

(二)国际债券

国际债券是以外国货币为单位，在国际金融市场上发行的债券。国际债券的发行人主要是各国政府、政府所属机构、银行或其他金融机构、工商企业及一些国际组织等。国际债券的投资者，主要是银行或其他金融机构、各种基金、工商财团和自然人。国际债券具体又可以分为外国债券和欧洲债券。

1. 外国债券，是在外国证券市场发行的，以市场所在国货币为面值的债券。典型的外国债券有扬基债券(Yankee Bond)、武士债券(Samurai Bond)[①]等。目前世界上主要有美国、瑞士、德国和日本四大外国债券市场。

2. 欧洲债券，是指发行人在外国证券市场发行的、以市场所在国以外的第三国的货币为面值的债券，又叫境外债券、欧洲货币债券。欧洲债券的发行除须经举债人所在国政府批准外，不受发行市场所在国以及债券面值货币国有关法律约束。因此，欧洲债券的最大特点是其游离于任何国家的货币金融管制之外，筹集的资金是一种比较自由的离岸货币。龙债券是一种典型的欧洲债券，它是一种除日本以外的亚洲地区发行的以非亚洲国家和地区货币标价的债券。

三、按债券偿还期限的长短分类

根据偿还期限的长短，债券可分为短期、中期和长期债券。各国对短期、中期、长期债券划分的时间界限不完全相同。

一般的划分标准是期限在 1 年以下的称为短期债券，期限在 10 年以上的为长期债券，而期限在 1～10 年之间的为中期债券。此外还有一种罕见的品种——永久债券，也叫无期债券，即不规定到期期限，持有人也不能要求偿还本金，但可以按期取得利息。现存唯一的、著名的永久债券是由英国财政部发行的统一公债(British Consols)，用于筹资偿还拿破仑战争时期发行的小额债券。

四、按债券计息方式分类

根据债券计息方式不同可以将债券划分为单利债券、复利债券、附息债券、零息债券和累进利率债券。

1. 单利债券，是在计算利息时，不论期限长短，仅按本金计息，所生利息不加入本金计算下期利息的债券。

---

① 扬基债券即在美国发行的外国债券，武士债券即在日本发行的外国债券。

2. 复利债券，是计算利息时，按一定期限将所生利息加入本金再计算利息，逐期滚算的债券。复利债券的利息包含货币的时间价值。在名义利率相同的情况下，复利债券的实得利息要多于单利债券。

3. 附息债券，也称定息债券，是在债券券面上附有息票，按债券票面载明的利率及支付方式支付利息的债券，一般限于中长期债券。息票的持有者可按其标明的时间期限到指定的地点按标明的利息额领取利息。息票通常以6个月为一期，由于它在到期时可获取利息收入，息票也是一种有价证券，因此它也可以流通、转让。

4. 零息债券①，是买卖价格相对面值有折让的债券。出现大额折让是由于债券并无任何利息，但是投资者在债券到期以票面值赎回时可实现利润。这类债券可以在发行时加入折扣，或由一家银行除去息票，然后包装成零息票债券发行。投资者持有该种债券主要是基于其资本增值额，即赎回面值高于购入折扣价之数；而发行者则可免除需要定期付息所引起的资金周转问题。

5. 累进利率债券，是逐年按累进方法计息，即随时间推移，后期利率比前期利率高，呈累进状态的债券。这种债券的期限往往是浮动的，但一般会规定最短持有期和最长持有期。

五、按债券形态进行分类

根据债券票面形态的不同，可以将债券分为实物债券、凭证式债券和记账式债券。

(一)实物债券

实物债券是指具有标准格式实物券面的债券。在这种标准格式的债券券面上，一般印有债券面额、债券利率、债券期限、债券发行人全称、还本付息方式等各种债券票面要素。有时债券利率、债券期限等要素也可以通过公告向社会公布而不再在债券票面上注明。我国财政部发行的无记名国债就属于这种实物债券，它以实物券的形式记录债权、面值等，不记名、不挂失，可上市流通。实物债券是一般意义上的债券，很多国家通过法律或者法规对实物债券的格式予以明确规定。

(二)凭证式债券

凭证式债券是一种债权人认购债券的收款凭证，而不是债券发行人印制的标准格式的债券。我国通过银行系统发行的凭证式国债，券面上不印制票面金额，而是根据认购者的认购金额填写实际的交款金额，是一种国家储蓄债，可记名、挂失、提前兑付，不可流通。

(三)记账式债券

记账式债券是指没有实物形态，而只是在电脑账户中加以记录的债券。在我国，通过上海证券交易所和深圳证券交易所的交易系统发行和交易的债券就是典型的记账式债券。投资者要买卖记账式债券，必须在证券交易所开立证券账户。由于记账式债券的发行和交易均采用无纸化方式，所以效率高、成本低、交易安全。

六、按有无抵押担保分类

债券根据其有无抵押担保，可以分为信用债券和担保债券。

(一)信用债券

信用债券亦称无担保债券，是仅凭债券发行者的信用而发行的、没有抵押品作担保的债

① 有的教材认为零息债券包括有票面利率到期一次还本付息的债券和无票面利率以折扣价发行的贴现债券。贴现债券，是票面不规定利率，发行时按某一折扣率，以低于票面金额的价格发行到期时仍按面额偿还本会的债券。

券。一般政府债券及金融债券都是信用债券。少数信用良好的公司也可发行信用债券，但在发行时须签订信托契约，对发行者的有关行为进行约束限制，由受托的信托投资公司监督执行，以保障投资者的利益。

(二)担保债券

担保债券是指以抵押财产为担保而发行的债券，主要包括两种：不动产抵押债券和信托抵押债券。不动产抵押债券即以土地、房屋、机器、设备等不动产为抵押担保品而发行的债券。当债务人在债务到期后不能按期偿还本息时，债券持有者有权通过变卖抵押品来收回本息。信托抵押债券是以发行主体拥有的其他有价证券，如股票或其他债券作为担保品而发行的债券。作为担保的有价证券通常委托信托人保管，当该公司不能按期清偿债务时，即由受托人处理其抵押的证券并代为偿债，以保护债权人的合法权益。

第三节 债券的价值与价格

一、债券价值评估

(一)附息债券的价值评估

收入资本化定价方法认为，资产的内在价值等于投资者投入的资产可获得的预期现金收入的现在价值。运用到债券上，债券的内在价值即等于来自债券的预期货币收入按某个利率贴现的现值。在确定债券内在价值时，需要估计预期货币收入和投资者要求的适当收益率(称"必要收益率")。

债券的预期货币收入不外乎两个来源：息票利息和票面额。债券的必要收益率一般是比照具有相同风险程度和偿还期限的债券的收益率得出的。

对于按期付息的债券来说，其预期的货币收入有两个来源：到期日前定期支付的息票利息和票面额。其必要收益率也可参照可比债券确定。为清楚起见，下面分别以一年付息一次和半年付息一次的附息债券为例，说明附息债券内在价值的定价公式。

对于一年付息一次的债券来说，按复利贴现的内在价值决定公式为：

$$P=\frac{C}{1+r}+\frac{C}{(1+r)^2}+\cdots+\frac{C}{(1+r)^n}+\frac{M}{(1+r)^n}=\sum\frac{C}{(1+r)^t}+\frac{M}{(1+r)^n}$$

如果按单利贴现，其内在价值决定公式为：

$$P=\sum_{t=1}^{n}\frac{C}{1+r\cdot t}+\frac{M}{1+n\cdot r}$$

式中：P——债券的内在价值；

C——每年支付的利息；

M——票面价值；

n——所余年数；

r——必要收益率；

t——第 t 次。

对于半年付息一次的债券来说，由于每年会收到两次利息支付，因此，在计算其内在价值时要对上述公式进行修改。第一，贴现利率采用半年利率，通常是将给定的年利率除以2；第二，到期前剩余的时期数以半年为单位予以计算，通常是以年为单位计算的剩余时期数乘以

2。于是，得到半年付息一次的附息债券分别按复利贴现和按单利贴现的内在价值定价公式：

$$P=\sum_{t=1}^{n}\frac{C}{(1+r)^{2\cdot t}}+\frac{M}{(1+r)^{n}}\text{(按复利贴现)}$$

$$P=\sum_{t=1}^{n}\frac{C}{(1+r\cdot t)}+\frac{M}{(1+n\cdot r)}\text{(按单利贴现)}$$

式中：P——债券的内在价值；

C——每半年支付的利息；

n——所余年数乘以 2；

r——半年必要收益率。

(二)一次还本付息的债券定价

对于一次还本付息的债券来说，其预期的货币收入是期末一次性支付的利息和本金，必要收益率可参照可比债券得出。

如果一次还本付息债券按单利计息、按单利贴现，其内在价值决定公式为：

$$P=\frac{M(1+i\cdot n)}{(1+r\cdot n)}$$

如果一次还本付息债券按单利计息、按复利贴现，其内在价值决定公式为：

$$P=\frac{M(1+i)^{n}}{(1+r)}$$

如果一次还本付息债券按复利计息、按复利贴现，其内在价值决定公式为：

$$P=\frac{M(1+i)^{n}}{(1+r)^{n}}$$

式中：P——债券的内在价值；

C——每年支付的利息；

M——票面价值；

n——所余时期数；

r——必要收益率。

(三)零息债券的定价

零息债券不向投资者进行任何周期性的利息支付，而是把到期价格和购买价格之间的差额作为利息回报给投资者。投资者以相当于债券面值贴水的价格从发行人手中买入债券，持有到期后可以从发行人手中兑换相等于面值的货币。一张零息债券的现金流量相当于将附息债券的每期利息流入替换为零，所以零息债券也可以看作是一次还本付息债券。参照一次还本付息债券的估价公式，可计算出零息债券的内在价值。

二、债券的价格

(一)票面价格

票面价格是指每张债券的面值，是写在债券券面上的价格。它既是债券投资者购买价格的主要依据，也是债券发行人还本付息的依据。

(二)发行价格

债券的发行价格是指债券第一次发售的价格，包括平价发行、溢价发行和折价发行三种情况。

(三)市场价格

债券的市场价格是指债券在二级市场流通时形成的价格,它是由债券的内在价值决定的同时又受到债券市场供求关系的影响。

第四节 债券信用评级

一、债券信用评级的含义

债券信用评级,是指具有信用评级资格的机构对发行债券的主体以及所发行的债券的质量进行评估并据此给予相应等级的行为。债券信用评级是发行债券的前提条件,只有信用评级比较高的公司才可能获得发行债券的资格。

二、债券信用评级的作用

(一)为投资者购买债券提供依据

债券投资者面临的最大风险是发行人的信用风险,即发行人到期不能偿还本金和利息的风险。为了保护债券投资者的利益,只有信用评级比较高的公司才可能获得发行债券的机会。如果债券信用评级等级高,则可以信用发行;如果相对较低,发行债券则需要抵押或者担保。

(二)提高债券发行企业的社会知名度

债券的信用评级,如果评价等级很高,实际上相当于为发行债券的公司做了无形广告,可有效提高公司的知名度。当然,如果信用评级的结果比较低,则会对发行债券的公司造成负面影响。

(三)便于证券监管机构监督管理

证券监管机构会参考债券信用评级的结果,对不同发行公司进行分类监管。一般来说,信用评级较差的公司会受到证券监管机构的重点监管。

三、国际著名债券评级机构

(一)穆迪投资者服务公司(Moody's Investors Service)

该公司由约翰·穆迪于1909年创立。约翰·穆迪在1909年首创对铁路债券进行信用评级,1913年,穆迪开始对公用事业和工业债券进行信用评级。穆迪投资者服务公司的总部设在美国纽约,其股票在纽约证券交易所上市(代码MCO),穆迪投资者服务公司是国际权威投资信用评估机构,同时也是著名的金融信息出版公司。穆迪投资者服务公司现已在12个国家开设了15个分支机构,投资信用评估对象遍布全球。穆迪投资者服务公司已先后对100多个国家的政府和企业所发行的10万余种证券进行了信用分析与评估。目前,阅读和使用穆迪所发布的各类信息的客户已达1.5万余家,其中有3 000多家客户属于机构投资者,它们管理着全球80%的资本市场。高级雇员总数达1 500人,其中有680人为专业评估分析师。美国穆迪投资者服务公司是全球最大的信用评估公司,它将债券信用评级分为9个等级,分别以Aaa、Aa、A、Bbb、Bb、B、Ccc、Cc、C表示,其中前四个为投资级,后五个为投机级。

(二)美国标准普尔公司(Standard & Poor's)

标准普尔是世界权威金融分析机构,由普尔先生(Henry Varnum Poor)于1860年创立。标准普尔由普尔出版公司和标准统计公司于1941年合并而成。标准普尔为投资者提供信用评级、独立分析研究、投资咨询等服务。其中包括反映全球股市表现的标准普尔全球 1200 指数和作为美国投资组合指数的基准的标准普尔 500 指数等一系列指数。该公司同时为世界各地超过 220 000 种证券及基金进行信用评级。美国标准普尔公司是全球第二大信用评估公司，它将债券信用评级结果分为 10 个等级，分别以 AAA、AA、A、BBB、BB、B、CCC、CC、C 和 D 表示，其中前四个为投资级，后六个为投机级。

(三)惠誉国际(Fitch)

惠誉国际是全球第三大国际评级机构，是唯一的欧资国际评级机构，总部设在纽约和伦敦。在全球设有 40 多个分支机构，拥有 1 100 多名分析师。惠誉的长期信用评级分为投资级和投机级，包括 AAA、AA、A、BBB、BB、B、CCC、CC、C、RD 和 D，共 11 个级别，其中，前四级为投资级，后七级为投机级。以上信用级别由高到低排列，AAA 等级最高，表示最低的信贷风险；D 为最低级别，表明一个实体或国家主权已对所有金融债务违约。惠誉的短期信用评级大多针对到期日在 13 个月以内的债务，短期评级更强调的是发债方定期偿付债务所需的流动性。短期信用评级从高到低分为 F1、F2、F3、B、C、RD、D，共 7 级。

四、我国债券信用评级

我国债券市场起步早于股票市场，但由于政策上重股市、轻债市等原因，导致债券市场发展远远落后于股票市场，出现与西方国家相反的证券市场结构。

债券评级可以推动信用关系的良好发展，促进我国包括证券市场在内的市场经济体系的发展。当前，我国债券评级体系存在的主要问题是：

1. 债券信用评级的法律法规不健全、政出多门，不利于规范管理。

2. 债券信用评级机构独立性得不到足够保证，机构数量多且存在恶性竞争。评级机构应该客观、独立、公正，具有高度的中立性，我国不少评级机构还未完全改制脱离原主管部门，在人员、资金、管理、业务来源等方面缺乏独立性，不利于建立评级机构的公信度、权威性。评级机构数量较多，竞争导致受制于受评企业，造成评级结果失真。

3. 债券评级技术尚不成熟。资信评级在我国属于新行业，从业人员的专业知识、综合分析能力、道德素质参差不齐，无法对债券发行人信用做出全面的评价。发展我国的债券信用评级体系还有很长的路要走。

知识拓展

专栏 2.1　可转换公司债券

1843 年，美国 New York Erie 铁道公司发行了一张可转换公司债券，但此后 100 多年，可转换公司债券一直在证券市场中处于非常不清晰的地位，没有得到市场的认同和重视。直到 20 世纪 70 年代，美国经济陷入极度通货膨胀，使得债券投资人开始寻找新的投资工具，可转换公司债券由此进入人们的视野，并于此后 30 年在全球迅速发展起来。

可转换公司债券是可转换证券的一种。从广义上来说，可转换证券是一种证券，其持有人有权将其转换成另一种不同性质的证券，如期权、认股权证等都可以称为可转换证券；但从狭义上来看，可转换证券主要包括可转换公司债券和可转换优先股。可转换公司债券是一种可以在特定时间内按特定条件转换成公司普通股的特殊债券。可转换公司债券兼具债券和股票的特性，是一种混合型证券。

2.1.1　可转换公司债券的特点

可转换公司债券是一种介于债券和股票之间的金融衍生工具，具有以下特点。

(1)债权性。与其他债券一样，可转换债券也有规定的利率和期限，投资者可以选择持有债券到期，收取本息。

(2)股权性。可转换债券在转换成股票之前是纯粹的债券，但在转换成股票之后，原债券持有人就由债权人变成了公司的股东，可参与企业的经营决策和红利分配。这也在一定程度上会影响公司的股本结构。

(3)可转换性。可转换性是可转换债券的重要标志，债券持有人可以按约定的条件将债券转换成股票。转股权是投资者享有的一般债券所没有的选择权。可转换债券在发行时就明确约定，债券持有人可按照发行时约定的价格将债券转换成公司的普通股票。如果债券持有人不想转换，则可以继续持有债券，直到偿还期满时收取本金和利息，或者在流通市场出售变现。如果持有人看好发债公司股票增值潜力，在宽限期之后可以行使转换权，按照预定转换价格将债券转换成为股票，发债公司不得拒绝。正因为具有可转换性，可转换债券利率一般低于普通公司债券利率，企业发行可转换债券可以降低筹资成本。

(4)可赎回性。可转换债券持有人还享有在一定条件下将债券回售给发行人的权利。发行人也可以在一定条件下拥有强制赎回债券的权利。

2.1.2　可转换公司债券的优势

对于发行人，以可转换公司债券融资比直接发行债券或直接发行股票更为有利，原因可以归纳如下：

(1)可转换债券的利率比直接发行的公司债券利率要低。如果可转换债券未被转换，相当于公司发行了较低利率的债券，大大降低了筹资成本。

(2)发行可转换公司债券可以避免一般股票发行后产生的股本迅速扩张的问题。

(3)一般可转换债券的转换价格比公司股票市场价格高出一定的比例(溢价)。如果可转换债券被转换了，相当于公司发行了比市价高的股票。

对于投资者，可转换债券的持有人实际多了一项选择品种，也多了一条规避风险的渠道，原因如下：

(1)股市向好，可转换债券随市价上升超出其原有成本价时，持有者可以卖出可转换债券，直接获取收益。

(2)当发行公司的业绩转好，其股票价格预计有较大提高时，投资者可选择将债券按照发行公司规定的转换价格转换为股票，以享受公司较好的业绩分红或公司股票攀升的利益。

(3)可转换债券和其发行公司的股票价格双双下跌，卖出可转换债券及将可转换债券转换为股票都不合适时，持券者依然可以获得可转换债券作为债券可获得的固定利息收入。

因此，可转换债券具有股票和债券的双重属性，结合了股票的长期增长潜力和债券的安全与收入优势，颇受投资者的欢迎。

2.1.3　可转换公司债券的主要条款

可转换公司债券的条款和普通公司债券的条款有些不同，这里在讲述可转换公司债券条款的基础上，结合普通公司债券的条款做些说明。

(1)可转换公司债券的发行总额。相比于普通公司债券，可转换公司债券的发行规模较大。尤其是在欧洲，可转换公司债券的平均发行规模比较庞大。

(2)票面金额。票面金额也称票面价值,与普通公司债券一样,可转换公司债券的票面价值是其作为债券在最后到期日的赎回价值(债券本金)。

(3)票面利率。可转换公司债券的利率比普通公司债券的利率要低,欧洲可转换公司债券的票面利率一般为同等风险水平公司债券利率的2/3。

(4)基准股票。基准股票是可转换公司债券的标的物,即可转换公司债券可以转换成的那种股票,也称正股。

(5)转换价格。转换价格是指可转换公司债券在有效期内可以据此转换成该公司股票的每股价格。转换价格一般高于其定价时的股票市价。

(6)转股价格确定方式。转股价格是指将可转换公司债券转换成公司股票时所应付出的价格。转股价格确定方式一般为固定转股价,即可转换公司债券在发行时将转换价格予以确定,债券有效期内不能改变,除非发生下列情况,如配股、发售红股、分发股票红利、合并或收购以及其他在可转换债券有效期内会引起未偿付股票价格改变的重大事件,转换价格才做相应调整。

(7)转换比率。可转换公司债券的转换比率是一个单位的可转换公司债券能够换成股票的数量。其计算公式为:

转换比率=单位债券面值/转换价格

(8)转换期限。通常有两种方法规定转换期限:一种是发行公司制定一个特定的转换期限,只有在该期限内,公司才受理转股事宜;另一种是不限转换的具体期限,只要可转换公司债券尚未还本付息,投资者可以任意选择转换时间。一般为特定转换期限。

(9)赎回条款。可转换债券的发行人拥有强制赎回债券的权利。一些可转换债券在发行时附有赎回条款,规定在一定时期内,若公司股票的市场价格高于转股价达到一定幅度并持续一段时间时,发行人可按约定条件强制赎回债券。制定这一条款,主要是为了促使投资者将债券转换为股票,并保护发行公司的利益。

(10)回售条款。可转换公司债券的投资者享有将债券回售给发行人的权利。一些可转换债券附有回售条款,规定当公司股票的市场价格持续低于转股价达到一定幅度时,债券持有人可以把债券按约定条件出售给债券发行人。回售价格一般高于债券包含票面利息的价值,主要是为了保护债券持有人的利益。

2007年,我国出台了《上市公司证券发行管理办法》,分离交易可转换公司债券(以下简称分离交易可转债)被首次列为上市公司再融资品种。

分离交易可转换公司债券的全称是"认股权和债券分离交易的可转换公司债券",它是债券和股票的混合融资品种。分离交易可转换公司债券由两大部分组成:一是可转换债券,二是股票权证。可转换债券是上市公司发行的一种特殊的债券,债券在发行的时候规定了到期转换的价格,债权人可以根据市场行情把债券转换成股票,也可以把债券持有到期归还本金并获得利息。股票权证是指在未来规定的期限内,按照规定的协议价买卖股票的选择权证明。因此,分离交易可转换债券可以简单地理解成"买债券送权证"的金融创新品种。

分离交易可转换债券与普通可转换债券的本质区别在于债券与期权可分离交易。也就是说,分离交易可转换债券的投资者在行使了认股权利后,其债权依然存在,仍可持有到期归还本金并获得利息;而普通可转换债券的投资者一旦行使了认股权利,则其债权就不复存在。

此外,分离可转换债券不设赎回条款,有利于发挥发行公司通过业绩增长来促成转股的正面作用,避免了普通可转换债券发行人往往不是通过提高公司经营业绩,而是以不断向下修正转股价或强制赎回方式促成转股而带给投资人的损害。同时，分离交易可转换债券持有人与普通可转换债券持有人同样被赋予一次回售的权利，从而极大地保护了投资人的利益。再者，普通可转换债券中的认股权一般是与债券同步到期的，分离交易可转换债券则并非如此。以新钢钒(000629，SZ)分离交易可转换债券为例，债券的期限为6年，而认股权证的存续期仅有2年。这是因为认股权证分离交易导致市场风险加大，缩短权证存续期有助于减少投机。

专栏2.2　债券收益率的计算

债券收益率有多种形式，以下主要介绍债券的到期收益率、当前收益率、持有期收益率的计算。

2.2.1　到期收益率

债券的到期收益率是把未来的投资收益折算成现值，使之成为购买价格或初始投资额的贴现率。到期收益率既考虑了利息收入，也考虑了资本损益和再投资收益。然而，暗含在到期收益率计算中的一个假设条件是债券的息票利息能按到期收益率再投资，因而到期收益率是一个预期收益率。也就是说，到期收益率的实现依赖于以下条件：将债券一直持有至期满；票面利息以到期收益率做再投资。

1. 附息债券的到期收益率

按一年付息一次的债券来说，可用下列公式得出到期收益率：

$$P=\frac{C}{1+Y}+\frac{C}{(1+Y)^2}+\cdots+\frac{C}{(1+Y)^n}+\frac{F}{(1+Y)^n}$$

式中：P——债券价格；

C——每年利息收益；

F——到期价值；

n——时期数(年数)；

Y——到期收益率。

按半年付息一次的债券来说，其到期收益率的计算公式如下：

$$P=\frac{C}{1+Y}+\frac{C}{(1+Y)^2}+\cdots+\frac{C}{(1+Y)^n}+\frac{F}{(1+Y)^n}$$

式中：P——债券价格；

C——每半年利息收益；

F——到期价值；

n——时期数(年数乘以2)；

Y——半年利率。

2. 零息债券的到期收益率

相对于附息债券，零息债券的到期收益率简单得多，由于在债券有效期内的现金流量等于到期价值，因而复利到期收益率可用以下公式计算：

$$y=\left(\sqrt[n]{\frac{F}{P}}-1\right)\times 100\%$$

式中：F——债券的到期价值；

P——当前购买价格；

n——债券的剩余有效年限。

一次还本付息债券也可视为无息债券，它的到期价值为到期本息和。可以用上述公式计算它的复利到期收益率。

2.2.2 当前收益率

当前收益率是债券的年利息收入与买入债券的实际价格的比率。当前收益率度量的是债券年利息收益占购买价格的百分比，反映每单位投资能够获得的债券年利息收益，但不反映每单位投资的资本损益。其计算公式为：

$$Y=\frac{C}{P}\times 100\%$$

式中：Y——当前收益率；

P——债券价格；

C——每年利息收益。

2.2.3 持有期收益率

持有期收益率是从买入债券到卖出债券期间所获得的年平均收益与买入债券的实际价格的比率。持有期收益率度量的是持有债券期间的收益占购买价格的百分比，反映每单位投资能够获得的全部收益。其计算公式为：

$$Y=\frac{C+(P_1-P_0)\div N}{P_0}\times 100\%$$

式中：Y——持有期收益率；

C——每年利息收益；

P_1——债券卖出价格；

P_0——债券买入价格；

N——持有年限。

课后练习

一、名词解释

1. 债券
2. 票面价值
3. 欧洲债券
4. 零息债券
5. 信用评级

二、单项选择题

1. 债券作为证明(　　)关系的凭证，一般是以有一定格式的票面形式来表现的。

A. 产权　　B. 委托代理　　C. 债权债务　　D. 所有权

2. 一般来说，期限较长的债券票面利率定得较高，是由于(　　)。

A. 流动性强，风险相对较小　　B. 流动性强，风险相对较大

C. 流动性差，风险相对较小　　D. 流动性差，风险相对较大

3. 关于债券的基本性质，下列描述错误的是(　　)。

A. 债券本身有一定的面值，通常它是债券投资者投入资金的量化表现
B. 债券与其代表的权利联系在一起，拥有债券也就拥有了债券所代表的权利，转让债券也就将债券代表的权利一并转移
C. 债券的流动并不意味着它所代表的实际资本也同样流动，债券独立于实际资本之外
D. 债券代表债券投资者的权利，这种权利是直接支配财产权

4. 关于债券的票面价值，下列描述正确的是（　　）。
A. 在债券的票面价值中，只需要规定债券的票面金额
B. 票面金额定得较小，发行成本也就较小
C. 票面金额定得较大，有利于小额投资者购买
D. 债券票面金额的确定要根据债券的发行对象、市场资金供给情况及债券发行费用等因素综合考虑

5. 关于债券发行主体，下列论述不正确的是（　　）。
A. 政府债券的发行主体是政府
B. 公司债券的发行主体是股份公司
C. 凭证式债券的发行主体是非股份制企业
D. 金融债券的发行主体是银行或非银行的金融机构

三、多项选择题

1. 从基本性质上理解，债券属于（　　）。
A. 商品证券　　B. 虚拟资本　　C. 设权证券　　D. 有价证券

2. 债券票面的基本要素有（　　）。
A. 债券发行者名称　　B. 债券的票面利率
C. 债券到期期限　　D. 债券承销者名称

3. 债券按照其券面形态可分为（　　）。
A. 凭证式债券　　B. 记账式债券　　C. 附息债券　　D. 实物债券

4. 债券所规定的借贷双方的权利义务关系包含的含义有（　　）。
A. 发行人必须在约定的时间还本付息
B. 债券反映了发行者和投资者之间的债权债务关系，而且是这一关系的法律凭证
C. 投资者是出借资金的经济主体
D. 发行人是借入资金的经济主体

5. 债券的有价证券属性主要表现为（　　）。
A. 债券可赎回　　B. 债券本身有一定的面值
C. 持有债券可按期取得利息　　D. 债券是虚拟资本

四、论述题

1. 试述债券及其主要特征。
2. 简述股票和债券的区别和联系。
3. 按发行主体的不同，债券有哪些种类？
4. 债券信用评级的作用有哪些？

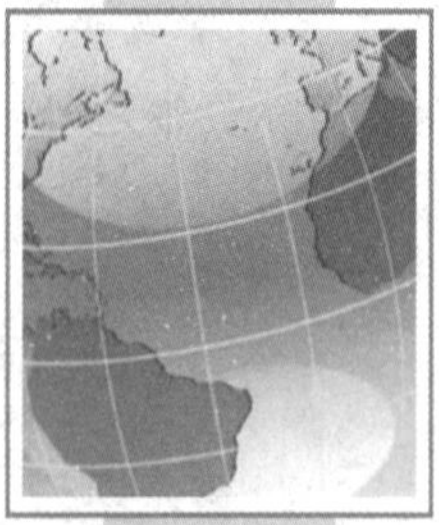

第三章 证券投资基金

学习目标

◇ 了解证券投资基金的产生和发展。
◇ 掌握证券投资基金的概念、当事人、特点及作用。
◇ 掌握证券投资基金的分类。
◇ 掌握证券投资基金的费用与净资产值的含义。
◇ 掌握证券投资基金收益构成和风险。

第一节 证券投资基金概述

证券投资基金作为一种集合投资工具，19 世纪从英国产生以来，在世界范围内得到了快速的发展和完善，现已成为世界金融市场重要的投资工具和金融产品。证券投资基金是适应市场发展和社会财富增长对专业化理财服务需求的产物，反映了社会经济发展的必然趋势。

一、证券投资基金的含义

基金通常是指用于指定用途的资金，如养老基金、社会福利基金、保险基金等。投资基金，顾名思义是指专门用于投资的资金。根据投资对象的流动性不同，投资基金分为证券投资基金和产业投资基金，证券投资基金以各类证券为主要投资对象，而产业投资基金则以非上市股权为主要投资对象。依各国的具体情况不同，证券投资基金的投资对象可以是资本市场上的上市股票和债券，货币市场上的短期票据和银行的同业拆借，以及金融期货、期权等，有时还包括未上市但具有发展潜力的公司债券和股份。

简单地说，证券投资基金是一种利益共享、风险共担、专家理财的集合投资制度或工具。由于各国的历史习惯不同，对其称谓也不尽相同。在美国，通常把它称作“共同基金”；在英国和我国香港特别行政区，通常把它称作“单位信托基金”；在日本和我国台湾地区，人们通常把它称为“证券投资信托基金”；在我国内地，通常把它称作“投资基金”或“基金”。虽然叫法不同，但在内容及操作上却是大同小异的。

尽管证券投资基金在各国的称谓不同，但对证券投资基金的含义的描述却大致相同。证券投资基金是指以信托、契约或公司的形式，通过发行基金证券（如受益凭证、基金单位、基金股份等）将众多的、不确定的社会闲散资金募集起来，形成一定规模的信托资产，交给专门机构的专业人员，按资产组合原理进行分散投资，获得收益后由投资者按出资比例分享的一种集合投资方式或制度。

中国证券业从业资格考试统编教材将证券投资基金定义为“通过发售基金单位集中投资者的资金形成独立财产，由基金管理人管理、基金托管人托管、基金持有人按其所持份额享受收益和承担风险的集合投资方式”。

对证券投资基金的性质可以从不同角度进行认识：

从投资者角度来讲，证券投资基金是专门为众多的中小投资者设计的一种金融信托的间接投资工具。证券投资基金属于有价证券范畴，其本身并无内在价值，每一单位或份额基金代表了投资者拥有的一定比例基金资产的所有权。投资者凭购买的基金证券分享证券投资基金的投资收益并承担其相应的投资风险。

从法理上说，证券投资基金是一种实行独立核算的投资组织，即机构投资者。证券投资基金是一种向投资大众出售基金股份或基金单位的独立核算机构，它将通过出售股份或基金单位筹集的资金汇集到一起，然后分散投资于各种证券。

从运作方式上说，证券投资基金是一种信托投资方式。与一般信托相似，证券投资基金反映的是一种资金信托关系。

二、证券投资基金的当事人及基本运作结构

证券投资基金在运作过程中，涉及多个当事人，具体包括基金持有人、基金管理人、基金托管人及其他基金服务机构[①]。其中，基金持有人、基金管理人、基金托管人是证券投资基金最主要的三个当事人。

（一）基金持有人

基金持有人即基金投资者，既可以是个人投资者，也可以是机构投资者。基金持有人是基金交易关系中的受益人。

（二）基金管理人

基金管理人是指负责基金的具体操作和日常管理的基金管理机构。基金管理人对基金持有人负有忠实义务，在基金运作中必须以基金持有人利益最大化为目标进行资产管理。

（三）基金托管人

基金托管人是指负责基金资产保管的机构，是基金资产的名义持有人。基金托管人是依据基金运行中“管理与保管分开”的原则对基金管理人进行监督和对基金资产进行保管的机构。为充分保障基金投资者的权益，防止基金信托财产被挪作他用，各国的证券投资信托法规一般都规定：凡是基金都要设立基金托管机构，即基金托管人来对基金管理机构的投资操作进行监督和对基金资产进行保管。

依据我国《证券投资基金法》的有关规定，基金托管人由依法设立并取得托管资格的商业银行担任，基金管理人则由专业的基金管理公司担任，基金份额持有人按所持份额享受收益和承担风险。

为了保证基金资产的安全，证券投资基金按照资产管理和保管分开的原则进行运作，基金

---

① 基金服务机构主要包括基金销售机构、过户代理机构、会计师事务所、律师事务所等。

当事人依据信托契约(或公司章程)及相关的法律法规行使权力和发行义务。证券投资基金运作的基本结构如图3—1所示。

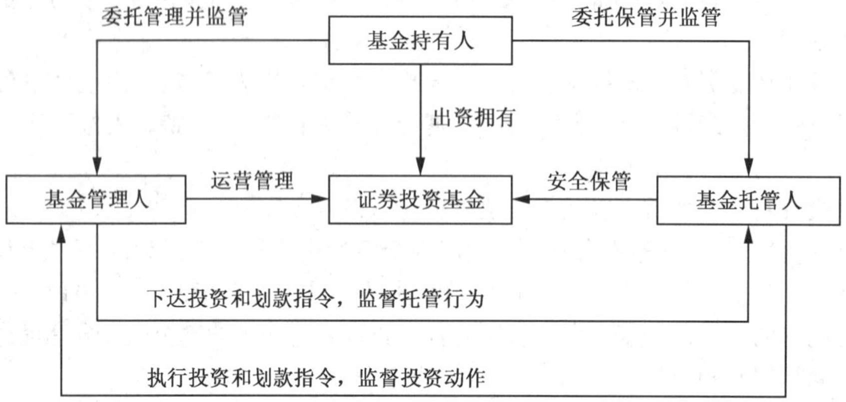

图3—1 证券投资基金基本运作结构

三、证券投资基金的特点

投资基金通过向投资者出售基金单位或基金股份将投资者闲散资金集中起来,以资产组合形式投资于多种证券,以专业化管理实现风险分散化、收益最大化。这不仅使其具备了与一般机构投资者足以抗衡的强大信息优势和技术优势,而且它还拥有"收益共享"与"风险共担"的利益机制,从而使其能够在证券市场上获得高于传统储蓄银行产品的平均收益。正因为如此,投资基金作为一种大众化的投资工具,不仅深受广大中小投资者、家庭和个人的青睐,而且也大受机构投资者、金融机构和其他各类公司的欢迎。

证券投资基金的特点如下:

(一)集合投资、专业理财

证券投资基金是一种专家理财制度。基金募集众多投资者的资金成功后,积少成多,体现出集合投资的特点,有利于发挥资金的规模优势,降低投资成本。证券投资基金实行专家管理制度,由受过专门训练、具有比较丰富的证券投资经验的专业人员,运用各种技术手段收集、分析各种信息资料,预测金融市场上各个品种的价格变动趋势,制定投资策略和投资组合方案,从而最大限度地避免投资决策失误,提高投资收益。中小投资者投资于基金,可以获得基金管理人在金融知识、市场信息、投资经验和操作技术等方面所拥有的优势,从而尽可能地避免盲目投资带来的失误。

(二)组合投资、分散风险

基金的特点是将零散的资金汇集起来,交给专业机构投资于各种金融工具,以谋取资产的增值。基金对投资的最低限额要求不高,因此可以最广泛地吸收社会闲散资金,集腋成裘,汇成规模巨大的投资资金。在进行证券投资时,资本越雄厚,优势越明显,能享有大额投资在降低成本上的相对优势,从而获得规模效益的好处。

以科学的投资组合降低风险、提高收益是基金的另一大特点。投资的风险和收益总是并存的,因此,"不能将鸡蛋放在一个篮子里"。要实现投资资产的多样化,需要一定的资金实力,小额投资者由于资金有限,很难做到这一点。而基金则可以凭借集中的巨额资金,在法律规定的投资范围内进行科学的组合，分散投资于多种证券，实现资产多样化。通过多元化的投资组合，一方面借助于资金庞大和投资者众多的优势使每个投资者面临的投资风险变小，另一方面又利用不同投资对象之间收益率变化的相关性，达到分散或互相抵消投资风险的目的。基金管理人构造投资组合，通常会购买几十种至上百种股票和债券，达到分散非系统性风险的目标。中小投资者只要买了一份基金，就等于买了几十种股票和债券，一些股票和债券的下跌，可能会被另外一些股票和债券的上涨所抵消，使投资者不至于遭受损失，从而分散了风险。

（三）共享利益、共担风险

基金投资者是基金的所有者，基金投资收益在扣除基金运作的费用后的盈余，全部归基金投资者所有，并依据各投资者所持有的基金份额比例进行分配，为基金提供服务的基金托管人、基金管理人只能按规定收取一定的托管费、管理费，并不参与基金收益的分配。基金投资也存在风险，根本原因在于股票、债券这些投资对象的价格是会波动的。尽管基金采取分散化组合投资方式，但是资本市场系统性的风险是不能完全消除的，所以购买基金会有一定的风险，而这种风险由投资者共同承担，因此投资者要有防范投资风险的思想准备。

（四）严格监管、信息透明

为切实保护投资者利益，增强投资者对基金投资的信心，各国基金监管机构都对基金业实行严格的监管，对各种有损投资者利益的行为进行严厉的打击，并强制基金进行较为充分的信息披露。

（五）独立托管、保障安全

基金管理人负责基金的投资操作，本身并不经手基金财产的保管。基金财产的保管由独立于基金管理人的基金托管人负责。这种相互制约、相互监管的制衡机制为投资者利益提供了重要的保护。

四、证券投资基金的作用

第一，为中小投资者拓宽了投资渠道。对中小投资者来说，存款或买债券较为稳妥，但收益率较低；投资于股票有可能获得较高收益，但风险较大。证券投资基金作为一种新型的投资工具，把众多投资者的小额资金汇集起来进行组合投资，由专家来管理和运作，经营稳定，收益可观，为中小投资者提供了较为理想的间接投资工具，大大拓宽了中小投资者的投资渠道。在美国，有50%左右的家庭投资于基金，基金占所有家庭资产的40%左右。因此，可以说基金已成为大众化的投资工具。

第二，有利于证券市场的稳定。一个成熟的证券市场应是一个以机构投资者为主的市场，而不是一个以中小投资者为主的市场。通过发展证券投资基金，可以将广大中小投资者分散的资金转变为由专门机构持有的大资金。而大的机构投资者由于熟悉业务、经验丰富，能够进行理性投资，因而能够减少投机性炒作，从而有利于证券市场的稳定。

第三，有利于证券市场的发展。证券市场的发展，既要规范，又要扩大规模。扩大规模就需要有更多的资金进入证券市场。而通过发行基金就可以使许多未能投资于证券市场的资金进入证券市场，从而扩大证券市场规模。

第二节　证券投资基金的分类

证券投资基金的一大特色就是数量众多、品种丰富，可以较好地满足投资者的各种投资需要。理解和把握不同类型证券投资基金的特点及区别，对基金投资者、基金管理公司、基金评估机构及证券市场监管部门等都有重要意义。根据不同的划分标准可将证券投资基金划分为不同的种类。表3—1列示了证券投资基金的主要分类。

表3—1　　证券投资基金的主要分类

分类标准	基金类型
基金份额是否可赎回	封闭式投资基金和开放式投资基金
法律基础和组织形式	契约型投资基金和公司型投资基金
投资对象	股票基金、债券基金、货币市场基金、指数基金等
投资目标	成长型基金、收益型基金和平衡型基金

一、根据基金份额是否可赎回划分

根据基金份额是否可赎回，证券投资基金可分为封闭式投资基金和开放式投资基金。

封闭式投资基金在发起设立时就限定了基金份额的总数量和基金的存续期间，封闭式投资基金一旦成立便进入封闭期，持有人在封闭期内可以在证券交易所内转让其所持的基金份额，但不能请求基金管理人赎回其基金份额。开放式投资基金在发起设立时没有对基金份额总量和基金存续期的限定，其持有人可以在规定的时间和场所向基金管理人申购或赎回基金份额。

根据我国《证券投资基金法》中的定义，"采用封闭式运作方式的基金（即封闭式投资基金），是指经核准的基金份额总额在基金合同期限内固定不变，投资者持有的基金份额可以在依法设立的证券交易场所交易，但基金份额持有人不得申请赎回的投资基金"。封闭式投资基金的规模在发行前已确定，在发行完毕后和合同期限内，不能再追加发行新的基金单位。

封闭式投资基金在合同期满后，有三种选择：清算、申请延期及转型为开放式投资基金。

开放式投资基金是相对于封闭式投资基金而言的，根据我国《证券投资基金法》中的定义，"采用开放式运作方式的基金（即开放式投资基金），是指基金份额总额不固定，基金份额可以在基金合同约定的时间和场所申购或者赎回的基金"。开放式投资基金发行完毕后，可以随时根据市场供求状况发行新的基金份额，同时投资人可以随时依据基金份额的资产净值赎回其投资基金份额。由于资本总额可以随时追加，开放式投资基金又称追加型投资基金。为了满足投资者随时赎回基金的要求，开放式投资基金一般在基金资产中保持一定比例的现金。

封闭式投资基金和开放式投资基金主要区别在于投资者所持基金份额是否能够赎回，或者是基金规模是否可以变动。其他区别主要有：

1. 基金规模不同。封闭式投资基金的基金份额在存续期内不能赎回，基金规模固定不变。而开放式投资基金的基金规模会随着持有人的申购或赎回而扩大或缩小。

2. 存续期限不同。封闭式投资基金一般有固定的存续期限（我国规定封闭式投资基金的存续期不得少于5年，一般为10年或15年），到期后，可选择清算、延期或转为开放式投资基金的操作方式。而开放式投资基金没有固定期限，基金可以一直存续，投资者可以随时向基金管理人购买或赎回基金单位。

3. 交易方式不同。封闭式投资基金发起设立时，投资者向基金管理人或承销机构认购；在基金的存续期内，则只能通过经纪商在证券交易市场上进行买卖。开放式投资基金首次发行结束一段时间(一般为3个月)后，投资者可以随时向基金管理公司追加购买或赎回开放式投资基金；除少数开放式投资基金在证券交易所上市交易外，开放式投资基金通常在场外进行交易。

4. 交易价格的形成方式不同。封闭式投资基金的价格决定因素主要是基金单位资产净值和市场供求，随着供求关系的变化，基金价格围绕着基金单位资产净值上下波动。而开放式投资基金的买卖价格是以基金单位的资产净值为基础，并直接反映基金单位资产净值高低。封闭式投资基金的基金单位买卖价格更多受到市场供求关系的影响，因此会出现折价、溢价的现象，即基金单位买卖价格低于或高于每份基金单位资产净值。与开放式投资基金相比，封闭式投资基金在市场上表现出较大的波动性与投机性。

5. 交易费用不同。投资者买卖封闭式投资基金与买卖其他证券一样，在交易价格之外，要承担一定的手续费和证券交易税。投资者在买卖开放式投资基金时承担的费用主要是申购或赎回费用，申购或赎回费用包含在基金单位价格中。一般来说，买卖封闭式投资基金的费用高于开放式投资基金。

6. 投资策略不同。封闭式投资基金不存在赎回问题，基金设立后，资金可全部用于投资，因此，基金管理公司可选择较长期的投资策略。而对于开放式投资基金，由于投资人可以随时赎回基金，因此基金管理公司必须留有一部分资产以现金方式存在，以便投资者随时赎回。与封闭式投资基金相比，开放式投资基金的管理人更注意控制流动性风险、融资风险和运作风险。

封闭式投资基金与开放式投资基金的区别如表3－2所示。

表3－2　　　　封闭式投资基金与开放式投资基金的区别

	封闭式基金	开放式基金
基金规模	基金份额在存续期内不能赎回，基金规模固定不变	基金规模随着持有人的申购或赎回而扩大或缩小
存续期限	一般有固定的存续期限	没有固定期限，基金可以一直存续，投资者可以随时向基金管理人购买或赎回基金单位
交易方式	在基金的存续期内，则只能通过经纪商在证券交易所内进行买卖	除少数开放式基金在证券交易所上市交易外，开放式投资基金通常在场外进行交易
交易价格	交易价格决定因素主要是基金单位净资产值和市场供求	交易价格取决于基金单位净资产值。申购价＝基金单位净资产值＋申购费，赎回价＝基金单位净资产值－赎回费
交易费用	手续费和证券交易税	申购费或赎回费
投资策略	可选择较长期的投资策略	一般是选择变现能力强的资产

综观证券投资基金的发展史，封闭式投资基金的产生早于开放式投资基金。这是因为在证券投资基金发展初期，基金管理人的管理运作水平还较低，选择封闭式管理方式，有利于基金管理人积累运作经验和提高操作技能。随着金融市场的不断完善和成熟、证券投资基金组织和管理能力的提高，基金市场转向以开放式投资基金为主的格局是一种必然的发展趋势。我国证券市场上最初创设的都是封闭式投资基金，自2001年9月我国第一只开放式投资基金设立后，开放式投资基金发展迅速，现已成为我国证券投资基金的主流品种。

需要说明的是，从国际角度看，封闭式投资基金并不是一种“过时的基金”，相反，由于其规模稳定、交易方便，封闭式投资基金在世界各国均得到了较好的发展。欧美等国家至今仍有大量的封闭式投资基金存在，且其业绩也相当不错。国际经验表明，封闭式投资基金与开放式投资基金一直都是并存的，谁也不能完全替代另一方。

2007年7月23日开始发售的大成优选股票证券投资基金是我国首只创新型封闭式投资基金，也是时隔五年之后获准发行的第一只封闭式投资基金。随着我国国内市场金融创新的推进，不排除今后会有更多新的创新型封闭式投资基金推出。

二、根据法律基础和组织形式的不同划分

根据法律基础和组织形式的不同，证券投资基金可分为契约型投资基金和公司型投资基金。

契约型投资基金也称信托型投资基金，是依据信托契约，通过发行受益凭证而组建的投资基金。契约型投资基金是一种不具有法人资格的虚拟公司，更多地表现为一种代理投资组织，契约是契约型投资基金设立与运作的首要条件和必备文件。该类基金一般由投资者、基金发起人、基金托管人三方当事人订立契约。投资者是受益凭证购买者和持有人，通过购买和持有受益凭证，参与基金投资，享有投资收益；基金发起者（即基金管理人）负责基金资产的运作和管理，并按契约中规定的比例从基金资产中提取基金管理费；基金托管人（一般由商业银行或信托投资公司担任）依照信托契约保管基金资产，办理证券、现金管理及有关的代理业务，同样，基金托管人也按契约中规定的比例从基金资产中提取基金托管费。

最早在英国出现的证券投资基金就是契约型投资基金，契约型投资基金一般在信托业比较发达的国家或地区比较多见，英国、日本以及我国香港和台湾地区的投资基金多为契约型。目前，我国证券市场上的投资基金全是契约型投资基金。

公司型投资基金是具有共同投资目标的投资者依据公司法成立，用通过发行股票集中起来的资本投资于各种有价证券，以营利为目的的投资公司。投资基金本身就是投资公司，是具有法人资格的经济实体。基金持有人既是基金的投资者又是公司的股东。从法律上讲，公司资产为股票持有者（即股东）所有。由股东大会选举董事会和监事会，再由董事会和监事会选举总经理，共同管理公司业务，并向股东负责。股东按公司章程的明确规定享受权利、履行义务，根据投资回报情况领取股息和红利。

公司型投资基金起源于美国，第一家规范的公司型投资基金是1924年4月成立的“马萨诸塞投资信托基金”，公司型投资基金是股份公司发展到一定程度后才诞生的，目前美国的共同基金大多是公司型投资基金。

公司型与契约型投资基金在法律依据、资金性质、投资者地位及基金运营依据等方面存在着一定的差异。两种基金各有优势，公司型投资基金的优点是法律关系明确清晰，监督约束机制较为完善，契约型投资基金则在设立上更为简单易行。从投资者的角度看，这两种投资方式没有太大的区别。由于各国社会、经济发展历史不同，国民观念差异，不同国家对基金组织形式的偏好亦有所不同。

契约型投资基金和公司型投资基金的主要区别如表3—3所示。

表3—3　　契约型投资基金与公司型投资基金的区别

	契约型投资基金	公司型投资基金
法律依据和法律形式	依据信托法组建，不具有法人资格	依据公司法设立，具有法人资格

续表

	契约型投资基金	公司型投资基金
投资者的地位	投资者作为信托契约中规定的受益人对基金如何运作所做的重要投资决策通常不具有发言权，只能按契约规定分享基金的收益	投资者既是基金持有人又是公司的股东，可以参加股东大会，行使股东权利，并以股息形式获取投资收益
运作依据	基金契约	公司章程
融资渠道	不具备法人资格而不能通过向商业银行贷款以扩大规模	可以以公司雄厚的发展资本及公司的经营业绩为保证向商业银行申请贷款
基金运营	契约期满，基金运营则终止	除非依据公司法到了破产、清算阶段，一般都具有永久性经营的特点

三、按投资对象的不同划分

按投资对象的不同，证券投资基金可分为股票基金、债券基金、货币市场基金、混合基金、指数基金、衍生证券投资基金等。

股票基金是主要以各种股票为投资对象的投资基金。股票基金的投资目标侧重于追求资本利得和长期资本增值，是证券投资基金中最原始、最重要的品种。股票基金的主要功能是将大众投资者的小额资金集中起来，投资于不同的股票组合，其最大特点是具有良好的资本增值能力。股票基金以股票为主要投资标的，但也不排除投资一定比例的非股票证券。根据我国《证券投资基金运作管理办法》的规定，“百分之六十以上的基金资产投资于股票的，为股票基金”。一般说来，股票基金的获利性是最高的，投资者可以通过股票基金将较少的资金分散投资于各类股票，相对分散股票投资风险。但与债券基金和货币市场基金相比，股票基金的投资风险最大。

债券基金是以债券为主要投资对象的投资基金。它通过集中众多投资者的资金，对债券进行组合投资，寻求较为稳定的收益。债券基金一般情况下会定期派息，与股票基金相比，债券基金具有低风险、低收益的特点，适合风险承受能力较低的稳健型投资者的需要。另外，债券基金的管理相对简单，债券基金管理人向投资者收取的管理费低于股票基金的管理费。根据我国《证券投资基金运作管理办法》的规定，“百分之八十以上的基金资产投资于债券的，为债券基金”。我国第一只债券型开放式投资基金是2002年8月发起设立的南方宝元债券型基金，该基金主要投资于债券。

货币市场基金是指以国库券、大额银行可转让存单、商业票据、公司债券等货币市场短期有价证券为投资对象的基金。[①] 货币市场基金发起于美国，最早的一只货币市场基金创办于1971年，目前，货币市场基金已成为货币市场上一股不可忽视的力量。货币市场基金具有安全性高、流动性强、投资成本低以及收益相对稳定的优点，兼具投资人可随时赎回、便于中小投资者投资的特点，因而很受市场欢迎。它不以赚取资本利得为目的，而是在保本的原则下以追求最高收益为目标。总体来看，它可以赚取比银行利息更高的收益，在国外有人称其为“资金

① 根据中国证监会发布的《货币市场基金管理暂行办法》及其他有关规定，我国货币市场基金能够进行投资的金融工具主要包括：现金；1年以内(含1年)的银行定期存款、大额存单；剩余期限在397天以内(含397天)的债券；期限在1年以内(含1年)的债券回购；期限在1年以内(含1年)的中央银行票据；剩余期限在397天以内(含397天)的资产支持证券；中国证监会、中国人民银行认可的其他具有良好流动性的货币市场工具。

的临时停车场”,可作为银行存款的良好替代品和现金管理的工具。

另外,根据《证券投资基金运作管理办法》规定,投资于股票、债券和货币市场工具,但股票投资和债券投资的比例不符合股票基金、债券基金规定的投资基金为混合基金。由于混合基金同时以股票、债券等为投资对象,因此可以通过在不同资产类别上的投资,来实现收益与风险之间的平衡,其回报和风险要低于股票型基金,高于债券和货币市场基金,是一种风险适中的理财产品。根据股票、债券投资比例以及投资策略的不同,混合基金可以分为偏股型基金、偏债型基金、配置型基金等多种类型。

指数基金是一种以拟合目标指数、跟踪目标指数变化为原则,实现与市场同步成长的基金品种。具体来讲,指数基金是根据其所跟踪的目标指数样本构成比例购买证券以期获得当期市场平均收益的基金。指数基金为了取得与指数相近的收益率,其投资策略为被动投资,以消除系统性风险,同时降低成本,在操作上追随大市,在经济总体上升中被动取得收益。其特点是:它的投资组合等同于市场价格指数的权数比例,收益随着当期的目标价格指数上下波动。当价格指数上升时基金收益增加,反之收益减少,始终保持当期的市场平均收益水平,由于其选股原则简单,因而费用低廉;指数基金广泛地分散投资,任何单个股票的波动都不会对指数基金的整体表现构成大的影响,与股票基金相比,指数基金分散风险的特点则更加明显。

衍生证券投资基金是一种以衍生证券为投资对象的基金,包括期货基金、期权基金、认股权证基金等。由于衍生证券投资具有高收益、高风险的特性,以衍生证券为投资对象的投资基金风险较高,目前我国证券市场还没有衍生证券投资基金。

四、按投资目标不同划分

按投资目标不同,证券投资基金可分为成长型基金、收入型基金和平衡型基金。

成长型基金指那些投资于处在发展成长期公司股票的基金。这些公司一般来自新兴行业,发展较快,具有较为广阔的发展前景和想象空间。这些公司的股票一般具有较高的市盈率和市净率,成长型基金的获利能力较强,但承担的风险亦较高。由于处于发展期,一般很少进行现金分红或派息。

收入型基金是指以追求稳定的经常性收入为基本目标的基金,该类基金主要以大盘蓝筹股、公司债券、政府债券等高收益证券为投资对象。其操作的特征是:主要选择高利率、低风险的债券,及那些业绩优良、分红记录较好尤其是分红水平逐年增长的股票作为投资操作的对象。这样,一方面有望获得丰厚的债息、股息收入;另一方面又有获得交易差价的较大把握。收入型基金的获利能力与成长型基金相比要低一些,当然风险也要小一些。在利率水平较稳定的情况下,投资者投资于这种基金有一定的优越性。

如果基金既投资于成长期公司又投资于成熟期公司,或者所投资的公司没有明显的有关发展时期的特征,这样的基金被称为平衡型基金。其风险和收益状况介于成长型基金和收益型基金之间。

除以上几种分类方法以外,投资基金按是否公开发行分为公募基金和私募基金;按资金来源和运用地域分为国内基金、海外基金、国际基金、国家基金和区域基金;根据投资理念的不同,分为主动型基金与被动(指数)型基金;另外,还有特殊类型的投资基金,如系列基金、保本基金、伞型基金、基金中的基金、交易所交易基金(ETF)及上市型开放式投资基金(LOF)等。证券投资基金品种的多元化已成为世界基金业发展过程中的一个重要特征。

第三节　证券投资基金的费用与资产估值

一、证券投资基金的费用

证券投资基金的费用是指投资者为获得基金服务而支付给服务提供者的费用。证券投资基金的费用一般是用基金资产的百分比表示，即费用率，证券投资基金费用率的高低直接关系到投资者的投资成本。

按照投资者的承担方式，基金费用可分为两种：直接费用和间接费用。

(一)直接费用

直接费用主要是指销售交易费，由投资者在购买、赎回或转让基金时直接交纳。这部分费用包括开放式投资基金的申购费用、赎回费用和封闭式投资基金的交易费用。

1. 申购费用

申购费用是投资者购买开放式投资基金需支付的费用(投资者基金发行期购买时这项费用称为认购费，在发行期结束后购买时称为申购费)。申购费用可以在基金申购时收取(前端收费)，也可以在赎回时从赎回金额中予以扣除(后端收费)。我国大部分开放式投资基金的申购费采用的是前端收费方式，即申购费直接从投资额中扣除。另外，为了鼓励投资者长期持有，有些基金采用按持有期限递减的后端申购费率；有的基金为了促进销售，对大额申购给予优惠费率。

2. 赎回费用

赎回费用是投资者赎回开放式投资基金时支付的费用。赎回费往往略带惩罚性质，主要是为了鼓励长期投资，减少短期内大量赎回给其他持有人带来的损失。

申购费用和赎回费用因不同的开放式投资基金而不同，同一基金还会出现因为投资者交易量的大小而收取不同费率的现象。开放式投资基金收取费用的方式、条件以及费率标准应当在基金契约和招募说明书中予以载明。表 3—4 列举了 10 只开放式基金的申购和赎回费率。

表 3—4　　部分开放式基金的申购费率和赎回费率(%)

基金代码	基金简称	申购费率	赎回费率
050201	博时价值增长贰号	2.0	0.8
050001	博时价值增长	1.8	0.8
000001	华夏成长	1.8	0.5
202011	南方价值	1.8	0.5
202001	南方稳健成长	1.6	0.5
161606	融通行业景气	1.6	0.3
121007	国投瑞银瑞福优先	1.5	2.5
510050	华夏上证 50ETF	0.5	0.5

资料来源：根据基金 2009 年 4 季度报告整理。

3. 封闭式投资基金的交易费用

封闭式投资基金的交易费用包括发行费用和基金单位在证券交易所交易时证券经纪商收取的代理费用(即佣金)。

发行费用指发行基金单位时向投资者收取的费用,其中,中签认购部分的发行费用在扣除基金发行中的会计师事务所审计费、律师见证费、发行公告费、材料制作费、上网发行费等费用后的余额归基金所有人;上网定价发行,对投资者只按正常交易报单收取申购委托单费,不收取佣金、过户费与印花税等费用。上网定价发行结束后,上交所和深交所按各参加上网定价发行的证券营业部的实际认购量,将该笔手续费自动划转到各证券营业部账户。

投资者在证券交易所买卖封闭式投资基金需按一定费率交纳佣金和其他费用。我国封闭式投资基金的交易佣金不高于交易额的0.3%,过户登记费在上交所为交易额的0.05%,而深交所则收0.025%的名册服务费。

(二)间接费用

1. 基金管理费

基金管理费是基金持有人支付给实际运用基金资产、为基金投资者提供专业化服务的基金管理人的费用,即基金管理人为管理和操作基金而收取的报酬。基金管理费从基金资产中支付,不须另向投资者收取,基金管理费是基金管理人的主要收入来源。基金管理年费按基金资产净值的一定百分比逐日计提,月底由托管人从基金资产中扣除,一次性支付给基金管理人。基金管理费率的高低通常与基金规模成反比,与基金投资的风险程度成正比。收益和风险较高的基金品种,管理难度也较大,如股票型基金,管理费率较高;而收益和风险较低的品种,如货币市场基金,管理费率较低。

美国各种基金的年管理费率通常在基金资产净值的1%左右:货币市场基金约为净值的0.25%~1%,债券基金约为净值的0.5%~1.5%,股票基金约为净值的1%~1.5%,认股权证基金约为1.5%~2.5%。

目前,国内投资基金的年管理费率一般在0.3%~1.5%,具体费率水平视投资目标和管理的难易程度不同而有所区别。目前,货币市场基金通常为0.33%左右,债券基金通常为0.65%左右,股票基金则通常在1%~1.5%。为了激励基金管理人更有效地管理、运作基金资产,提高基金资产的收益水平,有时基金管理费采取固定费率加业绩报酬的支付形式。

2. 基金托管费

基金托管费是指基金托管人为基金提供服务而向基金持有人收取的费用。托管费通常是按一定费率逐日累计计提,按月支付给托管人。与基金管理费一样,基金托管费用也是从基金资产中扣除,无须另向投资者收取。基金托管费的费率与基金规模和基金所在国家和地区有一定关系。基金规模越大,基金托管费率则越低;发达国家和地区的托管费率较低,而新兴市场国家和地区的托管费率则较高。另外,托管费率也会因基金种类不同而异,如中国香港怡富东方小型企业信托基金的托管费率为0.20%;而中国香港渣打世界投资基金支付的托管年费分得更细,股票基金为基金资产净值的0.25%,债券基金为基金资产净值的0.125%。我国证券投资基金的年托管费率一般为基金资产净值的0.25%左右。

基金管理费、托管费计提公式如下:

$$\text{每日计提的费用 } H=\frac{\text{前一日基金资产净值 } E\times \text{费率 } R}{365}$$

基金管理费和托管费是基金管理人和基金托管人的业务收入,基金管理人和基金托管人因未履行或未完全履行义务导致的费用支出或基金资产的损失、处理与基金运作无关事项所发生的费用，不能列入基金管理费和基金托管费中。

3. 其他费用

其他费用包括基金上市费、基金信息披露费、基金份额持有人大会费、会计师费、律师费、中期和年度报告的印刷制作费及基金清算费等。

二、证券投资基金的净资产值

在证券投资基金的运作过程中，其交易价格会随着单位基金净资产值和收益的变化而变化，不能再以发行时的价格出现。为了能够准确地对基金进行计价和报价，使基金价格能较准确地反映基金的真实价值，就必须对某个时点上基金的每一单位或每一股份实际代表的价值予以估算，并将估值结果以净资产值公布。

(一)证券投资基金净资产值的含义及计算

证券投资基金净资产值(Net Asset Value，简称 NAV)是指在某一时点一个基金单位代表的净资产的价值。有关基金净资产值的基本公式如下：

基金净资产值=基金资产总值－基金负债

基金单位净资产值=基金净资产总值/基金总份额

基金单位累计净资产值=基金单位净资产值+(基金历史上所有分红派息的总额/基金总份额)

其中，基金资产总值是指基金拥有的所有资产，包括股票、债券及配股权证等证券类资产，银行存款、清算备付金等现金类资产，应收利息等应收项目以及按照有关法规规定应作为资产类的投资估值增值等；负债是指基金运作及融资时所形成的负债，包括应付给基金管理公司的管理费用和基金托管人的托管费等各项费用、应付资金利息等；基金单位总数是指在报告期内可在基金交易市场买卖交易的基金总份额。对封闭式投资基金而言，即是其已发行的基金单位总份额：对开放式投资基金而言，则是其已发行基金单位总份额与已赎回基金单位总份额的差额。

(二)证券投资基金净资产的估值

基金净资产的估值是指根据相关规定对基金资产和基金负债按一定的价格进行评估与计算，确定基金净资产值和单位基金净资产值的过程。

1. 估值目的

基金净资产值是基金内在价值的体现，代表了基金持有人的权益，是衡量基金管理人经营业绩的主要指标；基金净资产值还是开放式投资基金办理申购和赎回的唯一价格依据[①]，也是影响封闭式投资基金交易价格的重要因素之一。因此，基金净资产估值是衡量基金是否贬值、增值，计算开放式投资基金申购与赎回价格的基础。

2. 估值对象

基金净资产估值的对象包括基金所持有的全部资产，同时，也需对基金所承担的所有负债进行评估。

3. 估值程序

我国基金日常估值由基金管理人和托管人同时进行。基金管理人完成估值后，将估值结

---

① 开放式投资基金的申购、赎回价格的计算公式：基金单位申购价格=基金单位净资产值×(1+申购费率)；基金单位赎回价格=基金单位净资产值×(1－赎回费率)。

果以书面形式报给基金托管人，基金托管人按基金契约规定的估值方法、时间、程序进行复核，基金托管人复核无误后返回给基金管理人。当基金估值出现错误时，基金管理人应当立即公告、予以纠正，并采取合理的措施防止损失进一步扩大；估值错误偏差达到基金净资产值的一定比例时，基金管理人应当通报基金托管人并报中国证监会备案。因基金估值错误给投资者造成损失的应先由基金管理人承担，基金管理人对不应由其承担的责任，有权向过错人追偿。

4. 估值原则

根据《证券投资基金会计核算办法》和证监会公布实施的《关于进一步规范证券投资基金估值业务的指导意见》的规定，我国基金估值应遵循的原则是：

第一，对存在活跃市场的投资品种，如估值日有市价的，应采用市价确定公允价值；估值日无市价，但最近交易日后经济环境未发生重大变化且证券发行机构未发生影响证券价格的重大事件的，应采用最近交易市价确定公允价值；如估值日无市价，且最近交易日后经济环境发生了重大变化或证券发行机构发生了影响证券价格的重大事件，应参考类似投资品种的现行市价及重大变化等因素，调整最近交易市价，确定公允价值。

第二，对不再存在活跃市场的投资品种，应采用市场参与者普遍认同且被以往市场实际交易价格验证具有可靠性的估值技术，确定投资品种的公允价值。

第三，未上市的股票应区分处理：配股和增发新股，按估值日在证券交易所挂牌的同一股票的市价估值；首次公开发行的股票，按成本估值。

第四，如有确凿证据表明按上述方法进行估值不能客观反映其公允价值，基金管理公司应根据具体情况与基金托管人商定后，按最能反映公允价值的价格估值。如有新增事项，按国家最新规定估值。

基金公司按上述原则进行估值的，需及时通知托管银行。托管银行要认真核查基金公司采用的估值政策和程序。当存有异议时，托管银行有责任要求基金公司做出合理解释，通过积极商讨达成一致意见。基金公司按上述原则进行估值，导致基金资产净值的变化在0.25%以上的，应聘请会计师事务所进行审核。会计师事务所应对基金公司所采用的相关估值模型、假设及参数的适当性发表审核意见并出具报告。

基金公司对投资品种进行估值时应保持估值政策和程序的一贯性。在考虑投资策略的情况下，同一基金公司对管理的不同基金持有的同一证券的估值政策、程序及相关的方法应当一致。①

5. 估值时间

基金管理人应于每个交易日结束后对基金资产进行估值。我国封闭式投资基金单位净资产值主要通过《中国证券报》《上海证券报》《证券时报》三大证券报及主要财经网站每周对外公布一次；开放式投资基金单位净资产值主要通过三大证券报、托管银行网站、基金管理公司网站及主要财经网站每天进行公布，自2002年8月15日起，深圳证券交易所利用交易所行情系统为广大投资者揭示开放式投资基金单位资产净值（表3—5）。

表3—5　　2010年2月12日部分股票型开放式投资基金的净值排行

序号	基金代码	基金简称	成立日期	最新规模（亿份）	单位净值	累计净值	近13周（%）
1	000001	华夏成长混合	2001—12—18	79.67	1.392 0	31 730	—4.59

① 详细内容参见《关于进一步规范证券投资基金估值业务的指导意见》。

续表

序号	基金代码	基金简称	成立日期	最新规模（亿份）	单位净值	累计净值	近13周（%）
2	000011	华夏大盘精选混合	2004－08－11	6.33	10.005 0	10.385 0	5.94
3	000021	华夏优势增长股票	2006－11－24	72.34	2.075 0	2.195 0	－8.83
4	000051	华夏沪深300指数	2009－07－10	262.42	0.911 0	0.911 0	－7.04
5	020001	国泰金鹰增长股票	2002－05－08	10.42	0.942 0	3.884 0	－4.56
6	02000	国泰金龙行业混合	2003－12－05	5.33	0.875 0	3.609 0	－3.10
7	020005	国泰金马稳健混合	2004－06－18	97.79	0.869 0	3.597 0	－3.98
8	020009	国泰金鹏蓝筹混合	2006－09－29	24.10	1.053 0	1.994 0	－5.70
9	020010	国泰金牛创新股票	2007－05－18	54.94	1.033 0	1.128 0	－3.77
10	020011	国泰沪深300指数	2007－11－11	110.33	0.649 0	0.929 0	－7.42

资料来源：http://www.sina.com.cn。

第四节　证券投资基金的收益和风险

一、证券投资基金的收益

（一）收益构成

证券投资基金收益是基金资产在运作过程中所产生的超过自身价值的部分。投资收益主要包括：

1. 利息收入

证券投资基金的利息收入主要来自两个方面：一是有价证券利息收入。有价证券利息收入是指证券投资基金因投资于商业票据、大额可转让定期存单、银行承兑汇票、国债、公司债券、金融债券等而定期取得的利息，利息收入是货币市场基金和债券基金的主要收益来源。二是存款利息收入。无论是封闭式投资基金还是开放式投资基金，为了保持资产的流动性，一般都会拥有一定数量的银行存款，存款利息收入就是指基金资产的银行存款的利息收入，利息收入在基金收益中所占比例很小。

2. 红利和股息收入

持有上市公司股票的证券投资基金就是上市公司的股东，有权分得上市公司派发的红利和股息。股息通常是按一定比例事先规定的，而红利收入则不固定。红利和股息收入是股票基金的重要收益来源。

3. 资本利得

资本利得即买卖证券价差，即证券投资基金利用证券市场的价格波动，进行套利交易、投机交易等而获取的价差收入。

4. 其他收入

证券投资基金获得的其他合法收入，比如运用基金资产而带来的成本或费用的节约额，如基金因大额交易而从证券商处得到的交易佣金优惠等，这部分收入通常数额也较小。

(二)收益分配

基金净收益是指基金收益扣除按国家有关规定可以在基金收益中扣除的各项费用后的余额,基金净收益减去应纳税额便是可供分配的基金收益。

证券投资基金收益分配主要是对已实现的基金收益进行分配。基金当年收益应先弥补以前年度亏损,才可进行当年收益分配,基金如果当年亏损则不进行收益分配。

基金管理人根据基金合同(我国主要是指招募说明书)约定,明确基金收益的范围、可供分配的基金收益、基金收益分配对象、收益分配原则、分配数额和比例、分配方式等。

基金分配对象是在基金收益分配的特定时日持有基金份额的投资者,即在基金权益登记日结束后列入基金持有人名册的投资者;我国《证券投资基金运作管理办法》第三十五条"封闭式投资基金的收益分配,每年不得少于一次,封闭式投资基金年度收益分配比例不得低于基金年度已实现收益的90%。开放式投资基金的基金合同应当约定每年基金收益分配的最多次数和基金收益分配的最低比例"。

常用的基金收益分配方式有两种:一是分配现金。分配现金是基金收益分配的最普遍方式;二是分配基金单位。即将应分配的净收益折算为新的基金单位送给基金投资者,这种分配方式类似于股票的股票股利分配,投资者没有得到现金,只是增加了持有的基金份额。

根据我国《证券投资基金运作管理办法》的规定"基金收益分配应当采用现金方式。开放式投资基金的基金份额持有人可以事先选择将所获分配的现金收益,按照基金合同有关基金份额申购的约定转为基金份额;基金份额持有人事先未做出选择的,基金管理人应当支付现金"。

二、证券投资基金的风险

证券投资基金是一种集中资金、专家管理、分散投资、降低风险的投资工具,但投资者投资证券投资基金仍有可能面临风险。证券投资基金投资存在的风险主要有:

(一)市场风险

投资者购买基金,相对于购买股票而言,由于能有效地分散投资和利用专家优势,可能对控制风险有利,但其风险依然存在。分散投资虽能在一定程度上消除来自个别公司的非系统风险,但市场的系统风险却无法消除。市场风险主要有政策风险、经济周期风险、利率风险、通货膨胀风险、流动性风险、信用风险等。

(二)管理风险

基金管理人的专业技能、研究能力及投资管理水平直接影响到其对信息的占有、分析和对经济形势、证券价格走势的判断,进而影响基金的投资收益水平。同时,基金管理人的投资管理制度、风险管理和内部控制制度是否健全,能否有效防范道德风险和其他合规性风险,以及基金管理人的职业道德水平等,也会对基金的风险收益水平造成影响。

(三)操作和技术风险

基金的相关当事人在各业务环节的操作过程中,可能因内部控制不到位或者人为因素造成操作失误或违反操作规程而引致风险,如越权交易、内幕交易、交易错误和欺诈等。此外,在开放式基金的后台运作中,可能因为技术系统的故障或者差错而影响交易的正常进行导致基金份额持有人利益受到影响。这种技术风险可能来自基金管理人、基金托管人、注册登记人、销售机构、证券交易所和证券登记结算机构等。

(四)巨额赎回风险

巨额赎回风险是开放式基金所特有的风险,按照《开放式证券投资基金试点办法》的规定,当基金单个交易日的净赎回申请超过基金总份额的10%时可认定为巨额赎回。巨额赎回可能遇到顺延赎回或暂停赎回等风险。

(五)其他风险

战争、自然灾害等不可抗力可能导致基金资产面临遭受损失的风险,以及证券市场、基金管理人及基金销售代理人可能因不可抗力无法正常工作,从而有影响基金的申购和赎回按正常时限完成的风险。

知识拓展

专题3.1 证券投资基金的产生与发展

3.1.1 国外证券投资基金的产生与发展

1. 证券投资基金的产生

证券投资基金作为社会化的理财工具,起源于19世纪的欧洲,英国是投资基金的发源地。1868年,英国政府出面成立的"海外及殖民地政府信托基金"组织在英国《泰晤士报》刊登招股说明书,公开向社会个人发售认股凭证,这是世界上第一只证券投资基金。设立者明确宣布该基金的宗旨在于:运用共同资金分散投资于国外及殖民地政府发行的债券,借以分散投资风险,使中小投资者和大额投资者一样享受投资利益。

证券投资基金在创立阶段的主要特点是:数量少、规模小、投资对象单一、运行结构封闭、简单、组织体系采取契约型模式。

2. 证券投资基金的发展

20世纪初,证券投资基金传入美国后,在美国得到极大的普及和发展。1921年4月,美国设立了第一家被称为英国式的证券投资基金"美国国际证券信托投资基金"。1924年3月21日,美国波士顿成立的"马萨诸塞投资信托基金",是第一家真正具有现代意义的美国式证券投资基金,也是世界上第一只公司型开放式投资基金。该基金由200名哈佛大学教授共同出资组成,由"马萨诸塞金融服务公司"担任基金管理人。

与英国式证券投资基金相比,美国式证券投资基金具有三个基本特点:(1)在组织体系上,采取公司型而非契约型;(2)在运作方式上,采取开放式而非封闭式;(3)在利润分配方式上,由英国式中的固定利率回报方式改为风险共担、收益共享的分配方式。在随后的几年间,美国基金业迅速发展,美国逐渐超过英国成为世界上证券投资基金最发达的国家,美国的证券投资基金市场是政府监管最为严格的市场,证券投资基金成为美国社会最为普遍的投资方式和投资工具。根据美国投资公司协会统计,1940年,美国共同基金管理的资产为4.48亿美元;1990年,共同基金管理的资产为10 652.9亿美元;到2004年年底,则达到8.1万亿美元,美国家庭共同基金投资占金融投资的比例为50%左右。基金业已成为美国最大的金融支柱产业。

日本在1937年参照英、美等国家的经验,设立了具有日本特色的投资基金。20世纪50年代末期,韩国、菲律宾、泰国、中国台湾和香港等亚洲一批新兴工业化国家和地区也相继引进和发展投资基金业务,与澳大利亚、新西兰等国家形成了独具特色的亚太地区基金市场。

20世纪40年代以后,各发达国家政府相继制定了一系列法律、法规,在对证券投资基金加强监管的同时,也为证券投资基金提供了良好的外部环境,极大地推动了证券投资基金的发展。

100 多年来,随着世界经济和证券市场的发展,投资基金业从无到有、从小到大迅速发展起来。尤其是 20 世纪 70 年代以后,随着经济一体化、金融自由化、资本流动国际化和金融创新的兴起,证券投资基金进入了一个新的发展阶段。证券投资基金正向大型化、多样化、国际化方向发展,并在世界范围内得到了普遍性发展。

3.1.2 我国证券投资基金的产生与发展

我国证券投资基金业的发展一般以 1997 年 11 月出台的《证券投资基金管理暂行办法》为标志,划分为前后两个阶段。

我国最早的基金业务始于 1987 年,1987 年中国银行和中国国际信托投资公司在香港设立"怡富基金",这是我国证券投资基金的雏形。20 世纪 90 年代开始,我国的投资基金业进入实质性发展阶段。1991 年 10 月,中国人民银行武汉分行和深圳南山区政府分别批准成立"武汉证券投资基金"和"深圳南山风险投资基金"。1993 年 8 月 20 日,由中国人民银行总行批准成立的"淄博乡镇企业投资基金"在上海证券交易所挂牌上市,成为我国第一家上市交易的投资基金。在此期间,我国出现了投资基金的发展热潮。到 1997 年 10 月,我国共设立各类投资基金 72 只,募集资金 66 亿元。其中,在沪、深证券交易所上市的基金为 27 只。当时的投资基金(俗称为老基金)全部为封闭式投资基金,除了"淄博乡镇企业基金""天骥基金""蓝天基金"为公司型基金外,其余均为契约型基金。当时投资基金的主要特点是基金规模小,基金运作及对基金的管理都不规范。

1997 年 11 月,经国务院批准,我国第一部证券投资基金法:法规——《证券投资基金管理暂行办法》的颁布为我国证券投资基金健康、规范发展提供了法律基础。1998 年 3 月,两个规模分别为 20 亿元人民币的证券投资基金——基金鑫泰和基金开元上网成功发行,此后,一批封闭式投资基金陆续设立。2001 年 9 月,我国第一只开放式证券投资基金——华安创新投资基金的设立,标志着我国证券投资基金业的发展进入一个新的阶段。经中国证监会批准,由招商证券股份有限公司和荷兰国际集团(ING)等共同发起的招商基金管理有限公司于 2002 年 12 月 27 日正式成立,这也是中国在加入 WTO 后成立的第一家中外合资基金管理公司。2003 年 10 月 28 日,第十届全国人民代表大会常务委员会第五次会议审议通过了《中华人民共和国证券投资基金法》,并于 2004 年 6 月 1 日正式实施。由中国人民银行、中国银监会、中国证监会联合制定的《商业银行设立基金管理公司试点管理办法》,于 2005 年 2 月 20 日正式出台并施行。《试点管理办法》的出台,标志着商业银行设立基金管理公司试点工作进入了实质性操作阶段。

自《证券投资基金法》颁布以来,中国投资基金业进入快速、规范发展的通道,投资基金数量和投资基金规模迅速增加,投资基金品种不断创新。证券投资基金已成为中国证券市场上重要的投资工具,同时证券投资基金也是中国证券市场上重要的机构投资者。截至 2009 年 12 月 31 日,纳入统计的 621 只证券投资基金,资产净值合计 26 760.80 亿元,份额规模合计 24 535.07 亿份。其中 31 只封闭式基金资产净值合计 1 238.80 亿元,占全部基金资产净值的 4.63%,份额规模合计 945.02 亿份,占全部基金份额规模的 3.85%。其中 590 只开放式基金资产净值合计 25 522.00 亿元,占全部基金资产净值的 95.37%,份额规模合计 23 590.05 亿份，占全部基金份额规模的96.15%。①

专栏3.2　中国投资基金的品种创新

与美国的证券投资基金品种相比，我国的新基金品种显得过于单一。因此，政府积极鼓励新的基金品种的开发，及时批设不同品种的基金。上海证券交易所和深圳证券交易所为适应形势发展的需要，分别在基金产品与交易方式方面进行了创新，目前已分别推出如下基金新品：

3.2.1　ETF

ETF(Exchange Traded Fund)，译为交易所交易基金，又称交易型开放式指数证券投资基金，简称"交易型开放式指数基金"，ETF是一种跟踪某一指数，按照指数所包含的股票成分和比例进行投资，且在证券交易所上市交易的基金。ETF是开放式基金的一种，它综合了封闭式基金和开放式基金的优点，既可以在交易所买卖交易，也可以进行申购、赎回。买进(申购)基金份额有两种方式，一是现金，二是用一揽子股票。但在卖出或赎回时，投资者得到的是一揽子股票而非现金。ETF最大的作用在于投资者可以借助这个金融产品具备的指数期货、商品期货的特性套利操作，有助于提高股市的成交量。ETF最早产生于加拿大，在美国发展成熟。ETF因其在产品设计上的种种创新而在国际市场中迅速崛起，有很多优点。ETF采用指数化投资策略。ETF与标的指数偏离度小，投资ETF能获得与标的指数相近的收益。ETF可以在二级市场上市交易。ETF费用低廉，通过复制指数和实物申赎机制，ETF大大节省了研究费、交易费和管理费等费用。ETF能分散投资，降低投资风险，透明度高，交易成本低廉，比开放式基金申购赎回费低。ETF已经不再仅仅是一个投资产品，而是一个越来越工具化的产品。

早在2001年，上海证券交易所就提出了最初的ETF构想。2004年1月2日，上海证券交易所推出上证50指数，为国内首只ETF的推出铺平了道路。2004年7月6日，上海证券交易所与华夏基金签订上证50指数使用许可协议，华夏基金获得了与上海证券交易所合作开发首批ETF产品的资格。

3.2.2　LOF

LOF(Listed Open-Ended Fund)，译为上市型开放式基金，是指在交易所上市交易的开放式证券投资基金。该基金发行结束后，投资者可以在指定销售网点申购与赎回基金份额，也可以在交易所买卖该基金。投资者如果是在指定网点申购的基金份额，想到交易所上网出售，需办理转托管手续。同样，如果是在交易所网上买进的基金份额，想要在指定网点赎回，也要办理转托管手续。

LOF可以在一级、二级两个市场进行交易，通过投资人在市场间的套利机制使得基金价格尽量贴近单位净值，通过向交易所市场转换增加基金流动性。在交易时，交易所是LOF的二级市场，可以按照市场价格进行买卖；而在销售网点可以按照单位净值进行申购赎回。LOF兼具封闭式基金交易方便、交易成本较低和开放式基金价格贴近净值的优点。还具有交易方式多样，结算效率高以及套利机会等优势。

LOF与ETF的区别表现在ETF本质上是指数型的开放式基金，是被动管理型基金，而LOF则是普通的开放式基金增加了交易所的交易方式，它可能是指数型基金，也可能是主动

① 数据来源于中国银河证券基金研究中心推出的《中国证券投资基金2009年行业统计报告》。

管理型基金;在申购和赎回时,ETF与投资者交换的是基金份额和"一篮子"股票,而LOF则是与投资者交换现金;在一级市场上,即申购赎回时,ETF的投资者一般是较大型的投资者,如机构投资者和规模较大的个人投资者,而LOF则没有限定;在二级市场的净值报价上,ETF每15秒钟提供一个基金净值报价,而LOF则是一天提供一个基金净值报价。此外,LOF为基金公司增加了销售渠道,缓解了银行的销售瓶颈。

LOF与ETF相同之处是都同时具备了场外和场内的交易方式,既可以在销售网点申购赎回,也可以在二级市场买卖,为投资者提供了套利的可能。

专栏3.3 索罗斯与他的量子基金

乔治·索罗斯1930年生于匈牙利布达佩斯。1947年他移居到英国,并在伦敦经济学院毕业。1956年去美国,在美国通过他建立和管理的量子基金积累了大量财产,并因此成为国际资本市场中的大鳄。

索罗斯的诀窍是寻找"突变"。1972年,他发现受过高等商业教育的新一代的银行家正在崛起,银行业将焕发生机,于是写下了揭示银行业突变的分析报告,在银行股票低迷时提出了与众不同的观点。此后,银行股票上涨使索罗斯获得了50%的利润。

索罗斯在实践中练就了见微知著的本领,业界流传着他的投资传奇。比如,1972年,索罗斯得知商业部的一份私人报告,指出美国的发展依赖于外国的能源资源,便大量收购了石油钻井、石油设备和煤炭公司的股票,一年之后石油危机引发能源业股票飞涨。索罗斯和罗杰斯也预见了食品危机,购买了化肥、农场设施和粮食加工业的股票,获得可观的利润。1973年10月埃及和叙利亚武装部队大规模进攻以色列,引起罗杰斯密切关注军事工业。事实证明以色列在这次战争中的被动挨打引发以色列与美国重整军备的决心。1974年中期,索罗斯通过军工企业的股票开始大发其财。1975年《华尔街日报》为此在头版报道了索罗斯的事迹。

索罗斯的成功有其鲜明的特点:一是善于充分利用杠杆原理,巧妙利用借贷和抵押;二是投资于很多不同类型及风险的资产,既投资于货币,也投资于其他金融资产,如股票、债券和期货等;三是既做空头也做多头;四是侧重于购买短期证券以保持高度的灵活性,有较强的投机性;五是作为业绩基金,基金管理人员所得的报酬与盈利而不是与所管理的基金规模成正比,管理人员、索罗斯本人就是基金的重要持股者,他们与基金同甘苦、共命运。

乔治·索罗斯旗下经营了五个风格各异的对冲基金,其中量子基金是最大的一个,也是全球规模较大的几个对冲基金之一。量子基金是通过私募方式筹集的高风险基金,量子基金由双鹰基金演变而来,双鹰基金由索罗斯和吉姆·罗杰斯于1969年创立,资本额为400万美元。双鹰基金以国际资金为目标,拒绝美国富豪的加入,成功地吸引了大批欧洲、阿拉伯和南美富豪的资金。1973年,基金改名为索罗斯基金,资本额约1 200万美元;1979年,索罗斯将其更名为量子基金。

量子基金设立在纽约,但其出资人皆为非美国国籍的境外投资者,从而避开美国证券交易委员会的监管。量子基金投资于商品、外汇、股票和债券,并大量运用金融衍生产品和杠杆融资,从事全方位的国际性金融操作。索罗斯凭借其过人的分析能力和胆识,引导着量子基金在世界金融市场一次又一次的攀升和破败中逐渐成长壮大。他曾多次准确地预见到某个行业和公司的非同寻常的成长潜力,从而在这些股票的上升过程中获得超额收益。即使是在市场下滑的熊市中,索罗斯也以其精湛的卖空技巧而大赚其钱。经过不到30年的经营,至1997年年末,量子基金已增值为资产总值近60亿美元的巨型基金。在1969年注入量子基金的1万美元在1996年年底已增值至3亿美元，即增长了3万倍。

索罗斯成为国际金融界炙手可热的人物，是由于他凭借量子基金在20世纪90年代所发动的几次大规模货币阻击战。量子基金以其强大的财力和凶狠的作风，自20世纪90年代以来在国际货币市场上兴风作浪，常常对基础薄弱的货币发起攻击并屡屡得手。

由于在需要时可通过杠杆融资等手段取得相当于几百亿甚至上千亿资金的投资效应，因而量子基金成为当时国际金融市场上一股举足轻重的力量。同时，由于索罗斯的声望，量子基金的资金行踪和投注方向无不为规模庞大的国际游资所追随。因此，量子基金的一举一动常常对某个国家货币的升降走势起关键的影响作用。对冲基金对一种货币的攻击往往是在货币的远期和期货、期权市场上通过对该种货币大规模卖空进行的，从而造成此种货币的贬值压力。对于外汇储备窘困的国家，在经过徒劳无功的市场干预后，所剩的唯一办法往往是任其货币贬值，从而使处于空头的对冲基金大获其利。在20世纪90年代中发生的几起严重的货币危机事件中，索罗斯及其量子基金都负有直接责任。

20世纪90年代初，为配合欧共体内部的联系汇率，英镑汇率被人为固定在一个较高水平、引发国际货币投机者的攻击。量子基金率先发难，在市场上大规模抛售英镑而买入德国马克。英格兰银行虽下大力抛出德国马克购入英镑，并配以提高利率的措施，仍不敌量子基金的攻击而退守，英镑被迫退出欧洲货币汇率体系而自由浮动，短短1个月内英镑汇率下挫20%、而量子基金在此英镑危机中获取了数亿美元的暴利。在此后不久，意大利里拉亦遭受同样命运，量子基金同样扮演主角。

1994年，索罗斯的量子基金对墨西哥比索发起攻击。墨西哥在1994年之前的经济良性增长，是建立在过分依赖中短期外资贷款的基础之上的。为控制国内的通货膨胀，比索汇率被高估并与美元挂钩浮动。由量子基金发起的对比索的攻击，使墨西哥外汇储备在短时间内告罄，不得不放弃与美元的挂钩，实行自由浮动，从而造成墨西哥比索和国内股市的崩溃，而量子基金在此次危机中则收入不菲。

1997年下半年，东南亚发生金融危机。与1994年的墨西哥一样，许多东南亚国家如泰国、马来西亚和韩国等长期依赖中短期外资贷款维持国际收支平衡，汇率偏高并大多维持与美元或一篮子货币的固定或联系汇率，这给国际投机资金提供了一个很好的捕猎机会。量子基金扮演了狙击者的角色，从大量卖空泰铢开始，迫使泰国放弃维持已久的与美元挂钩的固定汇率而实行自由浮动，从而引发了一场泰国金融市场前所未有的危机。危机很快波及所有东南亚实行货币自由兑换的国家和地区，迫使除了港币之外的所有东南亚主要货币在短期内急剧贬值，东南亚各国货币体系和股市的崩溃，以及由此引发的大批外资撤逃和国内通货膨胀的巨大压力，给这个地区的经济发展蒙上了一层阴影。

在过去30年的历史中，量子基金的平均回报率高达30%以上，量子基金的辉煌也在于此。然而，1998年以来，投资失误使量子基金遭到重大损失。先是索罗斯对1998年俄罗斯债务危机及对日元汇率走势的错误判断使量子基金遭受重大损失，之后所投资的美国股市网络股也大幅下跌。至此，索罗斯的量子基金损失总数达近50亿美元，量子基金元气大伤。2000年4月28日，索罗斯不得不宣布关闭旗下两大基金"量子基金"和"配额基金"，基金管理人德鲁肯米勒和罗迪蒂"下课"。量子基金这一闻名世界的对冲基金至此寿终正寝。同时索罗斯宣布将基金的部分资产转入新成立的"量子捐助基金"继续运作；他强调"量子捐助基金"将改变投资策略，主要从事低风险、低回报的套利交易。

资料来源：周正庆：《证券知识读本》，中国金融出版社。

课后练习

一、名词解释

1. 证券投资基金
2. 基金托管人
3. 封闭式基金
4. 开放式基金
5. 契约型基金

二、单项选择题

1. 以科学的投资组合降低风险是证券投资基金的(　　)特点。
A. 风险共担　　B. 收益共享　　C. 集合投资　　D. 分散风险
2. 从长期看,股票型证券投资基金的收益一般(　　)债券型基金。
A. 等同于　　B. 等于或低于　　C. 低于　　D. 高于
3. 一般将25%～50%的资产投资于债券及优先股,其余的投资于普通股的基金是(　　)。
A. 成长型基金　　B. 收入型基金　　C. 指数基金　　D. 平衡型基金
4. 通常所说的交易所交易基金(ETF)是指(　　)。
A. 可以在交易所上市交易的封闭式基金
B. 可以在交易所上市交易的开放式基金
C. 所有在有组织的市场交易的封闭式基金
D. 所有在有组织的市场交易的开放式基金
5. 下列各项中,(　　)不属于证券投资基金的作用。
A. 有利于证券市场的国际化　　B. 有利于证券市场的稳定和发展
C. 有利于降低通货膨胀率　　D. 基金为中小投资者拓宽了投资渠道

三、多项选择题

1. 契约型基金与公司型基金的区别是(　　)。
A. 资金性质不同　　B. 投资者地位不同
C. 基金营运依据不同　　D. 发行规模不同
2. 一般而言,开放式基金和封闭式基金的区别在于(　　)。
A. 期限不同　　B. 发行规模限制不同
C. 交易方式不同　　D. 交易价格的计算标准不同
3. 按基金投资的分散化程度,可将股票基金划分为(　　)。
A. 一般股票基金　　B. 高风险股票基金
C. 专门化股票基金　　D. 低风险股票基金
4. 指数基金的优势是(　　)。
A. 可以作为避险套利的工具

B. 可以为股票投资者提供超额的投资回报
C. 风险较小
D. 费用低廉
5. 关于证券投资基金的特点，下列认识正确的有（　　）。
A. 基金是将零散的资金汇集起来，交给专业机构投资于各种金融工具，以谋取资产的增值，都有最低投资限额要求
B. 是“不能将鸡蛋放在一个篮子里”理论在现实中的具体运用
C. 将分散的资金集中起来以信托方式交给专业机构进行投资运作
D. 以科学的投资组合降低风险、提高收益是基金的一大特点

四、论述题

1. 如何理解证券投资基金的概念？
2. 证券投资基金的特点有哪些？它与股票、债券有何区别？
3. 简述封闭式基金与开放式基金的特点和区别。
4. 比较公司型基金和契约型基金的异同。
5. 什么是证券投资基金净资产值？
6. 简述证券投资基金收益与费用的构成。
7. 登陆任何一个基金超市的网站，如 fund. jrj. com. cn，查看我国现有证券投资基金的净值和历史净值，选择几只基金，了解基金的投资目标、投资理念、持仓品种及持仓变动情况，查看每只基金的费用比率及分红送配情况，比较并评价这几只基金的当前表现。

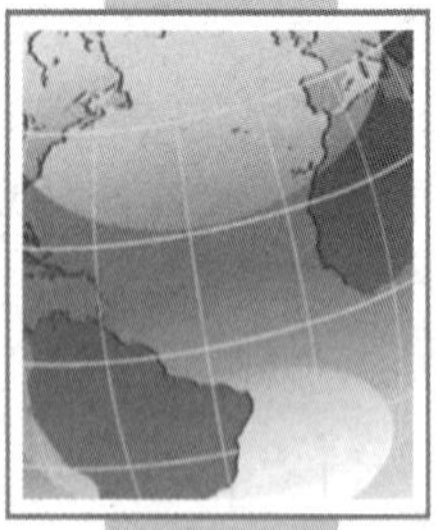

第四章 金融衍生工具

学习目标

◇ 掌握金融衍生工具的基本含义、产生背景、特征及其基本的分类。
◇ 掌握金融期货的基本概念与特征，掌握金融期货市场的功能及参与主体，了解股指期货的基本内容。
◇ 掌握金融期权的概念、特征与分类，了解金融期权交易的价格与利弊。
◇ 了解权证的基本内容。

第一节　金融衍生工具概述

一、金融衍生工具的含义

衍生工具是英文 Derivatives 的中文意译，其原意是派生物、衍生物的意思。金融衍生工具通常是指从原生资产(Underlying Assets)派生出来的金融工具。金融衍生工具建立在基础产品或基础变量之上，其价格决定于后者的变动。相对于衍生工具的原生资产，一般指股票、债券、货币、商品等。金融衍生工具是在现时对原生资产未来可能产生的结果进行交易，其交易在现时发生而结果要到未来某一约定的时刻才能产生。衍生工具交易的对象并不是原生资产，而是对这些基础工具在未来各种条件下处置的权利和义务。金融衍生工具交易的主要目的在于防范与原生资产密切相关的风险。

二、金融衍生工具的产生背景

20 世纪 70 年代，伴随着布雷顿森林货币体系的崩溃和石油危机，资本主义世界出现了严重的滞胀现象，主要资本主义国家的汇率波动频繁，利率上升。在这种动荡不定的环境下，银行和其他金融机构为在竞争中保持优势地位，进行了很多金融创新。同时，由于当时西方经济学界的主流学派——凯恩斯学派无法解释这种滞胀现象，包括货币学派在内的一些新自由主义思潮开始盛行。它们的理论核心就是反对国家干预，主张通过市场机制调节经济，从而为各国放松金融管制奠定了理论基础。

到了 20 世纪 80 年代，西方国家的政府纷纷放松金融管制，出现了金融体系自由化的趋势，加之计算机信息技术发展的促进，金融衍生工具市场迅速发展起来。金融管制的放松，金融市场汇率、利率的频繁变动，使得防范投资风险或借贷风险的金融衍生工具应运而生。这些新的金融工具在防范投资风险或借贷风险方面有明显的作用，不少新的工具突破了以往监管部门对金融机构在业务范围、利率方面的管制，各种金融期货、金融期权、货币互换等新的金融工具相继出现。世界各地还出现了若干新兴的从事金融衍生工具交易的金融市场，如芝加哥国际货币市场、新加坡国际货币交易中心、伦敦国际金融期货交易所、法国国际金融期货交易所等。

三、金融衍生工具的特征

(一)跨期性

金融衍生工具是交易双方通过对利率、汇率、股票等因素变动趋势的预测，约定在未来某一时间按照一定条件进行交易或选择是否交易的合约。无论是哪种金融衍生工具，都涉及未来某一时间金融资产的转移，跨期交易的特点十分突出。这就是要求交易双方对利率、汇率、股价等价格因素的未来变动趋势做出判断，而判断的准确与否直接决定了交易者在交易中的成败。

(二)杠杆性

金融衍生工具交易一般只需要支付少量的保证金就可签订远期大额合约或互换不同的金融工具。保证金可以分为初始保证金和维持保证金，我国现行的最低保证金比率为交易金额的 5%，一般在 5%～10%，国际上一般在 3%～8%。5%的保证金，也就是说某一项交易如果价值 100 万元，交易方只需要交付 5 万元的保证金即可交易，或者交易者可以控制 20 倍于所投资金额的合约资产，实现以小搏大。在收益可能成倍放大的同时，投资者所承担的风险与损失也会成倍放大，基础工具价格的轻微变动也许就会带来投资者的巨大盈亏。

(三)联动性

这是指金融衍生工具的价值与基础资产或基础变量紧密联系、规则变动。通常，金融衍生工具与基础变量相互联系的支付特征由衍生工具合约规定，其联动关系既可以是简单的线性关系，也可以表达为非线性函数或者分段函数。

(四)不确定性或高风险性

金融衍生工具操作的成败依赖于交易者对未来市场价格的预测和判断，金融工具价格的多变性导致金融衍生工具交易盈亏的不确定性。金融衍生工具的高风险性仅仅是金融衍生工具价格不确定性的一个方面，金融衍生工具有多种风险：一是信用风险，即交易中对方违约，没有履行交易承诺造成损失的风险。二是市场风险，是指因资产或指数价格不利变动可能带来损失的风险。三是流动性风险，指因市场缺乏交易对手而导致投资者不能平仓或变现所带来的风险。四是操作风险，指因交易或管理人员的人为错误或系统故障、控制失灵而造成的风险。五是法律风险，指因合约不符合所在国法律，无法履行或合约条款遗漏及模糊导致的风险，诸多风险的存在导致金融衍生工具具有不确定性或高风险性。

(五)套期保值和投机性

金融衍生工具产生的直接动因是套期保值，也就是规避风险。但是，单一的套期保值一方面不能消除风险，另一方面使很多人无法参与金融衍生工具的交易，限制了金融衍生工具的市场化发展，需要有大量活跃的参与者加入，释放风险，增加交易的连续性和活跃性。金融衍生工具的高收益性和高杠杆性吸引了大量的投机者，使很多投机者甘愿冒高风险一试高低。不论投机者出于何种动机，他们已经成为金融衍生工具市场不可缺少的角色，承担并分散了市场上的风险，为市场注入了活力，提高了市场运作效率，使避险者能轻易地在这个市场上转移风险。多重交易目的的存在和大量投资者的参与使金融衍生工具得以存在和不断发展。

（六）零和博弈

在标准化合约中由于交易是不确定的，交易双方的盈亏完全负相关，交易双方的收益和损失之和为零，因此称为零和博弈。

四、金融衍生工具的分类

国际金融领域的金融衍生工具种类繁多，金融衍生工具主要有以下几种分类方法：

（一）根据产品形态划分

根据产品形态的不同，金融衍生工具可分为金融远期合约、金融期货合约、金融期权合约和金融互换合约四大类。

1. 金融远期合约

金融远期合约是交易双方约定在未来某一时间按确定的价格购买或出售某项基础金融资产的协议。通常根据买卖双方的特殊需求，由双方自行签订合约，不在规范的交易所内交易，因而缺乏流动性。金融远期合约主要包括远期利率协议、远期外汇合约和远期股票合约。

2. 金融期货合约

金融期货合约也是交易双方约定在未来某一时间按确定的价格购买或出售某项基础金融资产的协议。但与金融远期合约不同，金融期货合约是期货交易所制定的标准化合约，对合约到期日及其买卖的基础金融资产的种类、数量、质量、交割事项等做出了统一规定，因此，金融期货合约交易流动性较高。主要包括货币期货、利率期货、股票指数期货和股票期货四种。近年来，不少交易所又陆续推出更多新型的金融期货品种，例如房地产价格指数期货、通货膨胀指数期货等。

3. 金融期权合约

金融期权合约是关于在将来一定时间以一定价格买卖某一特定种类、数量、质量的金融原生资产的权利的合约。金融期权合约有在交易所上市的标准化合约，也有在柜台交易的非标准化合约。

4. 金融互换合约

金融互换合约是一种由交易双方签订的在未来某一时期相互交换某种金融资产的合约，是当事人之间签订的在未来某一期间内相互交换他们认为具有相等经济价值的现金流（Cash Flow）的合约。较为常见的是利率互换合约和货币互换合约。如果互换合约中规定的交换货币是同种货币，则为利率互换；如果交换的是不同种货币，则为货币互换。

（二）根据原生资产划分

根据原生资产的不同，金融衍生工具可分为股权类产品的衍生工具、利率衍生工具、货币衍生工具、信用衍生工具和其他衍生工具等。

1. 股权类产品的衍生工具

股权类产品的衍生工具是指以股票或股票指数为基础工具的金融衍生工具，主要包括股票期货、股票期权、股票指数期货、股票指数期权以及上述合约的混合交易合约等。

2. 利率衍生工具

利率衍生工具是指以利率或利率的载体为基础工具的金融衍生工具，主要包括远期利率协议、利率期货、利率期权、利率互换以及上述合约的混合交易合约。

3. 货币衍生工具

货币衍生工具是指以各种货币作为基础工具的金融衍生工具，主要包括远期外汇合约、货币期货、货币期权、货币互换以及上述合约的混合交易合约。

4. 信用衍生工具

信用衍生工具是指以基础产品所蕴含的信用风险或违约风险为基础工具的金融衍生工具，用于转移或防范信用风险，是 20 世纪 90 年代以来发展最为迅速的一类衍生产品，主要包括信用互换、信用联结票据等。

5. 其他衍生工具

除以上四类金融衍生工具之外，还有相当数量金融衍生工具是在非金融变量的基础上开发的，例如用于管理气温变化风险的天气期货、管理政治风险的政治期货、管理巨灾风险的巨灾衍生产品等。

(三)根据交易场所划分

根据交易场所的不同，金融衍生工具可分为场内交易的衍生工具和场外交易的衍生工具两类。

1. 场内交易的衍生工具

场内交易的衍生工具又称交易所交易的衍生工具，是指所有的供求方集中在交易所进行竞价交易衍生工具的交易方式。这种交易方式具有交易所向交易参与者收取保证金、同时负责进行清算和承担履约担保责任的特点。此外，由于每个投资者都有不同的需求，交易所事先设计出标准化的金融衍生工具合约，由投资者选择与自身需求最接近的合同和数量进行交易。所有的交易者集中在一个场所进行交易，这就增加了交易的密度，一般可以形成流动性较高的市场。金融期货交易和部分标准化金融期权合约交易都属于这种交易方式。

2. 场外交易的衍生工具

场外交易又称柜台交易，指交易双方直接成为交易对手的交易方式。这种交易方式有许多形态，可以根据每个使用者的不同需求设计出不同内容的产品。同时，为了满足客户的具体要求、出售金融衍生工具的金融机构需要有高超的金融技术和风险管理能力。场外交易不断产生金融创新。但是，由于每个交易的清算是由交易双方相互负责进行的，交易参与者仅限于信用程度高的客户。金融互换交易和金融远期交易是具有代表性的柜台交易的金融衍生工具。

第二节　金融期货

一、期货与期货交易

期货(Futures)的基本含义为：交易双方不必在买卖发生的初期就交收货物，而是共同约定在未来的某一时点交收货物。

期货交易从现货远期交易发展而来，最初的现货远期交易是双方口头承诺在某一时间交收一定数量的商品，后来随着交易范围的扩大，口头承诺逐渐被买卖契约所代替。这种契约行为日益复杂化，后来发展到需要有中间人担保，以便监督买卖双方按期交货和付款。1571 年，伦敦开设了世界上第一家商品远期合同交易所——皇家交易所。1865 年，芝加哥期货交易所推出了一种被称为"期货合约"的标准化协议，取代原先沿用的远期合同。使用这种标准化合约，允许合约转手买卖，并逐步完善了保证金制度，于是专门买卖标准化合约的期货市场便形成了，而期货也成为投资者的一种理财工具。

二、金融期货市场

金融期货是指以金融资产作为标的物的期货合约。该合约是由期货交易所统一制定的、规定在将来某一特定时间和地点，交割一定数量和质量的标的金融资产的标准化书面协议。标的金融资产一般是基础金融产品，如证券、货币、利率和汇率等，也可以是衍生证券。

（一）金融期货市场及其功能

由于金融期货只能在场内交易，狭义的金融期货市场就是指组织金融期货交易的期货交易所，它是组织化、规范化程度更高的市场形态。广义的金融期货市场包括期货交易所、期货结算机构、期货经纪公司、期货交易者、市场监管者。

作为高级的市场组织形式，金融期货市场具有形成资产价格，进而管理价格风险的根本作用。其基本经济功能是：

1. 规避风险

交易者通过在期货市场上进行套期保值交易，可有效转移或分散现货价格波动的风险。

套期保值也可称为风险对冲，是指针对金融资产面临的风险，在期货市场买进或卖出与现货资产品种相同或相关、数量相等或相当、月份相同或相近但交易方向相反的期货合约的交易方式，从而在期货和现货两个市场之间建立起盈亏冲抵机制。期货合约到期时，不论现货价格上涨还是下跌，两种头寸的盈亏恰好抵消，从而实现减少或消除现货价格风险、锁定未来现金流的目的。

套期保值是一种价格风险管理技术，是针对既有资产价格风险暴露的特征和风险管理目标，选择成本尽可能低的套期保值工具，与既有资产组成新的投资组合，新资产组合的未来收益将不受或少受市场价格变动的影响，使价格风险控制在允许的范围内，从而实现对既有资产保值的目的，金融期货便是重要的套期保值工具之一。

套期保值的经济原理在于某一资产的期货价格与现货价格在同一时空内，受相同的经济因素制约和影响，它们的涨跌变动趋势大致相同。当期货合约临近到期交割时，现货价格与期货价格趋于一致，二者的基差（现货与期货的价差）趋近于零。若两个价格出现不一致的情况，市场中的套利交易也会缩小二者的价格差。

2. 价格发现

期货市场通过买卖双方公开、公平、公正的价格竞争，将众多影响供求关系的因素集中于交易所内，高效地转化为一个统一的，具有公开性、预测性、连续性、权威性特点的交易价格。这一价格克服了分散的局部市场交易价格在时间、空间上的局限性，全面、准确、及时地反映当前和未来的市场供求，从而可以优化全球的资源配置。这一价格在期货交易所一旦形成，会立即传向世界并影响各地的供求关系，从而形成新的价格，如此循环往复，使价格不断趋于合理。

期货价格与现货价格的趋同关系，使今天的期货价格反映未来的现货价格成为可能。套期保值者和现货经营者都利用期货价格衡量相关现货资产的近期、远期价格趋势，制定各自的经营决策，使期货价格实际成为世界各地现货成交价的基础。

3. 投机功能

期货投机是指在期货市场上以获取价差收益为目的的交易行为。投机者是指根据对未来期货价格走势的预期进行投机交易，甘愿承担风险以谋取风险利润的交易者。套期保值的实质就是将现货价格风险从套期保值者向投机者的有效转移，这种转移是以投机者作为套期保值者的交易对手而实现的：作为套期保值者的交易对手，投机者承担了市场风险；投机交易是维持市场流动性的前提，保障了期货价格发现功能的实现。期货市场适度的投机能减缓价格波动，有助于形成合理的价格水平，但过度的投机必须通过市场监管进行限制。

4. 套利功能

期货套利是指利用同一品种合约，在不同的到期日、不同的市场或关联品种合约之间可能存在的短暂、不正常的比价关系，进行双向买卖操作的跨期、跨市场及跨品种套利，赚取差价。当然也可进行期货与现货之间的期现套利。期货的套利功能对于提高金融市场的有效性具有重要意义。

(二)金融期货市场的参与主体

金融期货市场是一个高度组织化的市场，市场参与主体由交易所、期货公司、投资者、相关服务机构和监管机构组成。

1. 期货交易所

期货交易所是为期货交易提供交易场所和设施，设计标准化的期货合约，制定并实施交易规则、制度，组织监督交易过程，控制市场风险，发布期货交易信息，具有高度系统性和严密性、高度组织化和规范化的交易服务组织。交易所自身并不参与交易活动，不参与期货价格的形成，也不拥有合约标的资产，只为期货交易提供设施和服务。其基本宗旨是致力于创造安全、有序、高效的市场机制，营造公开、公平、公正和诚信透明的市场环境，维护投资者的合法权益。

能进入交易所买卖期货的必须是具备交易所会员资格的期货经营机构，非会员投资者只能通过具有会员资格的期货经纪商间接进入交易所买卖期货。

2. 期货公司

期货公司是依法设立、接受客户委托、根据客户指令代理买卖期货合约、办理结算和交割手续并收取交易手续费的中介组织，交易结果由客户承担。期货公司经申请获准成为交易所会员后，才能进场交易或代理客户的交易。我国期货公司目前受现行法规约束，只能从事经纪业务，不能从事自营业务。期货公司还管理客户账户，控制客户交易风险，为客户提供期货市场信息和交易咨询。

3. 投资者

投资者按不同的交易目的，可分为套期保值者和投机者(包括套利者)。

套期保值者是指把期货市场作为转移价格风险的场所，利用期货合约作为未来在现货市场买卖某种标的资产的临时替代物，对其现在买进准备以后出售，或将来要买进的某种标的资产价格进行保值的企业或个人。金融期货的套期保值者主要有金融市场的投资者(或债权人)、融资者(或债务人)、进出口商，他们是期货市场存在的前提和基础。在转移生产经营过程中的价格风险的同时，他们也相应转移了附着在这些风险中的收益。

投机者是指试图正确预测资产价格的未来走势，甘愿用自己的资金冒险不断买进卖出期货合约，以期从价格波动中赚取利润的个人或企业。他们承担了期货市场的风险，促进了市场的流动性，保障了期货市场价格发现功能的实现。

此外，期货市场还有期货业协会、信息服务公司、商业银行等保障市场正常运行的服务机构。

我国期货市场的监管者是中国证券监督管理委员会及其派出机构。期货市场交易机制复杂，交易风险大，因此一个健康发展的期货市场需要法律法规的约束，需要政府及监管部门制定政策、执行法律，规范市场主体行为，保障期货市场协调、平稳地发展。

三、金融期货交易的基本特征

金融期货交易作为买卖标准化金融期货合约的活动是在高度组织化的有严格规则的期货交易所进行的。金融期货交易的基本特征概括如下：

（一）合约标准化

金融期货合约标准化指的是除价格外，金融期货合约的所有条款都是预先由期货交易所规定好的，具有标准化的特点。金融期货合约标准化给金融期货交易带来极大便利，交易双方不需对交易的具体条款进行协商，节约交易时间，减少交易纠纷。

（二）交易集中化

金融期货交易必须在期货交易所内进行。金融期货交易所实行会员制，只有会员方能进场交易。场外客户若想参与交易，只能委托期货经纪公司代理交易。所以，金融期货市场是一个高度组织化的市场，并且实行严格的管理制度，金融期货交易最终在期货交易所内集中完成。

（三）双向交易

由于金融期货合约是标准化的，无论是买入还是卖出合约，交易者均不需对合约具体条款进行协商，这为交易者的双向交易提供便利和可能。双向交易，也就是期货交易者既可以买入金融期货交易合约作为期货交易的开端（称为买入建仓），也可以卖出金融期货合约作为交易的开端（称为卖出建仓），也就是通常所说的“买空卖空”。

（四）对冲机制

与双向交易特点相联系的还有对冲机制，在金融期货交易中大多数交易者并不是通过合约到期时进行现金交割来履行合约，而是通过与建仓时的交易方向相反的交易来解除履约责任。具体说，就是买入建仓之后可以通过卖出相同合约的方式解除履约责任，卖出建仓后可以通过买入相同合约的方式解除履约责任。

（五）杠杆机制

金融期货交易实行保证金制度，也就是说交易者在进行期货交易时只需要缴纳少量的保证金，一般为成交合约价值的5%～10%，就能完成数倍乃至数十倍的合约交易，这种以少量资金就可以进行较大价值额投资的特点，被形象地称为“杠杆机制”，金融期货交易的杠杆机制吸引了大量投资者参与金融期货交易。金融期货交易的杠杆机制使金融期货交易具有高风险、高收益的特点，保证金比率越低，金融期货交易的杠杆作用就越大，高收益、高风险的特点就越明显。

（六）每日无负债结算制度

金融期货交易实行每日无负债结算制度，也就是在每个交易日结束后，对交易者当天的盈亏状况进行清算并在不同交易者之间进行资金划转，如果交易者亏损严重，保证金账户资金不足，则要求期货交易者必须在下一日开市前追加保证金，以做到“每日无负债”。金融期货市场是一个高风险的市场，实行每日无负债结算制度可以有效地防范风险，将因金融期货价格不利变动给交易者带来的风险控制在有限的幅度内，从而保证金融期货市场的正常运转。

四、股票指数期货

(一)股票指数期货的概念

股票指数期货简称股指期货，是一种以股票价格指数作为标的物的金融期货合约。股票市场上存在系统风险和非系统风险，同时购买多种风险不同的股票，可以较好地规避非系统风险，但不能有效地规避整个股市下跌所带来的系统风险。由于股票指数基本上能代表整个市场中股票价格变动的趋势和幅度，把股票指数改造成一种可交易的期货合约，并利用它对所有股票进行套期保值，规避系统风险，这就是股票指数期货。股票指数期货是目前金融期货市场最热门和发展最快的期货交易。股票指数期货不涉及股票本身的交割，其价格根据股票指数计算，合约以现金清算形式进行交割。

(二)股指期货的主要特点

与其他期货合约相比，股票指数期货合约有如下特点：

1. 股票指数期货合约以股票指数为基础。股票指数由于是众多股票价格平均水平的表现形式，在很大程度上可以作为代表股票资产的相对指标。股票指数上升或下降表示股票资本增多或减少，这样股票指数就具备了成为期货合约基础的条件。利用股票指数期货可以消除股市波动所带来的系统性风险。

2. 股票指数期货合约所代表的指数必须是具有代表性的权威性指数。目前，由各期货交易所开发成功的所有股票指数期货合约都是以权威的股票指数为基础的。比如，芝加哥商品交易所(CME)的S&P500指数期货合约就是以标准普尔公司公布的S&P500指数为基础。权威性股票指数的基本特点就是客观反映股票市场行情的总体代表性和广泛影响性。这一点保证了期货市场具有较强的流动性和广泛的参与性，是股指期货成功的先决条件。

3. 股指期货合约的价格是以股票指数的“点”来表示的。世界上所有的股票指数都是以点数表示的。例如，S&P500指数六月份为260点，这260点也是六月份的股票指数合约的价格。以指数点乘以一个确定的金额数值就是合约的金额。在美国，绝大多数的股指期货合约的金额是用指数乘以500美元，也就是说，指数每涨跌一点，该指数期货交易者就会有500美元的盈亏。例如，在S&P500指数260点时，S&P500指数期货合约代表的金额为260×500＝130 000(美元)。

4. 股票指数期货合约是现金交割的期货合约。股票指数期货合约之所以采用现金交割，主要有两个方面的原因：第一，股票指数是一种特殊的金融虚拟资产，其变化非常频繁，而且是众多股票价格的平均值的相对指标，如果采用实物交割，势必涉及烦琐的计算和实物交收等极为麻烦的手续；第二，股指期货合约的交易者不愿意交收该股指所代表的实际股票，他们的目的在于保值和投机，而采用现金交割和最终结算，既简单快捷又节省费用。

(三)股指期货合约的主要内容

1. 合约价值

合约价值是由相关标的指数的点数与某一既定的货币乘数之积来表示的，这一既定的货币金额常被称为乘数。合约价值的大小既与标的指数的高低有关，也与规定的乘数大小有关。比如S&P500指数在1994年之前最高不过400多点，即使当时乘数为500美元，合约价值也不超过25万美元，而近两年S&P500指数的波动范围在1 200～1 600点，尽管乘数已降为250美元，但合约价值仍高达30万～40万美元。正是鉴于指数上升导致合约价值过高这一原因，芝加哥商品交易所才于1997年11月将原乘数500美元缩小为250美元，以降低合约价值。交易所通过合约乘数大小的不同规定，可以达到有效控制合约价值大小的目的。

2. 最小变动价位

股指期货合约交易的报价是按照指数点进行的，其价格必须是交易所规定的最小价值的整数倍，指数期货中的最小变动价位通常比基础指数的实际最小变动价位大。比如，S&P500指数在现货市场上的最小变动量是0.01点，而S&P500指数期货合约的最小变动价位是0.1点。由于S&P500指数期货的乘数为250美元，因而一个合约的最小变动金额便是0.1×250=25(美元)。

3. 每日价格波动限制

为了防止市场发生恐慌和投机狂热，也是为了限制单个交易日内太大的交易损失，一些交易所规定了单个交易日中合约价值的上升或下降极限。这个极限通常是与前一交易日的结算价相联系的。假如价格达到极限，随后的交易只允许在极限内进行，或者暂停交易直到下一交易日，在停市的情况下，当天的结算价等于前一交易日的结算价加上或减去当天的涨跌幅极限。比如新加坡交易的日经225指数期货规定当天的涨跌幅极限是前一交易日结算价的12.5%。但并非是所有交易所都采用每日价格波动的限制，例如香港的恒指期货交易、英国的FT-SE100指数期货交易都没有这种规定。芝加哥商品交易所相关规定比较复杂，它不但规定了每日价格最大的跌幅为20%①，而且还规定了在达到最大跌幅之前必须经历的一系列缓冲阶段及如何执行的程序，该程序称为“巡回断路系统”②，是1987年股灾后的产物。

4. 持仓限额

一些交易所对交易者规定了最大持仓限额，制定最大持仓限额的目的是为了防止少数资金实力雄厚者凭借掌握超量持仓操纵及影响市场的企图。对会员与客户持仓限额的具体数量规定，各交易所不尽相同。例如，芝加哥商品交易所的S&P500期指合约与香港的恒生指数期货合约对最大持仓限额的规定是有着明确的具体数量的，即分别为2万张和1万张。但要注意，芝加哥商品交易所指的是净多或净空③，而中国香港指的是多或空，两者的含义并不一致。另外需注意的是两者都是指包括所有月份合约，以及还包括了相应的期权合约，因为持有相应指数的期权合约与持有期货合约有相同的作用，香港的恒生指数期货合约中有“经Delta调整”的字样，指的就是如何将期权调整计算为相应的期货合约的方法。

5. 结算方法与最后结算价

股指期货交易中，大多数交易所采用当天期货交易的收盘价作为当天的结算价，芝加哥商品交易所的S&P500期指合约与香港的恒生指数期货合约交易都采用此法。也有一些交易所不采用此法，如西班牙股票衍生品交易所的IBEX-35期指合约规定结算价为收市时最高买价和最低卖价的算术平均值。

最后结算价是期货合约的最后清盘价，股指期货的最后结算价都是依据现货指数确定的。在最后结算日，不仅所有的未平仓合约按最后结算价结算盈亏，而且还意味着所有的未平仓合约已按照最后结算价全部平仓。芝加哥商品交易所采用最后结算日S&P500现指开盘价为最后结算价；香港采用最后交易日现货恒指每5分钟报价的平均值整数为最后结算价；而法国国际期货及期权交易所在CAC40期指交易中，采用最后交易日相应现指在下午3时40分至4时的所有指数值及4时后第一个指数值的算术平均值为最后结算价。

---

① 上涨没有限制。
② Circuit Breakers.
③ 所持多单(买单)与空单(卖单)相抵后的数量，亦即买卖单的绝对值。

(四)国际上主要的股票指数期货

表4—1列出了国际主要股票指数期货交易的细则。

表4—1 国际主要股票指数期货交易细则

	标准普尔500指数	价值综合指数	纽约证券交易所综合指数	主要市场指数	香港恒生指数
每份价格	点数500美元	点数500美元	点数500美元	点数100美元	点数50港元
交易地点	芝加哥商品交易所	堪萨斯农产品交易所	纽约期货交易所	芝加哥农产品交易所	香港期货交易所
交收月份	3、6、9、12月	3、6、9、12月	3、6、9、12月	1～12各月	当月、2、3、6、9、12月
每日限价	500点	500点	500点	500点	100点
保证金	5 000美元	6 500美元	5 000美元	2 500美元	15 000港元
交收形式	现金	现金	现金	现金	现金

中国沪深300股指期货是以沪深300指数作为标的物的期货品种，2010年4月由中国金融期货交易所推出，沪深300指数1点代表人民币300元。

第三节 金融期权

一、金融期权的含义与特征

金融期权交易，也称选择权交易，相对于现货交易而言，它也是一种远期交易。确切地说，是指证券投资者事先支付一定的费用，取得以约定价格向义务人买进或者卖出一定数量的某种证券的权利。金融期权交易实质上是一种权利的单方面有偿让渡，其具有以下特征：

1. 它是以权利为交易对象的交易方式。由于金融期权交易是以权利为对象，权利人可以选择行使期权，也可以选择不行使期权或者将期权转让给其他投资者，故也称选择权。

2. 它以未来的证券资产交割作为存在前提。对金融期权交易双方来说，由于交易对象是权利，交易双方甚至可以不关心权利所指向的证券资产本身。期权的买方在遇到合适的价格时，可以直接将期权卖给其他投资者；买到期权的投资者还可以将期权再行卖出。但从金融期权交易的整体来说，它不能脱离证券交易而存在。

3. 它通过期权买卖双方之间签订的金融期权合约来实现。金融期权合约是一种由证券交易所制订的统一格式的标准化合约，它应当详细规定交易主体、期权的有效期限、证券的类别、数量和价格等内容。

4. 交易双方的风险、收益具有不对称性。对于金融期权的买方来说，如果价格预测失误，则要承担的最大风险不过是支付的期权费；如果预测准确，则能够获取较大的收益。即金融期权的买方损失有限(一般不超过期权费和手续费之和)，而收益无限。对于金融期权的卖方来说，如果预测正确，则最大收益不过是取得的期权费；如果预测失误，则要承担较大的损失。即金融期权的卖方收益有限(主要是取得的期权费)，而损失无限。

二、金融期权的种类

(一)按期权买卖方向的不同分类

按期权买卖方向的不同,期权可分为买入期权和卖出期权。

买入期权又称看涨期权,是指期权的买方在证券交易合同的有效期内,享有按照事先约定的条件买进一定数量证券的权利,是金融期权的一种具体形式。但这种期权的买方不负有必须买进的义务,权利行使的主动权在买方。买入期权之所以被称为看涨期权,是因为这种期权的买方预测证券价格将会上涨。与此同时,买入期权的卖方所做的行情预测总是相反的。

卖出期权又称看跌期权,是指期权买方在有效期内享有的以约定价格和数量卖出标的证券的权利。同样,期权的买方不负有必须卖出的义务。卖出期权之所以又称看跌期权,是因为这种期权的购买者预测证券价格将会下跌,而其交易对手的行情预期则正好相反。

(二)按履约时间的不同分类

按履约时间的不同,期权分为美式期权和欧式期权。

美式期权是指期权的购买者可以在期权到期日以及到期日之前的任何时间里执行权利的期权。与美式期权不同,欧式期权只能在期权的到期日执行期权。实际上,美式期权与欧式期权的差别与地理名称没有任何联系。在美国的期权市场上交易的期权中有不少属于欧式期权,而在欧洲期权市场上也有不少美式期权的交易。

(三)按交易场所的不同分类

按交易场所的不同,期权可分为场内交易期权、场外交易期权。

场内交易期权由交易所设计合约条款,除期权交易价格(期权费)外的所有条款全部标准化,按交易所制定的交易规则在交易所挂牌交易,符合“三公”原则,定价透明、流动性强、风险可控,是很好的风险管理工具。

场外交易期权是在交易所以外交易的非标准化条款期权,根据交易者的特殊风险管理需求,在标的资产、有效期和执行价格等方面可量身定做,品种繁多;有些场外期权构造复杂,定价透明度低,流动性差,没有信息披露和交易数据统计,市场无法监管,是造成 2008 年全球金融危机的根源。

三、金融期权交易的价格

金融期权交易的价格,是指期权买方向卖方支付的、购买某种金融期权的价格,也称权利金或期权费。

期权交易价格和标的商品价格是两个性质不同却有联系的价格范畴。标的商品价格是每单位商品的市场价格,而期权交易价格则是期权这种特殊权利的市场价格。因此,期权交易价格可以脱离标的商品价格而独立存在;当然它同样要受到商品市场价格波动因素的影响。以证券为标的的金融期权购买者正是凭借其对证券市场价格波动的判断,来决定究竟是做买入期权或者做卖出期权的。

金融期权交易价格即期权费取决于以下几方面的因素:

1. 期权合同的期限。成交日与交割日之间相隔时间越长,期权卖方风险越大,期权买方选择的机会和余地越多,期权费相应越高;相隔期限越短,期权费也就越低。

2. 标的证券交易价格。当市价呈上升趋势时,表明买入期权的收益率升高,则买入期权的期权费也会较高,而卖出期权的期权费会较低;当市价呈下跌趋势时,表明卖出期权的收益率升高，则卖出期权的期权费也会较高，而买入期权的期权费会较低。

3. 标的证券的活跃程度。当期权交易的标的证券行市平稳，期权卖方风险较小，期权费会比较稳定和适中。如果市价波动较大且趋势不明了，就会增大卖方风险，期权费就会随之上升。

4. 期权供求关系的影响。如果一段时期内买入期权的投资者人数增多，买入期权的价格即期权费就会上升；反之，期权费可能下降。

一般地，金融期权价格等于金融期权的内在价值与时间价值之和。

金融期权的内在价值是指期权的溢价部分，即市场价格与履约价格（行权价）之间的差额。对于买入期权，内在价值等于市场价格减去履约价格；对于卖出期权，内在价值等于履约价格减去市场价格。当期权的内在价值大于零时，被称作实值期权；当期权的内在价值小于零时，被称为虚值期权；当期权的内在价值等于零时，则为平值期权。

表 4—2　　期权的内在价值分析

期权的内在价值	买入期权	卖出期权
实值	市场价格＞履约价格	市场价格＜履约价格
虚值	市场价格＜履约价格	市场价格＞履约价格
平值	市场价格＝履约价格	市场价格＝履约价格

金融期权的时间价值是指期权的买方认为，随着时间的延长，相关标的证券价格的变动有可能使期权增值时，乐意为这一期权所付出的权利金金额，同时它也反映出期权的卖方所愿意接受的期权售价。时间价值的大小取决于期权剩余有效期的长短。剩余有效期越长，期权的时间价值也就越大，期权的价格也就越高。期权的时间价值随着到期日的临近而减少，至到期日时，期权的时间价值为零。

四、金融期权交易的利弊

对于金融期权的买方来说，期权交易的优点是：(1)风险是有限的，并且是已知的（这里所说的风险，即为购买期权所付出的保险费）。(2)处于变化无常的市场情况下，使用期权交易可防止由于交易时机判断错误而造成的更大损失。即使市场情况发展对期权购买者不利，他只要放弃期权即可退出市场，从而避免进一步的损失。(3)购买期权的费用（即保险费）在购买时就已确定并一次性付清，因此与套期保值交易所付的保证金不同，在市场情况不利时，不必担心追加价格变动保证金。

对于金融期权的卖方来说，期权交易的优点是：卖出期权所收入的保险费可用于冲减库存成本。期权交易的缺陷是：(1)处于变化无常的市场情况下，出售期权的人可能会两面吃亏，即当库存成本增加时，所收入的保险费入不敷出；当市场情况有利于卖方时，由于期权已售出而失去良机。(2)最大收益仅局限于收入的保险费。

知识拓展

专栏 4.1　沪深 300 指数期货首批上市合约

沪深 300 股指期货合约自 2010 年 4 月 16 日起正式上市交易，首批上市合约为 2010 年 5

月、6月、9月和12月合约。

4.1.1 合约交易的主要规定

1. 挂盘基准价

沪深300股指期货合约的挂盘基准价由中国金融期货交易所在合约上市交易前一工作日公布。

2. 交易保证金和涨跌停板幅度

沪深300股指期货合约交易保证金，5月、6月合约暂定为合约价值的15%，9月、12月合约暂定为合约价值的18%。上市当日涨跌停板幅度，5月、6月合约为挂盘基准价的±10%，9月、12月合约为挂盘基准价的±20%。

3. 手续费

沪深300股指期货合约交易手续费暂定为成交金额的万分之零点五，交割手续表标准为交割金额的万分之一。

4. 持仓公布

每个交易日结束后，交易所发布单边持仓达到1万手以上和当月合约前20名结算会员的成交量、持仓量。

4.1.2 沪深300指数期货合约的内容

沪深300指数期货合约的具体内容见表4—3。

表4—3　沪深300指数期货合约

合约标的	沪深300指数
合约乘数	每点300元
报价单位	指数点
最小变动价位	0.2点
合约月份	当月、下月及随后两个季月
交易时间	上午9:15～11:30，下午13:00～15:15
最后交易日交易时间	上午9:15～11:30，下午13:00～15:00
每日价格最大波动限制	上一个交易日结算价的±10%
最低交易保证金	合约价值的12%
最后交易日	合约到期月份的第三个周五，遇国家法定假日顺延
交割日期	同最后交易日
交割方式	现金交割
交易代码	IF
上市交易所	中国金融期货交易所

资料来源：中国金融期货交易所网站 http://www.cffex.com.cn。

专栏4.2 权证基础知识

4.2.1 权证的基本概念

权证是指标的证券发行人或其以外的第三人(以下简称发行人)发行的，约定持有人在规定期间内或特定到期日，有权按约定价格向发行人购买或出售标的证券，或以现金结算方式收取结算差价的有价证券。所谓标的证券，是指发行人承诺按约定条件向权证持有人购买或出售的证券。权证是认购特定资产的权利证明，属于一种具体的期权。权证持有人在约定时间内，有权按照约定价格要求发行人出售（或者买入）权证对应的资产。

4.2.2　权证的种类

权证有很多种分类方法，按照买卖方向的不同，权证可分为认购权证和认沽权证。其中认购权证是指发行人发行的，约定持有人在规定期间内或特定到期日，有权按约定价格向发行人购买标的证券的有价证券；认沽权证是指发行人发行的，约定持有人在规定期间内或特定到期日，有权按约定价格向发行人出售标的证券的有价证券。按照履约时间的不同，权证又可分为欧式权证和美式权证①。按照发行人的不同，还可分为公司权证和备兑权证。其中公司权证是指标的证券发行人发行的权证，备兑权证是指标的证券发行人以外的第三方（如大股东、券商等金融机构）发行的权证。

4.2.3　权证的基本要素

权证的基本要素包括权证类别、行权价格、行权比例、存续期间、执行日期以及结算方式等。其中，行权是指权证持有人要求发行人按照约定时间、价格和方式履行权证约定的义务。行权价格是指发行人发行权证时所约定的，权证持有人向发行人购买或出售标的证券的价格。行权比例是指一份权证可以购买或出售的标的证券数量。结算方式包括证券给付结算方式和现金结算方式两种，其中证券给付结算方式是指权证持有人行权时，发行人有义务按照行权价格向权证持有人出售或购买标的证券；现金结算方式是指权证持有人行权时，发行人按照约定向权证持有人支付行权价格与标的证券结算价格之间的差额。

4.2.4　案例分析——宝钢股份认购权证

宝钢股份认购权证的基本资料见表4—4。

表4—4　　宝钢股份认购权证资料

交易简称	宝钢CWBl	交易代码	580024
权证类别	认股权证	行权方式	欧式
开盘参考价	0.97	权证发行数量	160 000万份
初始行权价	12.50元	初始行权比例	1:0.5
最新行权价	12.16元	最新行权比例	1:0.5
存续起始日	2008—07—04	存续终止日	2010—07—03
行权起始日	2010—06—28	行权终止日	2010—07—03
行权简称	ESl00703	行权代码	582024
结算方式	证券给付方式	权证到期日	—
存续期间	2008—07—04至2010—07—03		

资料来源：http://www.sse.com.cn。

① 同欧式期权和美式期权。

宝钢股份认购权证价格与宝钢股份股票价格走势对比如图4—1所示。

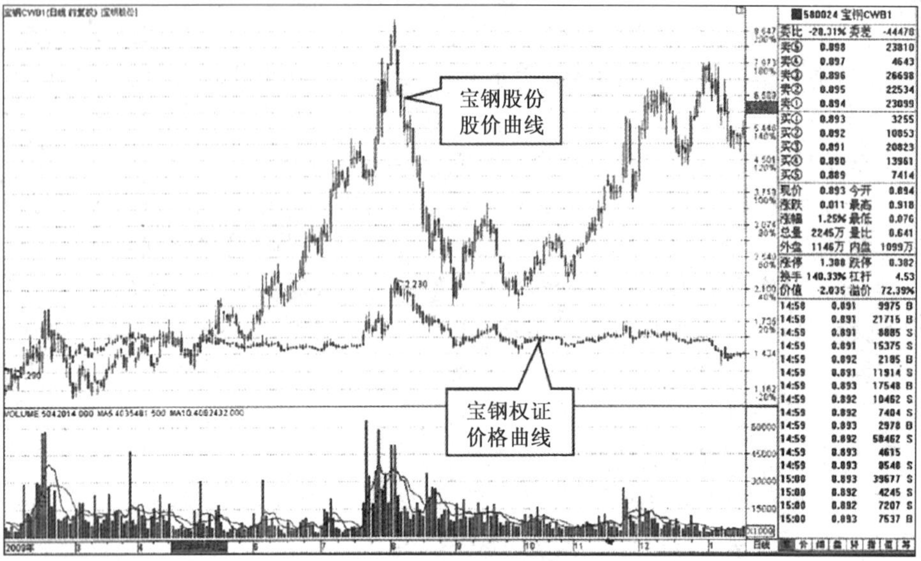

图4—1 宝钢股份认购权证与宝钢股份走势对比

课后练习

一、名词解释

1. 金融衍生工具
2. 金融期货
3. 金融期权
4. 杠杆机制
5. 持仓限额

二、单项选择题

1. 先在期货市场买进期货，以便将来在现货市场买进时不致因价格上涨而造成经济损失的期货交易方式是(　　)。

A. 多头套期保值　　B. 空头套期保值
C. 交叉套期保值　　D. 平行套期保值

2. 金融期货的交易对象是(　　)。

A. 金融商品　　B. 金融商品合约　　C. 金融期货合约　　D. 金融期权

3. 证券买卖成交后，按成交价格及时进行实物交收和资金清算的交易方式是指(　　)。

A. 现货交易方式　　B. 信用交易方式　　C. 期货交易方式　　D. 期权交易方式

4. 使用保证金交易方式买进股票，在股票价格上升的情况下，投资者可以用与现货交易一样数量的本金，获得(　　)。

A. 更小的盈利　　B. 更大的盈利　　C. 盈利不变　　D. 导致亏损

5. 国际市场上最早出现的期货品种是(　　)。

A. 外汇期货　　B. 黄金期货　　C. 谷物期货　　D. 石油期货

三、判断题

1. 期货交易的目的是为生产和经营筹集必要的资金及为暂时闲置的货币资金寻找生息获利的投资机会。（　　）

2. 在期货交易中，大多数期货合约是做相反交易对冲了结的。（　　）

3. 期权的买方以支付一定数量的期权费为代价而获得了买或卖的权利，但不承担必须买或卖的义务。（　　）

4. 期权的卖方在一定期限内必须无条件服从买方的选择并履行成交时的允诺。（　　）

5. 认股权证是普通股股东的一种特权。（　　）

6. 套期保值者是指那些把期货市场当作转移价格风险的场所，利用期货合约的买卖，对其现在已拥有或将来会拥有的金融资产的价格进行保值的法人和个人。（　　）

7. 期货交易之所以能转移价格风险，在于某一特定商品或金融资产的期货价格和现货价格受相同的经济因素影响和制约，它们的变动趋势是一致的。（　　）

8. 由于在期货交易中买卖双方都有可能在最后清算时亏损，所以双方都要交保证金。（　　）

9. 交易者为避免利率上升风险，可卖出利率期货；为避免利率下降风险，可买入利率期货。（　　）

10. 如果某个期权卖方无法履行合约义务，结算所不会代为履行，买方可以通过法律手段挽回损失。（　　）

四、论述题

1. 什么是金融衍生工具？金融衍生工具的种类主要有哪些？
2. 简要介绍金融期货交易的基本特征。
3. 试述金融期货市场的主要功能。
4. 什么是股票指数期货？其主要特点有哪些？
5. 金融期权的含义是什么？其主要特点有哪些？
6. 概括金融期货与金融期权的区别。

第二篇　证券市场

导入案例

证监会严查股市黑嘴 14 人违规证券咨询受处罚

中国证监会于 2010 年 9 月 28 日发布公告，汪梦飞等 14 人因为违反证券法律法规，被撤销证券投资咨询业务资格或给予警告，并被处以数量不等的罚款。

证监会决定：撤销汪梦飞、陈建平的证券投资咨询业务资格，并处以 8 万元罚款；撤销徐晖、梁祖芝、罗嗣红的证券投资咨询业务资格，并处以 3 万元罚款；对江伟、石践宇分别给予警告，并处以 3 万元罚款。

因为冯瀚、谢勇在深圳市智多盈投资顾问有限公司担任证券投资咨询人员期间，对所在公司的违法违规行为负有责任，证监会决定对冯瀚、谢勇分别给予警告，并处以 3 万元罚款。

因为阮开立、黄九辉、谢俊扬在深圳市股海观潮投资顾问有限公司担任证券投资咨询人员期间，对所在公司的违法违规行为负有责任，证监会决定撤销阮开立的证券投资咨询业务资格，并处以 3 万元罚款；对黄九辉、谢俊扬分别给予警告，并处以 3 万元罚款。

因为王海春、常志刚在深圳华鼎财经资讯股份有限公司担任证券投资咨询人员期间，对所在公司的违法违规行为负有责任，证监会决定撤销王海春的证券投资咨询业务资格，并处以 3 万元罚款；撤销常志刚的证券投资咨询业务资格。

证券市场作为资本市场的核心，是为适应大规模的社会化生产而产生的。随着我国证券市场的不断发展，发行品种日益多样化，交易市场体系初步具备，证券交易日益电算化，而与此同时，证券市场中也存在各种违法行为需要有关部门依据相关法律制度进行查处。本篇将主要从证券市场的相关基础知识引入，对证券发行市场和证券交易市场做详细介绍。

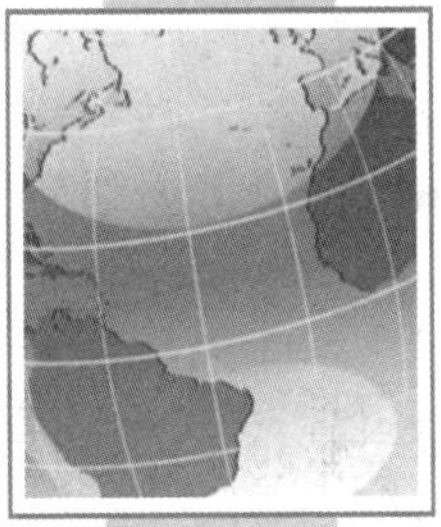

第五章 证券市场概述

学习目标

◇ 掌握证券市场的含义、特征、地位及功能。
◇ 理解和掌握证券市场的分类。
◇ 了解我国证券市场的发展历程及其存在的缺陷。
◇ 熟悉证券市场主体的组成及其在证券市场中的定位。

第一节　证券市场简介

一、证券市场的概念与特征

金融是现代经济的核心，在市场体系中处于主导和枢纽的地位，发挥着极为关键的作用。而证券市场则常居于一国金融市场体系的核心地位。

(一)证券市场的概念

证券市场是证券发行和交易的场所。从广义上讲，证券市场是指一切以证券为对象的交易关系的总和。从经济学的角度，可以将证券市场定义为：通过自由竞争的方式，根据供需关系来决定有价证券价格的一种交易机制。

在这个市场上，资金供求双方可以直接接触，竞价和交易行为受市场法规的约束，具有很高的市场效率和很强的竞争性。这促使证券价格在价值规律的基础上形成，保证了资金的合理流向。证券作为一种书面证明，体现了一种经济关系，即资金供需双方通过证券买卖所形成的借贷关系，证券市场则可以表示为这类借贷经济关系的总和。各种经济机会得以在此创造出来，代表不同利益的各种力量和各方面因素得以在此汇集，证券所体现出来的经济关系借助证券市场获得了法律上的支持。综上所述，证券市场就是借助有效竞争机制发行和买卖证券的场所，是证券体现的各种经济关系的总和，包括证券发行市场和证券交易市场，构成了一个完整的证券市场。

(二)证券市场的特征

与一般商品市场相比，证券市场具有四个基本特征：

1. 证券市场的交易对象是有价证券，即无形资产；而一般商品市场的交易对象是各种具有不同使用价值的商品，即有形资产。

2. 证券市场上的证券投资工具具有多重市场职能，既可以用来筹措资金，又可以用来投资，也可以用于保值或投资；而一般商品市场上的商品则只能满足人们的特定需要。

3. 证券价格的实质是所有权让渡的市场评估，或预期收益的市场价格，它与市场利率关系密切；而在商品市场中，商品价格实质上是商品价值的货币表现，主要取决于生产商品的社会必要劳动时间。

4. 证券市场的风险较大，影响因素复杂，具有波动性和不可预期性；而一般商品市场的风险很小，实行的是等价交换原则，波动相对较小，市场前景具有较大的可测性。

(三)证券市场的地位

金融是现代经济的核心，在市场体系中处于主导和枢纽的地位，发挥着极为关键的作用。考察证券市场的地位，应从证券市场在金融体系中的地位开始。在一个有效率的金融市场上，金融资产的价格和资金的利率能及时、准确地反映所有的公开信息，资金在价格信号的引导下迅速、合理地流动。金融市场以其完整而灵敏的信号系统和灵活有力的调控引导着社会资源向着合理的方向流动，优化资源的配置，提高社会经济效率。

现代金融体系包括货币市场和资本市场。在金融市场体系中，货币市场的主要功能是满足经济主体的流动性需要，是基础的市场；资本市场是解决中长期资本的需要，是核心的市场。在资本市场中，以中长期信贷市场为主还是以证券市场为主，则取决于不同国家的经济体制和金融体制，以及同一国家在不同时期的经济体制和金融体制。简单地说，若以间接融资为主，则中长期信贷市场居于核心地位；若以直接融资为主，则证券市场居于一国金融市场体系的核心地位。从世界金融市场的发展趋势看，融资证券化，特别是长期融资证券化已经成为一种潮流，证券市场化已成为世界各主要国家和地区金融市场体系的核心组成部分。随着我国证券市场的不断发展和完善，我国证券市场的地位也日益提高。

从证券市场的运行看，金融市场体系的其他组成部分，都与证券市场密切相关。(1)证券市场虽主要属于资本市场，但与货币市场关系密切。证券市场上证券的发行通常要有证券经营机构的垫款，垫款所需要的资金常依赖货币市场的资金供给。资金在两个市场间频繁转移以谋求最大收益，从而使两个市场融为一体，不可分割。(2)长期信贷的资金来源依赖证券市场。在资本市场内部长期信贷市场的发展也必须依赖证券市场。作为金融机构的长期信贷资金，在很大程度上是通过证券市场来筹集的，如金融机构通过证券市场发行股票筹集资本金，通过证券发行市场发行金融债券筹集信贷资金等。(3)任何金融机构的业务都直接或间接与证券市场相关，而且证券金融机构与非证券金融机构在业务上有很多交叉，密切相关。

(四)证券市场的分类

证券市场按其职能、对象、交易场所等的不同，有不同的类型。

1. 证券市场按职能分类

证券市场按职能，可以分为发行市场和流通市场。证券发行市场又称为一级市场或初级市场，是证券发行人为筹集经营活动或特定项目所需资金，按照一定的法律规定和发行程序，向投资者发售新证券的市场。证券流通市场又称为二级市场或次级市场，是已发行证券的合法交易场所。通过证券流通市场，各类证券得以顺利流通，并形成一个公平、合理的价格，以实现货币资本和证券资本的相互转化。

2. 证券市场按交易对象分类

证券市场按交易对象,可以分为股票市场、债券市场、投资基金市场和金融衍生产品市场等。股票市场是以股票为发行和交易对象的市场,属于长期资本市场。股票市场还可以按功能划分为股票发行市场和股票流通市场。债券市场是发行和买卖债券的场所,可以根据期限长短划分为短期债券市场和长期债券市场。债券市场还可以按功能划分为债券发行市场和债券流通市场。基金市场是基金发行和流通的市场,属于长期资本市场。基金市场还可以按功能划分为基金发行市场和基金流通市场。随着各类金融衍生工具的不断创新,金融衍生产品市场也得到了发展。

3. 证券市场按交易场所分类

证券市场按交易场所,可以分为交易所交易市场、柜台交易市场、计算机交易市场等。柜台交易市场是指在证券交易所形式以外的证券交易市场。柜台交易一般通过证券商采用协议价格成交。计算机交易市场是指通过计算机终端进行证券交易的特殊市场,实质上是证券交易的一个电子计算机网络市场,在这一市场进行证券交易无须通过经纪人,投资者之间可直接进行买卖交易。

(五)证券市场的功能

证券市场是商品经济发展的产物,是证券交易发展的必备场所。从世界各国证券市场发展情况看,证券市场不仅推动着各国经济的迅速发展,而且对世界经济和国际上的企业组织形式产生了深远的影响。具体来说,证券市场的功能主要有以下五点。

1. 筹资和投资功能

筹资功能是证券市场的基本功能。证券市场是在社会筹资需求的推动下产生和发展起来的,社会筹资需求的强弱直接决定着这一市场可能达到的规模;而这一市场的规模和发展水平又直接决定着社会筹资可能达到的规模,决定着社会资金利用程度的高低。证券市场改变了一国经济体系单一的银行融资方式,使融资方式多元化,提高了融资效益,并使原来单独由银行承担的风险转化为社会众多投资者共同承担,从而实现防范和化解金融风险的目的。

证券市场为资金需求者筹集资金提供了场所,同时也为资金供给者提供了投资工具和场所,是资金供给者将储蓄转化为投资的有效途径。证券作为一种新型的投资工具,有着多种的收益风险组合,可以满足资金供给方各种不同的投资需要。投资功能是证券市场其他功能得以充分发挥的前提。

2. 优化资源配置功能

证券市场在引导社会资金流向、调整产业结构方面发挥着重要作用。通过证券市场,企业产权被货币化、证券化,并可以在证券市场上流通转让,打破了实物资产的凝固和封闭状态,使产权具有最大的流动性,从而促进了生产要素在部门间的转移和重组。证券市场客观上将资金引导到效益好、成长性高的企业或部门中,最终使社会资源得到有效利用和高效、合理配置。

3. 资本定价功能

证券交易价格反映的是证券市场上的供求关系。证券在交易中由供求双方公开竞价,直到双方都得到满意的价格,买卖才能成交。因此,证券价格是证券市场上证券供求双方共同作用的结果,证券市场的运行形成了证券需求者和证券供给者竞争的关系,这种竞争的结果使能产生高投资回报的证券的需求越大,其相应的证券价格就越高;反之,证券价格就越低。证券市场的流动性越强,其定价功能发挥得就会越充分。

4. 宏观调控功能

证券市场是一国国民经济的晴雨表，它能够灵敏地反映社会政治、经济发展的动向，为经济分析和宏观调控提供依据。中央银行可以通过证券市场行情的变化对经济运行状况和发展前景进行分析预测，通过证券市场介入证券交易，并配合其他政策工具和手段，调节货币供应量，进而实现对经济的宏观调控目的。

5. 分散风险功能

证券市场不仅为投资者和融资者提供了丰富的投融资渠道，而且还具有分散风险的功能。对于上市公司来说，通过证券市场融资可以将经营风险部分地转移和分散给投资者，公司的股东越多，单个股东承担的风险就越小，另外企业还可以通过购买一定的证券，保持资产的流动性和提高盈利水平，减少对银行信贷资金的依赖，提高企业对宏观经济波动的抗风险能力。对于投资者来说，可以通过买卖证券和建立证券投资组合来转移和分散资产风险。投资者往往把资产分散投资于不同的对象，证券作为流动性、收益性都相对较好的资产形式，可以有效地满足投资者的需要，而且投资者还可以选择不同性质、不同期限、不同风险和收益的证券构建证券组合，分散证券投资的风险。

第二节　证券市场的产生与发展

一、世界主要证券市场的产生与发展

证券市场产生于自由资本主义时期，是社会化大生产和商品经济发展到一定阶段的必然产物，股份制经济的出现和信用制度的发展是证券市场产生的经济基础。证券市场产生于17世纪初的西欧。随着社会化大生产的发展，企业生产经营规模不断扩大，资本不足成为制约企业经营和发展的重要因素之一。为了筹集更多的资本，17世纪初在西欧的荷兰、英国出现了具有现代股份公司形态的企业组织，这些具有股份公司特征的企业取得了极大成功，于是，在荷兰、英国掀起了成立股份公司的浪潮，至1695年，英国成立了约100家股份公司。股份公司这种企业组织形态出现以后，很快为资本主义国家广泛利用，成为资本主义国家企业组织的重要形式之一。19世纪，股份公司传到美国，美国出现了一大批靠发行股票和债券筹资的筑路公司、运输公司、矿业公司和银行。

(一)英国证券市场的产生与发展

1. 证券市场的萌芽

1602年，世界上最早买卖股票的市场在荷兰出现。因为荷兰海上贸易发达，刺激了大量的资本投入，因而产生了股票发行与交易的需求。第一个股份有限公司是荷兰的东印度公司。因为当时还没有完备的股票流通市场，更没有独立的股票交易所，所以只能靠本地的商人们零星地进行股票中介买卖，股票交易也只能在阿姆斯特丹的综合交易所里与调味品、谷物等商品混合在一起交易。

17世纪后半叶，经济中心转移到了英国，荷兰创立的股份公司在伦敦得到了飞速发展。在伦敦最古老的交易所——皇家交易所中，与商品交易混在一起进行买卖交易的有俄罗斯公司(1553年创建)、东印度公司(1600年创建)等公司的股票。由于买卖交易活跃，所以在皇家交易所进行股票买卖的交易商独立出来，在市内的咖啡馆里进行买卖。1773年在伦敦柴思胡同的约那森咖啡馆中，股票经纪商正式组织了第一个证券交易所，即伦敦交易所的前身，这就

是现代证券市场的原型。1802 年伦敦交易所新大厦落成开业，当时在交易所内交易的证券主要是英格兰银行、南海公司和东印度公司的股票。

2. 南海泡沫事件

“南海泡沫事件”是英国证券市场发展史上最重要的事件之一。南海公司成立于 1711 年，其经营策略主要是通过与政府交易以换取经营特权并以此谋取暴利。当时英国战争负债有 1 亿英镑，为了应付债券，南海公司与英国政府协议债券重组计划，由南海公司认购总价值近 1 000 万英镑的政府债券。作为回报，英国政府对南海公司经营的酒、醋、烟草等商品实行永久性退税政策，并给予对南海(即南美洲)的贸易垄断权。

1719 年，英国政府允许中奖债券与南海公司股票进行转换，随着南美贸易障碍的清除，加之公众对股价上扬的预期，促进了债券向股票的转换，进而又带动股价的上升。次年，南海公司承诺接收全部国债，作为交易条件，政府逐年向公司偿还。为了刺激股票的发行，南海公司允许投资者以分期付款的方式购买新股票。当英国下议院通过接受南海公司交易的议案后，南海公司的股票立即从每股 129 英镑跳升到 160 英镑；而当上议院也通过议案时，股票价格又涨到每股 390 英镑。投资者趋之若鹜，其中包括半数以上的参议员，就连国王也禁不住诱惑，认购了 10 万英镑的股票。由于购买踊跃，股票供不应求，因而价格狂飙，到 7 月，每股又狂飙到 1 000 英镑以上，半年涨幅高达 700%。在南海公司股价扶摇直上的示范效应下，全英国 170 多家新成立股份公司的股票以及所有的公司股票，都成了投机对象。一时间，股票价格暴涨，平均涨幅超过 5 倍。

然而当时这些公司的真实业绩与人们期待的投资回报相去甚远，公司股票的市场价格与上市公司实际经营前景完全脱节。1720 年 6 月，为了制止各类“泡沫公司”的膨胀，英国国会通过了《泡沫法案》(The Bubble Act)，即“取缔投机行为和诈骗团体法”，自此许多公司被解散，公众开始清醒，对一些公司的怀疑逐渐扩展到南海公司。从 7 月份起，南海公司股价一落千丈，12 月份更跌至每股 124 英镑，“南海泡沫”由此破灭。“南海泡沫”事件以及“泡沫法案”，对英国证券市场发展造成了重大影响，之后上百年左右的时间股票发行都在受到这一法律的制约，使英国股票市场几乎停滞不前，发展极为迟缓。这种情况一直持续到英国的工业革命。

18 世纪上半叶，随着英国工业革命的不断深入，大量的基础产业建设需要大量的资金投入，刺激了公司股票的发行与交易，股票市场开始逐渐活跃起来。这期间由于产业革命取得成功，英国成为世界上最早的“世界工厂”。为了促进工业品的输出，英国一边对海外进行资本输出，一边在国内发展纺织等行业，进而得以在 19 世纪 30～40 年代开始发展重工业。在这个过程中，为了加强产业基础而进行的国家公共事业投资以及银行、保险等公司的数量开始急剧增加。首先以股份公司的形式登场的是运河公司的股票，其后铁道公司的股票在全国形成了投机热潮，引发了在全国各地开设证券交易所进行股票交易的热潮。至 1914 年第一次世界大战前，英国共有 22 家地方证券交易所。

进入 19 世纪 50 年代，伦敦证券市场再次向海外投资急速倾斜。因为被称为“商人银行”(Merchant Bank)的英国式证券商的活跃，广泛地把美国的铁道债券、印度或澳大利亚的证券等加入了交易对象，从而为确立伦敦作为世界金融中心的地位而迈进了关键性的一步。到 1914 年，在伦敦交易所上市的证券有 80%是海外证券。因此，伦敦与其说是因为国内产业资本而成长壮大起来的，还不如说是作为海外资本的市场不断扩充而逐渐地扩大起来的。

(二)美国证券市场的产生与发展

1. 美国证券市场的产生——梧桐树协议

与此成为对照的是，美国证券市场首先是为了开发运河、铁道等国内基础产业而坚实地发展起来的。提到美国最初的证券市场，可能大家都会自然地联想起华尔街，其实美国最早的证券市场设立在宾夕法尼亚州的费城。当时费城不但是美国的政治中心，也是美国的金融中心。华尔街则是1653年前后荷兰殖民者们作为交易基地而在曼哈顿岛的南部划分出一部分地方建立起来的。伴随着美国殖民地经济的发展，华尔街也开始逐步繁荣，证券交易中介商人们聚集的咖啡馆也不断地增加。最初交易者们聚集在露天街角一起进行买卖，随着经济发展以及投资热潮上升所支撑着的证券交易量不断地增加，还特地追加了傍晚的交易时间，同时也出现了刊登着交易价格波动信息的报纸。

由于市场交易混乱与竞争无序，1792年，当时交易量最大的24位经纪商经过秘密协商，制定出了停止不当竞争、只在24人之间进行证券买卖交易、最低手续费为0.25%、每日在梧桐树下聚会交易等正式协议，这就是著名的“梧桐树协议”。梧桐树下的聚会成为美国最早的股票市场，也就是纽约证券交易所的前身。1817年，这些经纪人通过了一项正式章程，并将其组织定名为“纽约证券交易会”，至此一个集中的证券交易市场基本形成。1863年，“纽约证券交易会”易名为“纽约证券交易所”。

19世纪20～30年代，美国的工业化浪潮为证券业带来了新的发展机遇。这一时期发展水陆运输成为美国经济发展的中心环节。为了筹集道路、桥梁、运河等土木事业的资金，美国发行了联邦债券、州政府债券、民间事业债券、股票等，使证券市场的交易量大幅度地增加，当时市场上最热门的股票就是伊利运河公司的股票。紧跟在运河热之后的交易热点是铁道股票热。Mohawk & Hudson铁道公司是最初上市的铁路股票，其交易从1830年就开始了。之后铁道股票的上市持续地增加，使得在交易所内进行的买卖交易更加活跃。这种情形一直持续，直到1837年股价暴跌，其后5年左右华尔街一直是处在一种非常低迷的状态之下。

在1842～1853年间，电报的发明与建设、加利福尼亚的黄金开采热(美国的西部大开发)、对墨西哥战争等因素造成的景气扩大，再次唤醒了美国的经济活力，证券市场也开始逐渐地活跃起来了。其所交易的证券从以铁路股票为中心，逐步扩大到包含银行股票、保险股票、运河股票等，股票数量与交易量都明显地增加，证券交易中介商人也随之急剧地增加。1865年，随着美国南北战争的结束，中断了的铁路建设再度开始继续，经济也开始取得前所未有的发展。

19世纪20年代，美国经济的高速发展刺激股票市场走强，美国进入“飞扬的二十年代”。1921年8月到1929年9月，道·琼斯指数上升了468%。那时人们可以进行保证金交易，即可以用10%的保证金融资购买股票，而股市的繁荣极大地刺激了保证金交易的数量，到1929年10月初，经纪人贷款总额激增至68亿美元的顶峰，比1928年1月的38亿美元高出约80%。

2. 1929年美国股灾

1929年7月，美联储将贴现利率从5%提高到6%，与此同时，美国经济在8月到达顶峰后疲态初露，商品批发价格出现了下降，个人收入和工业产值开始停止增长。但市场对此视而不见，终于在经历了长达十多年的牛市后美国股市从9月3日的386.1点开始掉头向下，到1929年10月29日，美国历史上最大的股灾爆发了，单日下跌达18.5%，美国股市由此进入漫长的熊市。1932年6月30日，道琼斯指数跌至41点。与股灾前相比，美国钢铁公司的股价由每股262美元跌至21美元，通用汽车公司的股价从92美元跌至7美元。

在这场股灾中，数以千计的人跳楼自杀。20世纪前期美国最负盛名的大经济学家欧文·费雪几天之中损失了几百万美元，顷刻间倾家荡产，从此负债累累，直到1947年在穷困潦倒中去世。这次股灾彻底打击了投资者的信心。人们“闻股色变”，投资心态长期不能恢复。股市暴跌后，投资者损失惨重，消费欲望大减，商品积压更为严重。同时，股市和银行出现危机，企业找不到融资渠道，生产不景气，反过来又加重了股市和银行的危机，国民经济雪上加霜。由于美国在世界经济中占据着重要地位，其经济危机又引发了遍及整个资本主义世界的“大萧条”：5 000 万人失业，无数人流离失所，上千亿美元的财富付诸东流，生产停滞，百业凋零。

3. 大萧条之后美国证券市场的发展

纽约股市崩溃发生之后，美国参议院即对股市进行了调查，发现有严重的操纵、欺诈和内幕交易行为，1932 年银行倒闭风潮又暴露出金融界的诸多问题。在痛定思痛、总结教训的基础上，从 1933 年开始，罗斯福政府对证券监管体制进行了根本性的改革，建立了一套行之有效的以法律为基础的监管构架，重树了广大投资者对股市的信心，保证了证券市场此后数十年的平稳发展，并为世界上许多国家所仿效。这样，以 1929 年大股灾为契机，一个现代化的、科学的和有效监管的金融体系在美国宣告诞生。经历了大混乱与大崩溃之后，美国股市终于开始迈向理性、公正和透明。

此后，经过罗斯福新政和第二次世界大战对经济的刺激，美国股市逐渐恢复元气，到 1954 年终于回到了股灾前的水平。其后美国经济持续发展，股市欣欣向荣，继续向上，走出了数轮持续十多年的超级大牛市。期间虽然经历了 1973 年石油危机、1987 年股市崩盘、1998 年全球金融危机、2000 年网络泡沫破灭、“9・11 恐怖袭击”、安然公司和世通公司财务丑闻等事件，但美国证券市场依然健康发展。近年来，随着金融创新产品的不断推出，投资人化解市场风险的能力大大提高，全球普遍的低利率带来了资金流动性大大增加，以及大规模金融资产涉足资产重组对市场产生了很大的刺激作用，使证券市场的资金和吸引力不断增强，促进了美国证券市场的蓬勃发展。①

二、中国证券市场的产生与发展

(一)中国证券市场的萌芽

中国证券市场的萌芽出现在清代末期，19 世纪 70 年代以后，股份制企业开始出现在清朝政府推行的洋务运动过程中；1872 年，轮船招商总局成立，成为我国第一家股份制公司；1894 年清朝政府开始发行各种公债以弥补国库的空虚。为了便于股票和债券的交易，1891 年，“香港股票交易所”成立；1914 年，“上海股票商业公会”成立，1919 年，第一家专营证券业务的“北京证券交易所”成立；1920 年，“上海证券物品交易所”成立，后发展成为国内规模最大的交易所。

中华人民共和国成立后，政府关闭了所有的证券交易所，在北京和天津成立了新的证券交易所，新证券交易所为吸收游资、稳定物价、国民经济的重建曾发挥过一定的作用。随着高度集中的社会主义计划经济的建立和强化，证券市场的作用越来越小，1952 年，北京、天津证券交易所先后被关闭；1958 年，政府停止了对外借款；1959 年，政府债券的发行停止。至此，证券市场在中国大陆彻底消失。

(二)新中国证券市场的重新萌芽

1978 年，随着我国改革开放政策的实施，高度集中的社会主义计划经济被突破，市场经济逐步确立和发展，证券和证券市场重新萌芽并发展起来。从 1978 年 12 月中国共产党十一届

① 上海证券交易所投资者教育中心编，“投资者教育丛书”《证券市场基础知识读本》，2007 年 12 月。

三中全会召开起，经济建设成为国家的基本任务，改革开放成为中国的基本国策。随着经济体制改革的推进，企业对资金的需求日益多样化，中国资本市场开始萌生。20 世纪 80 年代初，城市的一些小型国有和集体企业开始进行多种多样股份制的尝试，最初的股票开始出现。这一时期股票一般按面值发行，大部分实行保本保息保分红、到期偿还，具有一定债券的特性；发行对象多为内部职工和地方公众；发行方式多为自办发行，没有承销商。1981 年 7 月，我国重新开始发行国债。1982 年和 1984 年，最初的企业债和金融债开始出现。随着证券发行的增多和投资者队伍的逐步扩大，证券流通的需求日益强烈，股票和债券的柜台交易陆续在全国各地出现，二级市场初步形成。

(三)上海、深圳两家证券交易所的成立

1990 年国家允许在有条件的大城市建立证券交易所，1990 年 12 月 19 日，新中国第一家证券交易所——上海证券交易所开业；1991 年 7 月 3 日，深圳证券交易所开业，这标志着我国证券集中交易模式的开始。伴随着一、二级市场的初步形成，证券经营机构的雏形开始出现。1987 年 9 月，中国第一家专业证券公司——深圳特区证券公司成立。1988 年，为适应国库券转让在全国范围内的推广，中国人民银行下拨资金，在各省组建了 33 家证券公司；同时，财政系统也成立了一批证券公司。

(四)我国证券市场的快速发展

1992 年 1～2 月，邓小平同志在南方视察时指出："证券、股市，这些东西究竟好不好，有没有危险，是不是资本主义独有的东西，社会主义能不能用，允许看，但要坚决地试。看对了，搞一两年，对了，放开；错了，纠正，关了就是了。关，也可以快关，也可以慢关，也可以留一点尾巴。怕什么，坚持这种态度就不要紧，就不会犯大错误。"邓小平同志南方视察讲话后，中国确立经济体制改革的目标是"建立社会主义市场经济体制"，股份制成为国有企业改革的方向，更多的国有企业实行股份制改造并开始在资本市场发行上市。1993 年，股票发行试点正式由上海、深圳推广至全国，打开了资本市场进一步发展的空间。

1992 年 10 月，国务院证券管理委员会和中国证券监督管理委员会(简称"中国证监会")成立，标志着中国资本市场开始逐步纳入全国统一监管框架，区域性试点推向全国，全国性市场由此开始发展。1997 年 11 月中国金融体系进一步确定了银行业、证券业、保险业分业经营、分业管理的原则。1998 年 4 月，国务院证券委撤销，中国证监会成为全国证券期货市场的监管部门，建立了集中统一的证券期货市场监管体制。中国证监会成立后，推动了《股票发行与交易管理暂行条例》《公开发行股票公司信息披露实施细则》《禁止证券欺诈行为暂行办法》《关于严禁操纵证券市场行为的通知》等一系列证券期货市场法规和规章的建设，资本市场法规体系初步形成，使资本市场的发展走上规范化轨道，为相关制度的进一步完善奠定了基础。随着市场的发展，上市公司数量、总市值和流通市值、股票发行筹资额、投资者开户数、交易量等都进入一个较快增长的阶段。沪、深交易所交易品种逐步增加，由单纯的股票陆续增加了国债、企业债、可转换公司债、封闭式基金、权证等。

《证券法》于 1998 年 12 月颁布并于 1999 年 7 月 1 日实施，是中国第一部规范证券发行与交易行为的法律，并由此确认了资本市场的法律地位。2005 年 11 月，修订后的《证券法》颁布。《证券法》的实施及随后的修订，标志着资本市场走向更高程度的规范发展，也对资本市场的法规体系建设产生了深远的影响。随着经济体制改革的深入，国有和非国有股份公司不断进入资本市场，2001 年 12 月，中国加入世界贸易组织，中国经济走向全面开放，金融改革不断深化，资本市场的深度和广度日益扩大。1999 年《证券法》的实施及 2006 年《证券法》和《公司法》的修订，使中国资本市场在法制化建设方面迈出了重要的步伐。合资证券经营机构的出现和合格境外机构投资者等制度的实施标志着中国资本市场对外开放和国际化进程有了新的进展。中国资本市场也在2006年出现了转折性的变化。

在制度创新方面，2005年4月29日，证券市场启动了极具中国特色的股权分置改革。2004年5月17日，经国务院批准，中国证监会批复，同意深圳证券交易所在主板块市场内设立中小企业板块，中小企业板正式推出；2006年1月17日，中关村科技园区非上市公司股份报价转让开始试点；2009年10月30日，创业板正式在深圳证券交易所启动，深交所主板、中小企业板、创业板以及非上市公司股份报价转让系统协调发展的多层次资本市场体系架构基本确立。经中国证监会同意，上海证券交易所和深圳证券交易所自2010年3月31日起正式开通融资融券交易系统。自2010年4月16日起，沪深300股票指数期货合约在中国金融期货交易所上市交易。

(五)我国证券市场的缺陷

中国证券市场经过二十几年的迅猛发展，取得了令人瞩目的成绩，但是我们仍需承认我国证券市场依然存在着很多缺陷，值得我们去思考。

1. 大小非问题

小，即小部分。非，即限售。小非，即小部分禁止上市流通的股票，占总股本5%以内。反之叫大非，即大规模的限售流通股，占总股本5%以上。当初我国进行股权分置改革时，限制了一些上市公司的部分股票上市流通的日期。也就是说，有许多公司的部分股票暂时是不能上市流通的。这就是非流通股，也叫限售股，或叫限售A股。其中的小部分就叫小非。

限售股解禁，即限售股(大小非)将可以上市流通，意味着将有大量持股的人可能要抛售股票，空方力量增加，原来持有的股票可能会贬值。最大的“庄家”既不是公募基金，也不是私募基金，而是以低成本获得非流通股的大小股东，也就是所谓的“大非”“小非”。其中市场最有发言权的则是控股大股东——他们对自己企业的经营状况最为了解，但股改之前大股东及其他法人股东的股份不能流通，所以他们对公司股价既不关心，也无动力经营好上市公司。

2. 上市公司圈钱行为

所谓圈钱，简单地讲，就是把不属于自己的钱，通过某些貌似合法的手段掏到自己袋中。在资本市场中，圈钱的表现是多种多样的，是圈钱行为的突发地带。

其表现形式之一是直接挪用，即直接把上市公司资产挪为己用，这相当于赤裸裸的明抢。其次还有的采用连环担保的方式，通过上市公司为关联公司提供错综复杂的担保，从上市公司融资、资产变卖、银行借贷等各个环节套骗巨额资金。由于担保是一种常见的商业行为，有着貌似合法的外衣，但实际上，担保资金往往得不到及时偿还，最终由投资者和银行来承担所有损失。从性质上看，这类行为类似于鬼鬼祟祟的暗偷。更高明的圈钱者实施不公平的关联交易，通过“以次充好”“以小换大”等方式套取上市公司资金，进而损害投资者利益。由于这种方式表面上正常合法(目前我国相关法律法规并不禁止上市公司进行关联交易，只要求相关上市公司进行必要的信息披露)，因此，投资者和监管部门很难察觉，这类圈钱行为更接近于诈骗。圈钱行为将影响投资者对证券市场的信心，抑制他们的投资冲动，最终影响市场的长期健康发展。

3. 退市机制不完善

退市机制的长期缺位，将会影响证券市场上市公司质量的提高，阻碍了证券市场优化社会资源配置功能的发挥，同时对这些本应退出市场的公司股票的大肆炒作也加大了市场风险，极大地损害了广大中小投资者的利益和信心，不利于证券市场的健康发展。为了完善我国证券市场上市公司退市机制，抑制过度投机，中国证监会和交易所于1998年4月和1999年7月分别推出了ST和PT制度，对上市公司经审计连续两个会计年度的净利润均为负值的上市公司股票实行"特别处理"，即ST制度；对上市公司出现连续三年亏损等情况造成暂停上市的股票在暂停上市期间实行"特别转让"制度，即PT制度。但由于ST、PT制度仅仅实现了对这类公司股票的交易限制，对经营状况继续恶化和严重违法的公司尚未建立一套较完整的退市机制，这部分股票仍在公开上市交易，并未能从根本上消除过度投机。

第三节　证券市场主体

证券市场主体是指具有自身的特殊利益和独立意志的证券市场运行过程的直接参与者，即在证券市场中从事供求和经营活动及监督活动的个人或法人，既包括在证券市场发行证券的筹资者，也包括从事证券交易的投资者，同时还包括为筹资者和投资者提供中介服务的各种中介机构以及对证券市场进行监督管理的管理者。我国证券市场主体大致包括融资主体（证券发行者）、投资主体（证券投资者）、证券市场中介机构与监管机构四大类。

一、融资主体

融资主体是证券市场上的资金需求者和股票、债券等证券的发行主体。作为直接融资主体，证券发行者是证券发行后果与责任的主要承担者，因此，为保护投资者的利益，各国证券监管部门对证券发行者的发行资格都有严格的规定。政府部门、企业、金融机构等在具备发行资格的条件下，都可以作为发行者，通过在证券市场上发行证券筹集资金。

（一）政府和政府机构

政府（包括中央政府和地方政府）和中央政府直属机构是证券市场上重要的融资主体。政府和政府机构在证券市场上主要通过发行债券融资，融资目的主要是弥补财政赤字、扩大公共项目投资、加强宏观调控。

（二）公司（企业）

发行股票和长期公司（企业）债券是公司（企业）筹集长期资本的主要渠道。通过发行股票筹集公司的权益资本（只有股份有限公司才能发行股票），通过发行公司债券筹集公司的债务资本。与通过银行贷款的间接融资方式相比，通过发行股票、债券等进行直接融资，可以满足公司（企业）对长期、大额资本的需求，提高资金使用的自主性，因此大量公司（企业）愿意在证券市场上通过发行股票、债券融资。

为了最大限度地避免公司（企业）债券不能偿还的风险，《中华人民共和国公司法》中规定国有独资公司和两个以上的国有企业或者其他两个以上的国有投资主体投资设立的有限责任公司可以按规定发行公司债券募集资金；股份有限公司可以发行股票，股票可以流通，股东所持有的股份可以自由转让；同时，股份有限公司也可以发行公司债筹集资金。

（三）金融机构

金融机构通过发行股票筹集资本金以提高资本充足率，通过发行金融债券以增加可运用的资金。

二、投资主体

投资主体是证券投资活动的参与者，即进入证券市场通过买卖证券进行投资的自然人和法人。证券市场上的投资主体可分为个人投资者和机构投资者两大类。证券投资者既是证券市场的资金来源,也是建立一个完善的证券市场所不可或缺的基本要素。

(一)个人投资者

个人投资者是指在证券市场上通过买卖证券以获得收益的一般社会自然人。个人投资者进行证券投资首先必须具备一定的经济实力,其次还要符合国家有关法律、法规关于个人投资者投资资格的相关规定。

个人投资者是证券市场上最广泛、最分散、最活跃的投资主体,个人投资者一般具有以下特征:用于投资的资金来源主要是自有资金;资金规模有限;专业知识匮乏,获取信息渠道狭窄;风险意识淡薄,投资行为易受个人情绪的影响,随意性强。

(二)机构投资者

从广义上讲是指用自有资金或者从分散的公众手中筹集的资金专门进行有价证券投资活动的法人机构。

机构投资者是投资专业化、组织化和社会化的产物,与个人投资者相比,机构投资者具有资金实力雄厚、能够通过有效的组合投资分散风险、投资管理专业化、投资技术先进、投资行为规范、投资决策科学等特点。国外成熟证券市场的发展历程表明,散户比例大的市场投机倾向较强,而各类机构投资者的发展一定程度上有利于引导证券市场投资者进行价值投资和长期投资。

国外证券市场上的机构投资者主要包括证券公司、投资公司、保险公司、各种福利基金、养老基金及金融财团等,美国最典型的机构投资者是专门从事有价证券投资的共同基金。

我国将机构投资者限定为与个人投资者相对应的一类投资者,即只要是在证券市场上从事投资及相关活动的法人机构,即可称作机构投资者。我国的机构投资者主要有政府机构、金融机构、企业法人及合格境外机构投资者等。

1. 政府机构

与一般的机构投资者不同,政府机构进行证券投资其主要目的并不是为了获取投资收益,而是为了通过市场操作实现调节货币供应量的宏观调控目的或优化社会资源配置。如中央银行通过发放中央银行票据、买卖政府或金融机构债券的公开市场操作影响和调节货币的供应量进而实现宏观调控目的。

2. 金融机构

参与证券投资的金融机构一般包括证券经营机构、商业银行、保险公司各类基金。

(1)证券经营机构

证券经营机构是证券市场上专业的机构投资者,可以以其自有资本进行自营投资,其投资范围包括证券市场上所有的交易对象,如股票、债券、权证、基金等。证券经营机构也可以以受托投资资金进行资产管理业务,不同的资产管理业务方式其投资范围也有所不同。

(2)商业银行

为保证商业银行资金的安全与稳定,各国通常会通过相关的法律法规对商业银行的证券投资资格和行为进行严格的限定,商业银行作为机构投资者一般仅限于投资政府债券。我国目前不允许商业银行在证券交易市场上直接买卖股票,但商业银行经中国银监会批准获取资格后,可通过设立基金管理公司的方式进行股票投资。

(3)保险公司

保险公司是证券市场上的重要机构投资者之一。与商业银行相比,保险公司进行证券投资时所受限制较小、投资范围较广。在国际证券市场上，保险公司可投资于各类政府债券、高级别的公司债券、各种基金、股票等。目前，我国对保险公司从事证券投资活动也进行了较严格的限定，主要体现在对保险资金的入市比例上。

(4)各类基金

在我国属于基金性质的机构投资者主要包括：证券投资基金、社保基金、企业年金和社会公益基金。

证券投资基金是指通过公开发售基金份额筹集资金，由基金管理人管理，基金托管人托管，为基金份额持有人的利益，以资产组合方式进行证券投资活动的基金。《中华人民共和国证券投资基金法》(简称《基金法》)规定我国的证券投资基金可投资于股票、债券和国务院证券监督管理机构规定的其他证券品种。

社保基金在一般国家分为两个层次：其一是国家以社会保障税等形式征收的全国性基金；其二是由企业定期向员工支付并委托基金公司管理的企业年金。由于资金来源不一样，且最终用途不一样，这两种形式的社保基金管理方式亦完全不同。全国性社会保障基金属于国家控制的财政收入，主要用于支付失业救济和退休金，是社会福利网的最后一道防线，对资金的安全性和流动性要求非常高。这部分资金的投资方向有严格限制，主要投向国债市场。而由企业控制的企业年金，资金运作周期长，对账户资产增值有较高要求，但对投资范围限制不多。在我国，社保基金也主要由两部分组成，一部分是社会保障基金，另一部分是社会保险基金。

社会公益基金是指将收益用于指定的社会公益事业的基金，如福利基金、科技发展基金、教育发展基金、文学奖励基金等。我国有关政策规定，各种社会公益基金可用于证券投资，以求保值增值。

3. 企业法人

企业可以用自己的积累资金或暂时不用的闲置资金进行证券投资。企业可以通过股票投资实现对其他企业的控股或参股，也可以将暂时闲置的资金通过自营或委托专业机构进行证券投资以获取收益。在我国，可以作为机构投资者进行证券投资的企业主要是指国有企业、国有控股企业和上市公司这三类企业。

4. 合格境外机构投资者(QFII)

为吸引外资和有条件地开发本国资本市场，部分发展中国家实行了 QFII 制度。所谓 QFII 制度，是指允许经核准的合格境外机构投资者，在一定的规定和限制下汇入一定额度的外汇资金，并转换为当地货币，经过严格监管的专门账户投资当地证券市场，其资本利得、股息等经审核后可转换为外汇汇出的一种市场开放模式。

QFII 制度是一种有限度地引进外资、开放资本市场的过渡性制度。在一些国家和地区，特别是新兴市场经济国家和地区，由于货币没有完全自由兑换，资本项目尚未开放，外资介入有可能对其证券市场带来较大的负面冲击。而通过 QFII 制度，管理层可以对外资进行必要的限制和引导，使之与本国的经济发展和证券市场发展相适应，控制外来资本对本国经济独立性的影响，抑制境外投机资金对本国经济的冲击，推动资本市场逐步国际化，促进资本市场健康发展。

我国作为一个没有实现资本项目完全兑换的国家，为了尽快培育机构投资者和实现证券市场对外有序开发，中国证监会和中国人民银行于 2002 年 11 月 7 日公布了《合格境外投资者境内证券投资管理暂行办法》，并自 2002 年 12 月 1 日起施行，这标志着中国证券市场正式引入 QFII。

经过多年的发展，目前我国证券市场投资主体结构已发生了很大变化，已初步形成了以证券投资基金为主，证券公司、保险基金、社保基金、三类企业、合格境外机构投资者（QFII）等其他机构投资者相结合的多元化发展格局。机构投资者已经成为中国资本市场健康发展的重要力量。

目前，我国机构投资者队伍中又新增了可以投资于境外证券业务的合格境内机构投资者。中国证监会于2007年6月20日公布了《合格境内机构投资者境外证券投资管理试行办法》和相关通知，自2007年7月5日起允许包括基金管理公司、证券公司在内的合格境内机构投资者（QDII）投资境外证券业务，这标志着中国资本市场的开放度“更上一层楼”。

三、证券市场中介机构

证券市场中介机构是在证券市场上为参与各方如发行人、投资者等提供各种服务的法人机构，包括证券经营机构和证券服务机构。证券市场中介机构是连接资金需求者与资金供给者的桥梁，是证券市场运行的组织系统。

（一）证券经营机构

证券经营机构主要是指投资银行。由于各国的历史习惯不同，对投资银行的称谓不尽相同。在美国，人们把它称作投资银行（investment banks）。美国最著名的投资银行包括高盛、摩根·士丹利、美林集团、雷曼兄弟公司等[①]；在英国，人们通常把它称作商人银行（merchant banks）；在日本，人们通常把它称作证券公司（securities companies）；在我国，通常也把它称作证券公司。

证券经营机构的主要经营业务有证券承销[②]、证券经纪、证券自营、资产管理和基金管理、投资咨询、策划和财务顾问及金融衍生品业务等。

在我国，证券公司是依照《公司法》规定，经国务院证券监督管理机构审查批准的从事证券经营业务的有限责任公司或者股份有限公司。1999年7月1日实施的《证券法》对我国的证券公司实行分类管理，并将证券公司分为综合类证券公司和经纪类证券公司，综合类证券公司的业务包括证券承销、证券经纪和证券自营；经纪类证券公司的业务只有证券经纪。2006年1月1日实施的新修订的《证券法》不再将证券公司分为综合类和经纪类，而是按照证券经纪、证券投资咨询、财务顾问、证券承销和保荐、证券自营、证券资产管理及其他证券业务等业务类型进行管理。

（二）证券服务机构

1. 证券登记结算公司。证券登记结算机构是指依法经证券监督管理机构批准设立的，为证券交易提供集中登记、托管与结算交收和证券过户服务的机构，是不以营利为目的的法人。证券登记结算公司的职能主要有：第一，登记职能，是指证券登记结算机构具有记录并确定当事人证券账户、证券持有情况及相关权益的职责与功能；第二，托管职能，是指证券登记结算机构具有接受证券商或投资者委托，代为保管证券并提供相应服务的职责与功能；第三，结算职能，是指证券登记结算机构具有协助证券交易的双方相互交付证券与价款的职责与功能。

在我国证券市场上，原来存在上海证券交易所和深圳证券交易所两个独立的证券清算系统，为了促进中国股票市场在运行机制上的统一，提高资金在上海、深圳两个交易所系统间的

---

① 2008年9月，在华尔街金融风暴中，雷曼兄弟公司申请破产保护，美林公司被收购，高盛和摩根·士丹利成为银行控股公司。

② 我国证券公司主要担任股票发行的承销商，而国债发行则主要由商业银行担任承销商。

使用效率，2001 年 3 月 29 日成立了新的中央证券登记结算公司。新的中央证券登记结算公司为国有独资企业，该公司把原来分别附属于上海、深圳交易所的两个证券登记结算公司纳入旗下，并逐步统一沪、深两地的登记结算制度。其功能主要是中央登记、中央存管与中央结算。

2. 证券评级机构。证券评级机构就是专门从事有价证券评级业务的机构，一般为独立的、非官方机构。对证券的评级着重指对债券的评级，除了信誉特别高的国债外，公司债券发行者、外国政府债券发行者等都自愿向专门从事证券评级的机构申请级别评定。评级机构在评级过程中主要考虑四个基本原则：证券发行公司的还债能力；证券发行公司的资信；投资者承担的风险；公司债务的法律性质。各国证券评级机构的证券评级方法与债券级别的分类方法大致相同。

证券质量的评定对发行者、投资者和证券商都是十分重要的。目前，国际上比较著名的证券评级机构有：美国的穆迪投资服务公司和标准普尔公司、日本的债券评级研究所、英国的国际银行业和信贷分析公司等。

3. 投资咨询公司。投资咨询公司在西方国家被称为投资顾问，是证券投资的职业性指导者，其职能主要是向顾客提供参考性证券市场分析资料，对证券买卖提出建议，代拟证券投资计划等。证券投资咨询公司的最大特点，就是根据客户要求，把咨询分析建立在科学的基础分析和现代技术分析之上，通过捕捉大量信息资料予以加工，向客户提供分析报告，帮助客户建立有效的投资策略及确定投资方向。证券投资咨询机构的出现，一方面适应了证券专业化的要求；另一方面也符合证券市场的公开、公平、公正的监管原则。

4. 证券金融公司。证券金融公司也称证券融资公司，是指依法设立的在证券市场上专门从事证券融资业务的法人机构。证券金融公司的产生源于信用交易的发展。其主要业务内容也都与信用交易中的大规模融资融券等活动相关，主要包括：吸收证券公司、证券交易所及其他证券机构的货币存款；向证券机构提供信用交易结算所需资金和出借证券；经营与证券有关的贷款业务，向证券商提供证券包销贷款等；经营证券保管业务等。

5. 证券相关机构。证券相关机构是指那些从事证券相关业务，在证券市场中起中介作用的机构，主要包括会计师事务所、审计事务所、律师事务所和资产评估机构等。

四、证券市场监管机构

证券市场监管是促进证券市场健康、有序运行的基本保证。从世界范围来看，各国的证券市场监管体制主要有政府主导型监管体制和自律型监管体制两种。

我国证券市场的监管体制是典型的政府主导型监管体制，经过近二十年的发展，逐步形成了以中国证券监督管理委员会(简称中国证监会)为核心，以证券交易所、证券业协会等自律监管机构为辅助的多元化监管体系。

1992 年 10 月成立的中国证券监督管理委员会(简称中国证监会)，是全国证券、期货市场的集中统一监管部门，按照国务院授权、依法对全国证券、期货市场进行集中统一的监管，维护证券市场秩序，保障证券市场的合法运行。中国证监会设在北京，设有发行监管部、市场监管部、上市公司监管部、机构监管部、证券公司风险处置办公室、基金监管部、期货监管部、非上市公司监管部、法律部、稽查局、会计部、国际合作部等职能部门；根据《证券法》第十四条的规定，中国证监会还设有股票发行审核委员会，委员由中国证监会专业人员和所聘请的会外有关专家担任。中国证监会在省、自治区、直辖市和计划单列市设立了 36 个证券监管局，在上海、深圳等地设立了 9 个稽查局。

自律管理组织是指证券市场中的内部自我管理组织，主要包括证券交易所理事会和证券业协会组织。自律管理组织的职责是制订行业行为规则，依据行业行为规则对证券参与者实行自我监管。我国证券市场的自律管理组织主要是上海、深圳证券交易所和中国证券业协会。

证券交易所是证券市场的组织者，直接面对上市公司、投资者、证券商和广大中介机构，能够对证券交易进行实时监控，履行对会员公司、上市公司、证券交易的一线监管责任。近年来，在中国证监会的领导下，上海、深圳证券交易所已形成了以法制建设为基础，以上市公司监管、会员公司监管、证券交易实时监管为主要内容的自律管理体系，自律管理的功能日益显现。

中国证券业协会是依据《中华人民共和国证券法》和《社会团体登记管理条例》的有关规定设立的、由经营证券业务的金融机构自愿组成的证券业自律组织，是非营利性社会团体法人。中国证券业协会成立于 1991 年 8 月 28 日，是全国行业性自律组织，接受中国证监会、国家民政部的业务指导、监督、管理。中国证券业协会采取会员制的组织形式，凡依法设立并经特许可以从事证券业务经营和中介服务的专业证券机构，只要承认协会章程、遵守协会各项规则，均可申请加入协会，成为协会会员。中国证券业协会的宗旨是：在国家对证券业实行集中统一监督管理的前提下，进行证券业自律管理；发挥政府与证券行业间的桥梁作用；为会员服务，维护会员的合法权益；维持证券业的正当竞争秩序，促进证券市场的公开、公平、公正，推动证券市场的健康稳定发展。

知识拓展

专栏 5.1　纳入正规投资军，迎来私募大时代

2014 年，私募行业迎来了发展的春天，一边是私募基金牌照发放以及新“国九条”明确提出培育私募市场等政策利好释放，私募行业地位大大提升，行业发展蓄势待发；一边是 A 股在“沪港通”正式开启、央行降息等利好政策刺激下，走出了波澜壮阔的大牛市，作为资产管理的主力军之一，阳光私募亦随之“水涨船高”。

5.1.1　私募备案制掀起行业发展新纪元

2014 年私募基金正式告别野蛮生长，纳入正规军。自 2014 年 4 月中国证券投资基金业协会公布首批 50 家私募基金管理人以来，已有超过 4 500 家私募基金管理人通过备案，截至 2014 年 12 月底，新备案的私募产品超过 1 500 只。

私募备案制的实施大幅降低了私募产品的发行成本，为整个证券投资行业带来一股新风，资管行业的门槛大大降低，不仅促使大量新私募崭露头角，还吸引了大量原公募基金的明星基金经理创立自己的私募公司。

2014 年私募基金业迎来前所未有的发展机遇，理论上私募基金可以抛开通道方，独立发行私募产品，未来还可以拓展公募基金业务。“我们认为私募在灵活的激励机制和公平的市场竞争环境下将不断壮大，为我国的资产管理行业做出越来越大的贡献。”好买基金研究中心对此表示。

5.1.2　定增产品数量业绩双丰收

2014 年是定向增发大年，截至 12 月 24 日，2014 年进行定向增发的上市公司达 337 家，募资总额近 6 000 亿。伴随着定向增发的火爆，定增产品的发行也非常火爆，大量私募也借机试水进入定增领域，据好买基金研究中心不完全统计，市面上的定增产品数量已近 200 只，较

2013年增长近一倍。受益于下半年市场的迅速回暖，这些产品近一年收益普遍在20%以上。

定向增发是并购重组的重要承载形式。目前我国正处在经济转型、升级的重要时期，旧经济企业寻求转型、升级，资产重组是重要的手段；而新兴产业公司由于有高估值的优势，可积极通过低估值并购重组，兑现业绩承诺和预期。因而作为并购重组主要承载形式的定向增发，将是未来较长一段时间的投资主线，定增产品将迎来持续的大发展行情，为投资者带来大量投资机遇。

5.1.3 年内196名基金经理离职 公募基金经理投身私募大时代

2014年196名基金经理离职的数量，又一次创造了公募基金业年离职人数的最高水平。值得注意的是，在今年的离职大潮中，“奔私”成为“另有打算”的一批离职基金经理中最偏爱的选择。从兴业全球副总经理兼投资总监王晓明、到宝盈基金的明星人物有着“公募一姐”美誉的王茹远、再到南方基金投资总监邱国鹭等公募大佬的相继“奔私”，“奔私”浪潮势不可挡。

历年来公募基金经理“奔私”早已屡见不鲜，私募较为灵活的机制和较高的收益分成，成为近年来大量基金经理奔“私”的主要原因。值得一提的是，在当下如火如荼的牛市氛围下，再加上另一个不可忽视的因素是与管理层鼓励私募基金发展的政策大环境相关，尤其是在新国九条中，首次将培育私募市场提到了空前地位，私募地位大升级，使得“奔私潮”有愈演愈烈之势。

5.1.4 私募掘金新玩法：凶猛举牌一二级市场联动

私募深度介入上市公司的投资模式渐成气候。近一个月以来，诸多上市公司遭到证券私募基金举牌。继宁波联合之后，泽熙投资先后举牌美邦服饰、康强电子景林资产则不断增持黄山旅游，进而在日前突破5%的举牌线。除在二级市场举牌外，私募通过协议转让、定向增发等方式获得超过5%的大比例股份案例也屡见不鲜。

私募控股上市公司，进而影响上市公司决策，开创了阳光私募行业的先例。“这表明随着私募基金的不断发展壮大，私募基金已经不再满足于二级市场的资本利得，通过进入上市公司决策层，拥有更多话语权，进而影响上市公司股价，已成为私募基金掘金的新模式。”私募排排网对此点评称。

5.1.5 私募今年分红次数创纪录

私募排排网数据中心统计，截至11月底，成立满一年以来有业绩记录的2 170只私募基金产品中，有2 026只实现了正收益，占比高达93.36%。在获得了实实在在的利润后，私募基金也开始分红兑现收益，回馈投资者。自2006年以来，阳光私募基金中具有明确公开公告的分红有683次。自2009年以来，私募基金分红次数有所增多，共有30次分红，此后历年逐年增多。其中2013年、2014年私募分红次数为历年最多，分别分红188次、221次。

投资者不能简单地将私募分红现象归为“好”或者“坏”，毕竟分红只是判断这只基金近期运作效果的一个指标，对总资产并无任何实质影响。但值得注意的是，分红之后，股市走势会给选择不同分红方式的投资者带来不同的收益。比如，如果私募基金选取的现金分红时点能够踏准市场节奏，则可以很好地保护投资者的既得利益。否则，如果分红时点没能踏准市场节奏，很可能造成分红后市场大涨，错过行情。

5.1.6 私募冠军刘增铖失手PVC

10月23日，“银闰铖功5号”因投资标的出现暴跌引发净值从前一天的0.8元/份跌至0.647元/份，当日跌幅达到23.16%，同时也跌破预警线0.75元以及止损线0.70元，故而触发清盘诉求。引发“银闰铖功5号”净值暴跌的元凶并非股指期货合约，而是某个商品期货合约。10月23日出现净值如此大的波动极有可能是因为持有PVC1501合约，该合约在当日开盘6分钟之内快速触及跌停，随后便大幅拉升，全天上涨超过2.8%。于是有猜测称其可能持有该合约多单，因为早盘的快速下跌触发止损，甚至进行多转空最终带来大额亏损。

不容置疑，该事件对期货私募风险控制提出了更高的要求。据了解，基金公司在期货投资领域还是个新手，基金专户的私募产品风控上也仅停留在合同条款对于投资范围、持仓以及止损线等方面的限制，对于基金公司如何加强对产品运作中不合规情况的监督与制止以及投资顾问自身对风控体系的完善，还有待加强；另外，目前市面上私募期货的产品良莠不齐，产品业绩是好是坏全靠基金经理的水平，尤其是很多单账户期货的基金经理并没有经过正规的投资训练，投资能力与投资经验还十分欠缺，更不要提在风控上的完善了。

资料来源：《投资快报》2014年12月31日。

课后练习

一、名词解释

1. 证券市场
2. 个人投资者
3. 机构投资者
4. 证券经营机构
5. 证券服务机构

二、单项选择题

1. 证券市场的基本功能不包括(　　)。

A. 筹资与投资功能　　B. 资本定价功能

C. 宏观调控功能　　D. 完善市场机制功能

2. 机构投资者在资金来源、投资目的等方面虽然不相同，但一般具有(　　)的特点。

A. 不能通过适当的资产组合以分散风险　　B. 收集和分析信息的能力强

C. 投资资金来源分散而量小　　D. 只强调盈利

3. 证券服务机构不包括(　　)。

A. 证券登记结算公司、证券投资咨询公司和资产评估机构

B. 会计师事务所和律师事务所

C. 证券公司

D. 证券信用评级机构

4. 证券业协会和证券交易所属于(　　)。

A. 政府机构　　B. 政府在证券业的分支机构

C. 自律性组织　　D. 证券业最高监管机构

5. 证券市场是一国国民经济的晴雨表，它能够灵敏地反映社会政治、经济发展的动向，为经济分析和宏观调控提供依据，这体现的是证券市场(　　)的功能。

A. 筹资与投资功能　　B. 资本定价功能

C. 宏观调控功能　　D. 完善市场机制功能

三、多项选择题

1. 按交易活动是否在固定场所进行，证券市场可分为(　　)。
A. 有形市场　　B. 上市市场　　C. 无形市场　　D. 非上市市场
2. 证券的机构投资者主要有(　　)。
A. 政府机构　　B. 金融机构
C. 企业和事业法人　　D. 合格境外机构
3. 证券市场中介机构不包括(　　)。
A. 证券服务机构　　B. 证券公司
C. 证券业协会　　D. 证券市场
4. 证券市场的形成主要归因于(　　)。
A. 社会化大生产和商品经济的发展　　B. 股份制的发展
C. 信用制度的发展　　D. 国家政策的支持
5. 与一般商品市场相比，证券市场具有(　　)的基本特征。
A. 证券市场的交易对象是无形资产，而一般商品市场的交易对象是有形资产
B. 证券市场上的证券投资工具具有多重市场职能，而一般商品市场上的商品则只能满足人们的特定需要
C. 证券价格的实质是所有权让渡的市场评估或预期收益的市场价格，而在商品市场中，商品价格实质上是商品价值的货币表现
D. 证券市场的风险较大，而一般商品市场的风险很小

四、论述题

1. 证券市场的含义是什么?
2. 证券市场有哪些特征?
3. 结合实际，分析证券市场的功能。
4. 证券市场的参与主体有哪些? 其各自的职责是什么?
5. 证券市场的发展趋势是怎样的?

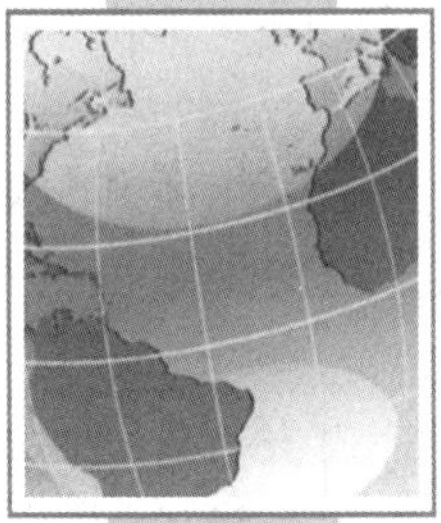

第六章 证券发行市场

学习目标

◇ 掌握证券发行市场的特点、构成及功能。
◇ 熟悉证券发行的程序和制度，了解证券承销的方式。
◇ 掌握股票发行市场的相关机制。
◇ 熟悉债券发行市场的相关机制。

第一节 证券发行市场概述

证券发行是需求资金的公司在以券商为首的证券中介机构的协助下，在将证券销售给投资者的同时，从投资者手里筹集公司发展资金。

证券市场上股票的发行方式及规则是怎样的？这就需要对证券发行市场有一个深入的了解，弄清证券发行市场运作的各个流程和规范。

一、证券发行市场的特点与构成

（一）证券发行市场及其特点

证券发行是指证券的初次发行销售过程，即证券发行者为筹集资金向社会出售股票或债券，投资者用其资金购买所发行证券的金融交易活动的总称。由于证券是在发行市场上首次作为商品进入流通领域的，证券发行市场又称为一级市场或初级市场，发行市场与证券流通市场相辅相成，构成统一的证券市场。

证券发行市场使股票、债券等证券数量和种类不断增加，把众多的社会闲散资金集聚起来转变成资本，集中体现了证券市场筹集资金的功能。证券发行市场作为整个证券市场的基础，它的内容和发展决定着证券交易市场的内容和发展方向。证券发行市场具有以下特点：

1. 无固定场所。新发行证券认购和销售一般没有固定的交易场所，有的由发行者自行向投资者销售，有的由投资银行承购后再向投资者分销，有的由承销者进入证券交易所推销。

2. 无统一时间。证券发行者根据自己的需要和市场行情走势来决定何时发行，没有例行的发行时间。但每次具体的发行都有发行期限的限制，时间较集中，通常为 3～5 个月，且交易量较大。

3. 证券发行价格与证券票面价格较为接近。债券常以票面价格发行，而我国目前股票的发行价格与票面价格相差较大，多数以溢价发行，其他证券可能因市场供求等因素的影响以折价发行。

4. 证券发行是直接融资的实现形式。证券发行市场的功能就是联结资金需求者和资金供给者，证券发行人通过销售证券向社会招募资金，而认购人通过购买其发行的证券提供资金，将社会闲散资金转化为生产建设资金，实现直接融资的目标。

5. 证券发行市场的证券具有不可逆转性。在证券发行市场上，证券只能由发行人流向认购人，资金只能由认购人流向发行人，而不能相反，这是证券发行市场与证券交易市场的一个重要区别。

（二）证券发行市场的构成

证券发行市场主要由证券发行人（资金需求者）、认购人（资金供给者）和承销商（代理发行的金融机构）构成。

1. 证券发行人

证券发行人又称发行主体，就是为筹措资金而发行股票或债券的企业单位、政府机构、金融机构或其他团体等，也包括在本国发行证券的外国政府和公司。证券发行人是证券发行市场得以存在与发展的首要因素。

2. 证券认购人

证券认购人就是以取得利息、股息或资本收益为目的而根据发行人的招募邀约，将要认购或已经认购证券的个人或机构。它是构成证券发行市场的另一个基本要素。在证券发行实践中，证券投资者的构成较为复杂，它既可以是个人，也可以是团体，后者主要包括证券公司、信托投资公司、共同基金等金融机构和企业、事业单位以及社会团体等。在证券发行市场上，投资者人数的多少、购买能力的强弱、资产处置的大小、收益要求的高低以及承担风险能力的大小等，直接影响和制约着证券发行的消化量。当证券进入认购者或投资者手中时，证券发行市场的职能也就实现了。

3. 证券承销商

证券承销商主要就是媒介证券发行人与证券投资者交易的证券中介机构。证券承销商是联结发行人和认购人的桥梁和纽带，接受发行人的委托，通过一定的发行方式和发行渠道向认购人销售发行人的证券。我国目前从事证券承销业务的机构是经批准有承销资格的证券公司、金融资产管理公司和金融公司。

二、证券发行程序

证券发行程序就是从证券发行人申请发行证券到证券挂牌交易的过程。证券发行程序一般通过法律的形式做出严格的规定，证券发行人必须按照规定的程序进行申请和核准。虽然股票与债券的发行程序不尽相同，但基本程序大致是一致的，一般有证券发行准备、证券发行申请、证券发行核准、证券发行承销四个阶段。

（一）证券发行准备

证券发行准备工作主要包括：(1)创造发行主体资格和条件，如股票发行人首先必须是股份有限公司，同时创造股票发行必须具备的各项条件。(2)发行承销商对发行人及市场有关情况和相关文件的真实性、准确性、完整性进行核查、验证等专业调查。(3)承销商对拟发行股票并上市的股份有限公司人员进行规范化培训，对发行人进行发行上市辅导。(4)聘请中介机构对企业财务和资产进行审计和评估，审查或着手制作有关企业法律文件。

(二)证券发行申请

发行人在具备了发行条件后，制作申报文件。申报文件包括发行申请报告；发起人会议或股东大会发行股票或债券决议；招股说明书；资产评估报告；审计报告；盈利预测审核函；发行人法律意见书及律师工作报告；辅导报告以及公司章程；发行方案；资金运用可行性报告以及发行承销方案和承销协议等法律文件。将上述文件报送证券主管机关审核批准。

(三)证券发行核准

不同的发行管理制度对证券发行核准或批准的条件要求不同。在注册制管理中，要求发行人提供并披露证券发行所有信息，披露的信息中不包含任何不真实的陈述和事项，如果发行人没有违反上述原则，则证券主管机关准予注册；否则，不予注册。在核准制管理下，证券主管机关接到企业证券发行申请后，组织审核委员会对申报材料是否符合有关法律和法规规定的发行条件进行审核，对符合条件的予以批准，并有权否决不符合规定条件的证券发行申请。

(四)证券发行承销

证券发行经主管机关批准后，由证券承销商组成承销团进行承销，并签订承销协议。证券承销方式主要有承购包销、余额包销与代销三种方式，国际上通常采用的是承购包销和余额包销。发行人在披露有关发行信息后，向社会公开进行招募，社会公众认购证券。发行承销期结束后，发行成功的可以选择在证券交易所挂牌交易。

三、证券发行制度

(一)注册制

证券发行的注册制也称申报制或登记制，是指发行人在公开发行证券前，按照国家法律规定向证券监管机构提交证券发行的相关资料文件，在一定期限内，监管机关未对其发行提出异议的，其证券发行注册即发生效力的一种证券发行审核制度。其主要特点是发行人申请发行股票时，必须依法将公开的各种资料完整、准确地向监管机构申报并对其申报的资料文件的完整性、真实性和准确性承担相应的法律责任，证券监管机构的职责是对证券发行人提交的发行文件资料的完整性、真实性、准确性和及时性做形式审查，不对发行人是否真正达到证券发行条件作实质审查，而将其股票是否能够顺利发行交由市场投资者决定，发行人股票能否顺利发行取决于证券市场投资者对发行人的认同。注册制的基础是强制的信息公开披露原则，遵循“买者自行小心”的理念。

注册制的优点是：(1)可以简化审核手续，减轻监管机构的负担；(2)给予各类企业进入证券市场的平等机会，有利于具有发展潜力和风险性的企业通过证券市场筹集资金，获得发展机会；(3)提高投资者的判断能力，减轻对政府的依赖。

(二)核准制

证券发行的核准制是指证券发行人除了按照国家法律法规的要求及时提交完整、准确和真实的发行文件并对其进行形式审查外，证券监管机构还要对发行文件进行严格的实质审查，并有权决定证券发行人是否可以发行证券的制度。核准制遵循的是强制信息披露与合规性管理相结合的原则，其理念是“买者自行小心”与“卖者自行小心”并行，即投资风险与发行风险分别由投资者与发行人各自承担，监管机构不做任何保证。实行证券发行核准制的国家主要是欧陆国家如法国、瑞士等，还有东南亚部分国家。我国现在证券发行也实行核准制。

(三)审批制

证券发行的审批制是指证券发行不仅最终由政府监管机构决定,而且推荐证券发行的权力也由地方政府垄断,证券中介机构仅充当技术顾问。这是一种行政审批色彩非常浓厚的证券发行制度。我国在1999年《证券法》生效前的证券发行也采取审批制,现在已经过渡到核准制下的保荐人制度。

纵观世界各国的证券发行制度,证券市场不发达的国家一般实行核准制,而证券市场发展历史悠久的西方发达国家,证券发行实行注册制。

四、证券承销方式

证券发行的最后环节是将证券推销给投资者。发行人推销证券的方法有两种:一是自己销售,称为自销或直接发行;二是委托给专业的证券承销机构代为销售,称为承销或间接发行。一般情况下,公开发行以承销为主。

承销方式有包销和代销两种。

(一)包销

证券包销是指证券承销机构将发行人的证券按照协议全部购入,或者在承销期结束时将售后剩余证券全部自行购入的承销方式;销售风险由承销商承担,发行人需支付较高的承销费。包销可分为全额包销和余额包销两种。

1. 全额包销,是指由承销商先全额购买发行人该次发行的证券,再向投资者发售,由承销商承担全部风险的承销方式。

2. 余额包销,是指承销商按照规定的发行额和发行条件,在约定的期限内向投资者发售证券,到销售截止日,如投资者实际认购总额低于预定发行总额,未售出的证券由承销商负责认购,并按约定时间向发行人支付全部证券款项的承销方式。

(二)代销

代销是指证券承销机构代发行人发售证券,在承销期结束时,将未售出的证券全部退还给发行人的承销方式;销售风险主要由发行人承担,所以支付的代销费也较少。

我国《证券法》规定,发行人向非特定对象发行的证券,法律、行政法规规定应当由证券公司承销的,发行人应当同证券公司签订承销协议;向非特定对象发行的证券票面总值超过人民币5 000万元的,应当由承销团共同承销,证券承销采取代销或包销方式。我国《上市公司证券发行管理办法》规定,上市公司发行证券,应当由证券公司承销非公开发行股票,发行对象均属于前10名股东的,可以由上市公司自行销售,上市公司向股东配售股份,应当采用代销方式。

五、证券发行市场的功能

证券发行市场一方面为资金需求者提供筹集资金的渠道、为资金供给者提供投资获利的机会,另一方面通过证券的发行,增加了有价证券总量和社会投资总量,实现了资本职能的转化。证券发行市场的功能主要有:

(一)筹资功能

一级市场的筹资功能表现在通过发行证券将闲散资金转化为生产资金。在市场经济运行过程中,货币在社会经济体系中的运动,实际上是货币在国民经济各部门之间的循环与流动。在这种循环与流动中、任何一个时期不同类型单位的货币收支,不可能都完全相等。在现实生活中，无论是企业、居民、部门，都常会发生资金闲置或资金不足的情况。在证券市场上，资金的需求者和供给者运用证券信用的方式，通过发行证券来筹资，以便将储蓄转化为投资。与二级市场相区别，一级市场的筹资是生产者向投资者直接筹资，将资金运用于生产；而二级市场则是投资者之间的相互融通资金。

(二)产权复合功能

一级市场使货币转化为生产资本，将货币的所有者转化为资本的所有者，也即为生产资料的所有者提供了可能，这突出地表现在股票市场上。一级股票市场为产权的分割、融合与重组创造了条件。在没有证券市场的情况下，人们积累的货币资产向投资的转化，不可能导致产权的分割。一级股票市场使投资者通过购买股票，首先占有或取得金融资产，借以间接占有物质资产，以获取股息、红利等收益，形成股票所有者共同的复合产权结构，从而引起产权制度方面的深刻变化。与二级市场相区别，一级市场使产权分割的复合形式得以产生；二级市场则使产权复合不断重组，使得产权的复合得以持续。

第二节　股票发行机制

一、股票发行方式

(一)根据发行次序不同划分

根据股票发行次序或股份公司筹集资金的用途，可将股票发行方式分为初次发行和增资发行两种。

1. 初次发行

初次发行是指新组建股份公司时或原非股份制企业改制为股份公司时或原私人持股公司要转为公众持股公司时，公司第一次发行股票。前两种情形又称为设立发行，后一种发行又称为首次公开发行(IPO)。

2. 增资发行

增资发行是指随着公司的发展、业务的扩大，为达到增加资本金的目的而发行股票的行为。按取得股票时是否缴纳股金来划分，可分为以下三种。

(1)有偿增资发行。有偿增资发行是指股份公司通过增发股票吸收新股份的办法增资，认购者必须按股票的某种发行价格支付现款方能获得股票的发行方式。具体方式有以下三种：

①股东配售。它是公司按股东的持股比例向原股东分配该公司的新股认购权，准其优先认购增资的方式。这种方式可以保护原股东的权益及其对公司的控制权。

②公募增资。它是股份公司以向社会公开发售新股票办法而实现的增资方式。公募增资的股票价格大都以市场价格为基础，是最常用的增资方式。

③私人配售。它也称为第三者配股，是指股份公司向特定人员或第三者分摊新股购买权的增资方式。特定人员一般包括董事、职员、贸易伙伴及与公司业务有关的第三者——公司顾问、往来银行等。认购者可在特定的时间内，按规定的优惠价格优先购买一定数额的股票。

(2)无偿增资发行。无偿增资发行是指公司原股东不必缴纳现金就可以无代价地获得新股的发行方式，发行对象仅限于原股东。又可分为以下三种类型：

①公积金转增资。它也称为累积转增资，无偿支付。它是将法定公积金转为资本金，按原股东持股比例转给原股东，使股东无偿取得新发行的股票。公积金转增资本应遵循国家的有

关法律规定，公司的积累公积金应首先用于弥补历年的亏损，法定公积金的余额必须达到注册资本的50%，才可将其中不超过一半的数额转为增资，任意公积金则可由股东大会决定全部或部分转为增资。

②红利增资。它又称为股票分红、股票股息或送红股，即将应分派给股东的现金股息红利转为增资，用新发行的股票代替准备派发的股息红利。

③股票分割。它又称为股票拆细，即将原来的大面额股票细分为小面额股票。其目的在于降低股票的价格，便于小投资者购买，以利于扩大股票的发行量和增强流动性。

(3)有偿和无偿混合增资发行。有偿和无偿混合增资发行是指公司对原股东发行股票时，按一定比例同时进行有偿无偿增资。在这种增资方式下，公司对增发的新股票一部分由公司的公积金转增资，这部分增资是无偿的；一部分由原股东以现金认购，这部分增资是有偿的，增资分配按原股东的持股比例进行。这种发行方式一方面可促使股东认购新股，迅速完成增资计划，另一方面是对原有股东的优惠，使他们对公司的前途充满信心。有偿和无偿混合增资发行又可分为两种方式：

①有偿无偿并行发行。它是按股东的持股比例同时进行股票的有偿发行和无偿发行，且有偿无偿两部分是相互独立的，股东即使放弃有偿新股的认购权，也能获得无偿新股的分配。通常既送又配，送配互不影响。

②有偿无偿搭配发行。它是按股东的持股比例同时进行股票的有偿发行和无偿发行，但有偿和无偿两部分不可分割，股东若不支付有偿部分的现金，就不能得到增发的新股，也就丧失了无偿发行部分的收益。通常是先配后送，因配股后持股数量增加，相应的可得到较多的送股。

(二)按发行对象不同划分

按发行对象不同，股票发行分为公募发行和私募发行。

公募发行是指面向市场上不特定的多数投资者公开发售新股的发行方式。具体来讲，一是发行对象是多数投资者，至于“多数”的具体指标，各国的规定是不一样的，如美国要求在35人(包括自然人和法人)以上，日本则要求在50人以上；二是认购者应是不特定的对象，也就是说没有身份、范围、阶层等具体限制，任何投资者都可以购买。公募发行的股票可以上市流通转让，易被广大投资者接受。通过公募发行，发行者不但能够募集大量的资金，并且能够扩大社会影响，提高发行者的知名度。公募发行的缺点是发行手续复杂、发行成本较高。

私募发行是指以特定范围的少数投资者为对象销售新股的发行方式。私募发行方式的优点是可以节省发行费用、通常不必向证券管理机关办理发行注册或审核手续因而可以节省发行时间和注册费用、有确定的投资者因而不必担心发行失败等，其缺点是通常需向投资者提供高于市场平均条件的特殊优厚条件、发行者的经营管理易受干预、证券难以转让等。

(三)按有无发行中介划分

按发行是否通过证券承销机构，股票发行分为直接发行和间接发行。

所谓直接发行是指发行主体不通过或基本上不通过证券承销机构，完全或主要由自己组织和完成证券的发行工作，直接向投资人销售其证券的发行方式，也称自营发行。直接发行是最为原始的发行方式。在采用直接发行方式时，如果涉及中介机构，一般也只是由其提供某些发行咨询服务。直接发行的优点是发行程序简单，发行者不必向中介机构支付有关费用，可降低筹资成本。直接发行对发行者的知名度、实力与组织销售能力等都有很高的要求，否则发行成功的可能性较低。

所谓间接发行是指通过证券承销机构向社会发行证券。除金融机构公募外，绝大多数公募发行均采用间接发行方式。间接发行具有发行面广、发行成功率高等优点，但承销费用较高、手续较复杂。根据承销方式的不同，间接发行可分为代销、全额包销和余额包销三种方式。国际证券市场上，大多数的公募发行都采用间接发行的方式。我国《公司法》规定："公司向社会公开发行新股，应当由依法设立的证券经营机构承销，签订承销协议。"

(四)按证券实际发行价格与其票面金额的关系划分

按证券实际发行价格与其票面金额的关系，股票发行分为平价发行、溢价发行与折价发行。

平价发行就是以证券票面金额的价格发行证券，也称面值发行。由于市价往往高于面额，因此平价发行能够使认购者得到价差收益，乐于认购，保证了发行人顺利地发行股票实现筹措股金的目的。

溢价发行就是按照超过证券票面金额的价格发行证券。发行人可以较少的股份筹集较多的资金，降低筹资成本。溢价发行包括时价发行和中间价发行。

1. 时价发行也称市价发行，是指以同种或同类股票的流通价格(即时价)为基准来确定发行价格，股票公开发行通常采用这种定价方式。首次发行股票时，应根据行业相同、经营相似的股票的流通市价来确定发行价；上市公司增发新股时，则应按已发行股票的市价水平来确定发行价格。在具体决定价格时，还要考虑股票销售难易程度、对原有股票价格是否冲击、认购期间价格变动的可能性等因素。因此，一般将发行价格定在低于时价约5%～10%的水平上是比较合理的。

2. 中间价发行是指以介于面值和时价之间的价格来发行股票。中间价发行对象一般为股东，我国上市公司对股东配股基本上都采用中间价发行，实际上是将差价收益一部分归股东所有，一部分归公司所有，用于扩大经营。

折价发行是指以低于面额的价格出售新股，即按面额打一定折扣后发行股票，折扣的大小主要取决于发行公司的业绩和承销商的能力。为了防止作弊、保护发行公司及公司原股东的利益，特别是为保证发行能够筹得规定额度的资金，各国对折价发行方式都控制较严。有些国家的公司法规定，公司发行股票的价格不得低于其面额。在这种条件下，面额就成为发行价格的下限。以面额为发行价格，可以准确确定每一股份在公司所占有的比例，简便易行。一般适用于公司成立时的首次发行。我国《公司法》规定："股票发行价格可以按票面金额，也可以超过票面金额，但不得低于票面金额。"为了保护投资者利益，各个国家政府或证券监管部门会出台相应的法律法规对发行主体应具备的条件和发行程序进行规范。

(五)我国的股票发行方式

我国的股票发行市场，基本上采取公募间接发行方式。证券市场发展初期，股票市场采取定向募集的方式在企业内部发行。从1993年起采用无限量发行认购申请表的方式向全国公开发行。因其发行成本太高，后来又推出了与储蓄存单挂钩的发行方式，后者具有操作简便、时间短、成本低的优点。后来，为了确保股票发行审核过程中的公正性和质量，中国证监会还成立了股票发行审核委员会，对股票发行进行复审。1999年《证券法》实施后，中国证监会颁布《中国证监会股票发行核准程序》《新股发行定价报告指引》《关于进一步完善股票发行方式的通知》等一系列文件，实行了对一般投资者上网发行和法人投资者配售相结合的发行方式，确立了股票发行核准制的框架，市场化的发行制度趋于明朗。

2000年2月13日，证监会颁布《关于向二级市场投资者配售新股有关问题的通知》，在新股发行中试行向二级市场投资者配售新股的办法。该方式是指在新股发行时，将一定比例的新股由上网公开发行改为向二级市场投资者配售，投资者根据其持有上市流通证券的市值和折算的申购限量，自愿申购新股。

2001年，证监会先后颁布了《中国证监会股票发行审核委员会关于上市公司新股发行审核工作的指导意见》《新股发行上网竞价方式指导意见》《上市公司新股发行管理办法》等，对企业发行新股的过程与环节做出明确规定。在总结以往股票发行方式经验教训的基础上，2001年形成了“上网定价发行”“网下询价、网上定价发行”和“网上、网下询价发行”3种主要的发行方式。

二、股票发行条件

股票公开发行包括首次公开发行、增发新股与配股发行。在我国，发行股票必须遵守《证券法》《公司法》和相关行政法规及中国证监会颁发的规范性文件的规定。股份有限公司公开发行股票，必须依照法律规定的条件，报经中国证监会核准。

（一）首次公开发行的条件

所谓首次公开发行，是指已设立股份有限公司首次公开发行股票，应当向中国证监会递交募股申请，经批准后方可发行。根据2006年5月18日实施的《首次公开发行股票并上市管理办法》(中国证券监督管理委员会令第32号)，发行人申请公开发行股票时，应当符合下列条件：

1. 发行人应当是依法设立且合法存续的股份有限公司。发行人自股份有限公司成立后，持续经营时间应当在3年以上，但经国务院批准的除外。

2. 发行人的注册资本已足额缴纳，发起人或者股东用作出资的资产的财产权转移手续已办理完毕，发行人的主要资产不存在重大权属纠纷。

3. 发行人的生产经营符合法律、行政法规和公司章程的规定，符合国家产业政策。

4. 发行人最近3年内主营业务和董事、高级管理人员没有发生重大变化，实际控制人没有发生变更。

5. 发行人的资产完整。生产型企业应当具备与生产经营有关的生产系统、辅助生产系统和配套设施，合法拥有与生产经营有关的土地、厂房、机器设备以及商标、专利、非专利技术的所有权或者使用权，具有独立的原料采购和产品销售系统；非生产型企业应当具备与经营有关的业务体系及相关资产。

6. 发行人的人员独立。发行人的总经理、副总经理、财务负责人和董事会秘书等高级管理人员不得在控股股东、实际控制人及其控制的其他企业中担任除董事、监事以外的其他职务；不得在控股股东、实际控制人及其控制的其他企业领薪；发行人的财务人员不得在控股股东、实际控制人及其控制的其他企业中兼职。

7. 发行人的财务独立。发行人应当建立独立的财务核算体系，能够独立做出财务决策，具有规范的财务会计制度和对分公司、子公司的财务管理制度；发行人不得与控股股东、实际控制人及其控制的其他企业共用银行账户。

8. 发行人的机构独立。发行人应当建立健全内部经营管理机构，独立行使经营管理职权，与控股股东、实际控制人及其控制的其他企业间不得有机构混同的情形。

9. 发行人的业务独立。发行人的业务应当独立于控股股东、实际控制人及其控制的其他企业，与控股股东、实际控制人及其控制的其他企业间不得有同业竞争或者显失公平的关联交易。

10. 发行人已经依法建立健全股东大会、董事会、监事会、独立董事、董事会秘书制度，相关机构和人员能够依法履行职责。

11. 发行人的董事、监事和高级管理人员符合法律、行政法规和规章规定的任职资格，且不得有下列情形：被中国证监会采取证券市场禁入措施尚在禁入期的；最近36个月内受到中国证监会行政处罚，或者最近12个月内受到证券交易所公开谴责；因涉嫌犯罪被司法机关立案侦查或者涉嫌违法违规被中国证监会立案调查，尚未有明确结论意见。

12. 发行人不得有下列情形：最近36个月内未经法定机关核准，擅自公开或者变相公开发行过证券；或者有关违法行为虽然发生在36个月前，但目前仍处于持续状态；最近36个月内违反工商、税收、土地、环保、海关以及其他法律、行政法规，受到行政处罚，且情节严重；最近36个月内曾向中国证监会提出发行申请，但报送的发行申请文件有虚假记载、误导性陈述或重大遗漏；或者不符合发行条件以欺骗手段骗取发行核准；或者以不正当手段干扰中国证监会及其发行审核委员会审核工作；或者伪造、变造发行人或其董事、监事、高级管理人员的签字、盖章；本次报送的发行申请文件有虚假记载、误导性陈述或者重大遗漏。

13. 发行人的公司章程中已明确对外担保的审批权限和审议程序，不存在为控股股东、实际控制人及其控制的其他企业进行违规担保的情形。

14. 发行人有严格的资金管理制度，不得有资金被控股股东、实际控制人及其控制的其他企业以借款、代偿债务、代垫款项或者其他方式占用的情形。

15. 发行人应当符合下列条件：最近3个会计年度净利润均为正数且累计超过人民币3 000万元，净利润以扣除非经常性损益前后较低者为计算依据；最近3个会计年度经营活动产生的现金流量净额累计超过人民币5 000万元；或者最近3个会计年度营业收入累计超过人民币3亿元；发行前股本总额不少于人民币3 000万元；最近一期无形资产（扣除土地使用权、水面养殖权和采矿权等后）占净资产的比例不高于20%；最近一期不存在未弥补亏损。

（二）增发新股的条件

所谓增发新股就是经过首次股票发行后，根据资金需要再次向社会公众公开发行股票。为规范上市公司新股发行（配股或增发）行为，保护投资者的合法权益和社会公共利益，根据《公司法》《证券法》及其他相关法律、行政法规的规定，中国证监会于2006年5月6日发布了《上市公司证券发行管理办法》，对股份有限公司申请增发新股，除必须符合《公司法》《证券法》，还应当符合下列条件之一：

1. 最近3个会计年度连续盈利。扣除非经常性损益后的净利润与扣除前的净利润相比，以低者作为计算依据。

2. 最近3年及一期财务报表未被注册会计师出具保留意见、否定意见或无法表示意见的审计报告；被注册会计师出具带强调事项段的无保留意见审计报告的，所涉及事项对发行人无重大不利影响或者在发行前重大不利影响已经消除。

3. 资产质量良好，不良资产不足以对公司财务状况造成重大不利影响。

4. 经营成果真实，现金流量正常。营业收入和成本费用的确认严格遵循国家有关企业会计准则的规定，最近3年资产减值准备计提充分合理，不存在操纵经营业绩的情形。

5. 最近3年以现金或股票方式累计分配的利润不少于最近3年实现的年均可分配利润的20%。

6. 最近3个会计年度加权平均净资产收益率平均不低于6%，扣除非经常性损益后的净利润与扣除前的净利润相比，以低者作为加权平均净资产收益率的计算依据。

7. 除金融类企业外，最近一期不存在持有金额较大的交易性金融资产和可供出售的金融资产、借予他人款项、委托理财等财务性投资的情形。

8. 发行价格应不低于公告招股意向书前 20 个交易日公司股票均价或前 1 个交易日的均价。

(三)配股发行的条件

配股发行是增资发行的一种，是指上市公司在获得有关部门的批准后，向其现有股东提出配股建议，使现有股东可按其所持股份的比例认购配售股份的行为。在集资的意义上，配股集资具有实施时间短、操作较简单、成本较低等优点，同时配股还是上市公司改善资本结构的一种手段。

向原股东配售股份，根据中国证监会 2006 年 5 月 6 日颁布的《上市公司证券发行管理办法》，应当符合下列规定：

1. 拟配售股份数量不超过本次配售股份前股本总额的 30%。

2. 控股股东应当在股东大会召开前公开承诺认配股份的数量。

3. 采用证券法规定的代销方式发行。

4. 控股股东不履行认配股份的承诺，或者代销期限届满，原股东认购股票的数量未达到拟配售数量 70%的，发行人应当按照发行价并加算银行同期存款利息返还已经认购的股东。

5. 最近 3 个会计年度加权平均净资产收益率平均不低于 6%，扣除非经常性损益后的净利润与扣除前的净利润相比，以低者作为加权平均净资产收益率的计算依据。

6. 除金融类企业外，最近一期不存在持有金额较大的交易性金融资产和可供出售的金融资产、借予他人款项、委托理财等财务性投资的情形。

7. 发行价格应不低于公告招股意向书前 20 个交易日公司股票均价或前 1 个交易日的均价。

三、股票发行定价

(一)市盈率法

市盈率定价法是指依据注册会计师审核后的发行人的盈利情况计算发行人的每股收益，然后根据二级市场的平均市盈率，发行人的行业状况、经营状况和未来的成长情况等综合拟定其市盈率，是新股发行定价方式的一种。

$$市盈率=股票发行价格/每股收益$$

$$股票发行价格=每股收益\times 市盈率$$

例：某公司预测 2013～2015 年公司的每股盈利(EPS)分别为 0.39 元、0.50 元及 0.61 元，综合考虑公司未来的成长性及市场上可以参考对比的同行业公司的市盈率 20～25 倍进行估值，公司确定发行市盈率按照 20 倍计算，则该公司发行价格定为：0.39×20=7.8(元)。

每股净收益的确定方式有以下几种：

1. 全面摊薄法

如果事先有注册会计师的盈利预测审核报告，那么，

$$每股收益=发行当年预测的全年净利润/发行后总股本$$

2. 加权平均法

$$每股收益=\frac{发行当年预测的全年总利润}{发行前总股本+本次公开发行股本数}\times\frac{12-发行月份}{12}$$

3. 最近一个会计年度的每股收益

每股收益＝最近一个会计年度的净利润/该年度期末股本

这种方式经常被运用于我国当前的发行实践中。

市盈率定价法的优点是简单，缺点是不太精确。在我国股票发行初期，参考成熟发达国家具有中长期投资价值的股票市盈率一般不超过20倍的事实，沪深主板市场股票首次公开发行的市盈率一般控制在20倍以下，但随着时间的推移，目前我国无论是沪深主板市场，还是创业板和中小板市场，首次公开发行的股票市盈率一般都超过了20倍，特别是创业板和中小板，首次公开发行的市盈率更高，有的高达70～80倍，甚至更高。

(二)市净率法

市净率法又称净资产倍率法，是指通过资产评估和相关会计手段，确定发行公司拟募股资产的每股净资产值，然后根据证券市场的状况将每股净资产值乘以一定的倍率，以此确定股票发行价格的方法。

市净率＝股票发行价格/每股净资产

股票发行价格＝每股净资产×市净率

通过市净率法来确定股票发行价格，首先要计算出每股净资产，然后参考二级市场平均市净率、发行人行业情况、发行人经营情况、公司未来发展情况、发行规模等综合确定市净率，最后确定发行价格。

(三)竞价确定法

这是指由各股票承销商或者投资者以投标方式相互竞争，确定股票发行价格。具体实施中有三种形式：

1. 网上竞价。网上竞价指通过证券交易所电脑交易系统按集中竞价原则确定新股发行价格。新股竞价发行申报时，主承销商作为唯一的“卖方”，其卖出数为新股实际发行数，卖出价格为发行公司宣布的发行底价，投资者作为买方，以不低于发行底价的价格进行申报。

2. 机构投资者竞价。新股发行时，采取对法人配售和对一般投资者上网发行相结合的方式，通过法人投资者竞价来确定股票发行价格。一般由主承销商确定发行底价，法人投资者根据自己的意愿申报申购价格和申购股数，申购结束后，由发行人和主承销商对法人投资者的有效申购数按照申购价格由高到低进行排序，根据事先确定的累计申购数量与申购价格的关系确定新股发行价格。

3. 券商竞价。在新股发行时，发行人事先通知股票承销商，说明发行新股的计划、发行条件和对新股承销的要求，各股票承销商根据自己的情况拟定各自的标书，以投标方式相互竞争股票承销业务，中标标书中的价格就是股票发行价格。

(四)现金流量折现法

现金流量折现法通过预测公司未来盈利能力，据此计算出公司净现值，并按一定的折扣率折算，从而确定股票发行价格。该方法首先是用市场接受的会计手段预测公司每个项目未来若干年内每年的净现金流量，再按照市场公允的折现率，分别计算出每个项目未来的净现金流量的净现值。公司的净现值除以公司股份数，即为每股净现值。由于未来收益存在不确定性，发行价格通常要对上述每股净现值折让20％～30％。

国际主要股票市场对新上市公路、港口、桥梁、电厂等基建公司股票的估值和发行定价一般采用现金流量折现法。这类公司的特点是前期投资大，初期回报不高，上市时的利润一般偏低，如果采用市盈率法确定发行价格会低估股票的真实价值，而对公司未来收益(现金流量)的分析和预测能比较准确地反映其整体和长远价值。用现金流量折现法定价的公司，其市盈率往往远高于市场平均水平，但这类公司发行上市时套算出来的市盈率与一般公司发行的市盈率之间不具可比性。

第三节 债券发行机制

一、债券发行条件

债券发行条件是指债券发行者以债券形式筹集资金时所必须考虑的有关因素，包括发行金额、票面金额、期限、偿还方式、票面利率、付息方式、发行价格、发行费用、税收效应以及有无担保等内容。如果筹资者(发行人)对这些因素考虑不周全，就会影响发行的结果，降低发行收入，增大筹资成本。

(一)发行金额

债券的发行金额是根据发行人所需资金的数量、资金市场供给情况、发行人的偿债能力和信誉、债券的种类以及该种债券对市场的吸引力来决定的。如果发行金额定得过高，会影响其他发行条件，造成销售困难，对发行后债券的转让价格也会产生不良的影响。

(二)期限

从债券的计息日起到偿还本息日止的时间称为债券的期限。债券期限是根据发行人的资金需求的性质、未来市场利率水平的发展趋势、流通市场的发达程度、物价的变动趋势、债券市场上其他债券的期限构成以及投资者的投资偏好等因素来确定的。一般来说，如果企业发行债券是用于长期投资建设，未来市场利率有上升趋势，流通市场也比较发达，物价平稳，则可以发行长期债券。

(三)债券的偿还方式

债券的偿还方式会直接影响到债券的收益高低和风险大小。在偿还方式中，要规定偿还金额、偿还日期以及偿还形式等，债券按照偿还日期，可以分为期满偿还、期中偿还和延期偿还三种；按照偿还形式，可以分为货币偿还、债券偿还和股票偿还三种。所谓“货币偿还”，是指在偿还时使用货币支付债券的本金和利息；所谓“债券偿还”，是指用一种到期日更远的债券来替换即将到期的债券，一般是用新发债券兑换未到期或到期的旧债券；所谓“股票偿还”，是指举债公司用本公司的股票来交换债券持有人的可转换公司债券。

(四)票面利率

债券的票面利率是指发债人每年向投资者支付的利息占票面金额的比率，票面利率的高低直接影响到债券发行者的筹资成本和投资者的投资收益。在确定票面利率时，一般要考虑以下因素：债券期限的长短、市场利率水平的高低、债券的信用等级、利息支付方式以及证券管理当局对票面利率的管理和指导等。一般来说，债券期限长，利率则应该高；债券的信用等级高，利率则应该低；到期一次付息的利率应高于按年付息的票面利率；在收益率一定的情况下，按单利计算的票面利率应高于按复利计算的票面利率。

(五)付息方式

债券的付息方式是指发行者在债券的有效期内，一次或按一定的时间间隔分次向债券持有人支付利息的方式。发行者在选择债券付息方式时，应把降低筹资成本与增加债券对投资者的吸引力结合起来。债券的付息方式一般有一次性付息和分次付息两种，而一次性付息方式又可分为利随本清方式和利息预扣方式两种。

(六)发行价格

债券的发行价格是指债券投资者认购新发行的债券时实际支付的价格。债券的发行价格可以分为平价发行，即债券的发行价格与面值相等；折价发行，即债券以低于面值的价格发行；溢价发行，即债券以高于面值的价格发行。在面值一定的情况下，调整债券的发行价格可以使投资者的实际收益率接近市场收益率的水平。

(七)收益率

债券的收益率是指投资者获得的收益占投资总额的比率。决定债券收益率的因素主要有利率、期限和购买价格。一般来说，收益率是投资者在购买债券时的首要考虑因素。

(八)债券的税收效应

债券的税收效应主要是指对债券的收益是否征税。涉及债券收益的税收有利息预扣税和资本税。利息预扣税也叫收入所得税，是支付利息的人在向债券持有人支付利息时预先就扣除债券持有人应向政府缴纳的税款，并将这些税款集中上缴当地税务部门。一般来说，政府债券免征利息预扣税。资本税是指出售债券时对卖出价格(或持有到期时的偿还价格)与买入价之间的差额收益所征收的资本收益税。债券的税收效应直接影响债券的收益率，因此，投资者在购买债券时，要把纳税债券与不纳税债券的收益率进行适当的折算之后，才能够判断其收益率的高低。投资者关心的是债券投资所获得的收益在扣除税款后的净额。

(九)发行费用

发行费用是指债券发行者支付给有关债券发行中介机构、服务机构的各种费用，包括最初费用和期中费用两种。最初费用包括承销商的手续费、登记费、印刷费、评级费、担保费、广告费、律师费和上市费等。期中费用包括支付利息手续费、每年的上市费、本金偿还支付手续费等。债券发行者应尽量减少其发行费用，以降低发行成本。

(十)担保

有无担保是债券发行的重要条件之一。由信誉卓著的第三者担保或用发行者的财产作抵押担保，有助于增加债券的安全性，减少投资风险。一般来说，政府、大型金融机构发行的债券大多是无担保债券。

二、国债发行

(一)国债发行方式

自 1981 年恢复发行国债以来，直至 1991 年以前，我国国债都是采用行政分配的方式，其后发行方式有定向发售、承购包销、招标发行等，总的变化趋势是以低成本、高效率为目标，使发行向规范化、市场化发展。

1. 定向发售。该方式是指定向养老保险基金、失业保险基金、金融机构等特定机构发行国债，主要用于国家重点建设债券、财政债券、特种国债等品种，通常只有在特殊场合才采用。

2. 承购包销。该方式主要用于不可流通的凭证式国债，是指由大型金融机构组成承销团，按一定条件向财政部承购国债，并由其负责在市场上转售，未售出的余额由承销商包销。

由于发行条件由发行人和承销商通过协商确定,因而具有一定的市场因素。

3. 招标发行。该方式是指通过招标的方式来确定国债的承销商和发行条件,分为缴款期招标、价格招标、收益率招标三种形式。

(1)缴款期招标是指在国债的票面利率和发行价格已经确定的条件下,按照承销机构向财政部缴款的先后顺序获得中标权利,直至满足预定发行额为止。

(2)价格招标主要用于贴现国债的发行,按照投标人所报买价自高向低的顺序中标,直至满足预定发行额为止。如果中标规则为荷兰式,那么中标的承销机构都以相同价格(所有中标价格中的最低价格)来认购中标的国债数额;而如果中标规则为美国式,那么承销机构分别以其各自出价来认购中标数额。荷兰式招标的特点是单一价格,而美国式招标的特点是多种价格。我国贴现国债主要运用荷兰式招标方式予以发行。

(3)收益率招标主要用于付息国债的发行,它同样可分为荷兰式招标和美国式招标两种形式,原理与上述价格招标相似。

(二)国债发行程序

以承购包销方式为例,国债发行有两种不同的程序:

1. 凭证式国债的发行程序。具有国债一级自营商资格的金融机构同财政部签订承销协议,然后各承销商利用自己的系统分销,所有凭证式国债在规定的期限出售后,承销商按时将款项划到国债司的账户上,财政部国债司将手续费划到各承销商的账户上。

2. 记账式国债的发行程序。记账式国债主要通过证券交易所发行。首先,取得该项国债承购包销资格的承销商向交易所申请交易席位,或委托交易所的会员公司参与交易;分销期内,承销商在该交易所分别挂牌卖出国债。对于投资者来说,可利用在交易所开立的"股票账户"办理认购国债手续;投资者买入国债以后,认购的国债数量记入其账户,由此完成国债的认购登记手续;当日闭市后,客户的认购款被划入承销商在交易所内的账户,并且在规定的日期内,将该款项划入交易所在中国人民银行的专户。发行结束后,如果财政部认为符合承销合同的相关规定,其承销手续费由交易所支付给承销商。

三、金融债券发行

2005 年 6 月 1 日起施行的《全国银行间债券市场金融债券发行管理办法》规定,中国人民银行依法对金融债券的发行进行监督管理,采用核准制。金融债券在全国银行间债券市场公开发行或定向发行,可以采取一次足额发行或限额内分期发行的方式。发行金融债券时,承销人应组建承销团,承销人可在发行期内向其他投资者分销其所承销的金融债券,承销可采用协议承销、招标承销等方式。金融债券的招投标发行应该通过中国人民银行债券发行系统进行。

四、公司债券发行

2007 年 8 月 14 日发布施行的《公司债券发行试点办法》规定,公司债券的发行采用核准制,必须经中国证监会核准才能发行。申请发行公司债券,应当由公司董事会制定方案,由股东会或股东大会对发行债券的数量、向公司股东配售的安排、债券期限、募集资金的用途、决议的有效期、对董事会的授权事项等做出决议。发行公司债券,应当由保荐人保荐,并向中国证监会申报。保荐人应当按照中国证监会的有关规定编制和报送募集说明书和发行申请文件。2015 年 1 月,中国证监会发布了《公司债券发行与交易管理办法》,规定公司债务可以公开发行,也可以非公开发行,中国证监会对公司债券发行进行核准或者中国证券业协会对公司债券发行进行备案；公司债券可以附认股权、可转换成相关股票等条款；公司债券应当在证券交易所、全国中小企业股份转让系统或国务院批准的其他证券交易所转让。

五、银行间债券市场非金融企业债务融资工具的发行

2008年4月15日起施行的《银行间债券市场非金融企业债务融资工具管理办法》规定，企业发行债务融资工具应在中国银行间市场交易商协会注册，债务融资工具发行利率、发行价格和所涉费率以市场化方式确定。注册制和市场化发行是银行间债券市场中非金融企业债务融资规模迅速扩张的重要原因，对其他市场也有借鉴作用。

知识拓展

专栏6.1 光大银行上网定价发行公告

中国光大银行股份有限公司(发行人)首次公开发行人民币普通股(A股)的申请已获中国证券监督管理委员会证监许可[2010]1019号文核准。

本次发行的初始发行规模为61亿股，发行人授予A股联席保荐人(主承销商)不超过初始发行规模15%的超额配售选择权(或称“绿鞋”)，若A股绿鞋全额行使，则A股发行总股数将扩大至70亿股。超额配售股票将通过向本次发行的部分战略投资者延期交付的方式获得，并全部面向网上投资者配售。本次发行采用向战略投资者定向配售(下称“战略配售”)、网下向询价对象询价配售(下称“网下发行”)与网上资金申购发行(下称“网上发行”)相结合的方式进行。其中，战略配售不超过30亿股，约占绿鞋全额行使后发行规模的42.9%。回拨机制启动前，网下发行不超过15.5亿股，约占绿鞋全额行使后发行规模的22.1%。其余部分在网上发行。

本次发行价格区间为2.85～3.10元/股(含上限和下限)，此价格区间对应的2009年市盈率水平为15.08倍至16.40倍(每股收益按照经会计师事务所审计的，遵照中国会计准则确定的扣除非经常性损益前后孰低的2009年归属于母公司所有者的净利润除以本次A股发行后且全额行使超额配售选择权时的总股数计算)。

网上发行通过上海证券交易所(下称“上证所”)交易系统进行，投资者以发行价格区间上限(3.10元/股)缴纳申购款；申购时间为2010年8月10日，在上证所正常交易时间内(9:30～11:30，13:00～15:00)进行；申购简称为“光大申购”，申购代码为“780818”；单一证券账户的委托申购数量最高不得超过240万股。凡参与初步询价报价的配售对象，无论是否有“有效报价”，均不得再参与网上发行的申购。

战略配售与网下发行由联席保荐人(主承销商)负责组织实施；网下发行通过上证所网下申购电子化平台(下称“申购平台”)实施，配售对象在发行价格区间内进行累计投标询价，其申购价格可以为发行价格区间内的任一价格，每0.01元为一个最小申报价格单位。网下申购时间为2010年8月9日至10日(9:30～15:00)。公司股票代码“601818”同时用于本次发行的网下申购。每个配售对象多笔申报的累计申购股数不得低于其有效报价所对应的“拟申购数量”总和，上限为该“拟申购数量”总和的200%，同时不超过网下初始发行股票数量，即15.5亿股。每个配售对象参与网下申购的申购数量的上限和下限可通过申购平台查询。

本次发行由承销团余额包销。

专栏 6.2 尚德电力——中国本土 PE 是幕后主角

2001 年 1 月"无锡尚德"成立时，施正荣以 40 万美元现金和 160 万美元的技术入股，占 25%的股权；江苏小天鹅集团、无锡国联信托投资公司、无锡高新技术投资公司、无锡水星集团、无锡市创业投资公司、无锡山禾集团等国企出资 600 万美元，占有 75%的股权。

为便于海外上市，施正荣 2005 年 1 月设立了"尚德 BVI"公司，开始对"无锡尚德"进行私有化。借助"百万电力"提供的 6 700 万港元过桥贷款为收购保证金，"尚德 BVI"开始协议收购"无锡尚德"的国有股权。除直接从发起人股东手中收购 44.352%的股权外，"尚德 BVI"还收购了一家 BVI 公司"欧肯资本"，后者从两家国有股东手中受让了"无锡尚德"24.259%的股权。2005 年 5 月交易基本完成时，"无锡尚德"的国有股东获得了约 13.3 倍的回报率。同时，海外投资机构则出资 8 000 万美元、以 6 倍市盈率溢价入股"尚德 BVI"，并为规避风险设计了一份"对赌"协议。由于施正荣属澳大利亚籍，"无锡尚德"在"重组"后变身为完全的外资企业。2005 年 12 月 14 日，全资持有"无锡尚德"的"尚德控股"在纽交所上市，按公司上市首日收盘价计算，持股达 46.8%的施正荣身家超过 14.35 亿美元，外资机构的投资则增值近 10 倍。

课后练习

一、名词解释

1. 证券发行市场
2. 证券承销商
3. 审批制
4. 增资发行
5. 公募发行

二、判断题

1. 证券发行是指证券发行人进行证券募集以筹集资金的活动。 (　　)
2. 自有资本高、负债比率低的发行公司，其风险承受力和应变力就比较低。 (　　)
3. 证券承销商是证券发行者和证券投资者的中介人，是发行市场的枢纽。 (　　)
4. 公司公开发行公司债券累计债券总额应不超过公司净资产额的 45%。 (　　)
5. 我国 2005 年修订后的《公司法》第 128 条规定，股票发行价格可以按票面金额，也可以超过票面金额，但不得低于票面金额。 (　　)

三、多项选择题

1. 以下属于证券发行市场主体的是(　　)。

A. 证券发行人　　B. 证券投资者　　C. 证券承销商　　D. 证券从业中介机构

2. 目前世界上有关国家、地区依据其证券市场成熟程度以及法律背景、文化传统的不同，对证券发行审核分别采取(　　)两种模式。

A. 核准制　　B. 注册制　　C. 批准制　　D. 审批制

3. 我国 2005 年新《证券法》第 13 条规定，公司公开发行新股的条件有(　　)。

A. 具备健全且运行良好的组织机构

B. 具有持续盈利能力，财务状况良好

C. 最近 2 年财务会计文件无虚假记载，无其他重大违法行为

D. 经国务院批准的国务院证券监督管理机构规定的其他条件

4. 就证券承销方式而言，证券发行主要有以下三种类型（　　）。

A. 承销　　B. 代销　　C. 余额包销　　D. 包销

5. 证券的发行价格是指发售新证券时的实际价格，就总体而言，证券发行价格主要有（　　）。

A. 平价发行　　B. 溢价发行　　C. 折价发行　　D. 议价发行

四、论述题

1. 试述证券发行市场的分类。

2. 查阅《证券法》《公司法》《首次公开发行股票并上市管理办法》《首次公开发行股票在创业板上市管理办法》等，简述公司发行股票、公司（企业）发行债券时应具备的条件。

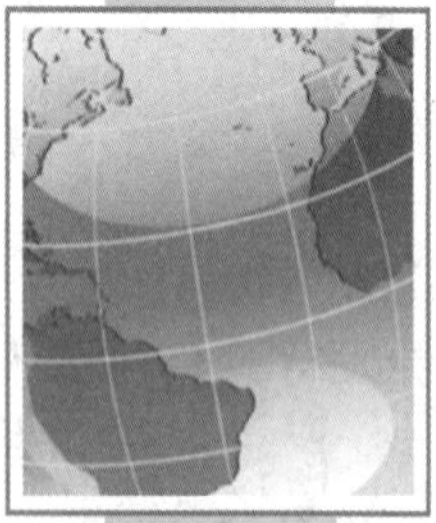

第七章 证券交易市场

学习目标

◇ 了解证券发行市场与证券交易市场的关系。
◇ 熟悉证券交易市场的特点和功能。
◇ 掌握证券交易市场的构成。
◇ 了解证券上市制度。
◇ 掌握证券交易的相关常识。

第一节 证券交易市场概述

一、证券交易市场的概念

证券交易市场是已经发行的证券按时价进行转让、买卖和流通的市场。由于它是建立在发行证券的初级市场的基础上,因此又称为二级市场。证券交易市场和证券发行市场一起共同构成了证券市场这个不可分割的整体。

就两者的关系而言,证券发行市场和交易市场既互相区别又互相联系,互为条件,相辅相成,区别在于,证券发行市场是通过一种纵向关系将发行者和投资者联系起来,而证券交易市场则是通过一种横向关系,将同是投资者的证券买卖双方联系起来。证券发行市场的扩张代表社会资本存量的增加,而证券交易市场的交易量只代表现有证券所有权的转移,不代表社会资本存量的变动。

两者的关联主要表现在以下两个方面。一是证券发行市场是证券流通市场的前提和基础,没有发行市场,就不会有交易市场。发行市场通过新证券的创造,为交易市场提供买卖交易的对象。发行市场的规模和品种决定了交易市场的规模与交易品种,有时还会影响流通市场的交易价格。二是证券交易市场是证券发行市场得以存在和发展的条件,对发行市场有着重要的促进和推动作用。通过交易市场可以使证券投资具有流动性,可以使风险分散化、长期投资短期化,保证投资者能够随时出售所持有的证券,从而使有价证券成为投资者愿意选择的金融资产,使证券发行市场对投资者更有吸引力。

二、证券交易市场的特点

(一)证券交易市场参与者的广泛性

在证券交易市场上，投资者是最重要的参与主体。投资者的构成有政府部门、投资银行、商业银行、证券公司、信托公司、投资公司、财务公司和广大的社会个人。在一级市场上，要成为证券发行者，必须经过严格的资格审查，而二级市场的投资者一般无须经过资格责任审核就可参与流通市场活动，当然也有一个条件，即拥有达到市场交易的最低限额。就连发行人也可以通过在流通市场上购回自己发行的证券，成为投资者的一部分。在交易市场上，任何一个拥有一定资金的人都可参与投资活动，买卖证券。当然，绝大多数投资者是通过经纪人参与证券交易市场的证券交易活动的。

(二)证券交易市场的多层次性

证券交易市场呈现在社会公众面前是一个多层次的市场。既有全国性的、统一的交易市场，也有区域性的、局部的交易市场；既有集中的、高度组织化的、有固定地点的场内交易市场，也有分散的、组织性较低的、无固定交易地点和场所的场外交易市场。不同的交易市场适应不同层次的证券交易活动，从而使纷繁多样的不同证券都能找到适合其交易的场所，从而也满足证券高度流通性的客观要求，使证券交易市场变得畅通而发达，灵活而有序，在客观上无疑也支持和促进了证券发行市场的发展。

(三)证券交易方式的规范化和手段的现代化

证券交易活动可以在不同的交易市场上进行，但执行的交易规则和运用的交易方式在不同的市场上则是基本相同的，特别是在某一种交易方式下的交易行为都是规范化的。因为证券交易容易引起投机和金融秩序的混乱，为防止金融秩序混乱，保护投资者的正当权益，减少证券筹资与投资的风险，世界各地的证券交易市场，特别是证券交易所都制定了交易方式和交易行为规则，约束参与者的行为，以保证交易市场的稳定。同时，为了迅速促成证券交易，证券交易市场都采用计算机网络系统辅助交易，利用现代化的通信设施，及时发布证券交易信息和价格变动行情，以及储存证券交易材料等，这些都从非经济方面促进了证券市场的发展。

(四)交易时间的确定性与交易价格的不确定性

在证券交易所内，交易时间是严格规定的，而不是根据证券卖出者或买入者的需要而确定。例如，证券交易所的交易时间是以开市时间表示的。我国上海证券交易所与深圳证券交易所规定每周一至周五开市，每日开市时间，上午 9:30～ 11:30 为前市，下午 13:00～15:00 为后市。证券交易市场的交易价格不像发行市场的发行价格可以事先确定好，并按确定的价格出售。证券交易价格受证券发行公司经营状况、证券市场供求状况以及各种社会、政治、经济等复杂因素的影响，价格行情始终处于变动之中，难以确定，这也是证券交易市场存在风险的原因所在。

(五)证券交易市场交易的连续性

证券的流通特性在证券交易市场得到了充分的体现。这主要表现在：第一，证券在交易市场的买卖或转让交易，不一定必须是券票和钱款相互交换了持有者，才算达成了交易，若要求做到这一点，那就是现货交易。但是，目前证券交易市场大量的是期货交易、期权交易和股票价格指数交易，一种若干股股票的交易，在未交割前，可以进行若干次买卖的交易。也就是说，当某人拥有某种证券的权利而不需要实际持有它，就可以进行卖出的交易。对购买者来说，买的是权利，因而使证券交易可以连续不断地进行。第二，证券交易在时间上是连续的。目前，世界证券交易市场已形成一个24小时都可进行连续交易业务的市场。从国际日期变更线看，最早开市的是东京证券交易市场，接着是香港证券交易市场和新加坡证券交易市场，再接着是苏黎世证券交易市场，最后是芝加哥证券交易市场、纽约证券交易市场和美国证券交易市场。它们在时间和地域上都连成一条线，往往形成一市场的闭市连着另一市场的开市，甚至上一市场还未闭市下一市场就已开市，使上一市场的开盘价、收盘价和其他交易行情，成为下一市场交易的重要依据之一。也正因为交易的连续性，才使得证券价格在各证券交易市场的差距越来越小。

(六)证券交易市场交易的投机性

证券交易市场的交易带有一定的投机性，是由证券交易价格引发的。证券交易市场的商品，同其他商品一样，存在着买卖价格的差额。证券交易市场只要有交易就有价差，而有价差就会有投机产生，特别是交易的不即时交割，更给证券交易的投机创造了条件。另外，对证券交易价格涨落的预期，也使证券交易的投机增加了可能。在证券交易市场上进行投机的有两类人：一类是专门进行投机交易的人，靠买空卖空进行交易，获取成交价与交割时点的价差利润；另一类是主要进行投资交易的人，他们在进行投资的同时，受追求利润或其他心理动机的驱动而进行一些投机性业务，保护自己的利益，以使自己的利润获得更大些。证券交易市场的投机是无法避免的，但不可放任自流，随其泛滥，国家要依法加强管理，防止过度投机冲击交易市场的正常交易，扰乱证券市场秩序。世界各大证券交易市场的国家都通过商法、公司法、证券交易法、金融法、破产法等一系列的经济法规，规范证券市场交易行为，限制过度投机，以保证市场交易的有序化。

三、证券交易市场的功能

(一)为证券的流动性提供条件

证券作为一种金融资产，只有具有在市场上可以随时转让出售的功能，才能体现出证券所固有的流动性特征。投资者在需要资金的时候，可以随时在证券交易市场上出售所持有的证券，收回其投资于证券的资金。如果没有证券交易市场，证券就不能够流通，对投资者而言，证券就失去了它的吸引力，发行者就难以筹集到资金，只有证券交易市场存在，才能够保障投资者进行证券投资的权益，才能够保证证券发行者筹集到资金。

(二)为合理的证券价格的形成创造条件

证券交易市场可以为证券流通各方提供公开的服务，使证券交易各方能够在一个公开的市场上进行买卖，证券的供求关系也能够在证券交易市场上充分体现出来，尤其是在大规模的公开竞争的条件下形成的价格，一般是比较公平的、合理的，体现了买卖各方的利益。

(三)为资金合理流动起导向作用

证券交易市场的存在使投资者可以随时投资，也可以随时卖出所持有的证券而收回资金，在证券交易市场上证券供求的多少决定证券价格的高低。投资者一般愿意投资经营良好、市场前景看好的公司所发行的证券，当一种证券在证券交易市场上被竞相争购时，就表明投资者愿意对发行这种证券的公司和产业进行投资，形成资金的流向，引导社会资金的合理流动。

(四)为制定经济政策提供依据

证券交易市场是一个体现经济发展的晴雨表，能够及时反映一个国家的经济生活。当证券交易市场的价格波动异常时，这个国家的经济政策和经济状况就可能存在着某些问题。这就需要一个国家的宏观经济管理部门及时根据市场情况制定有利于经济发展的政策。

(五)为证券成为银行贷款质押品创造条件

证券交易市场的存在使证券的变现变得容易。银行以证券作为质押品发放贷款是比较安全的,一旦借款人不能够如期偿还贷款,银行就可以依照法律行使质押权,在证券交易场上出售所质押的证券,从而避免或减少经济损失。

第二节　证券交易市场的构成

证券交易市场主要由两部分构成:一是场内交易市场,即在一定的场所、一定的时间、按一定的规则买卖特定种类的上市证券的交易市场,主要指证券交易所,它是一种高度组织化的市场,是交易市场的主体与核心;二是场外交易市场,它是一种分散的、非组织化的证券交易市场,是场内交易的必要补充。

一、场内交易市场

场内交易市场主要指证券交易所。证券交易所是一种有形市场,它须经政府许可成立,具有严密管理、组织健全、设备完善等特征。

(一)证券交易所的概念

证券交易所是为证券集中交易提供场所和设施、组织和监督证券交易、实行自律管理的法人。证券交易所是证券交易市场的主体和核心,为证券投资者提供了一个稳定的、公开交易的高效率市场。证券交易所在证券市场中具有证券交易平台、证券交易心脏、证券交易枢纽以及上市公司与证券公司自律组织的重要地位。

(二)证券交易所的特征

证券交易所是证券交易市场的核心。它具有以下特征:

1. 证券交易所是有组织的市场。证券交易所必须是经政府许可成立的,具有严密管理、组织健全、设备完善的独立的组织机构。

2. 证券交易所是有形、集中的市场。证券交易所的交易一般都集中在交易所大厅或交易室进行。

3. 证券交易所只进行上市证券的交易。上市证券是一级市场所发行证券中的一部分,一般都是由规模大、影响大的机构、公司发行的证券。其他非上市证券在场外市场交易或暂不交易。

4. 证券交易所的交易是间接交易。投资者不能自行和其他投资者直接进行交易,而必须委托证券经纪人在交易所进行交易。交易所内的交易大部分是在买方经纪人和卖方经纪人之间达成的(证券自营商的交易除外)。

5. 证券交易所具有较高的成交速度和成交率,但交易费用较高。

(三)证券交易所的组织形式

证券交易所有公司制和会员制两种形式。

公司制证券交易所是以股份有限公司形式组织并以营利为目的的法人团体,一般由金融机构及各类民营公司组建。交易所章程中规定了作为股东的证券经纪商和证券自营商的名额、资格和公司的存续期限。它必须遵守本国公司法的规定,在政府证券主管机构的管理和监督下,吸收各类证券挂牌上市,但它本身的股票不得在交易所上市交易。同时,任何成员公司的股东、高级雇员、雇员都不能担任证券交易所高级职员,以保证交易的公正性。

会员制证券交易所是一个由会员自愿组成的、不以营利为目的的社会法人团体。交易所设会员大会、理事会和监察委员会。会员制证券交易所规定，只有会员才能进入交易所大厅进行证券交易，其他人要买卖在证券交易所上市的证券，必须通过会员进行。它注重会员自律，对于违反法令及交易所规章制度的会员，由交易所给予惩罚。

各国的证券交易所在产生和发展的很长一段时间内，大多采用会员制的组织形式。20 世纪 90 年代以来，随着证券交易的电子化、金融全球化进程的加速，证券交易所的市场环境发生了很大的变化，会员制决策效率低下、对市场变化反应迟缓、筹资能力低等弊端日益明显。为提升市场竞争力，斯德哥尔摩证券交易所于 1993 年率先在全球实行了公司制的改革，此后，各国的证券交易所也纷纷从传统的会员制向公司制转化。2000 年，中国香港交易及结算所有限公司、英国伦敦证交所；2001 年，德国法兰克福证交所、美国纳斯达克、日本东京证券交易所；2006 年，纽约证券交易所分别完成了公司制的改革。目前，全球主要证券交易所大多已成为以客户为核心、以营利为目的的商业机构。

我国目前有两家证券交易所——上海证券交易所和深圳证券交易所。上海证券交易所于 1990 年 3 月 26 日成立，同年 12 月 19 日正式营业。深圳证券交易所于 1989 年 11 月 15 日筹建，1991 年 4 月 3 日经中国人民银行总行批准成立，7 月 3 日正式营业。两家证券交易所均采用会员制方式组成，是非营利性的事业法人。组织机构由会员大会、理事会、监事会、总经理及其他职能部门组成。我国证券交易所的行为准则是：第一，不以营利为目的，收取的各种资金和费用都应当严格按照规定用途使用，并制定专项管理规则进行管理，收支结余不得分配给会员；第二，创造公开、公平、公正的市场环境，保证证券市场的正常运行；第三，切实履行一线监督职能，维护市场秩序；第四，积极创造条件，向会员、上市公司和投资者提供优质服务。

（四）证券交易所市场层次

证券交易所按上市证券符合的标准不同分为两种：一种是主板市场；另一种是二板市场。

1. 主板市场

该市场的功能定位是为大型企业服务，上市“入门”台阶较高，一般要求上市时企业已达到相当的规模，企业发展速度相对稳定，要求企业在上市前若干年连续盈利，投资者进行投资判断时有往绩可循。

2. 二板市场

二板市场也称创业板市场，市场的功能定位是为有潜质的发展中的中小型企业服务，上市“入门”台阶较低，一般仅要求有明确的主营业务和上市前有两年活跃业务记录即可。主要是为风险投资提供退出之路。成功的创业板上市以优质的资产、优秀的管理层、潜在的行业和地区以及未来的高增长前景作保障。

严格地说，二板市场是特指一套适用于创业期不够证券交易所上市条件但有发展潜力的中小型高新技术企业的发行上市和交易的规则。但宽泛地讲，二板市场是独立于证券交易所或场外交易市场的另一市场组织形式。二板市场既可以隶属于现有的证券交易所，利用证券交易所的资源实行与主板市场不同的交易规则和交易方式，也可以完全独立于现有的证券交易所之外，在场外交易市场按自身的交易规则和交易方式进行交易。

二板市场与证券交易所相比，其特点主要表现在这样几个方面：一是在服务对象上，二板市场主要是满足高科技、高风险的中小型创业企业的融资需要；二是在上市标准上要求相对较低，如对上市公司经营业绩水平和资产规模的要求，都显著低于证券交易所，当然，鉴于这一市场本身的高风险特征，其监管要求仍然是十分严格的；三是在交易方式上，二板市场完全依托计算机网络进行交易。二板市场的上述特点，对于解决一般中小型创业企业难以进入证券市场融资的困难，对于推动高新技术产业风险投资的发展，是十分有利的。美国的 NASDAQ 市场、我国香港的创业板市场等就是其中的代表。2009 年 10 月 30 日，我国的创业板市场正式启动。

二、场外交易市场

场外交易市场一词来自英文的 Over-The-Counter Market（简称 OTC），又称柜台交易市场或店头交易市场，是指在证券交易所以外由证券买卖双方直接议价成交的市场。在早期，由于证券交易所尚未建立和完善，许多有价证券的买卖都是在银行或证券商的柜台上进行的。随着计算机和通信技术的发展，现在许多场外交易并不再直接在柜台上进行，而是由客户与证券商等金融机构通过电话、电传或网络进行。

场外交易市场体系庞大，可以区分为若干具体种类，其中比较重要的是以下几个子市场：

（一）店头交易市场

店头交易市场又称证券商柜台交易市场，是指在证券公司开设的柜台上进行交易活动的场所。店头交易市场上交易的证券主要是按照证券交易法公开发行但未在证券交易所上市的证券，一些地方政府债券、市政债券和公司债券等也是店头市场交易的对象。在美国，店头市场分布十分广泛，是由数以千计的证券商为中心联结组成，证券商大多同时兼有自营商和经纪商的双重身份，在店头交易市场中发挥着市场制造功能和经纪商功能。市场制造功能是指证券商直接买卖证券，维持证券存量，获取交易差价和承担交易风险。由于这种功能是证券商以交易商身份参与交易活动而产生的，故也称为交易商功能。在发挥这种功能时，证券商被称为市场的创造者（Market Maker），以这些市场创造者为中心组织起来的店头交易市场组织形式也被称为做市商制度。

（二）第三市场

第三市场又称三级市场，是指那些已经在证券交易所上市交易的证券却在证券交易所以外进行交易而形成的市场。它实际是上市证券的场外交易市场，是场外交易市场的一部分。第三市场是从 20 世纪 60 年代起最早在美国兴起的市场，近些年来发展很快。其形成的原因主要有两个：一是场内市场通过证券商进行交易活动，使投资者和筹资者在证券交易中的选择机会和买卖行为受到限制，随行就市的要求常常得不到充分满足，因而要求有一种比场内二级市场更自由的三级市场存在，以满足其交易的需要；二是场内市场由于有最低佣金的规定，一些投资者和筹资者认为场内交易费用过高，他们自发地寻求第三市场这种交易费用更低廉的交易场所。其主要客户是机构投资者，如银行信托部、投资基金、养老基金会、保险公司和其他投资机构，也有少数个人投资者。其交易特点是佣金便宜、成本较低、手续简便和成交迅速。不过由于第三市场的存在可能会对场内交易产生某种程度的消极影响，因而这一市场的规模通常是受限制的。在某些国家，甚至不允许从事第三市场交易。

我国的代办股份转让市场俗称“三板市场”，是依据 2001 年 6 月 12 日中国证券业协会发布的《证券公司代办股份转让服务业务试点办法》而设立的一个准柜台交易市场。该市场设立初衷是为了解决历史遗留的原全国电子交易系统（NET）、全国证券交易自动报价系统（STAQ）挂牌公司的股份有效流通渠道问题。为解决退市公司股份转让问题，2002 年 8 月 29 日起退市公司纳入代办股份转让试点范围。代办股份转让是独立于证券交易所之外的一个交易系统，投资者在进行股份委托转让前，需要开立非上市股份有限公司股份转让账户。

(三)第四市场

第四市场又称四级市场，是指由机构投资者与筹资者直接进行证券买卖所形成的市场。该市场主要形成于20世纪60年代以后，世界各国证券市场上投资公司、保险公司、证券投资基金等机构投资的比重明显上升，单笔交易的金额急剧扩大，若这些交易仍然委托证券商来交易，不但交易费用高昂，而且存在诸多不便。因此，一些机构投资者和筹资者利用电子自动报价系统提供的联络便利，选择了直接交易的方式。

第四市场这种交易形式的特点在于其交易成本低、价格满意、成交迅速，目前可以保守交易秘密，并不对证券市场产生冲击。但也有其不利的一面，即会给金融监管带来很大的困难，连买卖交易的统计资料都很难获得，更不易对这类交易进行管理监督或制定行为规范。所以，第四市场的存在和发展也对证券市场的管理提出了挑战。近年来，我国定向募集公司法人股的转让，就其交易方式而言，与第四市场有相似之处，但就其产生的原因而言则不尽相同。

第三节　证券上市制度

一、证券上市的概念

证券上市包含两层含义：一是指证券经过证券管理机构批准，向社会公开发行，称发行上市；二是发行的证券经过证券交易所批准在交易所内公开挂牌买卖，称交易上市，交易上市的证券必须是发行上市的证券，但发行上市的证券不一定都能上市交易。政府债券不必经过证券交易所和证券主管部门审核便可直接上市发行并交易，公司债券只需达到一定数额，经过交易所登记批准即可上市，所以证券上市主要是指股票上市。股票要进入证券交易所交易必须由发行公司提出申请，经证券交易所和证券主管机构审批后，方可在证券交易所公开买卖。所以，证券上市制度就是证券交易所和证券监管机构制定的有关证券上市的规则。

二、证券上市条件

证券上市条件，是指证券交易所对申请证券上市的公司作的规定或要求。只有符合这些规定和要求，公司发行的证券才准许上市。不同国家都有其不同的上市要求。这里根据2005年10月27日第十届全国人民代表大会常务委员会第十八次会议修订的《中华人民共和国证券法》的规定，介绍我国的证券上市条件。

根据《证券法》，我国股份有限公司申请股票上市，应当符合下列条件：

1. 股票经国务院证券监督管理机构核准已公开发行；
2. 公司股本总额不少于人民币3 000万元；
3. 公开发行的股份达到公司股份总数的25%以上；公司股本总额超过人民币4亿元的，公开发行股份的比例为10%以上；
4. 公司最近3年无重大违法行为，财务会计报告无虚假记载。

根据《证券法》，公司申请公司债券上市交易，应当符合下列条件：

1. 公司债券的期限为1年以上；
2. 公司债券实际发行额不少于人民币5 000万元；
3. 公司申请债券上市时仍符合法定的公司债券发行条件。

三、证券上市程序

证券上市程序，是指公开发行的可交易证券，其发行者依法向有关部门申请，经有关部门批准后，在证券交易所上市交易的过程。由于不同国家证券交易所上市程序不同，这里仍介绍我国的证券上市程序。

（一）上市申请

上市申请是证券发行者向证券交易所表示上市愿望的行为，由发行者完成上市申请工作。根据我国《证券法》，申请证券上市交易，应向证券交易所提出申请，由证券交易所依法审核同意，并由双方签订上市协议；证券交易所根据国务院授权的部门的决定安排政府债券上市交易。申请股票、可转换为股票的公司债券或者法律、行政法规规定实行保荐制度的其他证券上市交易，应当聘请具有保荐资格的机构担任保荐人。

申请股票上市交易，应当向证券交易所报送下列文件：上市报告书；申请股票上市的股东大会决议公司章程；公司营业执照；依法经会计师事务所审计的公司最近3年的财务会计报告；法律意见书和上市保荐书；最近一次招股说明书；证券交易所上市规则规定的其他文件。

申请公司债券上市交易，应当向证券交易所报送下列文件：上市报告书；申请公司债券上市的董事会决议；公司章程；公司营业执照；公司债券募集办法；公司债券的实际发行数额；证券交易所上市规则规定的其他文件。申请可转换为股票的公司债券上市交易，还应报送保荐人出具的上市保荐书。

（二）审查批准

审查批准就是证券交易所接受上市申请后，根据有关规定审查批复的过程。

股票上市交易申请经证券交易所审核同意后，签订上市协议的公司应当在规定的期限内公告股票上市的有关文件，并将该文件置备于指定场所供公众查阅。除此之外，签订上市协议的公司还应当公告下列事项：股票获准在证券交易所交易的日期；持有公司股份最多的前十名股东的名单和持股数额；公司的实际控制人；董事、监事、高级管理人员的姓名及持有本公司股票和债券的情况。

公司债券上市交易申请经证券交易所审核同意后，签订上市协议的公司应当在规定的期限内公告公司债券上市文件及有关文件，并将其申请文件置备于指定场所供公众查阅。

（三）上市公告

上市公告就是在确定上市日期后股票、债券发行人在全国性报刊上公告上市交易的有关情况。发行人在公告上市公告书的同时，应将上市公告书备置于公司所在地、拟挂牌交易的证券交易所、有关证券经营机构及其网点供公众查阅。

（四）上市交易

在上市公告书披露后，申请上市的股票、债券根据证券交易所的安排和上市公告书披露的上市日期挂牌交易。

四、终止上市

公司证券的上市资格并不是永久的，当不能满足证券交易所关于证券上市的条件时，其上市资格将被取消，交易所将停止该公司的股票交易，即终止上市或停牌、摘牌。证券交易所对证券终止上市的处理是减速、认真和谨慎的，一般在停牌前先给予暂停上市处理，以示警告，对在规定期限内未能解决存在问题的，才能做出终止上市决定。即使对已决定停牌的股票，为了给股东以兑现机会，证券交易所仍允许股东在一定期限内，在特别设定的"特殊位置"上进行买卖，最后使其退出证券交易所。暂停上市、终止上市规定是一项对上市公司的淘汰制度，是防范和化解证券市场风险、保护投资者利益的重要措施。

2001 年 4 月 23 日，PT 水仙（全称名上海水仙电器股份有限公司）股票停止上市交易，PT 水仙成为中国证券市场建立以来第一家因连年亏损而依法被终止上市的股票，这标志着我国证券市场退出机制正式建立。

第四节　证券交易常识

一、证券交易方式

证券交易方式，根据交易合约的签订与实际交割之间的关系，有现货交易、期货交易、期权交易的不同类型。如果允许证券经纪商向投资者融资融券，则可进行信用交易、回购交易。

（一）现货交易

证券的现货交易是指证券买卖成交后即时履行合同的交易方式。现货交易原则上要求成交后立即办理清算交割手续，但是由于技术上的限制，实际上很难完全做到这样，因此许多证券交易所都根据不同情况规定了现货交易的交割形式。具体有当日交割、次日交割、例行日交割及特约交割等。例如，美国纽约证券交易所规定在成交后的第五个营业日办理完交割；日本东京证券交易所规定在成交后的第四个营业日办理完交割。

（二）期货交易

证券的期货交易是指已成交的证券在未来某一日按照合同规定进行清算和交割的证券交易方式。在期货交易中，证券买卖双方先签订买卖合同，就买卖证券的种类、数量、成交价格以及交割时间达成协议，买卖双方在合同规定的交割日期才正式办理交割手续。在达成交易时，卖方并不真正地交付证券，买方也不当时就付款，只有到了规定的交割日时，卖方才交出证券，买方才支付价款。由于期货交易是要按预期价格结算的，在交割时，如果正遇证券价格上涨，买方则可大获其利；反之，如果正遇价格下跌，则卖方就能获利。由此可见，证券的期货交易是证券交易活动中进行套期保值或投机获利的一种方法。

（三）期权交易

证券的期权交易又称选择权交易，它是指证券投资者事先支付一定的费用，取得一种可按既定价格买卖某种证券的权利。证券的期权交易不同于期货交易，其交易对象不是证券本身，而是一种权利，购买期权者可以在期限内的任何时候行使这个权利，买进或卖出证券，也可以到期不执行这一权利，任其作废；而对于出售期权的专门的证券商来说，则必须按规定出售或购进证券。证券的期权交易因买卖关系不同又可分为"看涨期权"和"看跌期权"两种。

（四）信用交易

信用交易是指投资者通过交付保证金取得证券经纪商信用而进行的交易，因此，信用交易的主要特征在于经纪商向投资者提供了信用，即投资者买卖证券的资金或证券有一部分是向经纪商借入的。信用交易包括保证金买空和保证金卖空。

保证金买空交易是指投资者预测某种证券价格看涨，希望买进但资金不足，通过缴纳一定数量的保证金，向证券经纪商贷款买入该证券，在约定期限内，偿还贷款并向证券经纪商支付一定利息和交易费用的交易方式。

保证金卖空交易是指投资者预测某种证券价格看跌，希望卖出但自己没有，通过缴纳一定数量的保证金，向证券经纪商借入该证券卖出，在约定期限内，偿还等量证券并向证券经纪商支付一定利息和交易费用的交易方式。

我国过去是禁止信用交易的。2005 年 10 月，十届全国人大常委会第十八次会议审议通过了《证券法》修订案。随后，中国证监会在 2006 年 6 月 30 日发布了《证券公司融资融券业务试点管理办法》，上海证券交易所和深圳证券交易所也公布了融资融券交易试点的实施细则，因此，融资融券类的信用交易在我国已经可以合法开展。

（五）回购交易

回购交易是指证券买卖双方在成交同时就约定于未来某一时间以某一价格双方再行反向成交。其实质是一种以有价证券为抵押品拆借资金的信用行为。证券的持有方（融资者）以持有的证券作抵押，获得一定期限内的资金使用权，期满后则须归还借贷的资金，并按约定支付一定的利息；而资金的贷出方（融券者）则暂时放弃相应资金的使用权，从而获得融资方的证券抵押权，并于回购期满时归还对方抵押的证券，收回融出资金并获得一定利息。

证券回购交易在我国发展的历史较短，目前回购交易的核心内容为债券回购，回购券种主要是国债和经人民银行批准发行的金融债券。

二、证券交易程序

不同品种的证券，其交易程序也不尽一致。现以我国证券市场的 A 股为例介绍其在证券交易所内的交易程序。我国 A 股在证券交易所内的交易程序主要包括开户、委托、申报成交、清算交割和过户五个步骤。

（一）开户

投资者要参与证券交易所上市 A 股的交易，首先要选择证券交易所和合适的证券商（投资者不允许直接进入证券交易所进行交易，只能委托有资格的证券商进行代理买卖），并开设 A 股账户（即人民币普通股票账户）和资金账户。

在“第三方存管”制度下，投资者还需要在相关银行开设一个银行账户，用于银行账户和证券交易结算资金账户之间证券交易所需资金的划转。“第三方存管”是一种保证金管理模式，其实施原则是“券商管证券、银行管资金”，即证券商将客户保证金交由银行等独立第三方存管，不再接触客户保证金，而由存管银行为投资者提供银证转账、客户交易结算资金存取及查询资金变动等服务。

（二）委托

委托是指投资者按规定方式向证券商发出买入、卖出股票指令的行为。投资者因不能进入证券交易所内进行直接交易，必须通过向证券商发出委托指令的方式进行股票买卖。证券商在收到投资者委托后，对委托人身份、委托内容、委托卖出的实际股票数量及委托买入的实际资金余额进行审查，经审查符合要求确认为有效委托后，按“时间优先、客户优先”的原则将投资者的委托指令输入证券交易所的电脑撮合主机。

委托方式主要有：柜台递单委托、电话委托、传真委托、电报委托、手机委托、电脑自助委托和网上交易等。

目前，国际上常用的委托报价方式主要有两种基本方式：

一是限价委托（Limit Order）。限价委托是指投资者要求证券经纪商在执行委托指令时，必须按限定的价格或比限定价格更有利的价格买卖证券，即必须以限价或低于限价买进股票，以限价或高于限价卖出股票。限价委托的一个最大特点是,股票的买卖可以按照投资者希望的价格或者更好的价格成交,有利于投资者实现预期投资计划,锁定投资收益或投资成本。但是,采用限价委托时,由于限价与市价之间可能有一定的距离,而不能即时成交,有时甚至无法成交。

二是市价委托(Market Order)。市价委托下,投资者只指定股票的交易数量而不给出具体的交易价格,但要求按该委托进入交易大厅或交易撮合系统时以市场上最好的价格进行交易。市价委托的好处在于它能保证即时成交,相对其他类别的委托报价方式而言,它消除了因价格限制不能成交所产生的价格风险。市价委托蕴含着一定风险,因为一旦采用市价委托,投资者将无法控制成交价格,最终成交价格将由市场确定,存在不确定性。

(三)申报成交

投资者的委托指令经证券商审核、按"时间优先、价格优先"原则申报进入证券交易所电脑撮合主机后,通过竞价方式由计算机进行买卖撮合。撮合主机首先对接收到的委托指令进行合法性检测,然后根据委托价格和申报时间对委托单进行排队,根据"价格优先,时间优先"撮合成交原则自动将其配对撮合成交。成交后,证券交易所的撮合主机立即将成交信息通过通信线路传送给证券商。不能成交的委托按"价格优先、时间优先"原则排队等候。

(四)清算交割

成交后的后续处理工作即证券结算,包括清算和交割两个过程。清算是指买卖双方在证券交易所进行的证券买卖成交后,通过证券交易所的结算系统将各证券商之间代理买卖股票的数量和金额分别予以抵消,计算应收、应付股票和资金差额的过程。包括证券清算和资金清算、交易所与证券商之间的一级清算和证券商与投资者之间的二级清算。

清算后,即办理交割手续。所谓交割就是卖方向买方交付股票、买方向卖方支付价款的行为。由于各国传统及交易方式的差异,成交日和交割日不尽一致。按交割日的不同,交割可分为当日交割、次日交割、例行日交割和特约日交割:(1)当日交割,证券买卖双方在证券交易达成之后,于成交当日即进行证券和价款的收付,完成交割;(2)次日交割,证券买卖双方在交易达成之后,于下一营业日进行证券和价款的收付,完成交割;(3)例行日交割,证券买卖双方在交易达成之后,按所在交易所的规定,在成交日后的某个营业日内进行交割;(4)特约日交割,证券买卖双方在交易达成之后,由双方根据具体情况商定,在从成交日算起 15 天以内的某一特定契约日进行交割。

(五)过户

过户是投资者买入股票后,办理变更股东名称的过程,即将股票所有权从原持有方(股票卖方)名下转到新持有方(股票买方)名下的过程。

综上所述,我国 A 股在证券交易所内交易的流程如图 7—1 所示。

三、证券交易规则

证券交易所的交易规则组织起每天巨额的证券交易,保证了证券交易的高效有序进行。

1. 交易时间

交易所有严格的交易时间,在规定的时间内开始和结束集中交易活动。有的交易所开前后两市,午前营业时间称为前市,午后营业时间称为后市,有的交易所则只开一市。

2. 交易单位

交易所规定每次申报和成交的交易数量单位,一个交易单位俗称"一手",委托买卖的数量

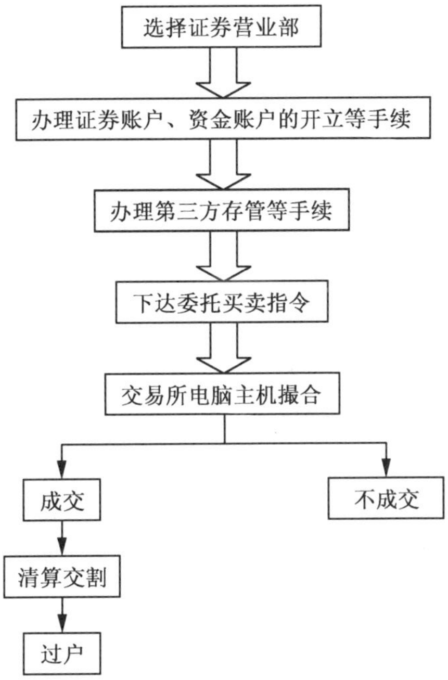

图 7—1　A 股证券交易所交易流程

通常为一手或一手的整数倍，数量不足一手的称为零股。我国上海、深圳证券交易所规定 A 股、B 股、基金单位为每 100 股或 100 基金单位为一手，债券（含国债、企业债券、国债回购）以 100 元面值为一张，10 张即 1 000 元面值为一手；零股可一次性卖出，但不得买入。不同的交易所对交易单位和零股交易有不同的规定。

3. 价位

价位是指证券交易所规定的每次报价的价格最小变动单位。各证券交易所的价位规定不尽相同，我国上海、深圳证券交易所规定，A 股、债券、基金的价格变化为 0.01 元人民币，上海证券交易所的 B 股价位变化为 0.001 美元，深圳证券交易所为 0.01 港元，国债回购为 0.01％。

4. 报价方式

传统的证券交易所用口头叫价方式并辅之以手势作为补充。澳大利亚及东南亚一些国家和地区的证券交易所曾采用牌板报价方式。现代证券交易所大多采用计算机报价方式，即证券经纪商将委托指令输入计算机终端，再通过通信网络将指令传送到交易所撮合主机参与交易。

5. 价格决定

证券交易所按连续、公开竞价方式形成证券价格，当买卖双方在价格和数量上一致时，便立即成交并形成成交价格。我国上海、深圳证券交易所的价格决定采取集合竞价和连续竞价的方式。

(1)集合竞价。每个交易日开市前，计算机撮合系统对接受的全部有效委托进行一次集中撮合处理的过程。其价格形成过程如下：首先，系统对所有买入有效委托按照委托限价由高到低的顺序排列，限价相同者按照进入系统的时间先后排列，所有卖出有效委托按照委托限价由低到高的顺序排列，限价相同者按照进入系统的先后排列；其次，系统根据竞价规则自动确定集合竞价的成交价；再次，系统依次逐步将排在前面的买入委托与卖出委托配对成交，即按照价格优先，同等价格下时间优先的成交顺序依次成交，直到不能成交为止，即所有买入委托的限价均低于卖出委托的现价。

(2)连续竞价。在集合竞价后，计算机撮合系统对投资者的申报委托进行逐笔撮合处理的过程。它是按以下规则确定成交价的：对新进入的一个买进有效委托，若不能成交，按价格优先、时间优先原则进入买入委托队列等待成交；若能成交，即其委托买入限价高于或等于卖出委托队列的最低卖出限价，则与卖出委托队列顺序成交，其成交价格取卖方叫价。对新进入的一个卖出有效委托，若不能成交，则进入卖出委托队列按价格优先、时间优先原则排队等待成交；若能成交，即其委托卖出限价低于或等于买入委托队列的最高买入限价，则与买入委托队列顺序成交，其成交价格取买方叫价。这样循环往复，直至收市。

四、证券交易指标

证券交易指标是反映证券交易市场的运行状况和趋势、证券交易市场供求关系的基本指标，也是投资者进行证券投资分析的基本信息。

(一)市场交易价格

市场交易价格是证券在交易市场上流通转让时实际形成的成交价格，简称市价。市场交易价格又可进一步分为开盘价格、收盘价格、最高价格、最低价格、平均价格等。

证券的开盘价通过集合竞价方式产生，证券的开盘价就是当日该证券的第一笔成交价格。

收盘价一般是某种证券在证券交易所一天交易活动结束前最后一笔交易的成交价格。关于收盘价的确定，我国上海证券交易所和深圳证券交易所各自有不同的规定：沪市证券的收盘价为当日该证券最后一笔交易前一分钟所有交易的成交量加权平均价(含最后一笔交易)，当日无成交的，以前一交易日收盘价为当日收盘价；深市证券的收盘价通过集合竞价的方式产生，收盘集合竞价不能产生收盘价的，以当日该证券最后一笔交易前一分钟所有交易的成交量加权平均价(含最后一笔交易)为收盘价，当日无成交的，以前一交易日收盘价为当日收盘价。

最高价格和最低价格，则分别指每个证券交易营业日实际成交中曾达到的最高价格和最低价格。

总成交金额除以总成交量是平均价格。

(二)涨跌幅度

涨跌幅度是指某种证券即时收盘价相对于上期收盘价上涨或降低的百分比，或指某种证券价格指数即时点数较上期点数上涨或降低的百分比。该指标可以直观地反映证券行情的升降情况及幅度，是投资者应当格外关注的指标。

投资者买卖有价格涨跌幅限制的股票，在价格涨跌幅限制以内的申报为有效申报，超过价格涨跌幅限制的申报为无效申报。我国上海、深圳证券交易所对股票、基金交易实行价格涨跌幅限制，涨跌幅比例为10%，其中特别处理股票(即ST股票)价格涨跌幅比例为5%。

股票、基金涨跌幅价格的计算公式为：

$$涨跌幅价格=前收盘价\times(1\pm 涨跌幅比例)$$

计算结果按照四舍五入原则取至价格最小变动单位。

对于首次公开发行上市的股票、增发上市的股票和暂停上市后恢复上市的股票，首个交易日无价格涨跌幅限制。对于有价格涨跌幅限制的证券交易，在价格涨跌幅限制以内的申报为有效申报,超过价格涨跌幅限制的申报为无效申报。

(三)成交量

成交量是指某种或某一市场上所有证券当期成交的总数。证券成交量越大,说明市场交易越活跃。该指标常与价格指标相联系来分析、论证证券行情趋势,即常说的价量配合分析。

(四)成交金额

成交金额是指某种证券或某一市场上所有证券当期按市价计算成交的总金额数。成交额越大,说明交易越活跃,参与市场交易的资金实力也越强。

(五)买入价与卖出价

买入价即买入证券时的委托价格;卖出价即卖出证券时的委托价格。买入价与卖出价均主要用于证券交易的行情显示中。

(六)市盈率

市盈率也称本益比,是指某种上市股票当日市场价格与上年平均每股税后净利润或当年每股计划净利润额的比率。股票的市场价格越高,市盈率倍数就越高,二者成正比关系;每股净利润越高,市盈率倍数就越小,二者成反比关系。

市盈率是估计普通股价值的最基本、最重要的指标之一。通常,市盈率偏高,说明该股票价格继续上升的空间不大,下跌的可能性很大;而市盈率偏低,则说明该股票可能仍有较大的上涨余地。因此,投资者一般应买入市盈率低的股票,而抛出市盈率高的股票。当然这也不是绝对的。高市盈率股票多为热门股,低市盈率股票通常为近期的冷门股。

(七)其他交易指标

其他一些重要的交易指标主要有:

1. 委比

委比是用以衡量一段时间内买卖盘相对强度的指标,其计算公式为:

$$委比=[(委买手数-委卖手数)\div(委买手数+委卖手数)]\times 100\%$$

其中,委买手数是指现在所有个股委托买入下五档价位之手数相加之总和;委卖手数是指现在所有个股委托卖出上五档价位之手数相加之总和。

委比值变化范围为+100%至-100%。当委比值为正值并且委比数大,说明市场买盘强劲;当委比值为负值并且负值大,说明市场抛盘较强;委比值从-100%至+100%,说明买盘逐渐增强,卖盘逐渐减弱的一个过程;相反,委比值从+100%至-100%,说明买盘逐渐减弱,卖盘逐渐增强的一个过程。

外盘与内盘如果即时的成交价是以"委卖"价成交的,说明买方也即多方愿以卖方的报价成交,就像我们在市场抢购紧俏商品时担心买不到的"不讲价"一样。所以,以"委卖价"成交的量越多,说明市场中的"买气"也即多头气氛浓厚。通常把以"委卖价"实现的成交量称为"外盘",把以"委买价"实现的成交量称为"内盘"。

可见,当"外盘"大于"内盘"时,反映了场中买盘强劲;若"内盘"大于"外盘"时,则反映场内卖盘汹涌,市道偏弱。由于"内盘、外盘"显示的是开市后至现时以"委卖价"和"委买价"各自成交的累计量,所以对我们分析判断目前的市道强弱非常有帮助。

2. 量比

量比是衡量相对成交量的指标,它是开市后每分钟的平均成交量与过去5个交易日每分钟平均成交量之比。

当量比大于1时,说明当日每分钟的平均成交量大于过去5日的平均值,交易比过去5日火爆；当量比小于 1 时，说明当日成交量小于过去 5 日的平均水平。

3. 换手率

换手率是指在一定时间内市场中股票转手买卖的频率，是反映股票流通性的指标之一。其计算公式为：

换手率=(某一段时间内的成交量/流通股数)×100%

一般来说，当股价处于低位时，当日换手率达到 4%左右时应引起投资者的关注，而上升途中换手率达到 20%左右时则应引起警惕。

五、证券交易费用

(一)交易佣金

通常称为手续费，根据相关规定，按不高于成交金额的 3‰且不低于最低收费 5 元的标准收取。各券商可以根据证券市场和自身的情况灵活确定，这是各券商展开竞争的常用手段，佣金在券商处可以打折，网上交易折扣最低，以营业部卡机交易为最高，多为全额收取，电话委托交易次之。

(二)过户费

按成交面额的 1‰计，但不少于一元，一般用成交数量来计算，此项费用只上海证券交易所收取，深圳证券交易所不收。

(三)印花税

印花税是股票成交后对买卖双方投资者按照规定的税率分别征收的税金。印花税是政府调控证券市场发展的一种政策工具，在证券市场的不同时期印花税率不一样，当证券市场繁荣时会提高印花税的税率，当证券市场萧条时会降低印花税税率，印花税对证券市场的运行影响很大。目前，我国证券交易印花税，按成交金额 1‰收取(卖出时收取，买入时不收)。

我国证券交易印花税自 1990 年首先在深圳开征，当时主要是为了稳定初创的股市及适度调节炒股收益，由卖出股票者按成交金额的 6‰交纳。同年 11 月份，深圳市对股票买方也开征 6‰的印花税，内地双边征收印花税的历史开始。

1991 年 10 月，深圳市将印花税税率调整到 3‰，上海也开始对股票买卖实行双向征收，税率为 3‰。

1992 年 6 月，国家税务总局和国家体改委联合发文，明确规定股票交易双方按 5‰缴纳印花税。

1997 年 5 月，证券交易印花税税率从 3‰提高到 5‰。

1998 年 6 月，证券交易印花税税率从 5‰下调至 4‰。

1999 年 6 月，B 股交易印花税税率降低为 3‰。

2001 年 11 月，财政部决定将 A、B 股交易印花税税率统一降至 2‰。

2005 年 1 月，财政部又将证券交易印花税税率由 2‰下调为 1‰。

2007 年 5 月 30 日起，财政部将证券交易印花税税率由 1‰调整为 3‰。

2008 年 4 月 24 日起，调整证券(股票)交易印花税税率，由现行的 3‰调整为 1‰。

(四)委托费

此项费用为固定值，大多数券商不收，有的券商设置在某一固定的资金账户余额下收取，余额上不收取。此项费用是否有收取，收取多少，可到券商处查询，或直接询问营业部工作人员。

知识拓展

专栏 7.1 创业板的前世今生

创业板又称二板市场，即第二股票交易市场。在中国，主板指的是沪、深股票市场。创业板是指专为暂时无法在主板上市的中小企业和新兴公司提供融资途径和成长空间的证券交易市场，是对主板市场的重要补充，在资本市场有着重要的位置。创业板出现于20世纪70年代的美国，兴起于90年代，曾孵化出微软等一批世界500强企业的美国纳斯达克市场(NASDAQ)就具有代表性。到目前为止，有6 000多家企业在纳斯达克上市，同时也有2 000多家企业先后退市。可以说，创业板是一个门槛低、风险大、监管严格的股票市场，也是一个孵化科技型、成长型企业的摇篮。

2009年10月30日，孕育了十年的中国创业板终于成功登陆深圳，其英文名ChiNext，取China和Next的含义，彰显其对中国未来发展的意义。然而，创业板在我国的推出，背后是各界人士十多年持续努力的结果。

我国创业板的发展大体上可分为三个阶段：

第一阶段(1998～2009年)：十年准备。从1998年3月，民建中央向九届政协会提出了被喻为"一号提案"的《关于借鉴国外经验，尽快发展我国风险投资事业的提案》，到2000年5月16日，国务院原则同意中国证监会意见，将二板市场定名为创业板市场；从2007年8月22日《创业板发行上市管理办法(草案)》于8月22日获得国务院批准，到2009年7月26日中国证监会开始受理创业板发行上市申请；历经10年磨砺的创业板正式于2009年10月30日开市，成为中国资本市场进步的一个重要象征。

第二阶段(2009年10月30日～2010年10月30日)：疯狂爆炒。2009年10月30日，首批28家创业板公司集中在深交所挂牌上市。半小时之内，超过半数的个股已经股价翻番，5只个股涨幅超过150%，还没到上午11点，28只创业板个股全部都被临时停牌过，所有个股都遭到资金爆炒，创下中国股市的一个奇迹。创业板平均涨幅达到106.23%，涨幅最小的南风股份涨幅也超过75%，收盘时为209.735%。而在此之前，绝大多数业内人士的预测涨幅只有30%～50%，让见过中小板开板疯狂情景的投资者也瞠目结舌："疯了，癫了"，有网友还戏称创业板为"狂野板""疯狂板"。"三高"(高市盈率、高发行价、高超额募集)是当时热议的话题，同时，与这28只股票一同产生的近百位亿万富翁现象也是人们特别关注和争议的焦点。

第三阶段(2010年10月30日～2011年7月)：解禁潮涌。在创业板一周年之际，上市个股已达134只，平均每1.83个交易日就有1只新股上市。截至2010年10月30日，创业板总市值猛增到6 112.21亿元，平均市盈率为71.83倍。在1年期满也是创业板首批28家上市公司限售股解禁的日子，高管们加快辞职速度，在解禁后套现，创业板接受首批创业板公司327亿元解禁市值的考验。截至2011年7月23日，东方财富网报道："225位股东疯狂套现近130亿，创业板成高管提款机"；2011年6月11日，《深圳特区报》发表"创业板泡沫严重"报道："创业板估值水平仍旧偏高，且业绩下滑，部分创业板公司的成长性明显放缓"。从一周年至两周年期间，"解禁潮涌，不创即富""高管辞职，套现为安""业绩变脸，泡沫严重"成各界热评的三大热点问题。创业板的退市规则正在酝酿之中，有望在不久的将来推出。

可以看出，中国创业板的发展还存在着种种问题。但毋庸置疑的是，这些问题都是发展中的问题。创业板"正处十字路口"，必然既令人向往又具有很大的不确定性。美国纳斯达克培育了诸如微软、英特尔、苹果、思科等一大批高科技巨人，给我们带来了巨大的示范效应；但从世界范围来看，迄今为止已有40多个国家和地区先后建立了创业板市场，而最后获得成功的并不多，在新兴市场成功的更是凤毛麟角。可以肯定的是，对创业板真正的考验还刚刚开始，中国资本发展汇聚在中国市场改革的浪潮中，推动着中国经济健康成长。

资料来源：韩红星，中国创业板问题研究综述，《经济学动态》，2011年第10期。

专栏7.2 中国的"新三板"市场

"新三板"市场原指中关村科技园区非上市股份有限公司进入代办股份系统进行转让试点，最初成立的目的是为解决原STAQ、NET系统挂牌公司的股份流通问题。目前，新三板不再局限于中关村科技园区非上市股份有限公司，而是全国性的非上市股份有限公司股权交易平台，主要针对的是中小微型企业。中国证监会及系统公司不断完善新三板交易制度，并采取了多种措施。例如，制定多种交易方式，降低投资者进入门槛，规范有关交易规则等。

7.2.1 新三板与创业板的区别

从层次上来讲，新三板是场外交易的一部分，代表整个资本市场的最底部，创业板是场内市场的一部分，代表股票交易市场的最底部。从定位上来讲，创业板定位于高成长性的创新型中小企业，遵从"两高六新"的原则，即"成长性高、科技含量高、新经济、新服务、新农业、新材料、新能源和新商业模式"。新三板服务于国家级高新技术园区企业，定位于"高科技"和"创新型"企业。另外，两者在挂牌条件和发行条件、程序、报价方式、投资者范围等方面都有差别。概括起来，新三板的监管较为宽松，运作流程较为简单；创业板涉及更大范围的投资者的利益，其规则体现了更高的标准和要求。

7.2.2 首家转板创业板的新三板公司：北陆药业

2009年10月30日，北陆药业作为首批28家创业板企业成功上市，并且是首家由"新三板"成功转型为"创业板"的公司。业内认为，北陆药业挂牌新三板获得了推动企业发展的宝贵资金，而此后一直按照要求规范运作，不断完善公司治理，严格履行信息披露义务，这等于为其登陆创业板提前练兵做好了铺垫。

资料来源：前瞻网（http//www.qianzhan.com/），有删改。

专栏7.3 万福生科造假案

2011年9月27日，万福生科在创业板成功挂牌上市，发行价25元，当天报收29.04元。

2012年8月，湖南证监局对上市不满一年的万福生科进行例行现场检查。督导小组竟然发现万福生科存在三套账本：税务账、银行账及一套公司管理层查阅的实际收支的业务往来账，万福生科造假上市问题由此浮现。

2012年9月14日，湖南证监局将现场检查发现的线索上报中国证监会，证监会决定对万福生科立案调查。随后，证监会抽调稽查总队骨干人员数十人奔赴湖南常德，进行全面调查。

2013年3月2日，万福生科发布公告，承认在2008～2011年累计虚增收入约7.4亿元，虚增营业利润约1.8亿元，虚增净利润1.6亿元左右。

2013年3月29日，万福生科发布致歉公告，因公司2008～2011年财务数据存在虚假记载，已被深交所谴责过两次，若再受公开谴责，按照创业板上市规则，上市三年内遭受三次公开谴责，将面临退市风险。

2013年4月3日，证监会媒体通气会介绍称，万福生科现场调查工作基本结束，下一步将对相关责任人及相关中介机构进行处理。根据证监会的调查，万福生科在首发上市过程中，存在虚增原材料、虚增销售收入、虚增利润等行为，涉嫌欺诈发行股票；同时，万福生科在2011年和2012年年报涉嫌虚假记载；造假手法隐蔽，资金链条长，调查对象涉及数十个县乡镇。

2013年5月10日，证监会公布对万福生科造假案做出处罚，对发行人万福生科、保荐机构平安证券、会计师事务所中磊会计师事务所和律师事务所湖南博鳌律师事务所各自给予处罚，相应的责任人也受到了处分。

资料来源：《证券时报》，2013年5月11日。

课后练习

一、名词解释

1. 证券交易市场
2. 二板市场
3. 店头市场
4. 第三市场
5. 第四市场

二、单项选择题

1. 证券公司和客户之间的是(　　)的法律关系。

A. 委托代理关系　　B. 抵押关系

C. 信托关系　　D. 无任何法律关系

2. 投资者和证券经纪商当面以书面形式办理委托手续是(　　)委托方式。

A. 电话委托　　B. 递单委托　　C. 自助终端委托　　D. 传真委托

3. 证券市场的市场属性集中体现在(　　)。

A. 委托　　B. 结算　　C. 过户登记　　D. 竞价成交

4. 每个交易日结束后对每家证券公司当日成交的证券数量与价款分别予以轧抵，对证券和资金的应收应付净额进行计算和处理的过程是指(　　)。

A. 证券交割　　B. 交收　　C. 结算　　D. 证券清算

5. 市价委托指令的特点是(　　)。

A. 委托价格固定化

B. 成交价格理想，投资者可事先确定投资成本

C. 委托人不限定价格，经纪人可依据市场价格变化灵活掌握，随机应变

D. 有一定的委托有效期限制

三、判断题

1. 证券交易，主要是指投资者通过经纪人在证券交易所买卖股票的交易。　(　　)

2. 市价委托是投资者要求证券经纪人按限定价格或更优的价格买入或卖出证券。　(　　)

3. 竞价成交机制使证券市场成为最接近充分竞争和高效、公开、公平的市场，也使市场成

交价成为最合理公正的价格。 (　　)

4. 证券交易成交意味着交易行为的了结。 (　　)

5. 过户是股票交易的最后一个环节。 (　　)

6. 市价委托指令可以在成交前使投资者知道实际执行价。 (　　)

7. 在股票市场上,停止损失委托指令很少使用,而在期货市场上则经常使用。 (　　)

8. 期货交易方式和期权交易方式是20世纪70年代西方金融市场创新的产物。 (　　)

9. 保证金交易的风险大于现货交易。 (　　)

10. 期货交易是买卖双方约定在将来某个日期按成交时双方商定的条件交割一定数量的某种商品的交易方式。 (　　)

四、论述题

1. 试述证券交易市场的分类。
2. 试述证券交易市场场内A股的交易程序。
3. 集合竞价与连续竞价有哪些不同?
4. 股票在什么情况下会被暂停和终止上市?
5. 简析证券市场主要的交易指标。

第三篇　证券投资分析

证券投资分析是指通过各种专业性分析方法对影响证券价值或价格的各种信息进行综合分析以判断证券价值或价格及其变动的行为，是投资过程中不可或缺的一个环节。证券投资分析方法主要有两大类:基本分析和技术分析。一般认为，证券投资分析首先应该从宏观经济分析开始，分析宏观经济对证券市场的影响，其次选择和判断具有较好发展前景的行业，最后是选择单个公司的股票进行投资，这就是多为的基本分析。技术分析则是通过图表或者技术指标，研究市场过去及现在的行为，以推测未来价格的变动趋势，其依据的技术指标的内容是由股价、成交量或涨跌指数等数据计算而得的。

本篇将从证券投资分析的相关基础知识引入，着重介绍证券投资基础分析和证券投资技术分析这两种证券投资分析方法。

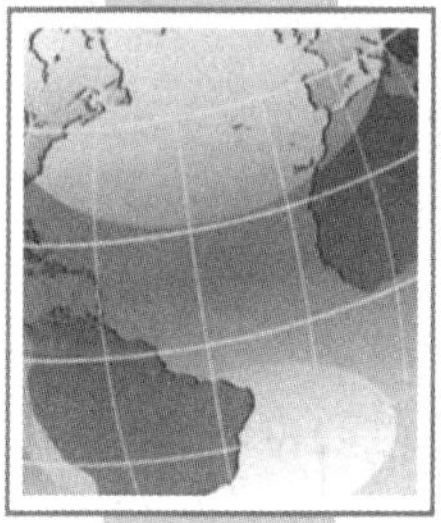

第八章 证券投资分析概述

学习目标

◇ 理解证券投资分析的意义。
◇ 了解证券投资分析的主要流派。
◇ 熟悉证券投资分析的信息及来源。
◇ 熟悉证券投资分析的主要方法和区别。

第一节 证券投资分析

证券投资分析作为证券投资过程中不可或缺的一个组成部分，在投资过程中占有相当重要的地位。它是投资人在确定了证券投资目标和政策之后，对投资的对象和投资时机进行分析和判断，以制定正确的证券投资决策。

一、证券投资分析的意义

证券投资是指投资者(法人或自然人)购买股票、债券、基金等有价证券，以及这些有价证券的衍生品，以获取红利、利息及资本利得的投资行为和投资过程，是直接投资的重要形式。证券投资分析是指投资者通过各种专业性分析方法对影响证券价值或价格的各种信息进行综合分析，以判断证券价值或价格及其变动规律的行为，是证券投资过程中不可或缺的一个重要环节。进行证券投资分析的意义主要体现在以下几个方面。

(一)有利于提高投资机会和投资对象选择的合理性

提高投资收益，降低投资风险的一个关键因素在于投资对象的合理选择。证券市场上可供选择的证券种类繁多，如政府债券、金融债券、企业债券、投资基金与股票等，其风险、收益呈现显著的差异，而具体的某种证券的风险、收益又受特定因素的影响。投资者选择投资对象的标准主要有两个，即价格标准与收益率标准。两者最终反映证券投资价值，即证券投资预期未来现金流入量的折现值的高低。但是，投资价值仅是直接进行证券投资对象选择的理论依据。股利、红利及未来证券市价都具有极大的不确定性，因而单独地依据投资价值与当前市价的比较决定是否进行证券投资往往会产生一定程度的偏误。而证券投资分析正是在投资价值分析的基础上，结合各种因素的有效预期，如发行企业的财务状况及发展趋势、股市的未来走势、宏观经济政策调整、资金供求态势及投资者心理预期等各种不可控因素的影响，通过对不同证券收益性、风险性及流动性的综合分析，择良弃莠，最终做出合理的投资对象选择。

选择素质良好的证券投资固然重要，但能否抓住各种有利的市场机会，对证券投资的成败同样产生至关重要的影响。尽管证券买卖时机一般不易把握，但时机形成又有着一定的规律性，它是各种主观因素与客观因素综合作用的结果。影响证券市场价格变动的主要因素包括国内外政治局势、经济的景气循环、政府的宏观经济政策，如产业政策、财政政策、金融政策、外贸政策等；上市公司的经营状况、财务状况及发展前景；投资者的心理预期，机构投资者的动向及其他突发因素等。一般而言，如果国内政治局势稳定、经济增长良好、政策环境优惠，上市公司经营业绩不断提高、发展情景良好，投资者必然对未来证券市场的走势产生乐观预期，从而增强投资信心，推动市场价格上升；反之，则会因投资者信心不足而减少投资，抛售证券，最终导致市价下跌。证券投资分析正是通过对这些影响因素进行综合分析，从而抓住良好的投资机会，取得较高的投资收益。

（二）有利于提高投资者进行投资决策的科学性

投资决策贯穿整个投资过程，其正确与否关系到投资的成败。尽管不同的投资者投资决策的方法可能不同，但科学的、高水平的投资决策无疑有助于保证投资决策的正确性。由于资金规模、投资环境、信息来源及其他条件的不同，不同的投资者会拥有不同的风险承受能力、不同的收益率要求和不同的投资周期。同时，由于受市场波动等各种相关因素的作用，每一种证券的风险—收益特性并不是一成不变的。此外，由于证券一般具有流通性，投资者可以通过在证券流通市场上买卖证券来满足自己的流动性需求。因此，在投资决策中，投资者应当正确认识每一种证券在风险性、收益性、流动性和时间性方面的特点，借此选择风险性、收益性、流动性和时间性同自己的要求相匹配的投资对象，并制定相应的投资策略。只有这样，投资者的投资决策才具有科学性，从而尽可能保证投资决策的正确性，以使投资成功，获得预期的收益。而进行证券投资分析正是使投资者正确认知证券风险性、收益性、流动性和时间性的有效途径，这是投资者科学决策的基础。因此，进行证券投资分析有利于减少投资决策的盲目性，从而提高投资决策的科学性。

（三）有利于降低投资者的投资风险

进行证券投资分析首先是投资者规避风险的需要。投资者从事证券投资的目的就是为了获得投资回报（预期收益），但这种回报是以承担相应的风险为代价的。从总体上来说，预期收益水平和风险之间存在一种正相关关系。预期收益水平越高，投资者所要承担的风险也就越大；预期收益水平低，投资者所要承担的风险也就相应较小。然而，每一种证券都有自己的风险—收益特性，而这种特性又会随着各相关因素的变化而变化。因此，对于某些具体的证券而言，由于判断失误，投资者在承担较高风险的同时，却未必能获得较高的投资收益。理性的投资者通过证券投资分析来考察每一种证券的风险—收益特性及其变化，就可以较为准确地确定哪些证券是风险较大的证券，哪些证券是风险较小的证券，从而避免承担不必要的风险。从这个角度上讲，证券投资分析有利于降低投资者的风险。或者说可以使投资者在承担一定程度风险的条件下，获得最大的收益。

（四）有利于提高投资价值的分析水平

投资者之所以对证券进行投资，是因为证券具有一定的投资价值。其投资价值受诸多因素的影响，并随这些因素的变化而发生相应变化。如债券的投资价值受市场利率水平的影响，并随着市场利率的变化而变化；影响股票投资价值的因素更为复杂，不仅受公司盈利能力、经营管理、行业特点等方面的影响，还受国家产业政策、利率、汇率、通货膨胀水平等宏观经济条件等方面的影响。所以，投资者在决定投资某种证券前，首先应该认真评估该证券的投资价值，只有当证券处于投资价值区域时，投资该证券才是有的放矢，否则可能承受不应承受的风险，导致投资失败。而证券投资分析正是通过对可能影响证券投资价值的各种因素进行综合分析来判断这些因素及其变化可能会对证券投资价值带来的影响，因此它有利于投资者正确评估证券的投资价值，从而为合理制定投资决策奠定基础。

(五)科学的证券投资分析是投资者获得投资成功的关键

证券投资分析是能否降低投资风险、获得投资成功的关键。证券投资的目的是证券投资净效用(即收益带来的正效用减去风险带来的负效用)的最大化。因此，投资收益率的最大化和风险最小化是证券投资的两大具体目标。证券投资的成功与否，往往是看这两个目标的实现程度。但是，影响证券投资收益率和所承受的风险这两个目标实现程度会受诸多因素的制约，其作用机制也相当复杂。只有通过全面、系统和科学的专业分析，才能客观、理性、完整地把握这些因素及其作用机制，做出比较准确的预测，以实现预期收益。证券投资分析正是采用了基本分析和技术分析等证券投资分析方面的专业分析方法和分析手段，通过对影响证券回报率和风险的诸多因素的全面、客观、系统和科学的分析，揭示出其作用机制及某些规律，用于指导投资决策，从而保证在降低投资风险的同时获得较高的投资收益率。

二、证券投资分析的流派

随着现代投资组合理论的诞生，证券投资分析开始形成了四个基本的分析流派，即基本分析流派、技术分析流派、心理分析流派和学术分析流派。其中基本分析流派和技术分析流派是完全体系化的分析流派，而心理分析流派与学术分析流派，目前还不能据以形成完整的投资决策。但是心理分析流派在市场重大转折点的心理把握上，往往有其独到之处，而学术分析流派在投资理论方法的研究、大型投资组合的组建与管理以及风险评估与控制等方面，具有不可取代的地位。

(一)基本分析流派

基本分析流派是指以宏观经济形势、行业特征及上市公司的基本财务数据作为投资分析对象与投资决策基础的投资分析流派。它是目前西方投资界的主流派别。其分析方法体系体现了以价值分析理论为基础，以统计方法和现值方法为主要分析手段的基本特征。基本分析流派的两个假设为“股票的价值决定其价格”“股票的价格围绕价值波动”，因此价值成为测量价格合理与否的尺度，正确的估值成为证券投资的基础。

(二)技术分析流派

技术分析流派是指以证券市场价格、成交量、价和量的变化及完成这些变化所经历的时间等市场行为作为投资分析对象与投资决策基础的投资分析流派。该流派以价格判断为基础，以正确的投资时机抉择为依据，从最早的直觉化决策方式、到图形化决策方式、再到指标化决策方式、直到最近的模型化决策方式，以及正在研究开发中的智能化决策方式，技术分析流派投资方法的演进遵循了一条日趋定量化、客观化、系统化的发展道路。

(三)学术分析流派

学术分析流派分析方法的重点为长期持有投资战略，即在长期的时间区段内不断吸纳并持有所选定上市公司股票的投资战略，其投资分析的哲学基础是“效率市场理论”，投资目标为

“按照投资风险水平选择投资对象”。其重要观点之一是效率市场理论的含义：当给定当前的市场信息集合时，投资人不可能发展出任何交易系统或投资战略以获取超出由投资对象风险水平所对应的投资收益率的超额收益。“长期持有”投资战略以获取平均的长期收益率为投资目标的原则，是学术分析流派与其他流派最重要的区别之一，其他流派大多都以“战胜市场”为投资目标。

(四)心理分析流派

心理分析流派的投资分析主要有两个方向：个体心理分析和群体心理分析。其中个体心理分析基于“人的生存欲望”“人的权利欲望”“人的存在价值欲望”三大心理分析理论进行分析，旨在解决投资者在投资决策过程中的心理障碍问题。群体心理分析基于群体心理理论与逆向思维理论，旨在解决投资者如何在研究投资市场过程中保证正确的观察视角问题。

表 8－1 为各主要投资分析流派的基本区别，表 8－2 为各证券投资分析流派对证券价格波动原因的不同解释。

表 8－1　　各主要投资分析流派的基本区别

分析流派	对待市场的态度	所使用数据的性质	所使用判断的本质特征	投资规模实用性特征
基本分析流派	市场永远是错的	只使用市场外数据	所作判断只具肯定意义	适合战略规模的投资
技术分析流派	市场永远是对的	只使用市场内数据	所作判断只具否定意义	适合战术规模的投资
学术分析流派	不置可否	兼用市场内外数据	只作假设判断，不做决策判断	适合战略规模的投资研究
心理分析流派	市场有时是对的有时是错的	兼用市场内外数据	可以肯定，也可以否定	无严格规模限制

表 8－2　　各证券投资分析流派对证券价格波动原因的解释

分析流派	对证券价格波动原因的解释
基本分析流派	对价格与价值间偏离的调整
技术分析流派	对市场供求均衡状态偏离的调整
学术分析流派	对价格所反映信息内容偏离的调整
心理分析流派	对市场心理平衡状态偏离的调整

第二节　证券投资分析信息

证券投资分析离不开各种信息，信息的多寡、信息质量的高低将直接影响证券投资分析的结果，影响分析报告的最终结论。及时地、充分地掌握证券市场信息是证券投资成功的关键问题。

一、证券投资分析的信息种类

广义地说，证券市场信息包括一切直接或间接影响证券价格变动的信息。因此，凡是影响证券价格变动的政治、经济、行业、公司以及市场等方面的信息，都应列入证券投资分析收集和分析的范围。证券投资信息主要包括以下几个方面。

(一)宏观经济信息

宏观经济信息的范围很广,对证券市场有着直接影响的信息主要包括以下几个方面。

1. 经济周期信息

经济周期信息包括当前经济运行是处于复苏、繁荣期还是衰退、萧条期,以及今后一段时期经济运行的走势等。

2. 金融信息

金融信息包括银行利率、汇率的水平及变动,货币供应量与发行量的大小,市场游资的充裕程度,通货膨胀水平及变化等。

3. 财税信息

财税信息包括国家财政收支,总量、结构与平衡状况,国债发行总量、期限与利率状况,税种、税目、税率、减免税政策及其变动情况。

4. 产业信息

产业信息包括国家产业政策导向,鼓励与限制发展产业、行业、产品的目录,垄断性行业的禁入限制及其变动等。

5. 国际经贸信息

国际经贸信息包括国际市场的供求信息、价格信息、关税水平及其变动信息等。

6. 改革信息

在计划经济体制向市场经济体制转轨之时,经济体制改革的内容与重点、改革的推进力度、改革的发展态势尤其是企业改革及关联信息,都会不同程度地影响证券市场。

(二)微观经济信息

微观经济信息即公司信息,它是影响单一证券价格变动的最直接的信息。主要包括以下几个方面。

1. 招股说明书

招股说明书是公司股票发行条件的文件,也是一个希望社会公众认购其股份的邀请,其信息披露较为充分。可以从招股说明书中了解到以下信息:

(1)公司的名称、法定地址。

(2)公司的历史沿革、主营业务、经营业绩、资产规模及构成。

(3)公司募集资金的投向、运作、风险及对策。

(4)公司的组织机构及董事、监事、高级管理人员的简历。

(5)公司本次发行股票的总额、类型、数量、每股面额及发行价。

(6)股票发行的方式、发行对象。

(7)证券承销商的名称、承销总数及承销方式。

(8)经会计师事务所审核的盈利预测等。

除此之外,从中还可了解到公司的资本形成过程、主要产品及种类、生产过程、质量状况、销售状况、财务状况、物业设备及拥有的权益、主要利害关系人、发行股票所筹集资金的运用计划及效益、风险分析等。另外,投资者还可以了解到具有专业资格的机构对公司的资产评估报告和确认书、财务报告及其辅助说明、重大合约及法律诉讼等事项。

2. 公司章程

公司章程是经全体股东一致同意,规范公司运作的纲领性文件。也可以说公司章程就是

公司的"宪法",是公司各项活动所必须遵循的行为规范。可以从中了解到以下信息:

(1)公司的名称、地址、经营范围。

(2)公司的设立方式、股份总额、每股金额和注册资本。

(3)公司发起人的姓名或名称、认购的股份及其比例。

(4)股东的权利和义务。

(5)董事会的组成、职权、任期和议事规则。

(6)公司的法定代表人。

(7)监事会的组成、职权、任期与议事规则。

(8)公司利润分配方法、解散事由与清算办法及公司的通知和公告办法等。

3. 上市公告书

公司股票获准上市后,应在有关报刊上披露上市公告书。上市公告书除了与招股说明书部分相同外,还可获得以下信息:

(1)公司上市的日期和获准上市的批准文号。

(2)公司股票的发行情况和股权结构。

(3)公司创立大会或股东大会有关上市决议的主要事项。

(4)公司董事、监事及高级管理人员简况及持股情况。

(5)持股一定比例以上股东的状况。

(6)招股后资金运用状况、财务状况及最近1年的预测报告。

(7)董事会的承诺。

(8)社会公众随时查询公司资料的联络人、联络电话及图文传真号码等。

4. 定期报告

定期报告是指公司股票正式上市后,依公司法和证券法规的规定必须定期制作和公告的报告。定期报告主要是公司的财务报告,包括季度报告、中期报告和年度报告,通常情况下主要指中期和年终报告。中期报告一般于每年上半年结束后的60天内公布;年终报告则于会计年度结束后的120天内公布。其主要披露公司财务状况和经营业绩情况。

从公司中期报告中可了解到以下信息:

(1)财务状况。包括资产负债表、损益表、现金流量表,其主要内容必须说明:①营业收入、主营业务收入;②经常性项目税前盈利(或亏损);③非经常性项目收支(重大事项应予以说明);④公司所得税率和税后盈利(或亏损);⑤股东权益变化等。各项财务指标与上年同期的比较。会计师事务所声明的意见等。

(2)业务回顾。对公司各项主要业务的进展及收益状况作简要概括。

(3)重大事项说明及重大合同的内容摘要。

(4)前景预测。

(5)公司董事、监事、高级管理人员及持股一定比例以上的大股东持有本公司股票及拥有权益的变化情况。

从公司年终报告中可了解到以下信息:

(1)公司基本状况。包括资本结构、组织系统、所属权益状况、从业人员状况等。

(2)业务状况。包括主要产品生产及销售状况,新产品开发及重大事项状况等。

(3)财务状况。包括经会计师事务所审核的资产负债表、损益表、现金流量表及利润分配表;各项财务指标与上年同期的比较。

(4)负债状况。包括银行贷款、企业债券状况、公司债务担保情况及分项数额、有关当事人、主要内容、起止时间等。还包括公司的或有负债情况。

(5)业务展望。包括公司各类业务及各项投资方向的近期拓展与未来预期,影响公司前景的重大因素的预测等。

(6)分红派息状况。

5. 公司的其他信息

(1)公司的收购与合并信息。

(2)新股发售信息。

(3)股票拆分信息。

(4)公司变更信息。包括公司章程变更;董事、监事等高层的人事变动;经营范围的变更;注册资本及注册地址的变更;会计师事务所及律师事务所的变更;组织框架的撤并、下属公司的设立、兼并或破产;影响公司生产经营的重大合约的签订与变更等。

(三)交易信息

交易信息是指在证券交易中产生的信息,主要包括以下几点:

1. 证券交易所发布的信息。证券交易所发布的信息包括各种证券的开盘价、最高价、最低价、收盘价、成交量、市盈率;各类证券的价格指数、成交金额等。

2. 市场指标。市场指标包括日均价(均线值)、乖离率、相对强弱指标、腾落指数、涨跌比率、威廉指标、随机指标等。

3. 证券公司发布的信息。证券公司发布的信息包括各证券公司调研部门发布的个股的投资价值分析报告、板块(区域或行业)的投资价值分析报告等。

二、证券投资分析信息来源

从信息发布主体和发布渠道来看,证券市场上各种信息的来源主要有以下几个方面。

(一)政府部门

政府部门是国家宏观经济政策的制定者,是信息发布的主体,是我国证券市场上有关信息的主要来源。针对我国的实际情况,从总体上看,所发布信息可能会对证券市场产生影响的主要包括以下政府部门。

1. 国务院。国务院是国家进行宏观管理的最高机构,其颁布的各项法律、法规,以及重大的方针政策,会对证券市场产生全局性的影响。

2. 中国证监会。中国证监会是直接监督管理我国证券期货市场的政府部门。主要负责制定证券期货市场的方针政策、发展规划,起草证券期货市场的有关法律、法规,制定证券期货市场的有关规章,依法对证券期货市场上的违法违规行为进行调查、处罚,对证券经营机构及证券市场进行监管等事宜。

3. 财政部。财政部是国家主管财政收支、财税政策、国有资本金基础工作的政府部门。主要负责制定财政、税收的发展战略、方针政策以及发展规划,参与制定各项宏观经济政策,拟订财政、国有资本金基础管理,财务、会计管理的法律法规草案,制定和执行财政、财务、会计管理的规章制度等事宜。

4. 中国人民银行。中国人民银行作为我国的中央银行,是在国务院领导下制定和实施货币政策、对金融业实施监督管理的政府部门。主要负责制定和执行货币政策,审批、监督和管理金融机构,监督管理金融市场,发布有关金融监督管理业务的命令和规章等事宜。

5. 国家经济贸易委员会。国家经济贸易委员会是宏观调控经济运行的政府部门。主要负责监测、分析国民经济运行态势，调节国民经济日常运行，编制并组织实施近期经济运行调控目标、政策和措施，组织解决经济运行中的重大问题，制定国家产业政策，指导产业结构调整，拟订行业规划和行业法规，研究和规划竞争性行业投资布局，研究拟订利用外资有关政策等事宜。

6. 国家统计局。国家统计局是负责国民经济核算，并定期对外发布国民经济和社会发展中有关统计数据的政府部门。

7. 国家发展计划委员会。国家发展计划委员会是负责研究提出国民经济和社会发展战略、中长期规划和年度发展计划，研究提出总量平衡、发展速度和结构调整的调控目标及调控政策，衔接、平衡各主要行业的行业规划的政府部门。国家发展计划委员会的主要职责包括：社会总需求和总供给等重要经济总量的平衡和重大比例关系的协调；提出全社会固定资产投资总规模，规划重大项目的布局；安排国家拨款建设项目和国家重大建设项目及重大外资项目、境外投资项目；监控国际收支平衡；制订和调整国家管理的重要商品价格与重要收费；重要商品国内供求和进出口的总量平衡及重要农产品进出口计划；科学技术、教育、文化、卫生等社会事业及国防建设与整个国民经济和社会发展的衔接平衡。

(二)证券交易所

我国沪深证券交易所是在中国证监会领导下，不以营利为目的的会员制事业法人，主要负责提供证券交易的场所和设施，制定证券交易所的业务规则，接受上市申请，安排证券上市，组织、监管证券交易，对会员、上市公司进行监管等事宜。其中，证券交易所向社会公布的证券行情、按日制作的证券行情表，以及就市场内成交情况编制的日报表、周报表、月报表与年报表等成为技术分析中的首要信息来源与量价分析基础。

(三)上市公司

上市公司作为经营主体，其经营状况的好坏直接影响投资者对其价值的判断，从而影响其股价水平的高低。一般来说，上市公司通过定期报告(如年度报告和中期报告)和临时公告等形式向投资者披露其经营状况的有关信息，如公司盈利水平、公司股利政策、增资减资和资产重组等重大事宜。作为信息发布主体，它所公布的有关信息，是投资者对其证券进行价值判断的最重要来源。

(四)中介机构

证券中介机构，是指为证券市场参与者如发行人、投资者等提供各种服务的专职机构。按提供服务的内容不同，证券中介机构可以分为：证券经营机构、证券投资咨询机构、证券登记结算机构及可从事证券相关业务的会计师事务所、资产评估事务所和律师事务所、信用评级机构等。这些机构利用其人才、信息等方面的优势，为不同市场参与者提供相应的服务，有助于投资者分析证券的投资价值，引导其投资方向。其中，由中介机构专业人员在资料收集、整理、分析的基础上撰写的，通常以有偿形式向使用者提供的研究报告，也是信息的一种重要形式。

(五)媒体

首先，媒体是信息发布的主体之一。由于影响证券市场的信息内容繁多，信息量极为庞大，因此，媒体便通过专门的人员对各种信息进行收集、整理、归类或汇总，并按有关规定予以公开披露，从而节省信息使用者的时间，大大提高工作效率。其中，媒体专业人员通过实地采访与实地调研所形成的新闻报道或报告，是以媒体为发布主体的重要信息形式。

其次，媒体同时也是信息发布的主要渠道。只要符合国家的有关规定，各信息发布主体都可以通过各种书籍、报纸、杂志、其他公开出版物以及电视、广播、互联网等媒体披露有关信息。这些信息包括国家的法律法规、政府部门发布的政策信息、上市公司的年度报告和中期报告，等等。作为信息发布的主渠道，媒体是连接信息需求者和信息供给者的桥梁。

（六）其他来源

除上述几种信息来源以外，投资者还可通过实地调研、专家访谈、市场调查等渠道获得有关的信息，也可通过家庭成员、朋友、邻居等获得有关信息，甚至包括内幕信息。对某些投资者来说，上述渠道有时可能是获取信息非常重要的渠道。但必须指出的是，根据有关证券投资咨询业务行为的规定，证券投资分析师从事面向公众的证券投资咨询业务时所引用的信息仅限于完整翔实的公开披露的信息资料，并且不得以虚假信息、内幕信息或者市场传言为依据向客户或投资者提供分析、预测或建议。所以，证券投资分析师应当非常谨慎地处理所获得的非公开信息。

第三节　证券投资分析的主要方法

资本市场的发展和风险资产的投资过程，孕育和形成了一整套证券投资分析方法，这些方法经过总结和提炼，逐步系统化、理论化，对揭示证券和证券市场的变化规律，帮助投资者进行理性的投资有着重要的现实意义。证券分析方法大体上可分为四类：基本分析法、技术分析法、证券组合分析法和行为金融分析法。应当注意的是，各种方法在实际应用中，不是相互排斥的，而是互为补充。

一、基本分析法

基本分析法又称基本面分析法，是指证券投资分析人员根据经济学、金融学、财务管理学及投资学等基本原理，对决定证券价值的基本要素如宏观经济指标、经济政策走势、行业发展状况、产品市场分布、公司销售和财务状况等进行分析，评估证券的投资价值，判断证券的合理价位，提出相应的投资建议的分析方法。

基本分析法的理论基础是：任何一种金融资产都有“内在价值”，金融资产的内在价值等于该资产未来预期收益现金流量的现值；当市场价格和“内在价值”不相等时，金融资产的价格将被误定，因此，当市场价格低于（或高于）内在价值时，便产生了金融资产的买入（卖出）机会。

（一）基本分析法的内容

基本分析的内容主要包括宏观经济分析、行业分析与区域分析、公司分析三个方面的内容。

1. 宏观经济分析。宏观经济分析主要是探讨各经济指标和经济政策对证券价格的影响。经济指标又分为3类：(1)先行性指标，这类指标可以对将来的经济状况提供预示性的信息；(2)同步性指标，这类指标的变化基本上与总体经济活动的转变同步；(3)滞后性指标，这类指标的变化一般滞后于国民经济的变化。除了经济指标之外，主要的经济政策有：货币政策、财政政策、信贷政策、债务政策、税收政策、利率和汇率政策、产业政策、收入分配政策，等等。

2. 行业分析与区域分析。行业分析与区域分析是介于经济分析与公司分析之间的中观层次的分析。前者主要分析产业所属的不同市场类型、所处的不同生命周期及产业的业绩对于证券价格的影响；后者主要分析区域经济因素对证券价格的影响。一方面，产业的发展状况对该产业上市公司的影响是巨大的，从某种意义上说，投资某个上市公司，实际上就是以某个产业为投资对象；另一方面，上市公司在一定程度上又受到区域经济的影响，尤其在我国，各地区的经济发展极不平衡，从而造成了我国证券市场所特有的"板块效应"。

3. 公司分析。公司分析是基本分析的重点，无论什么样的分析报告，最终都要落实在某个公司证券价格的走势上。如果没有对发行证券的公司状况进行全面的分析，就不可能准确地预测其证券的价格走势。公司分析侧重对公司的竞争能力、盈利能力、经营管理能力、发展潜力、财务状况、经营业绩及潜在风险等进行分析，借此评估和预测证券的投资价值、价格及其未来变化的趋势。

总之，基本分析法就是指利用丰富的统计资料，运用多种经济指标，采用比例、动态的分析方法，从宏观政治、经济到中观行业分析，直至微观的企业经营、盈利的现状和前景分析，对企业所发行的证券做出评价，并尽可能预测其未来的变化，作为投资者投资的重要依据。

（二）基本分析法的优缺点及适用范围

基本分析法的优点主要是能够比较全面地把握证券价格的基本走势，应用起来相对简单；而缺点主要是对短线投资者的指导作用比较弱，预测的精确度相对较低。根据基本分析法的特点，基本分析法主要适用于周期相对比较长的证券价格预测，以及相对成熟的证券市场和预测精确度要求不高的领域。

二、技术分析法

技术分析是以证券市场过去和现在的市场行为为分析对象，运用图表、形态、逻辑和数学的方法，探索证券市场已有的一些典型变化规律，并据此预测证券市场的未来变化趋势的技术方法。证券市场行为可以有多种表现形式，其中证券的市场价格、成交量、价和量的变化以及完成这些变化所经历的时间是市场行为最基本的表现形式。

（一）技术分析法的内容

技术分析理论的内容就是市场行为的内容。大体上可以将技术分析理论分为以下几类：K线理论、切线理论、形态理论、技术指标理论、波浪理论和循环周期理论。几乎所有的技术分析方法都可以归入以上的内容。

（二）技术分析法的优缺点及适用范围

与基本分析法相比，技术分析法的优点是：同市场接近，对市场的反应比较直接，分析的结果也更接近实际市场的局部现象，分析的结论时效性较强；通过技术分析指导证券买卖见效快，获得利益的周期短。技术分析法的缺点是：考虑问题的范围相对较窄，投资周期太短，对市场长远的趋势不能进行有效的判断，对分析影响市场的宏观政策方面的因素，技术分析作用不大。正是由于这个原因，技术分析在给出结论的时候，只能给出相对较短的结论。

根据技术分析法的优缺点，技术分析法仅适用于短期的行情预测。要进行周期较长的分析必须依靠其他方法。另外，技术分析法所得到的结论不是绝对的，仅仅是一种参考。

三、证券组合分析法

证券组合分析法有两类；一类为传统的证券组合分析法，一类为现代证券组合分析法。两类分析方法的共同目的是通过多元化证券组合来有效降低非系统性风险，但是两者的理论基础不同。传统的证券组合分析法依靠经验，用非定量分析的方法构建和调整证券组合中各证券的比例关系；现代证券组合分析法是一种数量化的组合管理方法，它是运用定量化的方法求解证券组合中各证券的最佳比例关系，以实现投资收益与风险的最佳平衡。

(一)证券组合分析法的内容

现代证券组合理论具有十分丰富的内容,而且还在不断发展中。根据已有的研究成果,现代证券组合理论可分为以下三部分。

1. 马科维茨的均值方差模型

该理论是证券组合分析的主要理论基础,它在一系列严格假设的基础上,以证券或证券组合的期望收益率来表示其收益,以期望收益率的方差来衡量其风险,通过建立一个二次规划模型求解有效证券组合,并根据投资者的无差异曲线确定投资者最满意的证券组合的方法。

2. 资本资产定价模型(CAPM)

马科维茨均值方差模型面临的最大问题是其计算量太大,同时不能对风险进行有效的分类和管理,这严重地阻碍了其在实际中的应用。威廉·夏普等人,在马科维茨均值方差模型的基础上,提出了一种新的风险计量指标,即证券的贝塔系数,用于衡量证券投资的系统风险,建立了证券投资的期望收益率与系统风险的关系,即资本市场线和证券市场线,同时提出了单因素模型和多因素模型,极大地简化了马科维茨均值方差模型的计算。

3. 套利定价理论(APT)

资本资产定价模型(CAPM)在金融领域盛行十多年。然而,该模型的致命弱点是无法用经验事实来检验。史蒂夫·罗斯在多因素模型基础上,提出了套利定价理论。这一理论认为,只要任何一个投资者不能通过套利获得收益,那么期望收益率一定与因素风险相联系。这一理论需要较少的假定。罗尔和罗斯在 1984 年认为这一理论至少在原则上是可以检验的。

(二)证券组合分析法的优缺点及适用范围

证券组合分析法的优点主要是在投资分析中,对风险进行了分类和定量化描述,建立了收益与风险之间的关系,从理论上证明了证券组合可以有效降低非系统风险的基本思想,并运用定量化的方法求解证券组合中各证券的最佳比例关系,克服了传统证券组合法在确定各证券投资比例时的盲目性,以实现投资收益与风险的最佳平衡。

证券组合分析法的缺点主要有:在确定各证券的最佳比例关系时,计算比较复杂;模型对证券市场的假设条件过于严格,与实际市场之间存在较大的差距;在计算投资比例时,需要大量的预测数据,同时,模型也没有考虑一些难以定量化的因素,因此,模型得出的结论仅是投资决策的一个参考。

根据证券组合分析法的优缺点,此种分析法主要应用在大规模的投资组合管理以及相对成熟的证券市场和预测精确度要求较高的领域中,特别是在科学化和数字化投资理念占据主导地位的今天,数量化方法更合乎时代发展的趋势。

四、行为金融分析法

从 20 世纪 80 年代以来,证券市场上不断出现了与经典理论相悖的“异象”(anomaly)问题。行为金融分析方法,是以这些“异象”为研究对象,从对标准金融理论的质疑开始,以行为科学为基础,研究投资者心理行为,进而为投资决策提供服务的一种分析方法。

行为金融分析揭示了基于新古典传统的经济学和金融学的一个致命性缺陷,即完全理性人的假设。行为金融学认为传统的数理金融学假设投资者自己每天用复杂数学方法所推导出来的理性与均衡结论来指导自己行为并且贯穿在自己的每一日常行为中是不符合现实的。投资者完全理性的假设与现实并不相符。在证券市场中,并不是每一个投资者都会用投资理论中的复杂数学方法来推导所谓的理性与均衡价格来指导自己的投资行为。投资者并不是用贝叶斯规则来进行风险决策，而是用简单而有效的直观推断法来进行投资，即行为金融学假设市场参与者只是准理性人或者有限理性人。在多数情况下，这些直观推断法是有效的，但它们往往包含一些系统性的误差，这些误差在有些情况下会变得重要，成为影响全局的错误。投资者并不总是根据基本面来进行投资决策，有时会根据噪声来决策，从而成为所谓的噪声交易者。

（一）行为金融分析法的内容

行为金融分析法的内容十分丰富，而且还在不断发展中。根据已有的研究成果，行为金融理论可分为以下两部分。

1. 投资者心理分析，主要分析投资者在投资活动中的心理特征以及投资者应具备的心理素质等。投资者具有的心理特征，如过度自信、意识账户、典型启示、损失厌恶与后悔厌恶等；投资者应具备的心理素质，如善于总结和调整的心理素质、正确对待以前的错误和成功的心理素质、理性对待价格变化的心理素质、沉着果断和保持一种客观态度的心理素质等。

2. 以准理性人或者有限理性人为基本假设的行为金融学模型，包括由 Barberis、Shleifer 和 Vishny 提出的“选择性偏差和保守性偏差”的 BSV 模型，由 Daniel、Hirshleifer 和 Subrahmanyam 提出的“有信息的投资者存在过度自信和有偏的自我归因”的 DHS 模型，以最大效用准则为基础的羊群效应模型等多个模型以及行为金融学对投资行为的指导意义等。

（二）行为金融分析法的优缺点及适用范围

行为金融分析法的优点是能够使投资者在证券投资过程中保证正确的观察视角，特别是在市场重大转折点的心理分析上，往往具有较好的效果；行为金融分析法的缺点是该方法基于人的不同理性行为和心理假设，因此，很难得到统一的结论和用于指导投资者的具体投资行为。

行为金融分析法主要应用在市场重大转折的分析上以及培养投资者的投资心态等方面。

知识拓展

专栏 8.1 中国联通投资价值分析

背景：

中国联通（600050）发布了 2009 年半年报，并在 8 月 31 日上午召开了 A 股投资者关系会议。

上半年主要业绩概述：

（1）财务情况简述。2009 年上半年，公司实现营业收入 784.9 亿元。其中，通信服务收入 166.1 亿元，同比下降 4.2%，按可比口径同比下降 3.1%。移动业务实现通信服务收入 350.7 亿元，同比增长 6.2%；固网业务实现通信服务收入 414.0 亿元，同比下降 11.4%，按可比口径同比下降 9.8%。其中，固网宽带业务收入为人民币 120.9 亿元，同比增长 10.3%。公司实现盈利 65.1 亿元，同比上年持续经营业务盈利下降 42.1%，按可比口径计算同比下降 33.0%，归属于母公司的净利润为 21.9 亿元，基本每股收益为 0.103 元。

（2）业务表现概述。上半年，公司 GSM 用户数累计净增 701.2 万户，用户总数达到 14 037.7 万户。ARPU 为人民币 41.7 元，同比下降 4.3%，环比基本持平。移动增值业务收入占移动业务通信服务收入的比重达到 26.8%。固网宽带用户累计净增 483.2 万户，用户总数达到 3 491.3 万户，ARPU 为 60.2 元，同比下降 13.5%；本地电话用户累计流失 111.8 万户,用户总数达到 10 845.2 万户。

关于 iPhone,中国联通在半年报中发布消息,2009 年 8 月 28 日,公司与苹果公司就未来三年内 iPhone 手机合作销售达成协议,将于 2009 年第四季度正式在中国大陆市场推出 iPhone 手机。

分析:

(1)移动业务稳定增长,期待 3G 发力。公司 2009 年上半年移动业务实现通信服务收入 350.7 亿元,同比增长 6.2%;收入占比从去年同期的 41.9%提高到 45.9%。GSM 用户累计净增 701.2 万户,用户总数达到 14 037.7 万户;GSM 通信使用量达到 2 048.3 亿分钟,比去年同期增长 10.2%。因为 3 家运营商竞争加剧,中国联通移动用户的市场份额,有一定程度的下滑,从 2008 年 8 月的 21.94%下滑到 2009 年 6 月份的 20.87%,新增用户市场份额仅为 12.56%。但 ARPU 值并未出现大幅下滑的趋势,2009 年为 41.7 元/户·月,和去年同期的 43.6 元/户·月相比,下降 4.3%,但和下半年的 41.0 元/户·月相比,环比基本保持平稳;平均每月每用户通话分钟数(MOU)为 248.9 分钟,比去年同期的 249.6 分钟/户·月下降 0.3%,但和下半年的 243.3 分钟/户·月相比,有小幅提升。在 3G 业务方面,公司未来推进的方面有:①公司计划在 9 月 28 日推出 iPhone,可能是 iPhone3G 的 8GB 机型以及 iPhone3G 的 16G 和 32G 机型。在 3G 移动终端方面,手机终端及上网卡会存在一定的频段占用及收入贡献匹配问题,考虑到资源有限,预计公司将会侧重于发展手机终端。②目前,公司试商用友好体验城市已达到 268 个。由于规模采购以及网络的协同效应,降低了建设成本,在原 3G 网络建设资本开支计划额度内,年内(2009)公司 3G 网络覆盖城市将由年初计划的 284 个扩大到 335 个。3G 建网进程快于预期。③3G 运营将有望带动公司移动业务 ARPU 值的提升。公司预计 3G 的 ARPU 值将达到 2G 的 1.5～2 倍。但因为 C 网和 G 网互搏的教训,公司 3G 的营销策略将不会采用低价及话音定位方式,否则就无法区分公司 3G 及 2G 的业务特点。中国联通希望能通过其他方式撬动移动增值服务市场的收入增长。

(2)固网业务下滑超预期。公司 2009 年上半年固网业务实现短信服务收入 414.0 亿元,同比下降 11.4%,按可比口径同比下降 9.8%,收入占比从去年同期的 57.9%下降到 53.9%。其中,宽带业务完成服务收入 120.9 亿元,比去年同期增长 10.3%,本地电话业务(固定电话及小灵通)完成服务收入 215.7 亿元,比去年同期下降 17.2%,固网非语音业务收入占固网通信服务收入(不含初装费)的比例达到 47.2%。上半年,固网宽带用户累计净增 483.2 万户,用户总数达到 3 491.3 万户,ARPS 为 60.2 元,同比下降 13.5%;本地电话用户累计流失 111.8 万户,用户总数达到 10 845.2 万户,ARPU 为 32.0 元。未来推进的方面主要有:①固网移动融合采用的是捆绑销售的方式,上半年主要是简单的捆绑,即共享时长、统一账户以及增值业务捆绑,下半年将通过深度捆绑的方式进一步推进。②公司将一方面通过宽带提速,另一方面通过增值业务的开展,提高固网业务的 ARPU 值。③固网和无线宽带各具优势,公司仍会继续推进 FTTX。

(3)剔除不可比因素后成本费用率有所下降,2009 年上半年,公司共发生成本费用人民币 667.4 亿元,比去年同期增长 0.9%。若剔除上年同期不存在的新收购南方 21 省固网资产租赁费的不可比因素,调整后成本费用总计为 658.29 亿元,同比减少 0.5%,环比大幅下降 7.4%。受去年无线市话资产减值因素影响导致需计提折旧之资产余额下降,折旧及摊销发生人民币 235.2 亿元,比去年同期下降 2.8%;但预计四季度,新建 3G 资产陆续开始计提折旧,全年的折旧占比将可能持平并略有增加。随着网络及基站规模扩大,网络、营运及支撑成本

110.1 亿元，比去年同期增长 27.6%；受行业竞争加剧以及 3G 及全业务品牌全面推出等影响，销售费用 96.3 亿元，比去年同期增长 8.1%。

(4)设备价格下降导致公司资本支出减少。上半年公司共支出 372.5 亿元，低于全年预算 1 100 亿元的一半。其中 3G 部分 199.3 亿元，2G 部分 44.2 亿元，基础设施及传输网 60.1 亿元，主要原因是集采导致公司资本支出减少。预计全年的资本支出在 850 亿元左右，未来网络优化将成为公司投资的重点。

(5)盈利预测：预计公司 2009～2011 年 EPS 分别为 0.22 元、0.27 元、0.31 元。

课后练习

一、单项选择题

1. 收益最大化和风险最小化这两个目标(　　)。

A. 是相互冲突的　　B. 是一致的

C. 可以同时实现　　D. 大多数情况下可以同时实现

2. 20 世纪 60 年代中期以夏普为代表的经济学家提出了一种称为(　　)的新理论，发展了现代证券投资理论。

A. 套利定价模型　　B. 资本资产定价模型

C. 期权定价模型　　D. 有效市场理论

3. 下列关于资本资产定价模型(CAPM)的说法不正确的是(　　)。

A. CAPM 是由威廉·夏普等经济学家提出的

B. CAPM 的主要特点是将资产的预期收益率与被称为夏普比率的风险值相关联

C. CAPM 从理论上探讨了风险和收益的关系，说明资本市场上风险证券的价格会在风险和预期收益的联动关系中趋于均衡

D. CAPM 对证券估价、风险分析和业绩评价等投资领域有广泛的影响

4. 某证券组合由 X、Y、Z 三种证券组成，它们的预期收益率分别为 10%、16%、20%，它们在组合中的比例分别为 30%、30%、40%，则该证券组合的预期收益率为(　　)。

A. 15.3%　　B. 15.8%　　C. 14.7%　　D. 15.0%

5. 现代证券投资理论的出现是为解决(　　)。

A. 证券市场的效率问题　　B. 衍生证券的定价问题

C. 证券投资中收益—风险关系　　D. 证券市场的流动性问题

二、判断题

1. 证券组合的预期收益率仅取决于组合中每一证券的预期收益率。(　　)

2. CAPM 的一个假设是存在一种无风险资产，投资者可以无限地以无风险利率对该资产进行借入和贷出。(　　)

3. 在实际操作中，由于不能确切地知道市场证券组合的构成，我们往往可以用某一市场指数来代替市场证券组合。(　　)

4. 套利定价理论(APT)是由史蒂芬·罗斯于 1976 年利用套利定价原理提出的一个决定资产价格的均衡模型。(　　)

5. 如果市场证券组合为 APT 中的唯一因素，APT 就是 CAPM。　　(　　)

三、多项选择题

1. 如果要代表上海和深圳证券市场的市场组合，可以分别用(　　)来代替。

A. 上证 180 指数　　B. 上证综合指数　　C. 深证成分指数　　D. 深证综合指数

2. 下列关于证券组合理论的一些说法正确的是(　　)。

A. 证券组合理论由哈里·马柯维茨创立

B. 证券组合理论解释了投资者应当如何构建有效的证券组合并从中选出最优的证券组合

C. 证券组合理论量化了单一证券和证券组合的预期收益和风险

D. 证券组合理论证明了分散投资可以在保证一定预期收益的情况下尽可能地降低风险

3. 假设 X、Y、Z 三种证券的预期收益率分别为 10%、15%、20%，A、B、C、D 是四个投资于这三个证券的投资组合，三种证券在这四个组合中的相对比例各不相同，则这四个证券组合的预期收益从高到低排列依次为(　　)。

A. X、Y、Z 的比例分别为 30%、30%、40%

B. X、Y、Z 的比例分别为 20%、60%、20%

C. X、Y、Z 的比例分别为 50%、25%、25%

D. X、Y、Z 的比例分别为 40%、15%、45%

4. 分散投资能实现证券组合总风险减少是因为(　　)。

A. 证券组合系统风险的相互抵消

B. 证券组合系统风险的平均化

C. 证券组合非系统风险的相互抵消

D. 证券组合非系统风险的平均化

5. 行为金融分析法的优点包括(　　)。

A. 能够使投资者在证券投资过程中保证正确的观察视角和良好的心态

B. 应用在市场重大转折的分析上效果较好

C. 可以得到统一的结论和用于指导投资者的具体投资行为

D. 能够比较全面地把握证券价格的基本走势

四、论述题

1. 试述证券投资分析的意义。

2. 简要介绍证券投资分析的主要流派。

3. 试述证券投资分析的信息及主要来源。

4. 介绍证券投资分析的主要方法和各自的优缺点。

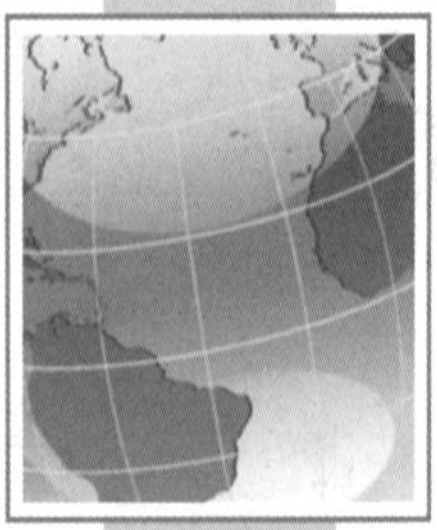

第九章 证券投资基本分析

学习目标

◇ 熟悉证券投资基础分析的主要内容。

◇ 理解宏观经济因素对证券市场的影响。

◇ 熟悉行业分析的主要内容并能简单应用。

◇ 熟悉公司基本素质和财务分析的主要内容和方法。

导入案例

疲弱的经济走势

在持续的紧缩政策下，经济景气度不断下降。2011 年 4 月，汽车、房地产等主要经济引擎均精疲力竭，汽车消费出现了自 2008 年 10 月以来的首次负增长。而“三驾马车”中除了投资宝刀不老，2011 年 1～4 月份同比增速继续攀升至 25.4%之外，消费和出口双双在走下坡路。2011 年 4 月份社会消费品零售总额同比增长 17.1%，回落了 0.3 个百分点，低于市场的预期。2011 年 4 月份外贸出口扭转了逆差，实现了 114.3 亿美元的顺差，出口保持了强劲的势头，但是进口差强人意，增速仅为 21.8%，环比明显回落。这表明被寄予厚望的内需引擎短期内难以有起色，炒家们热衷的大消费股现在仅仅停留在概念炒作上。

这也说明了为何很多人宁愿用资金炒金银、炒艺术品，而不愿意让它流到 A 股。紧缩的货币政策，糟糕的业绩让上证指数击穿多条均线，运行至年线下方。据申银万国证券对全部 A 股上市公司一季报业绩的统计，单季收入增速已经从 2010 年一季度的 46.6%降至 29.1%，下降了 17.5 个百分点，而净利润增速也从 63.1%下降至 24.2%，降幅也不小。分行业来看，房地产、信息设备、有色金属、交运设备、化工等行业一季度利润增速下滑显著。这也契合 PMI、工业增加值等经济先行指标的回落。

但并不表明宏观调控短期内就此松手，无论是翘尾因素还是公开市场到期资金，在 2011 年 5～6 月份都有推动通胀上行的动力，多位宏观分析师认为抗击通胀依然是 2011 年的主旋律。从居民囤积食盐到国家发改委约谈涨价日化企业，可以看出社会通胀预期强烈，而依然为负的利率会强化这种预期，让出逃资金不断地吹大投机的泡沫。“目前增长模式信贷配给效率低下，低效率的国有部门得到资金，而高效率的部门得不到资金，或者融资成本很高，因此不会有产品和服务来吸收资金，就变成了通胀。如果不出手再平衡，则滞胀的风险上升。”玫瑰石顾问公司董事谢国忠说。

投资者进行股票投资，必须对现阶段宏观经济环境深入分析。这种分析方法叫作证券投资基本分析。基本分析又叫基础分析或者经济形势分析，通过对影响股票市场基本经济因素的分析，预测经济变量变化对股票市场的影响，以便做出正确的判断，提高证券投资的准确性和投资回报率。

证券投资基本分析遵循由宏观到微观自上而下的分析逻辑，根据这样的逻辑，基础分析又可以划分为宏观经济分析、行业分析、公司分析三个层次。即首先考察整体经济对所有公司和证券市场的一般影响，然后分析在这样的经济环境中具有较好的发展前景的行业，最后再分析理想行业中的优质公司及其发行的证券。

第一节　宏观经济分析

一、宏观经济分析概述

证券市场的波动总是与整体的经济变化密切联系在一起，证券市场素有宏观经济晴雨表之称，它一方面表明证券市场是宏观经济的先行指标，另一方面也表明，宏观经济的走向决定了证券市场的长期趋势。可以说，宏观经济因素是影响证券市场长期走势的唯一因素，其他因素可以暂时改变证券市场的中期和短期走势，但改变不了证券市场的长期走势。

按照对证券市场影响的形式不同，宏观经济分析的主要内容可以分为四个方面：宏观经济指标分析、宏观经济运行分析、宏观经济政策分析和其他宏观因素分析。宏观经济指标分析侧重研究反映宏观经济状况的相关变量及其对证券投资活动的影响；宏观经济运行趋势分析则是指根据宏观经济波动与证券市场波动的相关性来分析并预测证券市场的整体运行情况；宏观经济政策分析的目标则主要是了解政府宏观经济政策及其颁布的一些与证券市场相关的措施对证券投资的影响；其他宏观因素分析涉及对那些在社会经济发展中对经济影响较大的其他因素进行分析，如政治因素、自然灾害、能源因素、社会心理因素、市场效率因素等。

二、宏观经济指标分析

宏观经济指标是反映宏观经济活动结果的一系列数据和比例的关系，宏观经济指标分析是宏观经济分析的起点和依据，本部分将简要介绍一些关键的宏观经济指标。

(一)国内生产总值与经济增长率

国内生产总值(GDP)是指一个国家(或地区)所有常住单位在一定时期内(一般按年统计)生产活动的最终成果。

国内生产总值的增长速度一般用来衡量经济增长率(也称经济增长速度)，它是反映一定时期经济发展水平变化程度的动态指标，也是反映一个国家经济是否具有活力的基本指标。因此，在宏观经济指标分析中，国内生产总值指标占有非常重要的地位，具有十分广泛的用途。国内生产总值的持续、稳定增长是政府追求的目标之一。

(二)失业率

失业率是指劳动力人口中失业人数所占的百分比。失业率上升与下降是以 GDP 相对于潜在 GDP 的变动为背景的,而其本身则是现代社会的一个主要问题。当失业率很高时,资源被浪费,人们收入减少,此时,经济问题还可能影响人们的情绪和家庭生活,进而引发一系列的社会问题。

通常所说的充分就业并不是失业率为零的状态,而是指社会的就业状况已经达到了与经济正常的潜在能力相适应的水平,在这种状态下也会存在一部分"正常"的失业,如由于劳动力的结构不能适应经济的发展对劳动力的需求变动所引起的结构性失业。

(三)通货膨胀率

通货膨胀是指一般物价水平持续、普遍、明显地上涨。对通货膨胀的衡量可以通过对一般物价水平上涨幅度的衡量来进行,常用的指标有以下三种:零售物价指数、批发物价指数、国民生产总值物价平减指数。一般说来,在衡量通货膨胀时,零售物价指数使用得最多、最普遍。

通货膨胀一般以两种方式影响到经济:通过收入和财富的再分配以及通过改变产品产量与类型影响经济。具体地说,通货膨胀对社会经济产生的影响主要有:引起收入和财富的再分配,扭曲商品相对价格,降低资源配置效率,引发泡沫经济乃至损害一国的经济基础和政权基础。各国政府往往不会长期容忍较高的通货膨胀率,但为抑制通货膨胀而采取的货币政策和财政政策通常会导致高失业和国内生产总值(GDP)的低增长,由此而损失的产量和就业数量作为抑制通货膨胀的代价是很大的。

(四)利率

利率(或称利息率)是指在借贷期内所形成的利息额与本金的比率。利率直接反映的是信用关系中债务人使用资金的代价,也是债权人出让资金使用权的报酬。利率,特别是基准利率是中央银行一项行之有效的货币政策工具。

利率的波动反映市场资金供求的变动状况。在经济发展的不同阶段,利率有不同的表现:在经济持续繁荣增长时期,资金供不应求,利率上升;当经济萧条、市场疲软时,利率会随着资金需求的减少而下降。除了与整体经济状况密切相关之外,利率还影响着人们的储蓄、投资和消费行为,利率结构也影响着居民金融资产的选择和证券的持有结构等。

(五)汇率

汇率是外汇市场上一国货币与他国货币相互交换的比率。一国汇率的水平及其变化状况综合地反映了其所处的国际经济环境状况:一方面,一国的汇率会因该国的国际收支状况、通货膨胀率、利率、经济增长率等的变化而波动;另一方面,汇率波动又会影响一国的进出口额和资本流动,并影响一国的经济发展。对于一个开放度和经济对外依存度较高的国家,汇率的变动对其国内经济、对外经济以及国际间的经济联系都产生着重大影响。因此,各国政府和中央银行为防止汇率过分波动危及经济发展和对外经济关系的协调,都或多或少地通过直接参与外汇交易的手段来干预外汇市场。

不同国家和地区汇率的变动情况还与其实行的汇率制度有关,在不同的汇率制度下,政府干预外汇市场的力度和汇率的波动幅度是不同的。较固定的汇率水平不能及时根据实际经济状况进行调整,而浮动汇率制度则会增加对外经济活动的风险。对于进行国际投资的投资者来说,汇率变动的状况直接影响其以本币计量的收益水平。

(六)国际收支

国际收支一般是一国居民在一定时期内与非本国居民在政治、经济、军事、文化及其他往来中所产生的全部交易的系统记录。国际收支包括经常项目和资本项目。经常项目主要反映一国的贸易和劳务往来状况，包括贸易收支(也就是通常的进出口)、劳务收支(如运输、港口、通讯和旅游等)和单方面转移(如侨民汇款、无偿援助和捐赠、国际组织收支等)，是最具综合性的对外贸易的指标；资本项目则集中反映一国同国外资金往来的情况，反映着一国利用外资和偿还本金的执行情况。

实现国际收支平衡需要避免国际收支的过度逆差或顺差，可以维持适当的国际储备水平和相对稳定的汇率水平。

三、宏观经济运行分析

(一)GDP 变动与证券市场

国内生产总值(GDP)是一国经济成就的根本反映，从长期看，在上市公司的行业结构与该国产业结构基本一致的情况下，股票平均价格的变动与 GDP 的变化趋势是相吻合的。不同情况的 GDP 变化将会对证券市场产生不同的影响。

1. 持续、稳定、高速的 GDP 增长

在这种情况下，社会总需求与总供给协调增长，经济结构逐步合理，趋于平衡，经济增长来源于需求刺激并使得闲置的或利用率不高的资源得以更充分利用，从而表明经济发展势头良好。在这种情况下，上市公司的利润持续上升从而使得公司的证券投资价值上升；人们对未来经济运行趋势形成良好的预期，投资积极性不断提高；居民收入不断提高，从而增加对证券投资的需求。正是基于上述原因，证券市场也将呈现上升走势。

2. 高通胀下的 GDP 增长

当经济处于严重失衡下的高速增长时，总需求大大超过总供给，通货膨胀率居高不下，这是经济形势恶化的征兆，如不采取调控措施，宏观经济运行必将进入“滞胀”(即通货膨胀与经济停滞并存)状态。这时经济中的矛盾会突出地表现出来，公司经营将面临困境，居民实际收入也将降低，因而失衡的经济增长必将导致证券市场行情下跌。

3. 宏观调控下的 GDP 减速增长

当 GDP 呈失衡的高速增长时，政府可能采用宏观调控措施以维持经济的稳定增长，这样必然减缓 GDP 的增长速度。如果调控目标得以顺利实现，GDP 仍以适当的速度增长而未导致 GDP 的负增长或低增长，说明宏观调控措施十分有效，经济矛盾逐步得以缓解，为进一步增长创造了有利条件。这时证券市场亦将反映这种好的形势而呈平稳渐升的态势。

4. 转折性的 GDP 变动

如果 GDP 一定时期以来呈负增长，当负增长速度逐渐减缓并呈现向正增长转变的趋势时，表明恶化的经济环境逐步得到改善，证券市场走势也将由下跌转为上升。当 GDP 由低速增长转向高速增长时，表明低速增长中，经济结构得到调整，经济的“瓶颈”制约得以改善，新一轮经济高速增长已经来临，证券市场亦将伴之以快速上涨之势。

需要注意的是，以上有关 GDP 与证券市场关系的陈述在分析一国在相当长时间内二者的关系时比较有价值，由于影响证券市场走势的因素很多，有时一国的证券市场与本国的 GDP 走势在一段时间内有可能出现背离。

(二)经济周期与证券市场

经济周期是经济生产或再生产过程中周期性出现的经济扩张和经济萧条交替更迭的一种现象。证券市场综合了人们对于经济形势的预期，这种预期较全面地反映了人们对经济发展过程中表现出的有关信息的切身感受。这种预期又必然反映到投资者的投资行为中，从而影响证券市场的价格。

根据经济周期与证券市场的关系来预测证券市场的变化必须建立在总体经济的扩张时期和收缩时期都可以辨别的基础上，为了达到这个目的，可以按照指标波动和经济周期波动发生的先后关系，将经济指标分为先行指标、同步指标和滞后指标。先行指标指那些通常在总体经济活动到达高峰或低谷前，先达到高峰或低谷的经济指标，如股价指数、货币供应量、消费者信心指数、制造业工人平均每天开工时间数等。先行指标可以对将来的经济状况提供预示性的信息，因此此类指标是最有分析价值的。同步指标和滞后指标，分别是伴随其他经济活动或带滞后经济活动的指标。表 9－1 为美国国家经济研究局（NBER）建立的经济周期指标指数，一共有 11 项指标组成先行指标综合指数以及 4 个同步指标和 7 个滞后指标。

表 9－1　　经济指标指数

A. 先行指标
1. 制造业生产工人平均每周工作小时数
2. 失业保险的平均每周初次申请数
3. 消费品和材料行业制造商的新订单
4. 卖方业绩——慢速交割扩散指数
5. 购买厂房和设备的合同和订单
6. 地方建筑部门批准的新的私人住房单元数
7. 耐用品行业生产者未完成的订单变化
8. 敏感性原材料的价格变化
9. 500 种普通股价格
10. 货币供应量 M2
11. 消费者预期指数
B. 同步指标
1. 非农业雇员工资数
2. 个人收入减去转账支付额
3. 工业生产量
4. 制造和销售量
C. 滞后指标
1. 失业平均时间长度
2. 存货与销售额之比
3. 单位产出的劳动力成本指数的变化
4. 银行提供的优惠利率
5. 工商业贷款额
6. 发放在外的分期还款消费信贷与个人收入之比
7. 服务方面的消费价格指数的变化

资料来源：美国经济咨商局（The Conference Board），商业周期指标。

在分析预测证券市场的周期性变化时，除了分析先行指标，还要注意以下两个方面：一方面，要收集有关宏观经济资料和政策信息，随时注意经济发展动向，正确把握当前经济发展处于经济周期的何种阶段，以对未来做出正确判断；另一方面不要被股价的“小涨”“小跌”迷惑而追逐小利或回避小失，这一点对中长期投资者尤为重要。

(三)通货膨胀和通货紧缩与证券市场

通货是指一国的法定货币，它的国内购买力水平是以可比物价变动情况来衡量的。一般在没有价格管制、价格基本由市场调节的情况下，通货变动与物价总水平是同义语。

通货膨胀对证券市场的影响，必须从通货膨胀产生的原因、通货膨胀的程度，配合当时的经济结构和形势、政府可能采取的干预措施等方面进行全面的分析，并注意以下几个一般性原则：(1)温和的、稳定的通货膨胀对股价的影响较小，债券价格下降；(2)如果通货膨胀在一定的可容忍范围内持续，而经济处于景气(扩张)阶段，产量和就业都持续增长，那么股价也将持续上升；(3)严重的通货膨胀是很危险的，经济将被严重扭曲，货币加速贬值，这时人们将会囤积商品、购买房屋等进行保值；(4)政府往往不会长期容忍通货膨胀存在，因而必然会使用某些宏观经济政策工具来抑制通货膨胀，这些政策必然对经济运行造成影响；(5)通货膨胀不仅产生经济影响，还可能产生社会影响，并影响投资者的心理和预期，从而对股价产生影响；(6)通货膨胀使得各种商品价格具有更大的不确定性，也使得公司未来经营状况具有更大的不确定性，从而增加证券投资的风险。

通货紧缩将损害消费者和投资者的积极性，造成经济衰退和经济萧条，不利于币值稳定和经济增长。从消费者的角度来说，通货紧缩持续下去，使消费者对物价的预期值下降，而更多地推迟购买。对投资者来说，通货紧缩将使投资产出的产品未来价格低于当前预期，这会促使投资者更加谨慎，或推迟原有投资计划。消费和投资的下降减少了总需求，使物价继续下降，从而步入恶性循环。从利率角度分析，通货紧缩形成了利率下调的稳定预期，由于真实利率等于名义利率减去通货膨胀率，下调名义利率降低了社会的投资预期收益率，导致有效需求和投资支出进一步减少，工资降低、失业增多、公司的效益下滑、居民收入减少，引致物价更大幅度的下降。可见，因通货紧缩带来的经济负增长，使股票、债券及房地产等资产价格大幅下降，银行资产状况严重恶化。而所引发的经济危机与金融萧条反过来又大大影响了投资者对证券市场的信心。

四、宏观经济政策分析

宏观经济政策指政府为达到充分就业、经济增长、物价稳定和国际收支平衡，而采取的一系列调节控制宏观经济运行的政策。由于宏观经济政策会影响经济运行，也就不可避免地会对证券市场产生影响，宏观经济政策分析也就成了证券投资基本分析的主要内容。不同性质、不同类型的政策手段对证券市场价格变动有着不同的影响。

(一)财政政策分析

财政政策是政府依据客观经济规律制定的指导财政工作和处理财政关系的一系列方针、准则和措施的总称，是市场经济条件下国家干预经济的一项手段。财政政策手段主要包括国家预算、税收、国债、财政补贴、财政管理体制、转移支付制度等。这些手段可以单独使用，也可以配合协调使用。

财政政策手段中，财政预算、税收和国债是最主要的手段。财政预算是财政政策的综合反映，财政支出增加可以扩张社会总需求，财政预算的支出变化有调节社会总供求结构的功能，政府支出的偏向可以直接拉动相关产业的需求和就业。税收则是国家凭借政治权力参与社会产品分配的重要形式，由于税收具有强制性、无偿性和固定性，使得它既是筹集财政收入的主要工具，也是调节宏观经济的重要手段。税收调节经济的首要功能是调节收入的分配，该功能主要是通过设置个人和公司所得税来实现的；税收也可以根据消费需求和投资需求的不同对象设置税种或在同一税种中实行差别税率，以控制需求数量和调节供求结构。国债是国家按照有偿信用原则筹集财政资金的一种形式，同时也是实现政府财政政策，进行宏观调控的重要工具。国债可以调节资金供求和货币流通量，还可以调节国民收入初次分配形成的格局、国民收入的使用结构以及产业结构，并促进经济结构的合理化。

财政政策分为扩张性财政政策、紧缩性财政政策和中性财政政策。实施紧缩性财政政策时，政府财政在保证各种行政与国防开支外，并不从事大规模的投资。而实施扩张性财政政策时，政府积极投资于能源、交通、住宅等建设，从而刺激相关产业如水泥、钢材、机械等行业的发展。如果政府以发行公债方式增加投资的话，对经济的影响就更为深远。总的来说，紧缩性财政政策将使得过热的经济受到控制，证券市场也将走弱，因为这预示着未来经济将减速增长或走向衰退；而扩张性财政政策刺激经济发展，证券市场则将走强，因为这预示着未来经济将加速增长或进入繁荣阶段。

（二）货币政策分析

所谓货币政策，是指政府为实现一定的宏观经济目标所制定的关于货币供应和货币流通组织管理的基本方针和基本准则。货币政策工具又称货币政策手段，是指中央银行为实现货币政策目标所采用的政策手段。货币政策工具可分为一般性政策工具（包括法定存款准备金率、再贴现政策、公开市场业务）和选择性政策工具（包括直接信用控制、间接信用指导等）。

货币政策的运作主要是指中央银行根据客观经济形势采取适当的政策措施调控货币供应量和信用规模，使之达到预定的货币政策目标，并以此影响整体经济的运行。通常，将货币政策的运作分为紧缩的货币政策和宽松的货币政策。从总体上说，宽松的货币政策将使得证券市场价格上扬，紧缩的货币政策将使得证券市场价格下跌。

中央银行的货币政策对证券市场的影响，可以从四个方面加以分析：第一，央行调整基准利率的高低，将对证券价格产生影响。一般来说，利率下降时，股票价格就上升；而利率上升时，股票价格就下降。第二，央行公开市场业务将对证券价格产生影响。当央行倾向于实施较为宽松的货币政策，而大量购进有价证券时，市场上货币供给量会增加，从而推动利率下调，进而推动股票价格上涨；反之，股票价格将下跌。第三，央行调节货币供应量的系列措施会对证券市场产生影响。央行可以通过存款准备金率和再贴现政策调节货币供应量，从而影响货币市场和资本市场的资金供求，进而影响证券市场。第四，选择性货币政策工具也会影响证券市场。对不同行业、区域实施不同的方针，使用直接信用控制或间接信用指导，调整信贷规模等政策都会对证券市场产生整体性或结构性影响。

（三）产业政策分析

产业政策是政府为了促进国民经济稳定协调发展，对一国产业结构、产业组织结构进行某种形式干预的经济政策。其内容主要包括，有关产业的一般基础设施政策、有关产业之间的资源分配政策、有关产业的组织政策等。

产业政策概括起来可分为鼓励类、限制类和禁止类。不同类型的产业将会因为是否获得国家财政、金融等支持而表现出不同的利润水平和发展趋势。产业政策主要通过财政政策和货币政策的传导实现其对证券市场的影响。属于鼓励类特别是优先发展的产业将得到一系列政策优惠和扶植。以我国为例，属于国家大力鼓励发展的低碳经济、绿色经济和循环经济的高技术生物、能源、原材料、医药、海洋、航天航空等产业，将获得较高的利润且具有良好的发展前景，这势必受到投资者的普遍青睐，其证券价格自然会上扬。反之，属于限制类的产业，如我国目前的“三高一低”的钢铁、冶金、水泥、造纸、玻璃、化工产业等，将难以获得国家财政金融等支持而无太大的发展前景，这类产业的公司证券也不具有长期投资价值。

（四）收入政策分析

收入政策是国家为实现宏观经济调控总目标、任务，对居民收支高低、差距大小所制定的制度、原则和方针的总称。

收入政策在国民经济中的地位高于货币政策和财政政策，并制约着货币政策与财政政策，但又必须通过货币政策和财政政策来实现其目标。货币机制通过调整货币供应量、货币流通量、信贷方向与数量、利息率等来贯彻收入政策。财政机制通过预算控制、税收控制、补贴调控等手段贯彻收入政策。

我国个人收入分配政策实行以按劳分配为主、多种分配方式相结合的政策。但是，由于多种原因特别是资源占有不均、机会不公和行政保护等，我国目前收入分配存在行业差距、部门差距、地区差距、高管与职工收入差距过大的问题而且日益突出，并在一定程度上制约了经济和证券市场的发展，还影响到社会稳定。

合理的收入分配政策将促进证券市场发展；反之，不合理的收入分配政策将抑制证券市场发展。我国证券市场呈现的各种问题，特别是熊市周期长、牛市周期短，以及暴涨暴跌，是我国的收入分配政策不合理的反映。作为解决中国证券市场暴涨暴跌，促进证券市场持续健康发展的重要措施之一，改革目前中国不合理的收入分配政策，尽可能做到相对公平分配，已刻不容缓。

五、其他宏观因素分析

在社会经济发展中，有些因素如政治因素、自然灾害、能源因素、社会心理因素和市场效率因素等变动性强，对经济的影响大，也是证券投资者在进行宏观分析时必须注意的。

（一）政治因素

政治与经济息息相关，经济发展固然有利于政局稳定，但政局的变动对经济发展更有不容忽视的影响。政治因素具有突发性强、变化迅速、影响广泛的特点，会使股票市场发生波动甚至巨幅波动。

1. 国内政治局势

一国政局稳定有利于股票市场的平稳发展，股价可免受突发因素打击。相反，政局不稳、社会动荡会导致股价直线下跌，如出乎意料的选举结果、预期外的政府改组或政权更迭、新政府对原有经济政策的重大改变，都会影响人们对股票市场的预期和信心，造成抛售股票、交易清淡、股票市场无法正常运行的结局。

2. 国际政治局势

国际政局缓和，经济发展的环境好，股票价格趋于上升。反之，国际政局紧张，发生军事冲突或战争，会造成经济倒退，严重影响股票市场。当今，紧密的国际经济联系，任何一国的政局动荡都会给世界其他国家带来“多米诺骨牌”式的负面影响。一国经济开放程度越高，政治、军事实力越弱，国内股票市场受国际政局影响也越大。

3. 法律制度体系

一国包括股票市场的法律制度及监督机制健全，投资行为就会得到管理和规范，并使中小投资者的正当权益得到保护，会提高投资者持有证券的信心，从而促进股票市场的稳定发展。法律制度不健全的股票市场，投机盛行、人为操纵、不正当交易造成股价涨跌无规律可循，股票市场难以正常发展。

（二）自然灾害

一国发生地震、洪涝等无法抗拒的自然灾害，会造成人员、财产等重大直接经济损失，使得生产停顿、经济停滞不前，对股票市场产生重大影响，至少会导致短期股价大幅下挫。

（三）能源因素

能源与经济发展的关系相当紧密，被誉为“现代经济发展的血液”，在20世纪70年代石油提价以前，廉价的石油直接推动了战后石化工业、汽车工业、钢铁工业和造船工业的迅速发展，并带动了几乎所有经济部门与行业的生产与销售活动。1973年和1979年石油两次大幅度提价和随之而来的全球性石油短缺对世界经济和各国经济的发展都产生了难以估量的影响，并引起了全球性经济、贸易与金融结构的大调整。较高的石油价格增加了人们对各种高效节能性商品的需求，导致了生产企业由能源密集型向技术密集型等方面的转变，推动了各种新能源和替代能源行业的发展。因此，能源价格和各种能源在总能源中的构成即能源结构等指标也是影响整个经济和行业发展的重要因素，是进行证券投资分析时不可忽视的方面。

（四）社会心理因素

社会公众心理因素即投资者的心理变化对股票市价有着很大影响。它对股价变动的影响主要表现在如果投资者对某种股票的市场前景过分悲观，就会不顾发行公司的盈利状况而大量抛售手中的股票，致使股票价格下跌。有时，由于投资者对股市行情吃不透、看不准，股价也会盘旋呆滞。

在股票交易市场中，很多投资者存在一种盲目跟风心理。这种跟风心理，被人们称之为“羊群心理”。“羊群心理”往往存在于小户持股者身上，他们最大的心理特点是求利心切，怕吃亏。这种心理状态往往易被一些大投机者所利用，从而引起股价上涨或下跌。

投资者的心理状态是多种因素共同作用的结果。对于具有不同心理素质的投资者来说，在同样的外部因素的影响下，其心理状态是不一样的。一个成功的股票投资者，除了要有足够的实践经验和丰富的股票知识外，还必须具有良好的心理素质、稳定的心理机能和对外部的抗干扰能力。

（五）市场效率因素

市场效率因素主要包括以下几个方面：(1)信息披露是否全面、准确；(2)通信条件是否先进，从而决定信息传播是否快速准确；(3)投资专业化程度，投资大众分析、处理和理解信息的能力、速度及准确性。市场效率越高，价格对信息反应越及时、准确，价格变化的随机性越强。

第二节　行业分析

行业分析是介于宏观分析和微观分析之间的中观分析。从某种意义上讲，投资于某上市公司，实际上就是以该上市公司所属行业为投资对象，行业分析的重要任务就是发现最具有投资潜力的行业，进而在此基础上选出最具有投资价值的公司。

一、行业分析概述

所谓行业，是指从事国民经济中同性质的生产或其他经济活动的经营单位和个人构成的组织体系结构。在实践领域中根据不同需要对行业进行分类时，所采取的标准不尽相同，从而形成了不同的行业分类方法，就证券市场而言，常用的行业分类方法主要有道·琼斯分类法、全球行业分类标准（GICS）等，我国推出的《国民经济行业分类》国家标准（GBT4754-2002）、《上市公司行业分类指引》是对我国上市公司进行行业分析的重要依据。

行业分析是宏观经济分析的具体化，只有进行行业分析，才能更加明确地知道某个行业的发展状况，以及它所处的行业生命周期的位置，并据此做出正确的投资决策。如果某个行业已处于衰退期，则属于这个行业中的公司，不管其资产多么雄厚，经营管理能力多么强，都难以摆脱其暗淡的前景。因此投资者在考虑新投资时，应避开那些已经步入衰退阶段，甚至即将被淘汰的“夕阳”行业。通过行业分析，正确判断公司所属的行业是处于初创期、成长期，还是稳定期或衰退期，可以帮助投资者有效回避处于衰退期的行业股票。此外，进行行业分析可以为更好地进行公司分析奠定基础。

二、行业特征分析

（一）行业市场结构分析

市场结构就是市场竞争或垄断的程度。根据该行业中公司数量的多少、进入限制程度和产品差别，行业基本上可分为四种市场结构，即完全竞争、垄断竞争、寡头垄断和完全垄断的市场结构。在现实经济中，完全竞争的市场类型是很少见的，初级产品（如农产品）的市场类型较类似于完全竞争；制成品（如纺织、服装等轻工业产品）的市场类型一般都属于垄断竞争的市场结构；资本密集型、技术密集型产品，如钢铁、汽车等，以及少数储量集中的矿产品，如石油等行业多属于寡头垄断的市场结构；公用事业和某些资本、技术高度密集型或稀有金属矿藏的开采等行业接近于完全垄断的市场类型。

上述四种类型的情况可以用表 9－2 来概括。

表 9－2　　按市场结构分类的行业类型及其特点

行业类型	厂商数目	产品差异程度	个别厂商控制价格程度	厂商进入市场难易程度	举　例
完全竞争	很多	无差别	没有	完全自由	农业
垄断竞争	较多	有些差别	有一些	比较自由	零售业
寡头垄断	几个	差别很小	相当大	难以进入	汽车制造业
完全垄断	一个	唯一产品，无替代品	很大，但受政府管制	不能进入	公用事业

（二）行业经济周期分析

根据行业自身发展与国民经济总体周期变动之间关联的密切程度，行业可分为增长型行业、周期型行业和防守型行业。

1. 增长型行业

增长型行业的运动状态与经济活动总水平的周期及其振幅无关，这些行业主要依靠技术创新、新产品推出及更优质的服务来实现增长。例如，在过去的几十年内，计算机和复印机行业就是典型的增长型行业。增长型行业内的企业创造了需求不断扩大的新产品或业务，竞争对手相对较少，而需求随着产品和服务的不断成熟而逐渐爆发，因此增长型行业多出现在高科技领域。此外，在传统行业中，一些企业通过开创新的业务模式，也能够找到广阔的业务扩张空间，如携程旅行网在国内成熟又混乱的订票、订房市场通过互联网结合线下模式开创了新的“蓝海”。

2. 周期型行业

周期型行业的运动状态直接与经济周期相关。典型的周期型行业包括钢铁、有色金属、化工等基础大宗原材料，水泥等建筑材料，工程机械、机床、重型卡车、装备制造等资本性商品。当经济高增长时，市场对这些行业的产品需求也高涨，企业业绩改善非常明显，这些行业的公司股票受到投资者的追捧。而当经济低迷时，各行各业都不再扩大生产，对其产品的需求及企业业绩和股价都会迅速回落。此外，一些非必需消费品行业也具有鲜明的周期性特征，如轿车、高档白酒、高档服装、奢侈品以及航空、酒店等行业，国民收入增长放缓及对未来收入预期的不确定都会直接减少对这类非必需商品的需求。金融服务业(保险除外)由于与工商业和居民消费密切相关，也有显著的周期性特征。投资周期型行业内公司股票的关键就是对时机的把握，如果能在周期触底反弹前介入，可以获得最为丰厚的投资收益，但如果在错误的时点，如周期到达顶端时再买入，则会遭受严重的损失。

在整个经济周期中，不同行业的周期表现还有所差异。在经济由低谷刚刚开始复苏时，石化、建筑施工、水泥、造纸等基础行业会最先受益，股价表现也会提前启动。在随后的复苏增长阶段，机械设备、周期性电子产品等资本性商品和零部件行业表现最好，投资者可以择机买入相关股票。在经济景气的最高峰，商业一片繁荣，这时的主角就是非必需的消费品，如轿车、高级服装、百货、消费电子产品和旅游等行业，换入这类股票可以享受最后的盛宴。在一轮经济周期里，配置不同阶段受益最多的行业内公司股票可以让投资收益最大化。

3. 防守型行业

这类行业的产品需求相对稳定，并不受经济周期性波动的影响。也就是说，不管宏观经济处在经济周期的哪个阶段，行业的销售收入和利润都变化不大。有时，在经济衰退阶段，防守型行业还可能有所增长。食品业和公用事业都属于防守型行业，因为对其产品的需求收入弹性较小，所以这些行业的收入相对稳定。正是由于这个原因，对防守型行业的投资看重的是其稳定的收入而非成长性。

这三类行业的特征描述见表 9—3。

表 9—3　　经济周期与行业特征

行业类型	行业特征
增长型行业	销售收入和利润独立于经济周期而超常增长
周期型行业	销售收入和利润随经济周期波动而变化
防守型行业	销售收入和利润在经济周期的各阶段都相对稳定

(三)行业生命周期分析

通常每个行业都要经历一个由成长到衰退的发展演变过程，这个过程便称为行业的生命周期。一般地，行业的生命周期可分为四个阶段，即初创阶段(也叫幼稚期)、成长阶段、成熟阶段和衰退阶段。如表 9—4 所示，处在生命周期不同阶段的行业在公司数量、产品价格、利润和风险等方面具有不同的特点。

表 9—4　　行业生命周期各阶段的特点

	初创阶段	成长阶段	成熟阶段	衰退阶段
公司数量	少	增加	减少	少
产品价格	高	下降	稳定	下降
利润	亏损	增加	高	减少→亏损
风险	高	高	降低	增大

1. 初创阶段

在这一阶段，由于新行业刚刚诞生或初建不久，投资这个新兴行业的创业公司为数不多，而且由于初创期产品的研究开发费用和企业创设成本较高、市场需求狭小，销售收入较低，企业不但没有盈利，反而普遍亏损。同时，较高的产品成本和价格与较小的市场需求使这些创业公司面临很大的投资风险。

2. 成长阶段

在这一时期，新行业生产的产品经过广泛的宣传和顾客的试用，逐渐赢得了大众的欢迎，市场需求呈上升趋势，同时，由于市场前景看好，投资于新行业的厂商大量增加，产品也由单一、低质、高价逐步向多样、优质和低价的方向发展，因而新行业出现了生产厂商和产品相互竞争的局面。由于这一原因，这一阶段有时被称为投资机会时期。竞争的结果有两个方面：一是促进了产品品种、性质和用途的多样化，促进了产品质量的提高和生产成本及价格的降低；二是导致了生产厂商的两极分化，有些公司逐渐占领和控制了市场，而更多的公司在竞争中遭淘汰或被兼并。在成长期，行业技术进步迅速、利润丰厚，但因竞争激烈，风险也很大，因此，股价往往会出现大起大落的现象。

3. 稳定阶段

在这一时期，产品的销售增长减慢，迅速赚取利润的机会减少，在前一时期竞争中生存下来的少数大厂商垄断了整个行业的市场，它们势均力敌，都相对稳定地占有一定比例的市场份额。厂商和产品之间的竞争手段逐渐由初期的以价格手段为主转向以非价格手段为主，如提高质量、改善性能和加强售后维修服务等。行业的利润由于一定程度的垄断达到了很高的水平，而风险却因市场比例比较稳定、新企业难以进入市场与老企业相竞争而出现下降。处于稳定期的公司股票价格基本上稳定上升。

4. 衰退期

在出现较长的稳定期之后，由于新产品和大量替代品的出现，原行业的市场需求开始减少，产品的销售量也开始下降，某些厂商开始向其他更有利可图的行业转移资金，致使原行业出现厂商数目减少、利润下降的萧条景象。至此，整个行业便进入了生命周期的最后阶段，即衰退期。在衰退期，厂商的数目逐渐减少，市场逐渐萎缩，利润额停滞或不断下降。当正常利润无法维持或现有投资折旧完毕后，整个行业便逐渐解体了。衰退行业的股票行市平淡或有所下跌，那些因产品过时而被淘汰的行业，股价会受到更严重的影响。

上述行业生命周期四个阶段的说明只是一个总体状况的描述，它并不适用于所有行业的情况。行业的实际生命周期由于受行业性质、政府干预、国外竞争和能源结构的变化等许多因素的影响而复杂很多。研究行业生命周期的主要目的在于帮助人们选择较合理的行业进行投资，对投资者起到重要的指导作用。

(四)行业竞争状况分析

行业的竞争状况直接关系到行业的盈利水平及其持续性，通过对行业的竞争状况进行分析，可以了解行业的前景，帮助投资者在行业内部选取优秀的公司。行业竞争状况分析主要依据竞争战略之父迈克尔·波特提出的“五力模型”，波特认为行业盈利的增长潜力取决于行业的竞争激烈程度。

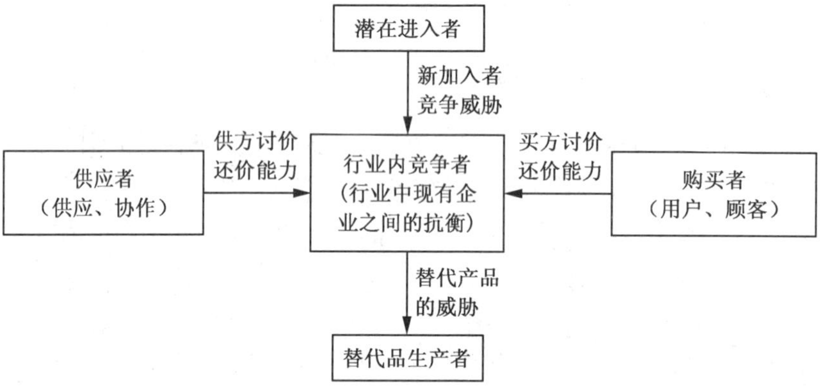

图 9—1 行业竞争力量模型

波特认为一个行业内存在着五种基本竞争力量，即供应商的议价能力、需求方的议价能力、潜在进入者的威胁、替代产品的威胁和行业内现有公司的竞争。从静态角度看，这五种基本竞争力量的状况及其综合强度，决定着行业内竞争的激烈程度，决定着行业内公司可能获得利润的最终潜力。从动态角度看，这五种竞争力量抗衡的结果，共同决定着行业的发展方向。

1. 供应商的议价能力

企业在生产产品之前，必须向其供应商买入原料或半成品，如果关键投入品的供应商在行业中处于垄断地位，它就能对该产品索取高价，赚取高额利润，挤压企业的盈利空间。决定供应商议价能力的关键因素是需求方能否得到相关的替代品。如果存在替代品而且容易获得，供应商讨价还价的能力就会被削弱。

2. 需求方的议价能力

如果一个采购者购买了某一行业的大部分产品，那么它就掌握了很大的谈判主动权，具有强大的谈判能力，能够压低购买价格，从而压缩卖方企业的盈利空间。买方的议价能力取决于以下因素：买方规模大小、行业内企业数量的多寡、买方信息取得的难易程度、产品标准化程度等。

3. 潜在进入者的威胁

行业的新进入者会对价格和利润造成巨大的压力，甚至当其他公司还未真正进入该行业时，进入威胁也会对价格施加压力。因为高价格和高利润率会吸引新的竞争者加入该行业，所以进入壁垒是行业获利能力的重要保障，进入壁垒可以表现为多种形式，例如，通过长期的商业关系，现有企业已经和消费者及供应商建立了牢固的分销渠道，而这对一个新进入的企业来说成本是很高的，分销渠道建设就可以成为进入壁垒。再如，商标、版权等知识产权壁垒使新进入者难以在市场中立足，因为专有技术和专利保护使现有企业具有一定的优势。此外，法定设立的资本额过高、规模经济的要求、政府的管制等也会成为行业进入壁垒。

4. 替代产品的威胁

对行业而言，替代产品的出现将使消费者在购买上有更多的选择，并将减少本行业产品的消费量。如果一个行业的产品存在替代品，就意味着它将面临与行业进行竞争的压力，替代品的存在限制了厂商向消费者索取高价的能力。当其替代程度提高时，本行业的产品价格势必要调低，以与替代品竞争，由此本行业的获利水平将下降。

5. 现有竞争者的竞争

当某一行业中存在若干竞争者时，由于它们力图扩大各自的市场份额，于是市场中会发生价格战，从而降低了利润。如果行业本身增长缓慢，这些竞争会更加激烈，因为此时扩张就意味着夺取竞争对手的市场份额。高固定成本也会对价格产生压力，因为高固定成本将迫使企业充分利用其生产能力来扩大产量以降低单位成本。如果各企业生产几乎相同的产品，那么它们就会承受更大的价格压力，因为此时企业不能在产品差异化的战略基础上进行竞争。

(五)行业稳定性分析

行业的稳定性是衡量投资风险的重要尺度。不同行业的技术含量、劳动效率以及销售和收益均不相同，因而研究不同行业的收益及其稳定状况对不同类型的投资者就有很大的意义。例如，工业、房地产等行业受经济周期波动的影响较大，而公用事业受经济周期波动的影响较小，商业、综合型行业则介于两者之间。一般来说，受经济周期影响较大的行业投资收益较高，风险也较大；而受经济周期影响较小的行业，收益平稳，风险相对较小。

影响行业稳定性的主要因素有：

1. 产业政策

我们在政策分折中已经对产业政策对证券市场价格的影响进行了分析，实际上政府对于行业的管理和调控主要是通过产业政策来实现的。政府可以通过产业政策对产业结构进行调整；可以通过产业政策对战略产业进行保护和扶植；可以通过产业政策对衰退产业进行调整和援助。例如，对高新技术、农业、教育等行业采取鼓励政策，通过税收、信贷、津贴等措施激励这些行业发展；而对某些行业，如纺织业等采取抑制政策，通过税收、信贷、限价等措施来限制它的发展。

2. 技术进步

技术进步对行业的影响极大，它往往可以催生一个新的行业，同时迫使一个旧的行业加速进入衰退期。例如，电灯的出现极大地削减了对煤气灯的需求，蒸汽动力行业被电力行业逐渐取代，超大规模集成电路淘汰了普通元器件电子电路等。这些新产品在定型和大批量生产后，市场价格大幅度下降，很快就能占领市场，从而新行业较快地超过并代替旧行业，或严重影响原有行业的生存。

3. 竞争因素

投资分析家应考虑行业受到保护而不受竞争侵害的程度，有一些重要因素会使新企业进入现有行业市场感到困难。在市场上，如果消费者对企业现有产品怀有某种偏好，那么企业较流行的产品就具有竞争优势。现存的企业与其新的竞争者相比较来看，前者通常能以较低的成本进行生产，因为它具有绝对成本的优势。一般来说，某一行业受竞争刺激的敏感性越弱，该行业越安全。

4. 社会倾向

在当今社会，消费者和政府越来越强调经济行业所应负的社会责任，越来越注重工业化给社会带来的种种影响。社会倾向对企业的经营活动、生产成本和利润收益等方面都会产生一定的影响。

5. 经济全球化

所谓经济全球化，是指商品、服务、生产要素与信息跨国界流动的规模与形式不断增加，通过国际分工，在世界市场范围内提高资源配置效率，从而使各国经济相互依赖程度有日益加深的趋势。它是全球生产力发展的结果，其推动力是企业追求利润和取得竞争优势。20世纪90年代以来，经济全球化的趋势大大加强，传统的国际分工正在演变为世界性的分工，世界贸易进一步规范化，各国金融市场日益融合，投资活动遍及全球，跨国公司的作用进一步加强。经济全球化在促进产业的全球转移的同时，也使国际分工的基础出现了重要的变化，一个国家的优势行业不再主要取决于资源禀赋，其后天因素的作用逐步增强，如政府的效率、市场机制的完善程度、劳动者素质、市场规模等。国际分工的模式也出现了重大变化，即行业内贸易和公司内贸易的比重大幅度增加。

经济全球化使每一个行业和企业都置身于全球性竞争中，同时也使各行业各企业获得全球性的市场和资源。分析经济全球化对行业的影响，关键要看经济全球化是否有利于这一行业整合全球性的资源、是否有利于这一行业充分利用全球性的市场来满足全球性的需求。我国于2001年11月11日加入了世界贸易组织，融入全球经济的步伐不断加快，工业化程度不断加深，这对我国各行业的发展产生了深远的影响。从长远来看，全球化给中国带来前所未有的机会，使中国经济变得更有效率，但短期内，那些效率低下、管理混乱、缺乏国际竞争力的行业会受到较大的冲击。

三、证券投资选择

在进行证券投资分析时，应该考察行业的各种特征，在此基础上建立基本的投资原则：

(1)顺应趋势，选择潜力股。

(2)对处于不同阶段的行业，适合不同的投资者进行投资。对处于初创期的行业，由于风险较大、收益小，可选择余地小，因此适合于投机者。对于处于成长期的行业，行业高速增长的同时竞争激烈，破产倒闭可能性大，一般适合于趋势投资者，但不适合于价值型投资者，如果选择正确可能获得巨额回报，否则就会血本无归。对于成熟期的行业，风险较小、收益较大，适合于收益型或价值型投资者。对处于衰退期的行业，受关注规模小的上市公司，有可能被重组或是成为“壳资源”。

(3)正确理解国家的行业政策，把握投资机会。国家对某一行业的扶持或限制，往往意味着这一行业会有更大的发展空间，或者被封杀发展空间，因而国家的行业政策具有导向作用，在把握行业结构演进趋势的基础上正确理解国家的行业政策，能更好地实现投资效益。

第三节　公司分析

一、公司分析概述

证券投资分析中公司分析的对象主要是指上市公司，但在对上市公司进行分析的过程中往往还关注一些与上市公司之间存在关联关系或收购行为的非上市公司。在实际投资活动中，投资者对于上市公司的了解是必要的，否则其收益将面临很大的风险。因此，无论是进行判断投资环境的宏观经济分析，还是进行选择投资领域的中观行业分析，对于具体投资对象的选择最终都将落实在微观层面的上市公司分析上(指数投资除外)。

公司分析最重要的信息来源是公司年报，公司年报涵盖了公司的基本情况、员工情况、当年的经营状况、财务数据和其他重要事项等；公司年报为投资者提供了一个系统了解公司的信息平台。此外，投资者从各种信息渠道甚至日常生活中所获取的一切有关公司的信息都可以作为公司分析的基础。公司分析大致可以分为公司基本素质分析和公司财务分析两大部分。

二、公司基本素质分析

(一)公司竞争地位分析

1. 公司行业地位分析

行业地位分析的目的是判断公司在所处行业中的竞争地位，如是否为领导公司，在价格上是否具有影响力，是否有竞争优势等。在大多数行业中，无论其行业平均盈利能力如何，总有一些公司比其他公司具有更强的获利能力。公司的行业地位决定了其盈利能力是高于还是低于行业平均水平，决定了其在行业内的竞争地位。决定公司竞争地位的首要因素在于公司的技术水平，此外公司的市场开拓能力、经营管理水平、资本与规模效益、产品的研发能力也是重要的决定因素。

2. 公司经济区位分析

区位或者说经济区位，是指地理范畴上的经济增长点及其辐射范围。区位是资本、技术和其他经济要素高度积聚的地区，也是经济快速发展的地区。区位经济的发展状况构成了公司运营的直接环境，处在经济区位内的上市公司可以获得额外的竞争优势，一般具有较高的投资价值。我们对上市公司进行区位分析，就是将上市公司的价值分析与区位经济的发展联系起来，通过分析上市公司所在区位的自然条件、资源状况、产业政策、政府扶持力度等方面来考察上市公司发展的优势和后劲，确定上市公司未来发展的前景和投资价值。具体来讲，可以通过以下几个方面进行上市公司的区位分析：(1)区位内的自然条件与基础条件，包括矿产资源、水资源、能源、交通、通信设施等；(2)区位内政府的产业政策，即当地政府制定的经济发展战略规划、提出的产业政策、确定的优先发展和扶植的产业及相应的财政、信贷、税收等诸多方面的优惠措施；(3)区位内的经济特色，即区位内经济与区位外经济的联系和互补性、龙头作用及其发展活力与潜力的比较优势。

3. 公司产品分析

产品是公司获取收入、实现利润的主要载体，其市场认可程度和竞争力直接决定公司的盈利能力和竞争地位。公司产品要在激烈的市场竞争中获胜，必须从以下四个方面确立自己的优势：(1)成本优势，即公司的产品依靠低成本获得高于同行业其他公司的盈利能力；(2)技术优势，指公司拥有的比同行业其他竞争对手更强的技术实力及其研究与开发新产品的能力；(3)质量优势，指公司的产品以高于其他公司同类产品的质量赢得市场，从而取得竞争优势；(4)品牌优势，即公司产品具有更高的识别度、认同度和客户忠诚度的优势。

(二)公司经营管理能力分析

1. 公司法人治理结构

公司法人治理结构有狭义和广义两种定义。狭义上的公司法人治理结构是指有关公司董事会的功能、结构和股东的权利等方面的制度安排；广义上的法人治理结构是指有关公司控制权和剩余索取权分配的一整套法律、文化和制度安排，包括人力资源管理、收益分配和激励机制、财务制度、内部制度和管理等。健全的公司法人治理结构至少体现在以下几个方面：规范的股权结构；有效的股东大会制度；董事会权力的合理界定与约束；完善的独立董事制度；监事会的独立性和监督责任；优秀的职业经理层；相关利益者的共同治理。

2. 员工素质及能力分析

所谓员工素质是指员工的品质、性格、学识、能力、体质等方面特性的总和。上市公司的员工按组织结构通常可以分为三个层面，即决策层、管理层和执行层。决策层人员应该具备较高的公司管理能力、丰富的工作经验和良好的经济素养，有清晰的战略思维头脑和综合判断能力，具备较强的法制观念、严格依法行事；管理层人员应当既通晓现代化管理理论，又具有实际的管理经验，有开拓进取精神，工作态度严谨，具备较强的组织指挥能力，熟悉公司生产工艺流程和经营状况，能合理安排生产计划，灵活处理突发事件，善于协调人际关系，调动员工的积极性和工作潜力；执行层人员应了解岗位工作范围，严格执行操作程序，操作技术娴熟，热爱本职工作，能保证质量地完成生产经营任务。

3. 公司内部调控机制效率分析

公司内部应当建立严格的管理制度，共同遵守办事程序和行为准则。在考察公司的管理制度时，可以根据公司的具体经济目标，看公司内部各项规章制度是否健全，是否切实可行；员工是否遵守；各部门是否都有自己的办事程序，是否分工明确、责任清楚，权利能否享受，义务能否履行，是否都熟悉自己的业务，技术水平、文化素质如何，操作是否娴熟，是否善处理复杂问题，适应多变的环境等。据此即可对该公司内部调控机制做出总体评价。

(三)上市公司的商业模式分析

商业模式就是企业为了价值最大化而构建的与其利益相关者的交易结构。商业模式设计目的是使企业价值最大化。商业模式为企业的各利益相关者如供应商、客户、销售商、其他合作伙伴、企业内的部门和员工等提供一个将各方交易活动相互连接的纽带。好的商业模式最终总是能够体现为获得资本市场和产品市场认同的独特企业价值。例如，作为中国领先的在线旅行服务公司，携程旅行网成功整合了高科技产业与传统旅游业，向超过 1 400 万会员提供集酒店预订、机票预订、度假预订、商旅管理、特惠商户及旅游资讯在内的全方位旅行服务，被誉为互联网技术和传统旅游无缝结合的典范。

(四)上市公司的成长性分析

1. 公司经营战略分析

公司的经营战略是对公司经营范围、成长方向、速度以及竞争对策等的长期规划，直接关系着公司未来的发展和成长。经营战略具有全局性、长远性和纲领性的特点，它从宏观上规定了公司的成长方向、成长速度及其实现方式。

2. 公司规模变动特征及扩张潜力分析

公司规模变动特征和扩张潜力一般与其所处的行业发展阶段、市场结构、经营战略密切相关，它从微观方面具体考察公司的成长性。可以从以下几个方面进行分析：

(1)公司规模的扩张是由供给推动还是由市场需求拉动，是通过公司的产品创造市场需求还是生产产品去满足市场需求，是依靠技术进步还是依靠其他生产要素等，以此找出企业发展的内在规律。

(2)纵向比较公司历年的销售、利润、资产规模等数据，判断公司的发展趋势是加速发展、稳步扩张还是停滞不前。

(3)将公司销售、利润、资产规模等数据及其增长率与行业平均水平及主要竞争对手的数据进行比较，了解其行业地位的变化。

(4)分析预测公司主要产品的市场前景及公司未来的市场份额，对公司的投资项目进行分析，并预测其销售和利润水平。

(5)分析公司的财务状况以及公司的投资和筹资潜力。

三、公司财务分析

一般认为，财务分析产生于19世纪末、20世纪初。最早的财务分析主要是为银行服务的信用分析。随着资本市场的形成，公司生产经营规模、筹资规模和投资规模的逐渐扩大，一项投资的收回或一项长期债务的偿还要经过好几年才能实现，因而投资者和债权人开始分析公司的经营风险、获利能力、还本付息风险和筹资成本等问题。财务分析也由主要为贷款银行服务扩展到为投资者服务。财务分析范围不仅在于对财务报表数据的比较和分析，而且扩展到对经营环境和股市行情的分析。因此，公司筹资规模的扩大、筹资渠道的增多及公司破产风险的增强，不但使财务分析内容不断充实，而且使财务分析的方法和指标不断完善，这就为公司财务分析的发展铺平了道路。

财务分析既是已完成的财务活动的总结，又是财务预测的前提，在财务管理循环中起着承上启下的作用。通过财务分析可以了解公司财务状况和财务实力的大小，对公司的经营业绩、财务状况及其前景做出较正确的评估和预测，挖掘潜力，改进工作，实现公司价值最大化。

(一)公司主要的财务报表

公司财务报告是反映公司财务状况和经营成果的书面文件，包括资产负债表、损益表、现金流量表、所有者权益变动表、附表及会计报表附注和财务情况说明书。下面主要就其常见的三种报表形式进行说明。

1. 资产负债表

资产负债表是反映公司在某一特定日期(往往是年末或年中)财务状况的静态报告，资产负债表反映公司资产负债之间的平衡关系。资产负债表由资产和负债两部分组成，每部分各项目的排列一般以流动性的高低为序。资产部分表示公司所拥有的或所掌握的以及其他公司所欠的各种资源或财产；负债部分(广义负债)包括负债(狭义负债)和股东权益两项。负债表示公司所应支付的所有债务；股东权益表示公司的净值。资产、负债和股东权益的关系用公式可表示为：

资产＝负债(广义)＝负债(狭义)＋股东权益

2. 损益表

损益表是反映公司在一定时期内(通常是一季度或一年内)经营成果及其分配情况的报表，它也称收益表或利润表。损益表可以提供公司在一定时期内销售收入的取得、成本和费用的发生、利润或亏损的实现情况，是一种动态财务报表。依据损益表可以评估公司盈利水平，预测盈利趋势，分析公司利润(或亏损)增减变化的原因。

损益表由产品销售利润、营业利润、利润总额三部分构成。损益表中三部分及各项目关系用公式表达如下：

产品销售收入－产品销售成本－产品销售费用－产品销售税金及附加＝产品销售利润

产品销售利润＋其他业务利润－管理费用－财务费用＝营业利润

营业利润＋投资净收益＋营业外收入－营业外支出＝利润总额

3. 现金流量表

以现金为基础编制的财务状况变动表，称为现金流量表。现金流量表是反映现金的来源及运用，以及不涉及现金的重大的投资和理财活动。它包括三个部分：一是经营活动产生的现金流量；二是投资活动产生的现金流量；三是筹资活动产生的现金流量。

（二）财务报表分析的方法

财务报表给投资者提供了有关公司的大量的第一手数据资料。但仅仅了解这些数据还不够，还要用一定的方法分析各种会计数据之间的相互关系，才能全面地反映企业经营业绩和财务状况。一般而言，财务报表可以采取以下几种方法进行分析。

1. 纵向分析法

纵向分析法是分析同一年度会计报表中各项目之间的比率关系，从而揭示各个会计项目的数据在企业财务中的相对意义。在进行纵向分析时，首先，将同一年度资产负债表的“资产总额”“负债和股东权益总额”作为分析的基数。然后，将表中全部资产类项目的余额化作“资产总额”的百分数列计，将属于“负债和股东权益”的各个项目的余额化作“负债和股东权益总额”的百分数列计。这样就可以反映企业的资产占用构成是否合理，存在什么问题。其次，将“损益表”中“销售收入”数据当作基数，再列计各项成本费用、所得税税金及利润项目的百分率，这样可清楚地反映企业的各项费用率和销售利润率等情况。此外，还可以将不同年度财务报表纵向分析的结果进行对照比较，分析不同年度各项目的百分率变动情况，使纵向分析带有动态分析的性质。纵向分析法使在同一行业中规模不同的企业的财务报表有了可比性，因为把各个会计项目的余额都化成百分数，在经营规模不同甚至相差悬殊的企业之间就有了可比的基础，就可以比较它们之间的经营状况和财务状况。纵向分析法是财务报表分析中一种常用的方法。

2. 横向分析法

横向分析法是采用环比的方法比较“资产负债表”和“损益表”，即将企业连续两年或数年的会计数据按时间序列排列，进行前后期对比，并增设“绝对额增减”和“相对额增减”两栏，编制出比较财务报表，以揭示各会计项目在这段时间内所发生的绝对金额和百分率的变化情况及变化趋势。横向分析法一般只用于单个企业的分析。

3. 趋势分析法

趋势分析法又称指数分析法，是将同一公司连续多年的会计报表中的重要项目，如销售收入、销售成本、费用、税前净利、税后净利等集中在一起，再与某一基年的相应数据作百分率比较的分析方法。在进行趋势分析时，首先要选择某一会计年度为基期，并将基期会计报表中各个项目或若干重要项目的余额定为100%。要注意的是，基期必须是各方面情况都比较正常、较有代表性的会计年度，各项目基期的值必须为正值才有比较的可能。其次，将以后各年度的会计报表中相同项目的余额除以基期相应项目的余额再乘以100%，并按年度顺序排列。通过计算、排序、分析，可以反映企业的资产、负债、股东权益及收入、成本、费用、利润等项目相对于基期的增减情况、变动幅度，并可据此预测企业经营活动和财务状况的未来变化趋势。

在财务报表分析中还有单位化法和标准比较法。前者是将各种“总数”化成“单位数”，主要以每一股普通股为单位进行分析；后者是将企业的有关部门财务报表数据及百分率与本行业的平均水平或行业标准进行比较，分析公司在本行业中所处的地位。当然，有关财务指标的分析在财务分析中也非常重要。

（三）公司财务比率分析

财务比率将损益表、资产负债表及现金流量表各项目有机地联系起来，通过财务比率分析，可以提供评价公司现有状况的线索，并能够预测未来业绩的走势。这些财务比率主要有以下三大类。

1. 公司偿债能力分析

举债经营是现代公司经营的一大特色，一方面是由于现实经济条件难以实现无负债经营，另一方面是因为在权益资金成本大于债务资金成本时，举债经营可以成为提高股东权益报酬率的有力手段。对举债经营的公司来说，能否在债务到期时支付本息，将决定公司是否具有持续经营能力。公司偿债能力的分析，对证券投资者至关重要。按照公司债务偿还时间的长短，公司偿债能力可以分为短期偿债能力和长期偿债能力。

(1)公司短期偿债能力分析

公司短期偿债能力的指标分析是指运用一系列财务指标对公司一年内或一个营业周期内偿还债务能力的分析。常用的反映短期偿债能力的指标主要有以下三种。

①流动比率

流动比率是指公司特定日的流动资产与流动负债的比率，它表示单位流动负债所对应的流动资产的金额大小，其计算公式为：

流动比率＝流动资产/流动负债

流动比率计算简便，所需资料容易获取，是普遍用以衡量公司短期偿债能力的重要财务指标。一般来说，流动比率越高，表明流动负债受偿的可能性越大，短期债权人的利益越有保障，流动资产超过流动负债的营运资金越多，公司应付诸如债券违约、破产等财务危机的能力越强。但是，过高的流动比率也可能是公司滞留在流动资产上的资金过多，会影响到公司的获利能力。根据经验，流动比率在 2∶1 左右比较合适，但需根据各企业的具体情况来做判断，不能一概而论。

②速动比率

速动比率又称酸性比率，是指公司速动资产与流动负债的比率，其计算公式为：

速动比率＝速动资产/流动负债＝(流动资产－存货)/流动负债

速动比率用变现能力更强的速动资产代替流动资产，可以比流动比率更为严谨地反映企业短期偿债能力，也是一个常用的财务指标。由于速动比率在计算时扣除了变现能力差的资产项目，考虑了风险承受能力，更为实际地反映了公司流动资产的变现能力。在公司面临财务危机而存货难以变现等情况下，速动资产的大小对短期偿债能力有决定性的意义。因此，速动比率在测验公司应付突发事件的能力方面具有更高的预测性。一般来说，速动比率越高，表明流动负债受偿的能力越高，短期债权人的利益越有保障。根据经验，速动比率在 1∶1 左右比较合适，但需根据各企业的具体情况来做判断，不能一概而论。

③现金流量比率

现金流量比率是指公司某一时期营运活动所产生的净现金流量与流动负债的比率，它表示单位流动负债所对应的由营运而产生的净现金流量的大小，是一个基于现金流量表的指标，其计算公式为：

现金流量比率＝经营活动现金净流量/流动负债

现金流量比率越高，表示公司资产变现的风险越小，变现时间越短，从而公司短期偿债能力越强；反之，比率越低，短期偿债能力越弱。与流动比率、速动比率相比，现金流量比率计算中所需的资料不仅依赖资产负债表，而且还需从损益表和现金流量表中取得，它反映了公司流量与存量的关系，能动态地反映公司的短期偿债能力。

(2)分析短期偿债能力时应注意的问题

①反映公司短期偿债能力的静态财务指标，如流动比率、速动比率，常常只表明公司在静

止状态下，在特定时点上偿还短期债务的可能性，它们不能反映全年平均状态，也难以准确显示未来现金流量的变化。因此，分析短期偿债能力时，必须配合运用现金流量比率这样的动态指标。

②公司的短期偿债能力并非越强越好。例如，过高的流动比率、速动比率、现金流量比率可能意味着公司资金使用的低效率。

③不同行业的公司之间难以用一个标准衡量公司的短期偿债能力。因此，每一个财务指标在运用时要与公司不同时期的指标值相比较，与行业平均水平相比较，才有实际的运用价值。

④运用财务指标分析时，须配合其他分析方法才能减小偏差，增强分析结果的准确性。例如，分析公司各项流动资产的构成及历年的变化，分析债权人与债务人的信用接受条件等。这类分析有助于投资者更全面准确地把握公司的短期偿债能力。

(3)公司长期偿债能力分析

公司长期偿债能力的财务指标分析是指运用一系列财务指标，对公司一年以上或一个营业周期以上偿还债务能力的分析。常用的反映公司长期偿债能力的指标，主要有以下五种。

①资产负债率

资产负债率是指负债总额与总资产的比率，其计算公式为：

资产负债率＝负债总额/资产总额

式中的“负债总额”不仅包括长期性负债，还包括短期性负债。这是因为，流动负债作为一个整体，公司都是长期占用的，可以视为公司的长期性资本来源的一部分，否则该指标就无法体现公司真实的负债情况。资产负债率反映了公司总资产中，由债权人提供的资产所占的比率。对债权人来说，负债比率越低，表明股东权益的比率越大，债权人的利益得到保护的可能性越大，公司长期偿债能力越强；反之，负债比率越高，则表明公司长期偿债能力越弱。资产负债率为多少才合理并没有一个确定的标准。一般而言，处于高速成长时期的公司，其负债比率会更高一些，这样所有者会得到更多的杠杆利益。

②股东权益比率

股东权益比率简称权益比率又称净值比率，是指公司股东权益与资产的比率，其计算公式为：

股东权益比率＝股东权益总额/资产总额

股东权益比率反映公司总资产中，由投资者提供的资产所占的比重。其与负债比率之和等于1，因此，这两个比率是从不同的侧面来反映公司长期财务状况的。股东权益比率越高，表明公司长期偿债能力越高；股东权益比率越低，表明公司长期偿还债务的能力越低。

股东权益比率的倒数，称作权益乘数，即资产总额是股东权益的多少倍。该乘数越大，说明股东投入的资本在资产中所占比重越小。其计算公式为：

权益乘数＝资产总额/股东权益总额

③产权比率

产权比率也称债务股权比率，是指负债总额与股东权益总额的比率，其计算公式为：

产权比率＝负债总额/股东权益总额

产权比率反映了债权人提供的资本与股东提供的资本的相对关系，表明了股东权益对债权人权益的保障程度。一般来说，产权比率越低，表明股东对债权人承担的责任越大，公司的长期偿债能力越强；反之，产权比率越高，表明公司的长期偿债能力越弱。

④长期负债率

长期负债率是指公司长期负债对总资产的比率，其计算公式为：

长期负债比率＝长期负债/资产总额

长期负债比率反映了公司的总资产对长期负债的负担能力，是从总体上判断企业债务状况的一个指标。长期负债比率越高，表明公司总资产对长期负债的负担越重，公司经营对外来长期资本的依赖性越强，公司长期债务的偿还压力越大，债权人的风险越高；反之，长期负债比率越低，表明公司长期债务的偿还压力越小，债权人的风险越低。

⑤利息支付倍数

利息支付倍数是指企业利润与利息费用的比率，用以衡量偿付借款利息的能力，也叫利息保障倍数。利用这一比率，可以测试债权人投入资本的风险，其计算公式为：

利息支付倍数＝息税前利润/利息费用

式中的"税息前利润"是指利润表中未扣除利息费用和所得税之前的利润，它可以用"利润总额加利息费用"来预测，"利息费用"是指本期发生的全部应付利息，不仅包括财务费用中的利息费用，还应包括计入固定资产成本的资本化利息。已获利息倍数是用于衡量公司从各种渠道筹集的资金中获得的收益是所需支付利息的多少倍，只有已获利息倍数足够大，公司才能有足够的能力偿付利息；否则企业支付利息的能力就比较弱。判断公司该指标是否合理，需要将该公司的这一指标与其他企业，特别是同行业平均水平进行比较。一般说来，企业的利息支付倍数至少要大于1，否则就难以偿付债务及利息。

(4)分析长期偿债能力时应注意的问题

①反映公司长期偿债能力的各种指标中，反映资本、债务结构类的各个指标，对公司债务的风险分析、债权人的债权保障程度分析有重要意义。这类指标有资产负债率、股东权益比率、产权比率。

②公司的长期偿债能力并非越强越好。公司举借长期债务形成的资本成本一般较低，且利息费可在税前扣除，在公司总资产报酬率高于借款利息率时，公司过高的长期偿债能力，意味着公司长期资产中股东占的比重过大，导致没有充分利用举债给企业带来的好处，股东权益的报酬率可能相对降低。

③不同行业的公司之间，难以用一个标准衡量其长期偿债能力。分析时应注意将有关财务指标与公司不同时期相比较，与行业平均水平相比较。

④公司的长期偿债能力，最终取决于公司长期盈利能力。因此，分析公司长期偿债能力，必须与分析公司长期盈利能力相结合。此外，公司是否对外承诺担保责任、是否有长期租赁或其他负债，对判断公司长期偿债能力也至关重要。

2. 公司营运能力分析

公司营运能力分析，是指对公司运用现有经济资源能力的分析。公司营运能力直接影响公司的偿债能力和盈利能力，也是公司经营业绩的重要反映。反映公司营运能力时运用的主要财务指标有以下五种。

(1)总资产周转率

总资产周转率，又称投资周转率，是指销售收入与平均资产总额的比值。如果企业的资产总额中包含无形资产，则应作相应扣除，即以销售收入与平均有形资产总额相除，其计算公式为：

总资产周转率＝销售收入/平均资产总额

式中的“平均资产总额”是资产负债表中“资产总计”的年初数与期末数的平均数。总资产周转率说明企业投资的每一元钱在一年之内可产生多少销售额，从总体上反映了企业利用资产创造收入的效率。该比率越高，表明个企投资发挥的效率越大，企业利润率也越高；反之，则说明资产利用程度低，投资效益差。但是总资产周转率在不同行业之间几乎没有可比性，资本密集程度越高的行业总资产率越低。

(2)固定资产周转率

固定资产周转率是指公司在一定时期(通常为一年)内销售收入总额与固定资产平均余额的比率，其计算公式为：

固定资产周转率＝销售收入/固定资产平均净值

固定资产周转率越高，表明公司在一定时期内固定资产的周转次数越多，说明固定资产的利用效率越高，单位固定资产创造的销售收入越多。

(3)流动资产周转率

流动资产周转率是指销售收入与全部流动资产的平均余额的比值，其计算公式为：

流动资产周转率＝销售收入/平均流动资产

式中的“平均流动资产”是资产负债表中“流动资产”期初数与期末数的平均数。流动资产周转率反映的是流动资产的周转速度。周转速度快，会相对节约流动资产，等于相对扩大资产投入，增强企业盈利能力；而较慢的周转速度，需要补充流动资产参与周转，会形成资金浪费，降低企业盈利能力。

(4)应收账款周转率和应收账款周转天数

应收款项周转率是指公司在一定时期内赊销净额与应收款项平均余额的比率，其计算公式为：

应收账款周转率＝赊销收入净额/应收账款平均余额

应收账款周转率是评价应收账款流动性大小的一个重要财务比率，它反映了公司在一个会计年度内应收账款的周转次数，可以用来分析公司应收账款的变现速度和管理效率。这一比率越高，说明公司催收账款的速度越快，可以减少坏账损失，而且资产的流动性强，公司的短期偿债能力也会增强。但是，如果应收账款周转率过高，可能是因为公司奉行了比较严格的信用政策、信用标准和付款条件过于苛刻。这样会限制公司销售量的扩大，从而影响公司的盈利水平。这种情况往往表现为存货周转率同时偏低。如果公司的应收账款周转率低，说明公司催收账款的效率太低，或者信用政策十分宽松，这样会影响公司资金利用率和资金的正常周转。

应收账款周转天数也称平均收账期，是用时间表示应收账款周转速度，其计算公式为：

应收账款周转天数＝360 天/应收账款周转率

应收款项周转天数数字越大，表明公司收回货款所需的时间长，利用营运产生的资金偿付短期债务的能力越低；反之，应收款项周转天数越短，表明公司催收账款速度越快，短期偿债能力越高。

(5)存货周转率和存货周转天数

存货周转率是指公司某一特定期间的存货余额与当期销货成本的比率，其计算公式是：

存货周转率＝销售成本/平均存货

存货周转率说明了一定时期内公司存货周转的次数，可以用来测定公司存货的变现速度，衡量公司的销售能力及存货是否过量。在正常情况下，如果公司经营顺利，存货周转率越高，说明存货周转得越快，公司的销售能力越强，营运资金占用在存货上越少。但是，存货周转率过高，也可能说明公司管理方面存在一些问题，如存货水平低，甚至经常缺货，或者采购次数过于频繁，批量太小等。存货周转率过低，常常是库存管理不力，销售状况不好，造成存货积压，说明公司在产品销售方面存在一定的问题，但也可能是公司调整了经营方针，因某种原因增大库存的结果。

存货周转状况也可以用存货周转天数来表示。其计算公式为：

存货周转天数＝360 天/存货周转率

3. 公司盈利能力分析

盈利能力是企业赚取利润的能力。公司投资和证券投资的主要目的在于，在风险一定的情况下，获取最大的利润额。公司盈利能力分析是投资者最重视的分析内容之一。公司盈利能力主要表现在公司经营业绩、资产收益效率、投资效率等方面。

(1)公司经营业绩分析

分析公司销售业绩时，运用的主要财务指标有以下三种。

①销售毛利率

销售毛利率是指企业销售毛利与销售收入净额的比率关系，其计算公式：

销售毛利率＝(营业收入－营业成本)/营业收入

销售毛利率表示每一元营业收入扣除营业成本后所带来的利润额，这是考核公司经营状况和财务成果的主要指标。一般来说，毛利率越大，说明在营业收入中，营业成本所占的比重就越小，产品的获利能力就越高。如果企业的毛利率过低，公司就不能盈利或盈利太少。毛利率指标通常越高越好，但是不同行业间的毛利率相差很大。在同一行业中，通过与行业平均毛利率的比较，可以在一定程度上揭示公司的成本控制效果及定价策略。

②销售净利率

销售净利率是指净利与销售收入的百分比，其计算公式为：

销售净利率＝净利润/营业收入

净利或称净利润，在我国会计制度中是指税后利润。该指标反映每一元营业收入带来的净利润是多少，表示营业收入的收益水平。从销售净利率的计算式来看，净利与销售净利率呈正比关系，而营业收入与销售净利率呈反比关系。企业在增加营业收入的同时，必须相应获得更多的利润，才能使销售净利率保持不变或提高。通过该指标的分析，可以促使企业在扩大销售的同时，注意改进经营管理，提高盈利水平。

③主营业务利润率

主营业务利润率是指公司主营业务利润与主营业务收入的比率，其计算公式为：

主营业务利润率＝主营业务利润/主营业务收入

主营业务利润率反映了公司主营业务的获利能力。该指标值越高，表明公司主营业务突出，发展稳定，在竞争中的优势明显。

(2)资产收益效率分析

资产收益效率分析是指对公司运用资产获取利润能力的分析，分析公司资产收益效率时，常用的财务指标有以下三种。

①资产报酬率

资产报酬率又称资产净利率，是指企业净利润与平均资产总额的百分比，它是反映企业资产的营运效果，即企业运用资产获取利润的能力，其计算公式为：

资产报酬率=净利润/平均资产总额

式中，平均资产总额等于年初资产总额与年末资产总额的平均值。资产报酬率主要用于衡量企业利用资产获取利润的能力。该指标越高，说明资产利用效果越好；否则说明企业资产营运效率低下，经营管理存在一定的问题。为了正确评价企业的该项指标，可以用该项指标与企业前期、计划、同行业平均水平和同行业先进水平进行对比。

②净资产收益率

净资产收益率是指净利润与年末净资产的百分比，也称作净值报酬率或权益报酬率，其计算公式为：

净资产收益率=净利润/年末净资产

式中，“年末净资产”是指资产负债表中“股东权益合计”的期末数。一般来说，如果考察的企业不是股份制企业，该公式中的分母也可以使用“平均净资产”。该指标反映企业所有者权益的投资收益率，具有很强的综合性，是考察我国上市公司经营业绩最重要的指标之一。如果上市公司的经营业绩达不到规定的指标要求，将无法进行证券市场的再融资，从而也就无法继续通过发行股票融资。

③营运资产收益率

营运资产收益率是指公司一定时期营业利润与平均营运资产的比率，其计算公式为：

营运资产收益率=营业利润/平均营运资产

营业利润是公司日常经营业务所获取的利润，它一般由主营业务利润与其他营业利润构成。营运资产是总资产中扣除固定资产、无形资产、递延资产和其他资产后的余额。营运资产收益率越高，表明营运资产的创利能力越强；营运资产收益率越低，说明营运资产的创利能力越低。由于营运资产收益率排除了非营业因素对公司获利能力的影响，因而更为准确地反映了公司运用营运资产获取营运利润的能力。

(3)投资效率分析

这里的投资效率分析，是从公司所有者即股东的角度，分析其投资获利的能力。分析时常用的财务指标有以下 8 种。

①每股净收益

每股净收益是指税后净收益减去优先股股息后，与发行在外的加权平均普通股股数的比值，其计算公式一般为：

$$每股净收益=\frac{税后净利润-优先股股利}{发行在外的加权平均普通股股数}$$

式中，“发行在外的加权平均普通股股数”，是指对某一会计期间不同时间发行的普通股，按照其流通在外的股数进行加权平均的股数。每股净收益是衡量上市公司盈利能力最重要的财务指标，它反映普通股的获利水平。在分析时，可以进行公司间的比较，以评价该公司相对的盈利能力；可以进行不同时期的比较，了解该公司盈利能力的变化趋势；可以进行经营实施和盈利预测的比较，掌握该公司的管理能力。

②市盈率

市盈率是指每股市价与每股收益的比率，亦称本益比，其计算公式为：

市盈率=每股市价/每股收益

市盈率是衡量股份制企业盈利能力的重要指标，表明投资者愿意为 1 元公司净收益所支付的股票价格相当于净收益的倍数，是分析股价与公司净收益之间相互关系的主要指标。它是投资者评估公司股票价值最常用的依据。显然，市盈率越高，说明公司盈利能力相对较低或是股价偏高；反之，市盈率越低，说明公司盈利能力较强或是股价相对偏低。而且收益率相对较低也反映投资风险较小。因此，投资者一般都偏好市盈率低的股票。但该指标不能用于不同行业公司的比较，且受股价波动、投机炒作等因素的影响。

③股利支付率

股利支付率是指普通股股东所分得的股利与可供普通股股东分配的净利的比率，即普通股每股股利与普通股每股收益的比率，其计算公式为：

股利支付率＝普通股每股股利/普通股每股收益

股利支付率是衡量普通股股东实际分得股利的财务指标。该指标值越高，表明普通股股东从每股的全部净收益中分得的部分越多。公司股利支付率的高低取决于公司的股利分配政策，以及公司对资金的需求状况。对单独的普通股投资人来讲，在短期时间内，股利支付率较每股盈余有更实际的意义。

④每股净资产

每股净资产是指公司净资产与发行在外的加权普通股股数的比率，其计算公式为：

每股净资产＝年末净资产/发行在外的加权平均普通股股数

每股净资产反映了普通股每股所代表的股东权益。该指标值越大，表明普通股每股所代表的权益额越大；该指标值越小，表明普通股每股所代表的股东权益额越小。

⑤市净率

市净率表明股价是每股净资产的多少倍，即买上市公司的 1 元净资产要花几元钱。其计算公式为：

市净率＝每股市价/每股净资产

市净率越小，说明股票的市价越接近其账面价值，股票的投资价值越高，股价的支撑越有保障；反之，则投资价值越低。从理论上讲，如果一家公司的净资产收益率能够保持在比银行利率高的水平，而且能够持续，市净率就应该超过 1；超过 1 的部分就是流通溢价加上对公司未来盈利的预期。如果市净率接近 1 或者小于 1，说明股票价值被严重低估，是投资者买进该股票的最佳时机。当然，这种情况很少发生，但在我国股票市场从 2000 年开始的长达 5 年的熊市后，到 2005 年底时，我国沪深证券市场上出现了部分股票市净率低于 1 的极端情况。

⑥市销率

市销率是股票市场出现的一个新概念，它是股票总市值与年营业收入的比值。其计算公式为：

市销率＝总市值/营业收入

其中，总市值＝当前股票价格总股本。

市销率可以用于确定股票的投资价值。市销率越小(比如小于 1)，通常被认为投资价值越高，这是因为投资者可以付出比单位营业收入更少的钱购买股票。市销率也用来确定一个市场板块或整个股票市场中的相对估值。不同的市场板块市销率的差别很大，所以市销率在比较同一市场板块或子板块的股票中最有用。同样，由于营业收入不像盈利那样容易操纵，因此，市销率比市盈率更具业绩的指标性。但市销率并不能够揭示整个经营情况，因为公司可能是亏损的。

市销率的设计主要是为了减少投资者的投资风险，克服市盈率指标的局限性。在评估股票价值时，需要对公司的收入质量进行分析，因为收入是收益的前提，而主营业务收入获利能力的强弱，对于整个公司未来发展的前途命运产生着决定性的影响。因此，市销率既有助于考察公司收益基础的稳定性和可靠性，又能有效把握其收益的质量水平。

⑦本利比

本利比又称市价股利率，是指股票市场价格与股东获得股利之间的比率，其计算公式为：

$$\text{本利比}=\text{每股市价}/\text{每股股利}$$

股票市价是投资人投资股票要付出的成本，股利是股票持有者实际获得的收益。本利比可以反映投资者每期成本收回的比例大小，也可反映投资者收回投资成本的时间。本利比较高，表明投资者每期收回的成本比例较小，收回投资成本所需的时间长，投资者的风险高；反之，本利比低，表明投资者每期收回的成本比例较大，收回投资成本所需的时间短，投资者的风险小。

⑧股利报酬率

股利报酬率是指每股股利与每股市价间的比率，其计算公式为：

$$\text{股利报酬率}=\frac{\text{每股股利}}{\text{每股市价}}=\frac{1}{\text{本利比}}$$

股利报酬率反映了投资者每付出1元投资成本实际获得的利润大小。该指标越高，表明投资者股票投资效益越高。它也体现了投资者从股利获得的报酬，取决于股票的价格、公司盈利的能力和股利发放率的关系。

(四)公司财务分析应注意的问题

由于受各方面因素的影响，财务分析的结论不一定能真实地反映企业财务状况、经营成果及现金流量。因此，为了保证财务分析结果的可靠性和准确性，在对公司进行财务分析时，除了对财务分析的结果进行分析外，还必须注意以下问题。

1. 财务信息质量直接影响财务分析的结果

公司对外报送的财务报告，是投资者进行公司财务分析所需信息中最重要的也是最主要的来源。财务报表在反映公司财务状况时，存在一定的局限性。

(1)会计处理方法限制了财务报表的信息质量。财务报表编制总存在一些假定前提，但财务报表的编制方法必须符合会计准则。在编制报表时，会计处理方法可符合准则规范，但不完全反映公司的客观实际。例如，资产负债表中资产的计价原则是历史成本原则，但对存货等资产项目来说，积压多年的存货账面价值(也就是表中价值)可能高于存货现实的价值，因而影响资产计价的准确性、真实性和可靠性。

(2)会计处理方法的可选择性，限制了财务报表的可比性。财务信息的可比性，取决于同类事项是否按相同的方法进行会计处理。对不同公司来说，在准则允许的范围内，所选择的特定的会计方法常常不一样，这使得以报表为主要信息来源的财务分析，难以有完全可比的基础。

(3)财务会计需要大量的职业判断，要求会计工作者具有一定的业务素质，而且社会公众机构如注册会计师事务所的审计、监管力度和质量，在一定程度上决定了财务报表的质量，这些对投资者来说是不能直接控制的因素。

2. 财务分析存在着高效性的局限

财务报表中所反映的财务信息，是公司过去事项影响的结果。根据历史资料编制的报表计算的财务指标，能否完全有效地预测未来，是难以准确把握的，分析者只能尽量减少而不能完全避免分析的无效性。

3. 财务分析没有考虑资金的时间价值

以财务报表分析、财务指标分析为内容的公司财务分析，大都是以账面的价值或收益为基础的，在分析公司的经营业绩、盈利能力时，忽略了资金时间价值的存在问题，因此，分析的可靠性受到影响。

公司财务分析方法的局限性表明，财务分析一方面应力求全面、综合，注意各种分析方法的配合使用，另一方面，还必须结合诸如宏观经济等其他基本面的分析。

知识拓展

专栏 9.1　“自上而下”与“自下而上”的选股方法

根据本章所介绍的从宏观到中观再到微观层面的逻辑，来选择买入证券的品种和市场时机的选股方法是一种“自上而下”的选股方法。“自下而上”的选股方法则是从具体的上市公司进行选择，只要发现好的公司，就立即买入，并且中长期持有，不理会市场短期的波动。在我国2001～2005年的熊市，少数投资分析师采用“自下而上”的选股方法，发现了苏宁电器、贵州茅台等逆势上涨的股票。而当代最伟大的投资家巴菲特先生，几十年来一直坚持采用“自下而上的”选股方法来实现他的价值投资策略，并取得了令世人瞩目的投资回报，成为战胜市场的典范。

专栏 9.2　新常态下的中国宏观经济形势分析

在经济增长速度换档期、结构调整阵痛期和前期刺激政策消化期“三期叠加”的宏观背景下，宏观经济面临较大下行压力，我国2014年全年GDP增长率在7.4%，略低于7.5%的经济增长目标，延续了2010年以来我国经济下滑趋势，消费、投资、出口“三驾马车”对经济的拉动效应略显疲态，经济增长正处于一个换挡换动力的调整时期，预计我国经济增长的下行压力进一步增大，宏观经济将面临三大风险和六大挑战。在中央提出“新常态”的判断后，我国将不再片面追求经济增长速度，在设定经济发展目标时，将进一步淡化经济增长速度，换之以弹性目标和发展区间进行管理，采取预调、微调等宏观调控手段予以应对。未来我国宏观经济政策的重点和难点就在于如何实现稳增长与促改革、调结构之间的平衡，其政策要点在于短期内通过稳增长为深化改革和结构调整打造稳定的宏观经济环境；长期内围绕促进发展这一根本推进重大改革，激发企业活力。面对经济增速下滑，中央将坚持不进行大规模刺激，而是采取预调、微调等宏观经济管理手段予以应对。这种变化有助于进一步提高我国经济增长质量和经济发展效率，实现稳增长与调结构之间的平衡，从而推动全面深化改革不断取得新的成效。

资料来源：郑嘉伟，新常态下的中国宏观经济形势分析与展望，《当代经济管理》，2015年第5期。

专栏 9.3　为获得配股资格而进行财务包装的 LAG 公司

LAG上市公司早在1995年就利用资产重组后的财务包装，使净资产收益率连续三年都达到10%以上，满足了中国证监会当时对上市公司配股融资的标准要求，并顺利实现配股，其做法为后来者效法。

LAG公司1993年和1994年的净资产收益率均在10%以上，然而到了1995年公司主导产品受市场影响销售急剧滑落，如果在1995年末不进行资产重组，那么当年净资产收益率无法继续保持10%，这对于刚刚入主LAG公司并成为其第一大股东的HT公司而言，其买壳上市的计划就要落空，其希望通过配股募集资金来弥补当初受让LAG公司大宗股权而付出代价的计划也要落空。于是HT公司导演了一场对LAG进行财务包装的好戏。

首先，HT公司和LAG公司签署协议，由LAG公司出资16 000万元收购HT公司属下的电表公司，收购价格为电表公司净资产账面价值的两倍，收购所需款项的一半先以LAG公司对HT公司的长期负债挂账，3年后偿还，另一半则以现金支付。

然后，LAG公司匆忙于1995年12月22日召开股东大会批准上述协议，并于1995年12月25日发布收购公告。

按合并报表理论，以现金收购股权方式受让的子公司应采用购受法编制合并报表，即把子公司被收购日以后的净利润列入合并利润表。但是LAG公司却将电表公司购买日(1995年12月22日)以前的净利润846万元全数列入1995年度合并利润表，使LAG公司净利润从572万元剧增至1 418万元，净资产收益率从5.26%陡增至13.04%。注册会计师对财务报告出具了无保留意见的审计报告。LAG公司根据重复计算的净利润向股东派送红股，1996年获准具有配股资格，并以配股所得资金偿还了对HT公司的负债。

按照现在的会计制度，于年末收购的子公司一般不纳入合并报表范围，这样做也符合重要性原则。之后证监会加强了审核要求，与LAG公司同在一个交易所上市的ZF公司，也在1996年合并报表中，将子公司购买日以前的净利润列入合并利润表，而被注册会计师出具了保留意见，1997年没有获准配股资格。

课后练习

一、单项选择题

1. 在经济周期的某个时期，产出、价格、利率、就业不断上升，直至某个高峰，说明经济处于(　　)阶段。

A. 繁荣　　B. 衰退　　C. 萧条　　D. 复苏

2. 以下各种增加政府财政收入的方法中，对于宏观经济影响最小的是(　　)。

A. 增加税收　　B. 发行政府债券

C. 向中央银行借款　　D. 增加短期外债

3. 关于行业分析的作用，下列说法中正确的是(　　)。

A. 行业分析为证券投资提供了背景条件

B. 行业分析为证券投资提供了投资对象的行业信息

C. 行业分析为证券投资提供了投资对象的内部信息

D. 行业分析为证券投资提供了投资对象的公司信息

4. 以下属于行业开拓阶段的特点的是(　　)。

A. 企业销量稳定，利润也比较稳定

B. 企业研发成本很高，销量很小

C. 企业间竞争加强，产品价格下降

D. 企业产量下降，利润下降

5. 反映企业在某一特定时点财务状况的报表是(　　)。
A. 资产负债表　　B. 损益表　　C. 成本明细表　　D. 现金流量表

二、判断题

1. 投资者获得上市公司财务信息的主要渠道是阅读上市公司公布的财务报告。(　　)
2. 任何引起价格变动的因素对于宏观经济的正常运行都有影响。(　　)
3. 我国国家统计局的行业分类标准与证券监管机构行业分类的标准是一样的,所以最后分类的结果也是一样的。(　　)
4. 行业的生命周期一般为早期增长率很高,到中期阶段增长率开始逐渐放慢,在经过一段时间的成熟期后会出现停滞和衰败的现象。(　　)
5. 对公司的盈利水平有直接影响的是公司的销售收入、销售成本以及其支付给股东的股息数量。(　　)
6. 对于公司的经营管理能力分析就是对公司行政管理人员的素质和能力进行分析。(　　)
7. 尽管公司的经营者、债权人和公司股东进行财务分析的目的不同,但分析的侧重点却相同。(　　)
8. 损益表反映了企业在某一时期内的生产成果和经营业绩,反映的是流量变化。(　　)
9. 一个公司的流动比率越高,该公司用现金偿付债务的能力一定就越强。(　　)
10. 对于债权人而言,公司的股东权益比率高,意味着债权人的权益受到较好的保护。(　　)

三、多项选择题

1. 宏观经济分析的意义包括(　　)。
A. 把握证券市场的总体变动趋势
B. 判断整个证券市场的投资价值
C. 掌握宏观经济政策对证券市场的影响力度与方向
D. 个别证券的价值与走势
2. 实施积极财政政策对证券市场的影响包括(　　)。
A. 减少税收、降低税率,扩大减免税范围,促进股票价格上涨,债券价格也将上涨
B. 扩大财政支出,加大财政赤字,证券市场趋于活跃,价格自然上扬
C. 减少国债发行(或回购部分短期国债),推动证券价格上扬
D. 增加财政补贴,使整个证券价格的总体水平趋于上涨
3. 对公司的分析应该包括(　　)。
A. 该公司竞争地位的分析　　B. 该公司盈利能力的分析
C. 该公司营运能力的分析　　D. 该公司管理能力的分析
4. 反映企业经营成果和财务状况的财务报表主要有(　　)。
A. 资产负债表　　B. 损益表　　C. 现金流量表　　D. 成本明细表
5. 现金流量表可以用来反映一个公司的(　　)。
A. 偿债能力　　B. 支付股利的能力
C. 产生未来现金流的能力　　D. 生产经营效率

四、论述题

1. 试述证券投资基本分析的主要内容。

2. 简要介绍宏观经济指标分析中的常用指标。

3. 试述宏观经济运行与证券市场的关系。

4. 中国人民银行4月29日宣布，决定从2007年5月15日起上调存款类金融机构人民币存款准备金率0.5个百分点。这次调整后，普通存款类金融机构将执行11%的存款准备金率标准。请分析央行上调法定存款准备金率对于股市行情的影响。

5. 行业分析主要包括哪些方面的内容？

6. 公司竞争地位分析的主要内容有哪些？

7. 试述财务分析的主要内容。

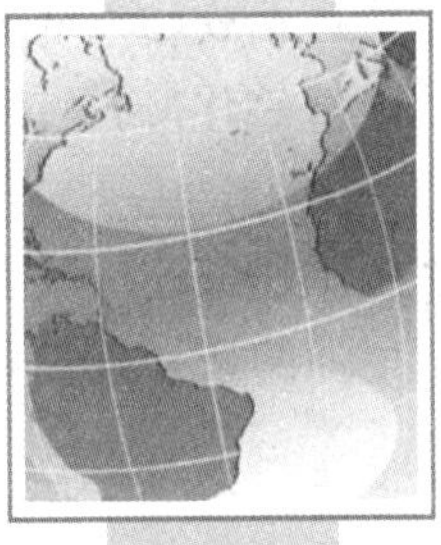

第十章 证券投资技术分析

学习目标

◇ 理解技术分析的概念、基本假设、要素，掌握图表的基础知识。
◇ 理解道氏理论、波浪理论。
◇ 掌握分时图与K线分析。
◇ 理解支撑与压力，掌握趋势线的画法。
◇ 掌握形态分析及其应用。
◇ 掌握技术指标及其应用。

导入案例

股民如何把握技术分析的真意

约翰·布林格先生于2010年8月7日来到杭州，在中大期货国际投资大师系列演讲会上演讲。

大多数国内投资人知道布林格这个名字，是因为他发明的布林线(Bollinger Bands)。布林格先生热衷于研究，开发出一系列广为采用的投资工具和分析技术，他还在美国电视财经新闻网和CNBC发表市场分析评论，是当今美国最重要的技术分析大师之一。

采用布林格的系统测试中国的股指、股票及商品期货，结果要比美国市场好。原因在于，我国证券市场有效性相对较弱，同时在股票现货市场上的套利交易者、程序化交易者，相对于美国市场要少得多，在一个相对纯洁、噪音较少的市场中，并且他的系统在中国应用较少，所以准确性要高得多。不过，若是被问及某只股票会涨到哪里？布林格通常会拒绝回答，因为他的交易哲学是通过他的系统寻找可以最低风险买入的股票，一旦买入，就一直持有到可以卖出的价位，同时最大限度地拒绝错单的存在，一旦发生不符合预期的情形，马上止损。老生常谈的是，基本分析帮助我们决策购买何种股票，而技术分析则让我们把握具体买卖的时机。但布林格的做法，其实是以技术分析的外衣包罗了基本分析的内核，是实实在在的一种理性分析，如果这样的技术分析方法真正被我国的机构投资者，特别是证券投资基金经理学到手，业绩不佳、人事动荡、内幕交易、“老鼠仓”事件等基金乱象，可能在很大程度上得以避免。

布林格先生让大家领悟到这样一个道理：技术分析能力的高低会使结果非常悬殊，所以，学习技术分析，需要付出智力、体力和精力，还需要经过较长的时间，这需要有恒心，有毅力。无论如何，相对于片面的基本分析捂股策略，股市的技术分析要高明得多。特别在股指期货时代，技术分析是必不可少的技能，绝不能由于自身技术不精而片面否定技术分析的作用。

技术分析是股票投资分析中极为重要的方面。多年以来，众多的股票投资者在进行股票投资的实践中，总结出来的多种技术分析理论和方法，在今天看来仍然具有很强的指导或参考意义。

第一节　技术分析概述

与基础分析相反，技术分析是一种无须了解证券内在价值及各种相关因素，仅仅通过研究市场行为，并据以对未来的市场行为进行预测，从而获得额外收益的投资分析方法。

一、技术分析的含义

技术分析是以预测市场价格变化的未来趋势为目的，以图表为主要工具，运用量化的方法对市场行为进行的研究。

技术分析的发展史可以追溯到18世纪的日本米市，目前技术分析图表中常用的蜡烛图（K线）就产生于此。1900～1902年是技术分析发展的里程碑：查尔斯·道（Charles H. Dow）在《华尔街日报》上刊登了一系列文章，公布了他自1884年起利用平均指数研究股票价格运动的结果，从而在历史上第一次提出了对于市场现象的系统性研究。此后，经过众多分析家的努力，技术分析方法得到了迅速发展。

技术分析最初主要用于期货市场和股票市场，后来逐渐扩展到商品市场、债券市场、外汇市场和其他国际市场。

二、技术分析的理论基础

技术分析经过不断充实、完善和发展，逐渐形成一套颇为复杂的体系，支撑该体系的理论基础是如下三个假设或前提条件：

（一）市场行为涵盖一切信息（Market action discounts everything）

“市场行为涵盖一切信息”是技术分析的基石。其含义是各种影响股票价格的内、外在因素，即相关的一切信息，均无一例外地反映在市场行为中，而对于影响股票价格的具体因素则没有必要去过多地关心。

供求规律是所有经济预测方法的出发点。价格变化必定反映供求关系，如果需求大于供给，价格必然上涨；如果供给大于需求，价格必然下跌。由此可以反推，只要价格上涨，不论是什么具体的原因，需求一定超过供给，从经济基础上说必定看好；如果价格下跌，从经济基础上说必定看淡。因此，技术分析者只研究价格变化就足够了，而不必研究造成价格变动的内在因素。

技术分析者所使用的图表等工具之所以发生作用，是因为这些工具本身如实地描述了市场参与者的行为，使我们能够把握市场参与者对市场的反应，从而把握市场的未来趋势。

(二)价格以趋势方式演变(Price moves in trends)

“趋势”概念是技术分析的核心。“价格以趋势方式演变”的含义是证券价格的变动是按照一定的规律来进行的,证券价格的运动具有保持原来方向或者说沿着原来方向运行的惯性。

在证券市场中,辨认市场趋势并顺势买卖,是投资获利的必由之路。从“价格以趋势方式演变”可以自然而然地推断,对于一个既成的趋势来说,价格下一步常常沿着趋势方向继续演变,而掉头反向的可能性要小得多。研究图表的全部意义,就是要辨识出趋势发展的早期形态,以便顺应趋势进行交易。事实上,大多数技术分析理论及方法在本质上就是顺应趋势,即以判定、追随市场的既成趋势为目的。在具体操作时,要坚定不移地顺应现有趋势,直至有反向的征兆为止。

(三)历史会重演(History repeats itself)

该假设的含义是股票价格的变动会在相似的市场状态下显示出相似的发展趋势与特征。技术分析和市场行为学与人类心理学有着千丝万缕的联系。证券市场是由大量的交易者组成的,而每个交易者都是具有社会性的个体,他们总是受到某些心理学规律的制约,并最终影响其交易行为。

通过特定的图表形状记录的价格变动,反映了人们对某市场看好或看淡的心理,在相似的心理因素作用下,市场行为将趋于模式化,由此导致历史重演,即过去出现过的价格趋势和变动方式,今后会不断出现。

三、技术分析的四大要素

证券市场中,价格、成交量、时间和空间是进行技术分析的四大要素。

价、量是技术分析的基本要素,一切技术分析方法都是以价、量关系为研究对象的,目的就是分析、预测未来价格趋势,为投资决策提供服务。价格和成交量是市场行为最基本的表现,过去和现在的成交价、成交量涵盖了过去和现在的市场行为。技术分析就是利用过去和现在的成交量、成交价资料,以图表分析工具来分析、预测未来的市场走势。在某一时点上的价和量反映的是买卖双方在这一时点上的暂时均势,均势会不断发生变化,形成价量关系的变化。

时间在进行行情判断时有很重要的作用。一个已经形成的趋势在短时间内不会发生根本变化,中途出现的反方向波动,对原来趋势不会产生大的影响。一个形成了的趋势不可能永远不变,经过了一定时间又会有新的趋势出现。

空间在某种意义上讲,可以认为是价格的一方面,指的是价格的位置、变动的幅度及可能达到的极限。

四、技术分析的基本工具

图表是进行技术分析的基本工具,它可以生动地描述市场行为,记录反映不同时间段的交易情况。根据图表所记录交易行为的时间,可以将图表分为实时走势图(或即时行情图)和历史行情走势图。实时走势图反映投资品种在交易所开盘时间内,市场正在进行的交易行为的信息,历史行情走势图则反映市场过去所发生的交易情况。

(一)实时走势图①

实时走势图是每天投资者在开盘时间看到的,能够及时动态地反映投资品种最新交易信

① 本章的大部分截图来自“飞狐交易师”,不同的股票行情软件的布局和指标会略有差异。

息的图表。图 10－1 是 2007 年 8 月 27 日上午 10 点 36 分截取的上市公司“兴业银行”(601166)的实时走势图。图中左边部分动态记录该日开盘后价格、成交量的变动，右边显示的是最新的交易信息和交易指标的数值。

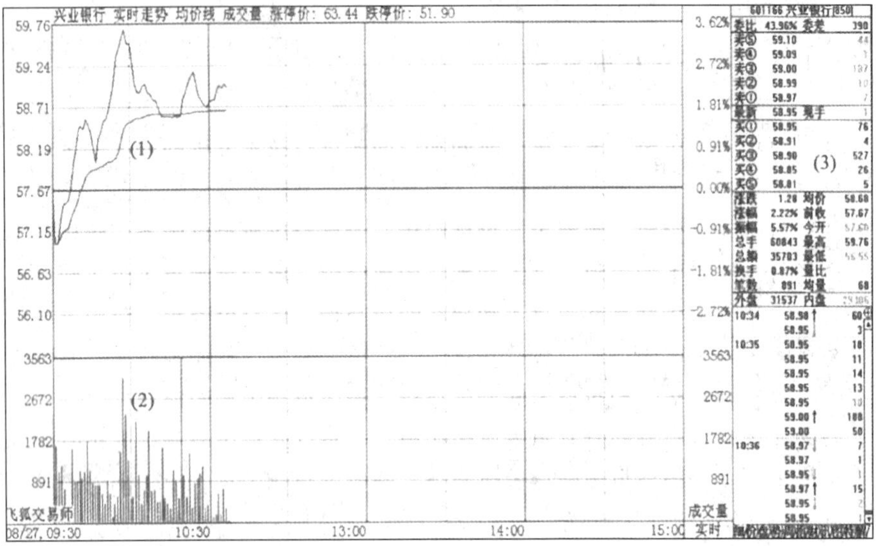

图 10－1　实时走势

注：

①图中左边上部曲线是成交价格曲线及平均成交价曲线，该部分左侧纵坐标显示价格的绝对数值，右侧纵坐标显示价格变化的相对水平(以昨日收盘价为标准)。

②图中左边下部显示的是成交量柱状图。

③图中右边上方部分显示行情信息及各项指标的数据，右边下方部分为动态显示的每分钟成交价格和成交量信息。详见图 10－2。

(二)历史行情走势图①

实时走势图虽然能详细反映一个交易日(通常为当日)内的走势信息，却无法反映出更长时期内的交易信息，如果我们想了解一个投资品种在更长时期内的交易信息则需要借助于历史行情走势图。

图 10－3 中显示的是美国线日线图，图中每根竖线段的两端代表一个交易日的最高价和最低价，竖线段左右两边的横线段分别标注当天的开盘价和收盘价，这样图中 41 根美国线反映了该上市公司从 2007 年 6 月 4 日到 8 月 2 日的走势。

这种以一根线段记录一个交易周期(日、周、月、年等)的主要成交价格的方法，可以追踪更长时期内的历史信息。线的画法除了美国线之外，还有蜡烛图、价位线、宝塔线等，其中蜡烛图②是最常用的方法。图 10－4 显示的是上证指数年 K 线蜡烛图，该图中每根 K 线标示一年的主要价格。

① 在各种证券行情软件中，默认输入“05＋回车”即可在实时走势图和历史行情走势图之间进行切换。

② 即 K 线图，详见本章第 8.3 节。

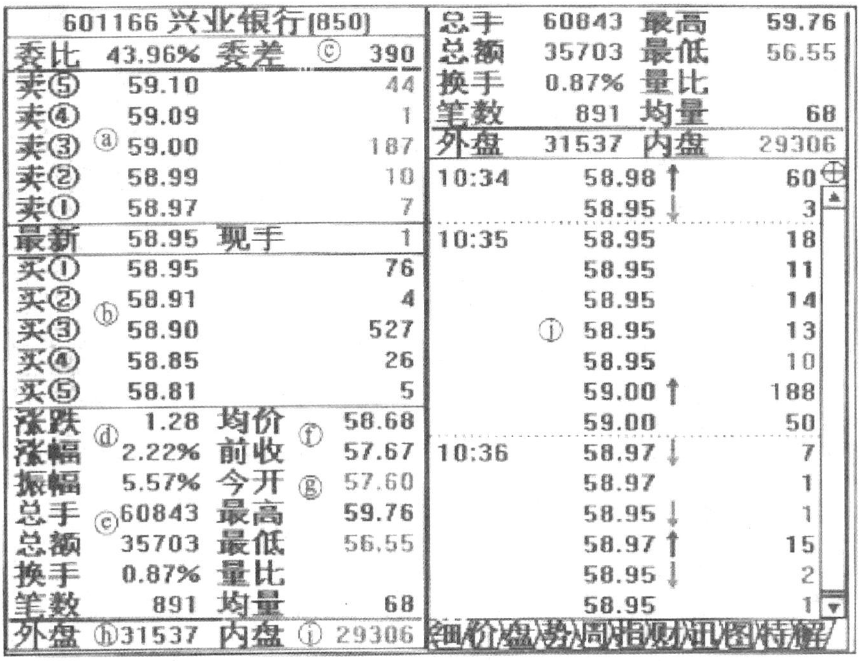

注：ⓐ卖①～卖⑤显示的是等待成交的最低五档委托卖出价位及委托手数。

ⓑ买①～买⑤为等待成交的最高五档委托买入价位及委托手数。

ⓒ委买（卖）= 买（卖）①＋买（卖）②＋…＋买（卖）⑤；委差 = 委买－委卖；委比 = 委差/（委买＋委卖）×100%。

ⓓ涨跌 = 最新－前收；涨幅 = 涨跌/前收×100%，振幅 =（最高－最低）/前收。

ⓔ总手（Volume）即总成交量手数；总额（Amount）即总成交金额（万元）；换手 = 总手/流通盘大小×100%；笔数即已达成交易的笔数。

ⓕ均价 = 总成交金额/总成交量。

ⓖ前收 = 上一交易日收盘价；今开 = 本交易日开盘价；最高 = 本交易日当天出现的最高成交价格；最低 = 本交易日当天出现的最低成交价格；量比 = 现成交总手/（过去5日平均每分钟成交量×当日累计开市分钟数）；均量 = 总手/笔数。

ⓗ外盘：按照卖出价成交的当日成交量汇总，通常理解为买盘。

ⓘ内盘：按照买入价的当日成交量汇总，通常理解为抛盘。

ⓙ滚动显示的成交时间、成交价格、每笔成交量。

图 10—2　实时走势图中的交易信息及指标

五、技术分析应注意的问题

在某些介绍技术分析的书籍中，把技术分析说得很神奇，仿佛学会了技术分析就可以到证券市场中随便“提款”，但被这种乐观的气氛所笼罩是很危险的。像大多数事物一样，技术分析也有两面性，它有神奇有效的一面，也有无能为力的一面。证券市场的运行方式是不断变化的，不可能技术分析方法每次都能全面周到地应付。除此之外，各种突然出现的偶然因素也会使技术分析方法束手无策。下面几点是应用技术分析时应该注意的问题：

(1)技术分析必须与基本分析结合起来使用。对于刚刚兴起的不成熟证券市场，由于市场突发消息较频繁，人为操纵因素较多，所以仅靠过去和现在的数据、图表去预测未来是不可靠的。事实上，在中国的证券市场上，技术分析仍然有较高的预测成功率。这里，成功的关键在

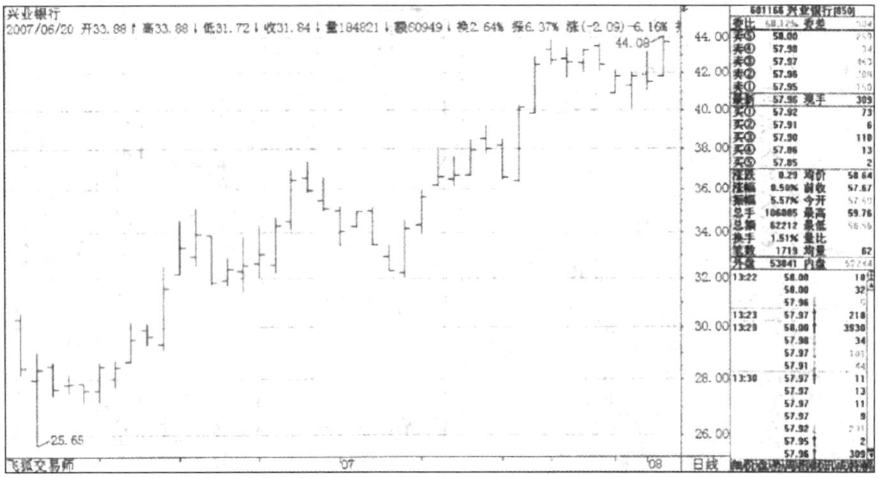

图 10—3　美国线日线图

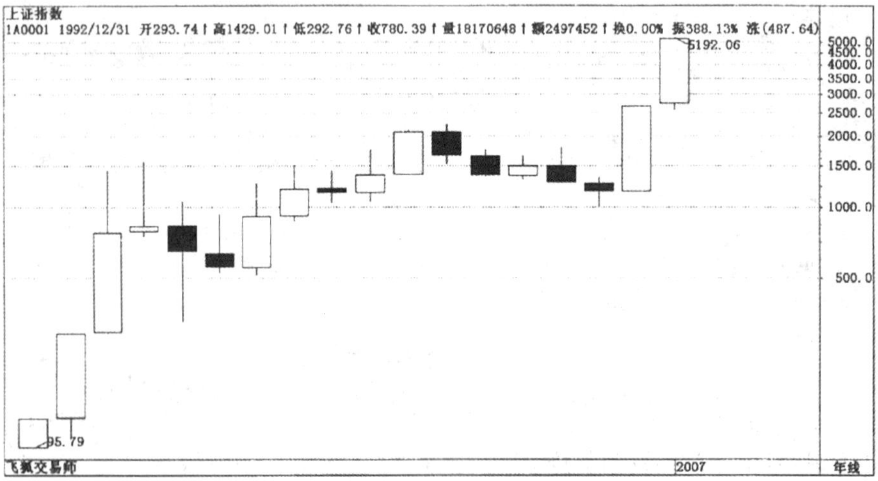

图 10—4　上证指数年 K 线图

于不能机械地使用技术分析。除了在实践中不断修正技术分析参数外，还必须注意结合基本分析。

(2)注意多种技术分析法的综合研判，切忌片面地使用某一种技术分析结果。投资者必须全面考虑各种技术分析法对未来的预测，综合这些方法得到的结果，最终得出一个合理的、多空双方力量对比的描述。实践证明，单独使用一种技术分析法有相当大的局限性和盲目性。如果应用每种方法后得到同一结论，那么依据这一结论出错的可能性就很小；如果仅靠一种方法，得到的结论出错的机会就很大。为了减少自己的失误，应尽量多掌握一些技术分析法，掌握越多肯定是越有好处的。

(3)前人和别人得到的结论要通过自己实践验证后才能放心地使用。由于证券市场能给人们带来巨大的利益，上百年来研究股票的人层出不穷，分析的方法各异，使用同一分析方法的风格也不同。前人和别人成功的结论是在一定的特殊条件和特定环境中得到的，随着环境的改变，自己在使用前人和别人成功的方法时有可能失败。

(4)技术分析是一种工具，要靠人去使用，决定的因素是人。在运用技术分析时，很大程度上依赖于使用者个人的选择。例如，技术指标中参数的选择，切线中线条画法的选择，波浪理论中波的数法，都是人为的。个人的偏好和习惯影响这些选择，当然也就影响技术分析的结果。这就是不同的人在使用技术分析时产生不同后果进而得到不同结论的原因之一。

第二节 技术分析主要理论

一、道氏理论(Dow Theory)

道氏理论，源自查尔斯·道[①]在《华尔街日报》发表的系列文章，1902年道去世后，他的继任者威廉姆·皮特·汉密尔顿与罗伯特·雷亚整理了道的系列文章，并继承和发展了道的理论，他们所著的《股市晴雨表》《道氏理论》成为后人研究道氏理论的经典著作。

(一)道氏理论的基本要点

1. 平均价格(平均指数)包容消化一切

所有可能影响供求关系的因素都由平均市场价格来表现，因为它们反映了无数投资者总体的市场行为，平均指数在其每日的波动过程中包含消化了各种已知的、可预见的事情及各种可能影响公司证券供求的情况。甚至是那些无法预测的自然灾害，当其一旦发生就会很快被评估，其可能的后果也就被包含进去了。

2. 趋势的层次

道氏理论对趋势的定义是只要相继的价格波峰和波谷都对应的高过前一个波峰、波谷，那么市场就处于上升趋势之中；下降趋势则以依次下降的波峰和波谷为特征。根据道氏理论关于趋势的定义，图10—5左图中1为波谷，2为波峰，3是高过1的波谷，当价格从3向上冲，突破箭头所指的位置后在任何地方回头都会形成高于2的波峰，因此一个上升趋势从箭头处可以得到确认。同理，右图中一个下降的趋势自箭头处也可以得到确认。

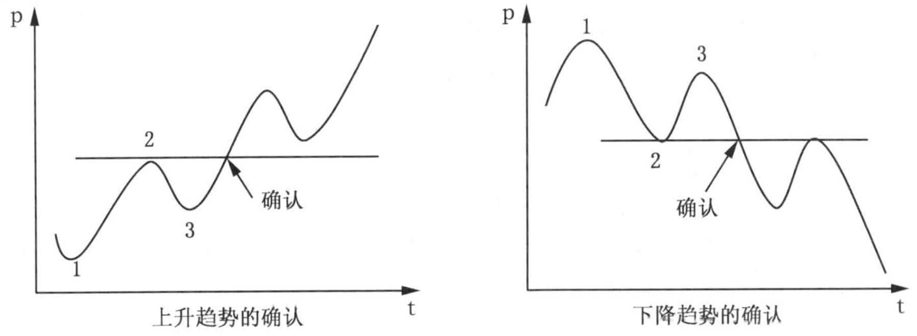

图10—5 趋势的确认

道氏理论认为任何市场中，都必然同时存在着三种趋势，即基本趋势、次级趋势和短期趋势。其中基本趋势(Primary Trend/主要趋势)指持续数个月至数年、广泛或全面性上升或下

① 查尔斯·道(1851～1902年)，纽约《华尔街日报》的创始人和首位编辑。

降的变动情况，总的升降幅度会超过20%。次级趋势（Secondary Trend/次要趋势）指持续数个星期至数个月的基本趋势中的调整，中期调整后市场将回复原来的趋势。微小趋势（Minor Trend/短期趋势），指持续数天至数个星期的波动，三个或三个以上短期趋势组成一个次级趋势。次级与短期趋势都附属于基本趋势之中，只有明白它们在基本趋势中的位置，才可以充分了解它们，并从中获利。

3. 主要的走势

主要走势（Primary Movements）：主要走势代表整体的基本趋势，通常为多头或空头市场，持续时间可能在一年以内，乃至于数年之久，正确判断主要走势的方向，是投机行为成功与否的最重要因素，没有任何已知的方法可以预测主要走势的持续期限。主要的走势又可以分为主要的多头市场（Primary Bull Markets/牛市）和主要的空头市场（Primary Bear Markets/熊市）。

主要的多头市场是一种整体性的上涨走势，平均的持续期间长于两年，在此期间由于经济情况好转与投机活动转盛，所以投资性与投机性的需求增加，因此推高股票价格。主要的空头市场是长期向下的走势，它来自各种不利的经济因素，唯有股票价格充分反映可能出现的最糟情况后，这种走势才会结束。

（二）道氏理论的确认原理

1. 交易量跟随趋势

通常在牛市中，当价格上涨时交易量随之增长，价格下跌时成交量萎缩；在熊市中，价格下跌时成交量增加，而在价格回升时成交量萎缩。然而，仅仅从成交量在数天中的表现很少能够得到有用的结论，只有在一段时间内，总体的和相对的成交量趋势才能给出一些有用的信号。道氏理论认为，对于趋势的判定，主要还是依靠价格水平的变化，成交量仅能提供辅助信号。

2. 两种指数必须互相验证

市场趋势中不是一种指数就可以单独产生有效信号的，假定市场有两种主要的价格指数，工业指数和铁路指数，如图10—6所示，在长期下降的趋势后，工业指数出现了依次上升的波峰b、d和依次上升的波谷a、c，已经显示出趋势由跌至涨的“信号”。但同期的铁路指数却出现了依次下降的波峰和波谷，由于工业指数不会持续单独上扬，或迟或早总会为铁路指数再次阻碍，因而对于这一情况只能认为主要趋势的方向还未定型。

3. 把收盘价放在首位

道氏理论并不注意一个交易日当中的最高价、最低价，而只注意收盘价。因为收盘价是时间匆促的人看财经版唯一阅读的数目，是对当天股价的最后评价，大部分人根据这个价位做买卖的委托。在比较不同周期间的价位变化时，道氏理论采用的是收盘价。例如：2006年7月26日上证指数的最高价为1 691.43、收盘价为1 686.65，次日该指数的最高价为1 701.61，高于前一个交易日，而收盘价为1 675.17，低于前一交易日的收盘价，则指数并非是上升的而是下降的。

4. 在反转趋势出现之前主要趋势仍将发挥影响

当一个新的主要趋势第一次确定后，如不管短期内的波动，趋势绝大部分会持续，但越往后这种趋势延续下去的可能性会越小。股价波动的主要趋势是在经常变化着的：多头市场并不能永远持续下去，空头市场总有到达底部的一天。这条规则告诉人们：一个原有趋势的反转可能发生在新趋势被确认后的任何时间，作为投资人，一旦做出委托后，必须随时注意市场。

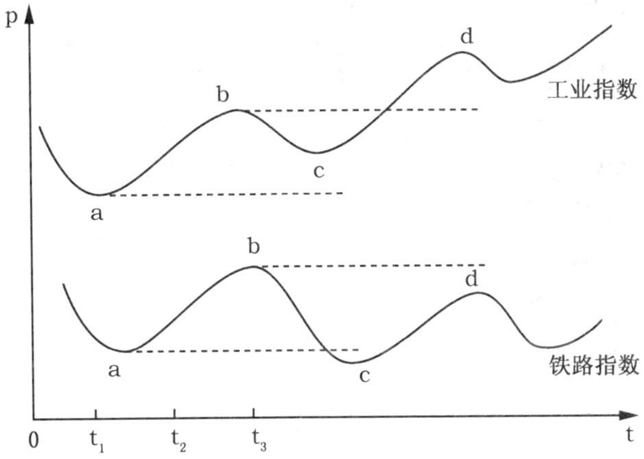

图 10－6　指数的相互验证

(三)对道氏理论的评价

道氏理论自问世以来,经历了时间的考验,曾经多次在股票市场长期趋势的转折掉头发出及时准确的信号,令很多人信服。道氏理论作为股价理论的重要基础,有它的合理成分。

(1)道氏理论具有合理的内核和严密的逻辑,指出股市循环和经济周期变动的联系,在一定程度上能对股市的未来变动趋势做出预测和判断。因而拥有很多信奉者,为投资大众所熟悉。

(2)依道氏理论编制的股票价格平均数和股价指数是反映经济周期变动的灵敏的晴雨表,被认为是最可靠的先行指标。有研究表明,道・琼斯指数比经济好转领先 6 个月而向上变动,比经济衰退领先 3～6 个月而向下变动。

(3)道氏理论对以后的技术分析法产生重大影响。尽管道氏理论主要是对股市变动的长期趋势做出预测,但后人却在道氏理论的基础上发展演绎出种种长期、中短期的技术分析方法。因此,道氏理论被认为是技术分析法的鼻祖。

但是人们对道氏理论也提出不少批评意见,并且涉及它的实用性和可靠性,主要有以下几点:

(1)道氏理论最明显的缺点是侧重于长期分析而不能做出中短期分析,更不能指明最佳的买卖时机;

(2)即使是对长期趋势的预测,道氏理论也无法预先精确地指明股市变动的高峰和低谷,而要等到股价变动数周至数月以后,在两个股价平均数明显突破上一次的高峰或低谷后才能发出趋势转变的信号,因此它的预测带有滞后性;

(3)股票市场的实际变动,特别是长期趋势和中期趋势,并不像道氏理论表述的那样泾渭分明,人们很难将它们加以区分,这一理论也多次发出错误信号,使投资者遭受损失;

(4)道氏理论过于强调股价平均数,但股价平均数不等于整个股票市场,并非所有股票都与股价平均数同涨同跌,这一理论没有给投资者指出具体的投资对象;

(5)道氏理论将工业股价平均数与运输业股价平均数相关联有其历史背景,在道氏理论创建时,铁路运输在国民经济中占有重要地位,但时至今日运输业的变动能否代表整个经济的景气状况则存有疑问。

二、波浪理论(Elliott Waves Principle)

拉尔夫·纳尔逊·艾略特是波浪理论的奠基人,他认为不管是股票或商品价格的波动,与大自然的潮汐一样,具有相当程度的规律性。价格的波动,如同潮汐一样,一波跟着一波且周而复始,展现出周期循环的必然性,任何的波动,均是有迹可循的。因此,可以根据这些规律性的波动来预测价格未来的走势。

(一)波浪理论的三个方面

1. 价格走势所形成的形态

指波浪的形状和构造,是波浪理论赖以生存的基础。艾略特最初就是从价格走势的形态中得到启发才发现了波浪理论。

2. 价格走势图中各个高点和低点所处的相对位置

高点和低点所处的相对位置是波浪理论中各个浪的开始和结束位置。通过计算这些位置,可以弄清楚各个波浪之间的相互关系,确定价格的回撤点和将来价格可能达到的位置。

3. 完成某个形态所经历的时间长短

完成某个形态的时间可以让我们预先知道某个大趋势的即将来临。波浪理论中各个波浪之间在时间上是相互联系的,用时间可以验证某个波浪形态是否已经形成。

(二)波浪理论的基本原理

1. 波浪的基本形态

股票市场遵循着一种周而复始的节律:先是五浪上涨,随后有三浪下跌;或者在五浪结构的下跌之后有三浪结构的上涨。如图 10－7 所示,一个完整的上升周期包含 8 浪——上升阶段 5 浪,下降阶段 3 浪。周期的上升(推动)阶段(Impulsive Phase),每一浪均以数字编号。其中 1、3、5 浪是上升浪(Waves Up),称为主浪,2、4 浪分别是对 1、3 浪的调整,称调整浪。周期的调整阶段(Corrective Phase)的三个浪分别用字母 a、b、c 来表示。同理,一个完整的下降周期由下降阶段的 5 浪和调整阶段的 3 浪组成。

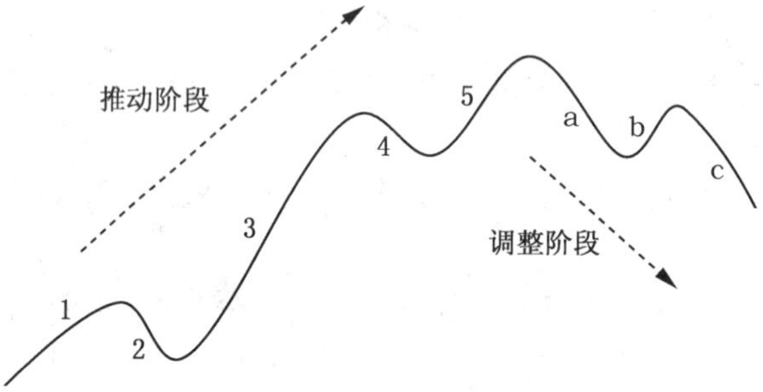

图 10－7 上升周期的 8 浪结构

2. 八浪结构各自的特点(以一个上升周期为例)

第 1 浪:通常是最短的一浪,差不多有一半处于市场的底部过程中,常貌似从非常压抑的水平发生的不起眼的反弹。

第 2 浪:通常回撤 1 浪的全部或大部分的上涨进程,在 1 浪的底部上方止住。

第 3 浪:俗称主升浪,通常是最长的(至少绝不会是 5 浪中最短的)也是最猛烈的一浪。3 浪向上穿越了 1 浪之顶后,代表了各种传统的突破信号,及道氏理论的买入信号。该阶段,交易量非常重要,并常伴随价格的跳空。

第 4 浪:通常是一个复杂的形态,也是市场的调整巩固阶段,4 浪绝对不能跌破 1 浪的顶部。三角形形态(见本章形态分析)通常出现在第 4 浪。

第 5 浪:通常比 3 浪平和得多,交易量开始落后于价格的变化,各种摆动指标(见本章指标分析)出现相互背离的信号。警示市场可能出现顶部过程。

a 浪:通常被误解成只是寻常的回撤,但是如果 a 浪具备了更小层次的 5 浪结构,应该引起警觉,尤其是随着交易量的增加,股价反而不能继续上涨。

b 浪:是新趋势中的向上反弹,通常伴随着较小的成交量,是旧有的多头头寸侥幸逃生的最后机会。这一浪上冲或许会试探甚至越过旧的高点。

c 浪:通常会跌过 a 浪的底部,形成所有传统技术工具上的卖出信号。

3. 波浪的层次性

艾略特将趋势的规模划分成为 8 个层次,上达覆盖 200 年的长周期,下至仅仅延续数小时的微小尺度,不管所研究的趋势处于何等规模,其基本的 8 浪周期是不变的。每一浪都可以向下一层次划分成小浪,而小浪同样也可以进一步向更下一层划分出更小的浪。反之,每一浪本身也是上一层次波浪的一个组成部分。

图 10—8 中,最大规模的两个浪[1]和[2],可以划分为 8 个小浪[即浪(1)(2)(3)(4)(5)(a)(b)(c)],然后这 8 个小浪再细分共得到 34 个更小的浪。其中,浪(1)(3)(5)通常具有五浪结构,这是因为这三个推动浪的方向与由它们组成的上一个层次的浪[1]的方向一致;而(2)、(4)浪的方向与上一个层次的浪[1]方向相反,所以通常具有三浪结构。浪(a)(b)(c)构成了上一个层次的调整浪[2],其中两个下降浪(a)(c)通常具有五浪结构,因为其运动方向与上一层次的浪[2]的方向一致,而(b)浪与[2]浪方向相反,因此通常具有三浪结构。

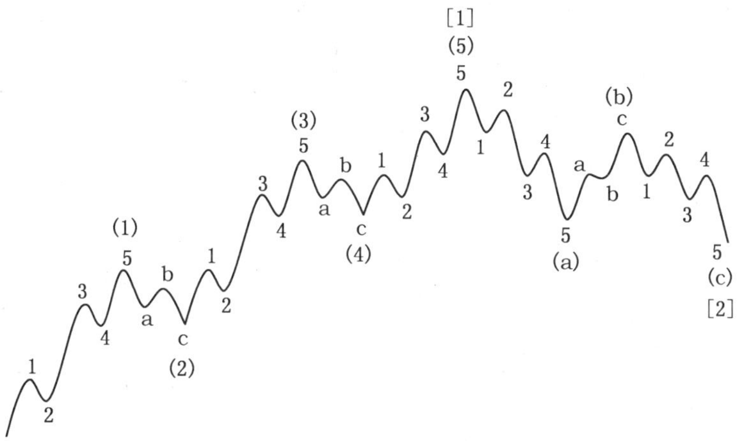

图 10—8　波浪的层次性

(三)波浪理论要点总结

1. 一个完整的循环包括八个波浪,五上三落。

2. 波浪可合并为高一级的浪,亦可以再分割为低一级的小浪。

3. 跟随主流行走的波浪可以分割为低一级的五个小浪。

4. 1、3、5 三个推动浪中,3 浪不可以是最短的一个波浪。

5. 假如三个推动浪中的任何一个浪成为延伸浪，其余两个波浪的运行时间及幅度会趋一致。

6. 调整浪通常以三个浪的形态进行。

7. 黄金分割率奇异数字组合是波浪理论的数据基础。

8. 经常遇到的回吐率为 0.382、0.5 及 0.618。

9. 第四浪的底不可以低于第一浪的顶。

10. 波浪理论包括三部分：形态、比例及时间，其重要性以排列先后为序。

11. 波浪理论主要反映大众心理。参与者越多的市场，其准确性越高。

(四)波浪理论的缺陷

1. 波浪理论家对各种现象的看法并不统一。每一个波浪理论家，包括艾略特本人，很多时候都会受到一个问题的困扰，就是一个浪是否已经完成而开始了另一个浪呢？有时甲看是第一浪，乙看是第二浪，差之毫厘，失之千里。看错的后果可能十分严重。一套缺乏确定性的理论用在高风险的股票市场，运作错误足以使人损失惨重。

2. 怎么才算是一个完整的浪无明确定义。股票市场的升跌次数绝大多数也不按五升三跌这种机械模式出现，但波浪理论家却认为有些升跌不应该计入浪里，数浪完全是主观的。

3. 波浪理论只考虑了价格形态的因素，而忽视了成交量方面的影响。正如形态分析中的假突破一样，波浪理论中也可能制造一些形态让人上当。

4. 波浪理论有所谓伸展浪(Extension Waves)，有时五个浪可以伸展成九个浪。但在什么时候或者什么准则下波浪可以伸展呢？艾略特却没有明言，使数浪变成各行其是。

5. 波浪理论的浪中有浪，可以无限伸延，亦即升市时可以无限上升，都是左上升浪之中，一个巨型浪存在一百几十年都可以。下跌浪也可以无限跌下去。只要是升势未完就仍然是上升浪，跌势未完就仍然是下跌浪。可是，这样的理论有什么作用？能否推测浪顶浪底的运行时间甚是可疑，纯属猜测。

6. 艾略特的波浪理论是一套主观分析工具，并无客观准则。市场运行却是受情绪影响而非机械运行，波浪理论套用在变化万千的股市会十分危险，非常容易出错。

7. 波浪理论很难运用于个股的选择。

因此，波浪理论从根本上讲是一种主观的分析工具。一般认为在对波浪理论的了解不够深入、未经过充分的市场实践之前，最好把它仅仅当成一种参考工具，而以其他技术分析方法为主，如 K 线理论、切线理论、形态理论和技术指标分析方法等。

第三节　分时图与 K 线分析

一、分时走势图的分析

分时走势图也叫即时走势图，它是把股票市场的交易信息实时地用曲线在坐标图上加以显示的技术图形。坐标的横轴是交易的时间，纵轴的上半部分是股价或指数，下半部分显示的是成交量。分时走势图是股市交易的即时资料。分时走势图分为指数分时走势图和个股分时走势图。

(一)指数分时走势图分析

在指数分时走势图中(如图 10－9 所示)，①线表示上证或深证交易所对外公布的通常意义下的大盘指数，如上证指数、深证成指、沪深300等。②线表示不考虑上市股票发行数量的多少，将所有股票对上证或深证指数的影响等同对待的不含加权数的大盘指数。

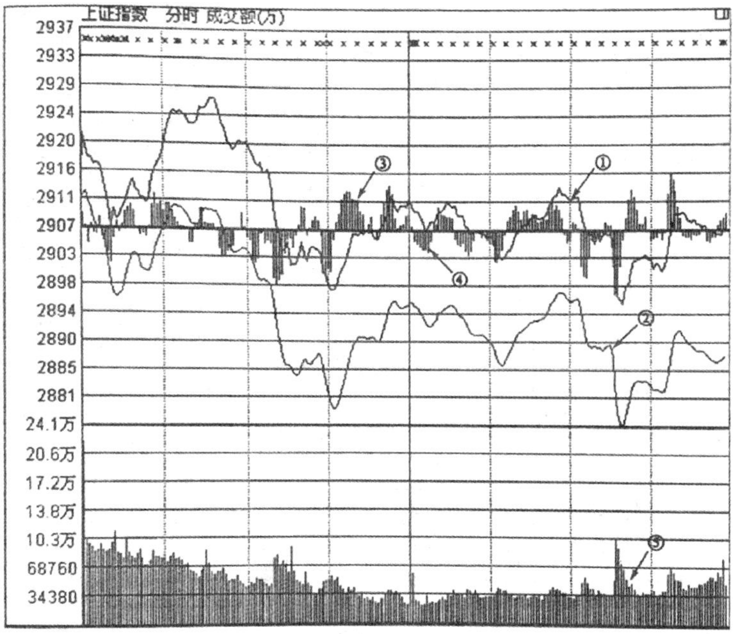

图 10—9　指数分时走势图

参考①线和②线的相对位置关系，可以得到以下信息：当指数上涨时，②线在①线走势之上，表示发行数量少（小盘）的股票涨幅较大；而②线在①线走势之下，表示发行数量多（大盘）的股票涨幅较大。当指数下跌时，如果②线在①线之上，表示小盘股的跌幅小于大盘股的跌幅。如果①线反居②线之上，表示大盘股的跌幅小于小盘股的跌幅。

③、④线表示大盘即时所有股票买盘与卖盘数量，零轴线以上的为红柱线，零轴线以下的为绿柱线。③线的长短表示买盘力量；④线的长短表示卖盘力量。

底端的⑤线表示每一分钟的成交量，单位是手（每手等于100股）。

粗横线表示上一个交易日指数的收盘位置。它是当日大盘上涨与下跌的分界线。它的上方是大盘上涨区域；它的下方是大盘下跌区域。

（二）个股分时走势图分析

交易时间内，个股每一分钟成交价格的走势称为个股分时走势，如图10—10所示。

①线表示该股票即时成交的价格。②线表示该股票即时成交的平均价格，即该时刻之前成交金额除以成交总股数。下方的③柱线表示每一分钟的成交量。

委比数值是委买委卖手数之差与委买委卖手数之和的比值。一般而言，当委比数值为正值时，表示买方力量较强，股价上涨的概率大；当委比数值为负值时，表示卖方的力量较强，股价下跌的概率大。

委比数值的计算方法是：

$$委比=\frac{委买手数-委卖手数}{委买手数+委卖手数}\times 100\%$$

式中：委买手数——现在委托买入上五档的手数；

委卖手数——现在委托卖出下五档的手数。

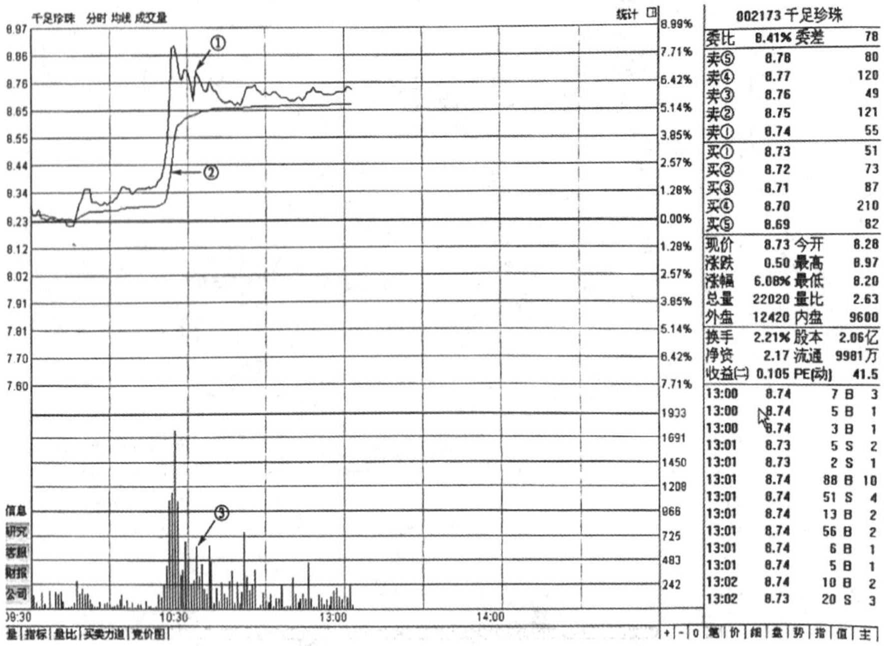

图 10—10 个股分时走势图

卖盘等候显示栏。该栏中卖 1、卖 2、卖 3、卖 4、卖 5 表示依次委托卖出(即委卖)。按照“价格优先,时间优先”的原则,谁的卖出报价低谁就排在前面,报价相同的,谁先报价谁就排在前面。而这一切都由交易系统自动计算,不会因人为因素而改变。卖 1、卖 2、卖 3、卖 4、卖 5 后面的数字为价格,再后面的数字为等候卖出的股票手数。

买盘等候显示栏。该栏中买 1、买 2、买 3、买 4、买 5 表示依次委托买进(即委买),谁买进的报价高谁就排在前面,报价相同的,谁先报价谁就排在前面。

现价即为买卖双方的最新一笔成交价格。

今开为当日的开盘价格。即该股票在当前交易日以集合竞价方式产生的第一笔成交价。

最高即开盘到现在买卖双方成交的最高价格。收盘时“最高”后面显示的价格为当日成交的最高价格。

最低即开盘到现在买卖双方成交的最低价格。收盘时“最低”后面显示的价格为当日成交的最低价格。

涨跌是开盘到现在该股现价与昨日收盘价的差值,即涨跌=现价一昨日收盘价。

涨幅即当日开盘到现在的上涨或下跌的幅度。若涨幅为正值,数字颜色显示为红色,表示股价在上涨;若涨幅为负值,数字颜色显示为绿色,表示股价在下跌。涨幅的大小用百分比表示,收盘时涨跌幅度即为当日的涨跌幅度。例如,“涨幅－0.56%”,此时已经收盘,因此,它表示该股当日跌幅为 0.56%。

总量为当日开始成交到现在为止总的成交手数,即为当日开始成交到现在为止买进手数与卖出手数之和。收盘时“总量”,则表示当日总的成交手数。例如,“总量 34.4 万”出现在收盘,则表示当日总的成交手数为 34.4 万手(即 34 400 000 股)。

量比是衡量相对成交量的指标。它是开市后每分钟平均成交量与过去 5 个交易日每分钟平均成交量之比。其计算公式：

$$量比=\frac{现成交总手数}{过去5个交易日平均每分钟成交量\times当日累计开市时间(分钟)}$$

量比是投资者分析行情短期趋势的重要依据之一。量比数值大于1且越来越大时，表示成交总手数(即成交量)在放大；量比数值小于1且越来越小时，表示成交总手数(即成交量)在萎缩。这里要注意的是，并非量比大于1且越来越大就一定对买方有利。因为股价上涨时成交量通常会放大，但在股价下跌时成交量也可以放大。因此量比要同股价涨跌联系起来分析，才能有效地减少失误。

外盘即主动买盘，是按市价买进的累计成交量，成交价是卖出价。

内盘即主动卖盘，是按市价卖出的累计成交量，成交价是买进价。

当外盘数量比内盘大很多且股价上涨时，表示很多人在抢进股票；当内盘数量比外盘大很多且股价下跌时，表示很多人在抛售股票。

换手率也称为周转率，指在一定时间内市场中股票转手的频率，是反映股票流通性强弱的指标之一。换手率的计算公式为：

$$换手率=\frac{某一段时期内的成交量}{流通股总数}\times100\%$$

股本是指该公司到现在为止发行股票的总数量；流通股即该股票的流通股本，是到现在为止可以在股票市场上自由买卖的股票总数量；净资是指该股票的每股净资产；收益(三)是指到今年第三季度该股票的每股收益；PE(动)是指动态市盈率。其计算是用当前的市价除以按前三个季度每股收益折算出来的年每股收益比例。投资者通常利用该指标衡量某股票的投资价值，或者用该指标在不同公司的股票之间进行比较。

二、K线分析

(一)K线的含义、画法和分类

K线又称蜡烛图(Candle stick)，是目前运用最为普遍的技术分析工具，也是历史行情走势图中最常用的画线方式。每一根K线记录证券在一个交易周期内的价格变动情况，将它们按照时间顺序排列起来就形成了K线图。

1. K线的画法

一根标准的K线由“实体”和“影线”构成，图10—11所示的两根K线，每根K线中间部分的矩形称为“实体”，实体的两端分别对应开盘价O(Opening price)和收盘价C(Closing price)，如果收盘价大于开盘价，称该K线为阳线，实体用红色或白色空心绘出；如果收盘价小于开盘价，则称该K线为阴线，实体用绿色或黑色实心绘出。实体上下端的线段被称为影线，上影线的最高点对应最高价H(High price)，下影线的最低点对应最低价L(Low price)。

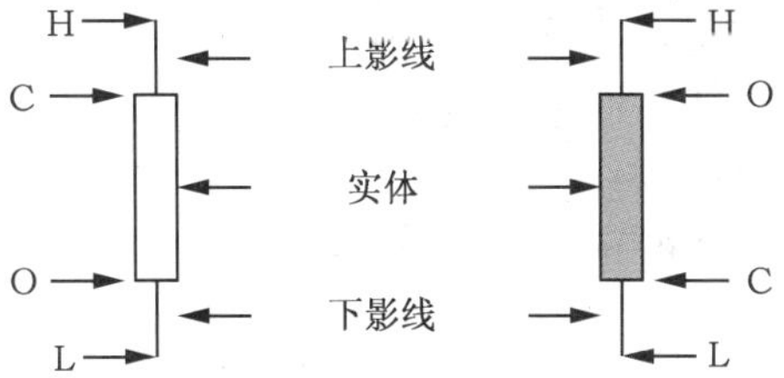

图10—11 K线的画法

2. K 线的分类

(1)不同周期的 K 线。根据 K 线所记录价格的周期不同，可将其分为日 K 线、周 K 线、月 K 线、年 K 线等。周 K 线是指以该周第一个交易日的开盘价、最后一个交易日的收盘价、全周最高价和全周最低价来画的 K 线图，同理可以推得月 K 线、年 K 线。图 10－12 中的四张图显示的分别是上市公司金地集团(600383)的实时走势图、5 分钟 K 线图、60 分钟 K 线图和周 K 线图。

图 10－12　不同周期的 K 线图

(2)价格波动范围不同的 K 线。如图 10－13 所示，根据开盘价与收盘价的波动范围，可将 K 线分为极阳、极阴，小阳、小阴，中阳、中阴和大阳、大阴等线型。它们一般的价格波动范围如下：极阳线(小阳星)和极阴线(小阴星)为 0.5%左右；小阳线和小阴线为 0.6%～1.5%；中阳线和中阴线为 1.6%～3.5%；大阳线和大阴线为 3.6%以上。

(二)单根 K 线的分析要点

依据单根 K 线进行技术分析时要重点关注实体的颜色、实体的大小和影线的长短。

1. 实体的颜色

阴阳代表趋势方向，阳线表示价格将继续上涨，阴线表示价格将继续下跌。根据牛顿力学定理，在没有外力作用下价格仍将按原有方向与速度运行，因此阳线预示下一阶段价格仍将继续上涨，最起码能保证下一阶段初期价格能惯性上冲。故阳线往往预示着继续上涨，这一点也极为符合技术分析中三大假设之一——价格以趋势方式演变，而这种“顺势而为”的思想也是技术分析的核心。同理可得，阴线预示着继续下跌。

2. 实体的大小

实体大小代表内在动力，实体越大，上涨或下跌的趋势越明显，反之趋势则不明显。以阳线为例，其实体就是收盘价高于开盘价的那部分，阳线实体越大说明了上涨的动力越足。就如

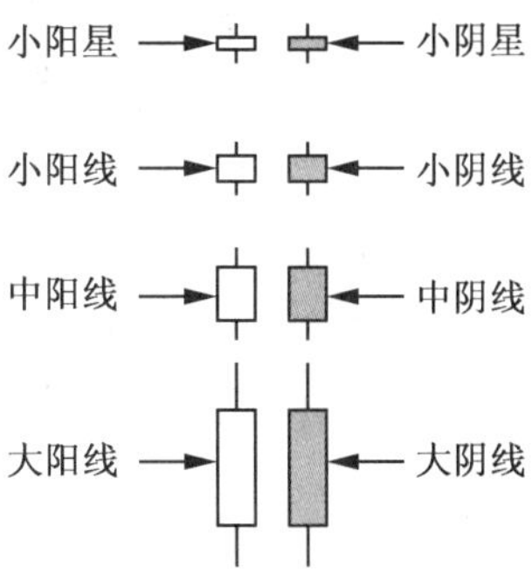

图 10－13　价格波动范围不同的 K 线

同质量越大、速度越快的物体其惯性也越大的物理学原理，实体大的阳线其上涨的动力将大于实体小的阳线。同理可得阴线实体越大，下跌动力也越足。

3. 影线长短

影线代表转折信号，向一个方向的影线越长，越不利于股价朝这个方向变动，即上影线越长，越不利于股价上涨，下影线越长，越不利于股价下跌。以上影线为例，在经过一段时间多空斗争之后，多头终于败下阵来，不论 K 线是阴还是阳，上影线部分已构成下一阶段的上档阻力，股价向下调整的概率居大。同理可得下影线预示着股价向上攻击的概率居大。上影线和下影线相比的结果，也影响多方和空方的斗争结果，上影线长于下影线，有利于空方；反之，则有利于多方。

(三)单根 K 线的基本形态

1. 光头光脚阳线、光头光脚阴线

指只有实体，没有影线的 K 线，表明多方或空方已经牢固控制盘面。光头光脚小阳线，经常出现在上涨初期、回调完毕或横盘整理时，表示多方力量逐渐增强；光头光脚大阳线，经常出现在股价向上突破或高位拉升阶段，表明多方占据绝对优势，空方难以组织有效的抵抗。光头光脚小阴线，经常出现在下跌初期、反弹结束，或横盘整理时，表示空方逐渐占据优势；光头光脚大阴线，通常出现在下跌行情初期或最后的打压阶段，表明空方占据绝对优势，多方抵抗力微弱。

2. 光头阳线、光脚阳线、光头阴线、光脚阴线

该类 K 线中或者没有上影线或者没有下影线，实体长度不短于影线。光头阳线和光脚阳线均表示强势，后市看多，但是光脚阳线的上影线显示在高价位区域压力较大，需要谨慎。同样光头阴线和光脚阴线均表示弱势，后市看空，其中光脚阴线经常出现在阶段性行情的头部或股价加速下跌途中。

3. 长下影阳线、长上影阴线

该类 K 线中实体比影线短，实体两端的影线有一端较长，且较长影线所指示的方向与实体的颜色一致。长下影线阳线表明在多、空交战中，多方的攻击沉稳有力，股价先跌后涨，行情有进一步上涨的潜力，在低价位出现时是可信度较高的买入信号；上影阴线显示买方力量一度非常强大，将股价大幅拉升，但是在随后多空力量抗衡中，空方占了上风，出现在高价位区的长上影阴线，如伴随巨大成交量，往往可能是获利盘在高位派发所致，后期行情看淡。

4. 十字星、T 字型、倒 T 字型、“一”字型

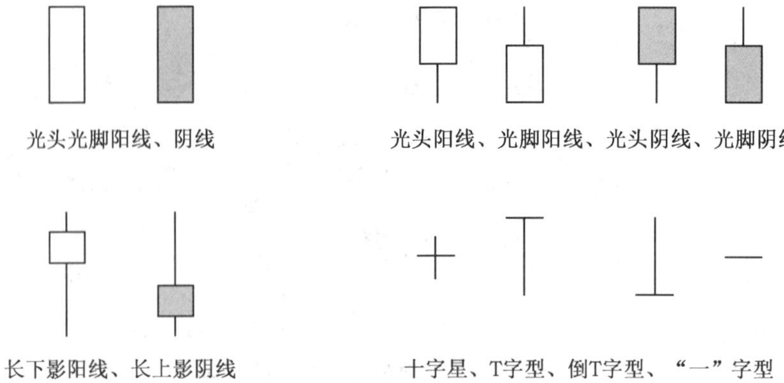

图 10－14　单根 K 线的典型形态

这四种 K 线都没有实体，即开盘价等于收盘价，反映了买卖双方力量的均衡，也蕴含着极大的不确定性，需要根据该类 K 线所处的具体位置判断其含义。其中十字星经常出现于反转行情中，在明显的上涨或下跌过程后出现的十字星极有可能是改变行情趋势方向的信号；T 字型如果出现在低价位区时，说明下档承接力较强，股价有反弹或反转的可能；倒 T 字型如出现在高价位区时，说明上档抛压严重，行情疲软，股价有反转下跌的可能，如果出现在中价位区的上升途中，表明后市仍有上升空间；“一”字型的开盘价、收盘价、最高价、最低价在同一价位，经常出现在涨、跌停板的极端行情时，表明多方或空方占绝对优势，第二天股价继续上涨或下跌的概率极大。

以上是四类典型的单根 K 线形态，在实际操作时单根 K 线的变化将更加丰富，因此需要投资者熟练掌握单根 K 线的技术分析要点，并结合其他技术分析方法综合运用。

（四）主要的 K 线组合形态

同一类型的单根 K 线出现在不同价位区域时会有不同的含义，因此在进行 K 线分析时，通常选择连续多根 K 线的组合来进行分析，K 线组合的主要类别有反转形态和持续形态。

1. 反转形态

在市场中出现我们下面将要学习的反转形态时，并不必然意味着趋势的方向要发生逆转，而是表明原有的趋势将会停止，至于价格今后运行的方向如何，还需要进一步观察、判断。

（1）锤子线、上吊线。锤子线和上吊线组合中，中间位置的 K 线都具有长下影线（影线长度超过实体长度的 2 倍），实体小且处于全天价格接近顶端的位置。这种 K 线无论是阳线还是阴线都既可能是看涨的也可能是看跌的，具体情况由其在趋势中所处的位置来决定。该形态出现在长期的下降趋势中，且第二天收出阳线，则为下降趋势即将结束的信号，此时称之为“锤子线”。反之，如果出现在长期的上涨趋势后，且第二天收出阴线，则表明之前的市场运动将要结束，此时称之为“上吊线”。

（2）启明星、黄昏星。持续下跌后的大阴线＋星线＋大阳线的组合，称为启明星。其中第三根 K 线明显地向上推进到了第一根 K 线的实体价位区间之内，显示多方已经重新夺回了主导权，股价可能止跌回升。黄昏星是启明星的顶部对称形态，由大阳线＋星线＋大阴线组成。其中，第三根 K 线向下延伸到第一根 K 线实体价位区间内，证实了顶部过程的发生。在理想的启明星和黄昏星组合中，星线的实体，与其前后两个实体之间均有价格跳空。

（3）吞没形态。吞没形态可以分为看涨吞没形态和看跌吞没形态。看涨吞没形态是底部

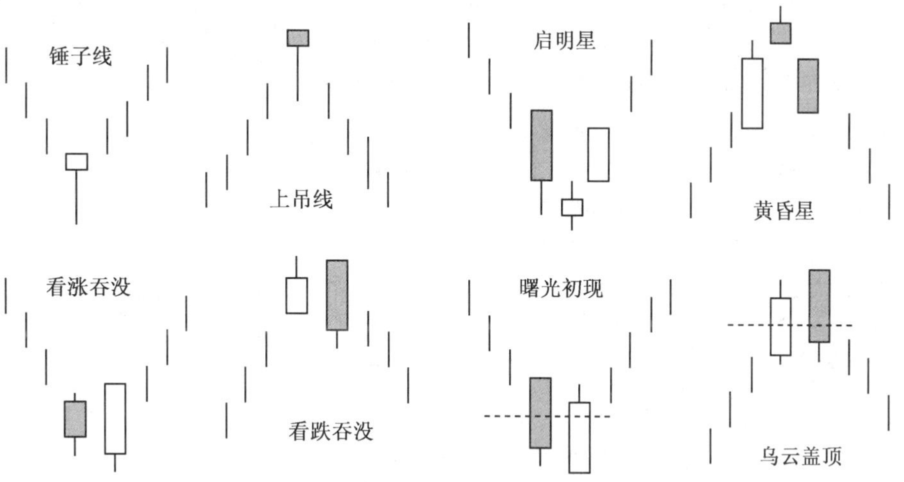

图 10－15　反转形态的 K 线组合

反转信号，指在下降趋势之中，出现的一根大阳线将它前面的阴线吞没（阳线实体两端分别超出前面的阴线实体两端）的现象，这种情形说明市场上买进的压力已经战胜了卖出压力。看跌吞没是看涨吞没形态的对称形态，指上升趋势中出现的大阴线的实体吞没之前的阳线的现象，这种情形说明空方已经从多方手中夺走了统治权。

（4）曙光初现、乌云盖顶。曙光初现形态（亦称刺透形态），是一种底部反转信号，该组合中第二根 K 线具有长长的白色实体，其开盘价在前一根阴线的最低价之下，而收盘价却向上超越了前一天的黑色实体的中点。乌云盖顶形态是曙光初现形态的对称形态，一般出现在上升趋势之后，有时也可能出现在水平调整区间的顶部。该形态中，一根大阳线之后第二天的开盘价超过了第一天的最高价，但是收盘价却向下延伸低于第一根阳线实体的中点。

2. 持续形态

与反转形态不同，持续形态通常意味着市场正处于调整阶段，之后价格还会沿着原有趋势运行。

（1）窗口。前一根 K 线的端点与后一根 K 线的端点之间存在的价格空白被称作窗口或缺口，市场参与者应当顺着窗口的方向建立头寸。

在上涨行情中，如果出现一个窗口，则意味着价格将进一步上升，且在之后的回调中，该窗口将形成其底部支撑，然而若窗口关闭（即缺口被回补），且关闭后市场抛压依然存在，则之前的上升趋势就不复成立。反之，下降趋势中的窗口意味着价格还将进一步下跌。

（2）上升三法（上升三部曲）。上升三法是一个持续巩固的信号，由三部分构成，一根带量的大阳线之后，随着成交量的萎缩，市场出现数根小阴线，表明市场进入暂时的休整阶段，阴线的价格范围不能突破第一根阳线的范围，随后又是一根大阳线拔起，股价创出新高，收盘价高于第一根 K 线的收盘价，表明市场重新回到上升趋势中。两根阳线的产生伴随着成交量的放大，中间的小阴线则伴随着成交量的缩小。

（3）下降三法（下降三部曲）。同样由三部分组成，一根大阴线，之后是数根小阳线，小阳线的价格范围不能超出第一根阴线的范围，接着又是一根大阴线，股价创新低，收盘价低于第一根阴线的收盘价，市场重新回到下跌趋势中。与上升三部曲相似，该组合中通常两根阴线伴随成交量的放大，中间的小阳线部分缩量。

(4)白色三兵形态(红三兵形态)。由接连出现的三根阳线组成,其中每根阳线的开盘价都处于前一天的阳线实体之内,或处在其附近的位置上,它们的收盘价依次上升。白色三兵是一种稳定的市场攀升方式,应用时注意三根 K 线形态须相似。

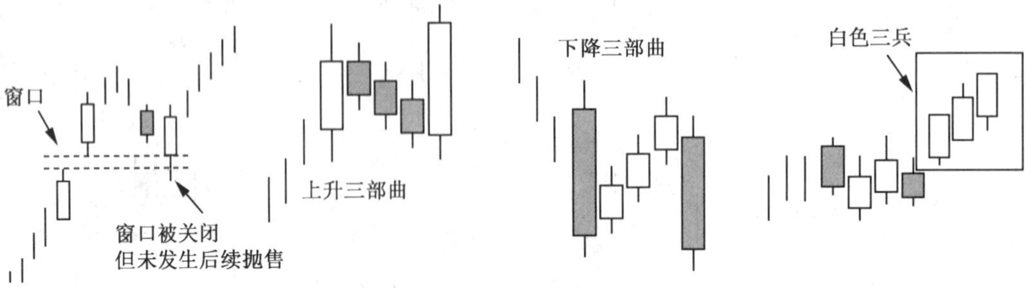

图 10—16　持续形态的 K 线组合

第四节　切线分析

切线分析法是一种具有极强可操作性的技术分析方法,通过画出各种技术线条,可以帮助我们直观地追踪趋势,估计价格未来的运动方向。切线分析的具体方法很多,我们只介绍最常用的支撑线、阻力线、趋势线和通道线。

一、支撑线(Support Line)和阻力线(Resistance Line)

(一)支撑和阻力

1. 支撑和阻力的含义

支撑即实际或潜在的买盘,其数量足以暂时阻止价格的下跌趋势。当价格向下运行到某一位置(支撑位)时,在其下方,买方的兴趣增强足以消化卖方形成的压力,结果价格在此停止下跌,转而向上反弹。这样的现象,在图形上就表现为价格波动的波谷。

阻力,亦称压力,即实际或潜在的卖盘,其数量可以满足当时价位的所有买盘,并暂时阻止价格上升。与支撑相反,在某个区域(阻力位)的上方,卖方压力阻挡了买方的推进,于是价格由升转跌,在图形上表现为波峰。

支撑位(支撑水平)代表着证券需求的集中区域,阻力位(阻力水平)代表着证券供给的集中区域,而供求的相对强度或集中程度将决定价格趋势的发展。

图 10—17 显示的是上升趋势中依次上升的支撑和阻力水平及下降趋势中的支撑和阻力水平。

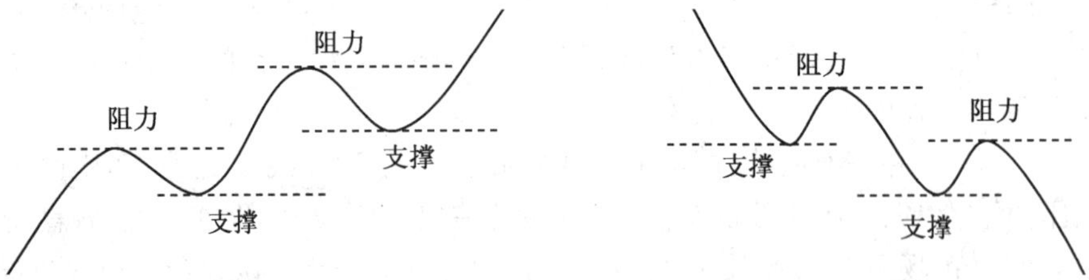

图 10—17　支撑和阻力

2. 支撑和阻力的互换

只要支撑或阻力水平被足够大的价格变化有效地突破，它们就会互换角色，演变成自身的反面，即压力位变成支撑位，支撑位变成压力位。

支撑与压力两者之所以能够相互转化，很大程度上是心理因素方面的原因。当然，心理因素不是唯一的依据，还可以找到其他依据，如历史会重演等，但心理因素是主要的理论依据。

证券市场中的参与者无外乎四种人：多头、空头、持股观望者和持币观望者。假设股价在某个压力线区域受阻而停留了一段时间，然后强势上涨，一举突破了该压力线。此时，在压力线区域买入股票的多头们肯定认为自己买对了，并对自己没有多买而感到后悔；而在压力线区域卖出股票的空头们会意识到自己弄错了，如果股价将来又回落到这个区域，他们会将原来卖出的股票补回来。持股观望者的心情和多头相似，持币观望者的心情同空头相似。无论是这四种人中的哪一种，都有在股价回落到原压力线区域时买入股票成为多头的愿望。这样，原来的压力钱就转化成了支撑线。

再假设股价在某个支撑线区域受阻而停留了一段时间，然后大幅下降，一举向下突破了该支撑线。此时，在该支撑线区域买入的多头和持股观望者都意识到自己错了，而卖出的空头和持币观望者都认为自己对了。此后，一旦股价回升到原来的支撑线区域，就会有一批股票抛出来，再次将股价压低。这样，原来的支撑线就转化成了压力线。

支撑与压力相互转化的特性，说明支撑线和压力线的地位不是一成不变的，而是可以改变的，条件是它被足够强大的价格变动有效突破。

什么样的突破算是有效突破呢？一般而言，符合以下四条原则的突破可称为有效突破。

(1)收盘价突破原则。收盘价被认为是当日交易中最为重要的一个价格，只有收盘价突破了当前的支撑线或压力线才是可信的，而日内最高价或最低价的突破不能看作有效突破。更进一步而言，有时甚至收盘价的突破也可能是无效突破。这时，就需要给收盘价突破原则再增加两个条件：时间过滤器(2 天原则)和价格过滤器(3%原则)。

(2)2 天原则。即要求连续 2 天的收盘价都突破了当前的支撑线或压力线。对 2 天的时间要求，具有主观性，在实践中投资者可灵活把握。比如，在突破重要的长期的支撑线或压力线时，可将 2 天延长为 3 天。

(3)3%原则。这是指突破支撑线或压力线的穿越幅度至少要达到 3%才能判定为有效突破。显然，这个 3%的数字，也是需要投资者灵活把握的。比如，对于短线客来说，也许改为 2%更为合适。

(4)成交量配合原则。当价格向上突破压力线时，配合有成交量的放大才是有效突破。但向下突破支撑线时，放量则不是必需的。

图 10－18 显示的是上证指数自 1990 年起至 2006 年初的周 K 线走势图，从图中可以看出 1993～1996 年在 1 000 点左右的位置上曾经有过明显的阻力，而这个位置在 1997 年被有效突破后在之后三年左右的时间里起到了明显的支撑作用，直到 2005 年 5 月，这个位置仍然成功地支撑住了一次长达四年的下跌过程。

(二)支撑线和阻力线

1. 支撑线与阻力线的含义与绘制

支撑和阻力可用某个价格水平来表示，价格走势图中的波峰、波谷、成交密集区、整数关口以及缺口的位置容易构成支撑或阻力。以这些价位画出的水平直线就是支撑线或阻力线。

当然，支撑线或阻力线也可以是两个波峰或两个波谷的连线，这种支撑线或阻力线是倾斜

图 10—18　支撑和阻力位置的互换

的直线。本节后面将要介绍的趋势线、通道线就属于倾斜的支撑线或阻力线。

2. 支撑线与阻力线重要性的衡量

不同的支撑线或阻力线，对价格走势的重要性也是有差别的，可从以下三方面来衡量：一是价格在这个支撑或阻力区域停留时间的长短；二是这个支撑或阻力区域伴随的成交量大小；三是这个支撑或阻力区域发生的时间距离当前日期的远近。很显然，停留的时间越长，伴随的成交量越大，离当前日期越近，则这个支撑或阻力区域对当前的影响就越大；反之就越小。

此外，支撑线或阻力线的重要程度也受投资者心理因素的影响。比如，有的投资者喜欢以一些习惯数值，如 10、20、25、50、75、100 等作为价格目标进行买卖操作，因而这些习惯数值常常成为重要的支撑位或阻力位。

3. 支撑线与阻力线的作用

概而言之，支撑线与阻力线的作用是阻止价格沿当前的方向继续运动。支撑线起阻止价格继续下跌的作用，阻力线起阻止价格继续上升的作用。

我们知道价格是沿趋势变动的，一个趋势形成之后，是不会轻易改变其运动方向的。要维持当前的运动方向，就必须冲破阻止其继续向前的障碍。例如，要维持一个上升趋势，就必须突破上升中阻力线的阻力，创出新的高点；要维持一个下降趋势，就必须突破下降中支撑线的阻力，创出新的低点。由此可见，支撑线与阻力线的作用只是暂时地阻止价格保持原来的运动方向，不能永久地阻止。

同样，一个趋势形成之后，不可能永久不变，终究会有所变化的：可能出现由上升向下降的反转，或是由下降向上升的反转；也可能是不发生反转的变化——从上升转为横向水平整理，之后继续上升，或从陡峭的上升坡度转变为平缓的上升坡度。反之亦然。这时，支撑线与阻力线的阻止作用不是暂时的，而是较为持久的。

例如，在一个上升趋势中，如果价格上涨未创新高，即未突破阻力线，紧接着价格下降却创出新低，即跌破了支撑线，这就发出了一个趋势有变的警告信号，意味着这一轮上升趋势可能已经结束。这时，价格上涨未突破的那条阻力线所起的阻止作用就较为长久。

同理，在一个下降趋势中，如果价格下降未创新低，即未跌破支撑线，紧接着价格上升却创出新高，即突破了阻力线，这也发出了一个趋势有变的警告信号，意味着这轮下降趋势可能已经结束。这时，价格下降未跌破的那条支撑线所起的阻止作用就较为持久，如图 10－19 所示。

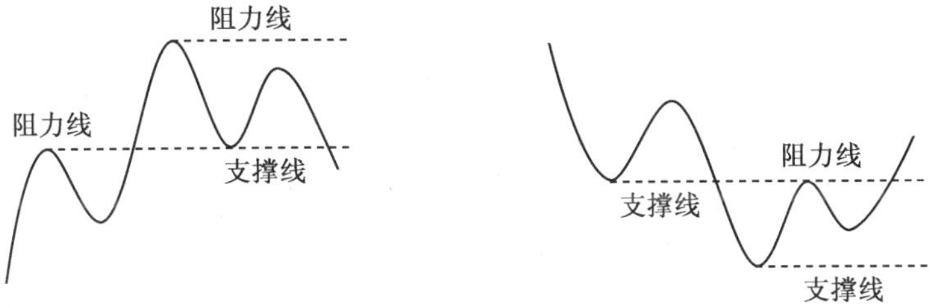

图 10－19　支撑线与阻力线

二、趋势线(Trend Line)与通道线(Channel Line)

(一)趋势线

1. 趋势线的概念及画法

证券价格的变化趋势是由一系列更小趋势上的波动构成，在上升趋势中，投资者往往在价格回调时低价买入以增加获利，形成小趋势波动的底部，这些底部通常会构成一条向上倾斜的直线；同样的在下跌趋势中，投资者往往等待反弹时卖出以减少损失，从而形成小趋势波动的顶部，这些顶部通常会构成一条向下倾斜的直线。这种向上或向下倾斜的直线代表着股价波动的方向，因此被称为“趋势线”。

趋势线的画法非常简单，如图 10－20 所示，在上升趋势中连接价格走势曲线各波谷的低点，即可得上升趋势线，在下降趋势中连接价格走势曲线各波峰的高点，即可得下降趋势线。

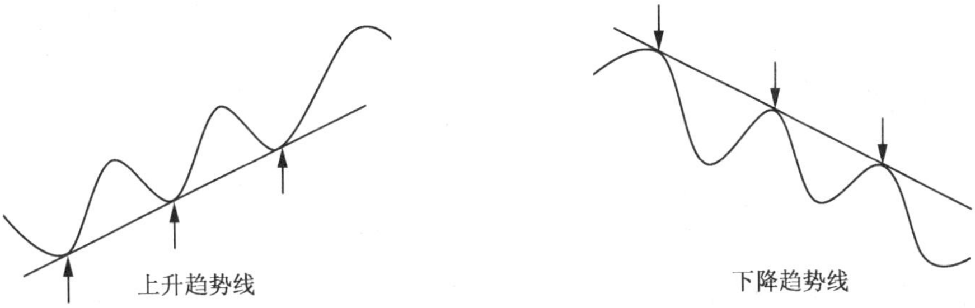

图 10－20　上升趋势线和下降趋势线

通常两个顶点或底点就可以确定一条趋势线，但是画趋势线所取两点之间的距离太近时，其所发挥支撑、阻力的作用将会大为削弱，因此趋势线的画法应该选择距离较远的两个点才具有参考价值。

2. 趋势线的作用

(1)趋势线对行情具有支撑或阻力作用。当一条上升趋势线被确立之后，就会对未来行情的发展起到一定的支撑作用，投资者应该按照趋势的方向顺势操作，继续持有或者在股价回调到趋势线附近时买入，而当上升趋势线被有效跌破时，一般意味着行情已经发生变化，应顺势卖出，原先的上升趋势线对未来的价格反弹就会起到阻力作用。反之，下降趋势线具有阻力的作用，当下降趋势线被向上突破后则会起到支撑作用。

(2)趋势线能提示比较及时的买卖信号。有时趋势线常比股价形态或其他分析方法更早出现突破的信号，此时可以先提早买进或卖出，以获得更高的利润。

3. 趋势线的有效突破

通常以连续两天的收盘价超过趋势线突破点3%的幅度为趋势线被有效突破的标准。针对不同性质的品种，突破的标准可以相应调整，比如对大盘指数，以1.5%为突破标准即可。股价向上突破下降趋势线而上涨时，通常成交量须大量增加，才可称为有效突破；向下跌破上升趋势线时，成交量不论是否增减都可视为有效跌破。

4. 趋势线的调整

趋势线被有效突破后，不一定会立即发生趋势的反转，可能只是价格运动的角度发生了改变，而价格运动的方向没有变化。这时，可根据价格走势中新出现的高点或低点重新绘制趋势线，进行趋势线的调整，以适应趋势加速或放缓的情形。

在趋势持续放缓的情形中，原有的趋势线不断地被有效突破，新的和原有的趋势线合在一起就构成一组扇形线(Fan Line)，如图10—21所示。

扇形线的特点：随着价格的变动先后画出三条趋势线，它们的起点相同、方向相同，但倾斜角度逐渐减小(即从陡峭到平缓)。

扇形线的作用(扇形原理)：扇形线主要用于预测一段次级调整行情是否结束。这里所称的次级调整行情，是指上升趋势中出现的回落行情，或是下降趋势中出现的反弹行情。扇形线中所画的三条趋势线都具有支撑线或阻力线的作用，其中第三条趋势线最为重要，一旦被有效突破，意味着次级调整行情可能演变为反转行情。

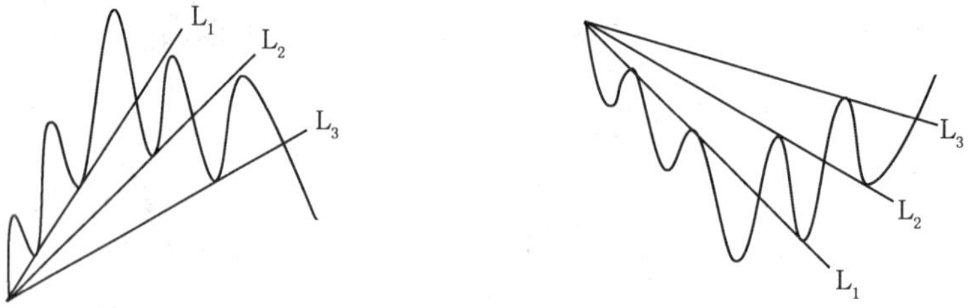

图10—21 上升扇形线和下降扇形线

图10—22是上升扇形线的实例。

(二)通道线

1. 通道线的含义

有时价格趋势在两条平行线之间运动，这样的模式称为通道，按照趋势运动的方向不同，通道可以分为上升通道和下降通道。如图10—23所示，两条向上倾斜的平行线，构成一个上升的通道，其中下面的一条为基本的上升趋势线，上面一条与趋势线平行的直线被称作通道线。

通道线的作用与趋势线类似，当股价向上突破上升通道的上边(通道线)时，无论成交量是否增加，大多可视为买入信号，图10—23中，指数向上突破通道线后，新的窄幅通道的通道线

图 10—22　包钢股份(600010)上升扇形线实例

处遇到阻力并回撤到初始上升通道继续运行。同理，当股价向下跌破下降通道的下边时，代表卖方力量强大，此为卖出信号。

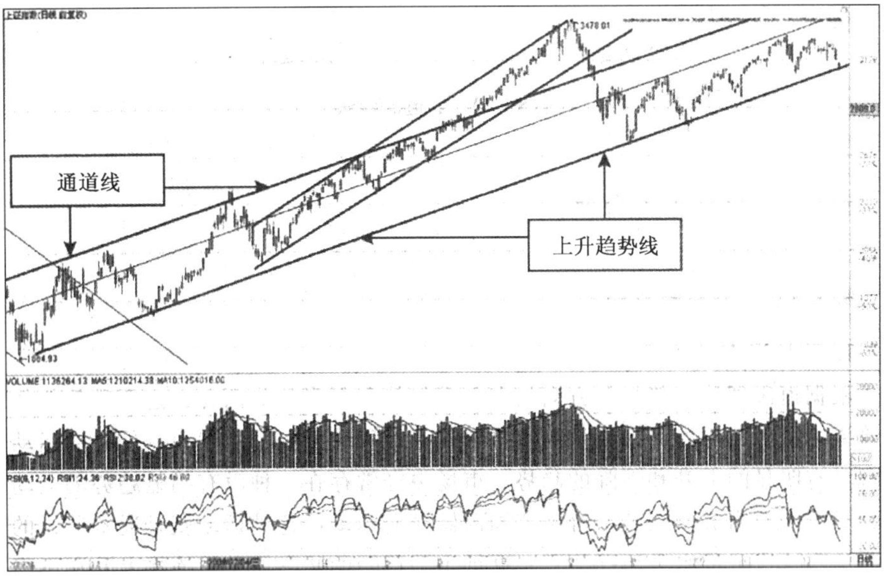

图 10—23　上证指数走出的上升通道

2. 通道线的画法

如图 10—24 左图，在上升趋势中，沿着低点(点 1、3)画出基本的上升趋势线，然后从第一个显著的波峰(点 2 处)出发，用虚线作上升趋势线的平行线，即通道线，两条线向同一方向伸展，共同构成一个通道。下一轮上涨抵达通道线(点 4 处)然后折返下来，该通道即成立一半，待价位跌回原先趋势线上并得到支撑(点 5 处),该通道就基本上得到了肯定。

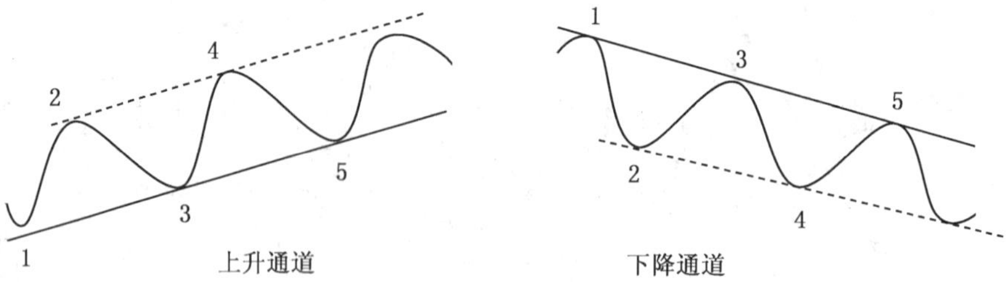

图 10—24 通道的画法

3. 通道线的作用

通道线的作用是限制价格的波动,不让它变得太离谱。具体地说,通道线的上轨起阻力线的作用,通道线的下轨起支撑线的作用。

通道线的另一个作用是预警趋势的转向。如果在一次波动中,价格远未触及通道线就开始掉头,这往往是趋势将要转向的信号,因为这表明市场已经无力维持原有的趋势了。

第五节 形态分析

一、形态分析概述

(一)形态分析的含义

根据道氏理论,趋势的方向只有上升趋势和下降趋势两种,这两种趋势往往是投资者最为关心的,因为它们直接影响到投资者的盈亏。然而,价格的运动并非都具有明显的上升和下降的趋势,市场中经常存在一种没有明显趋势的运动状态,具体表现为股价在某个价格范围内做横向运动,这种运动就是通常所说的无趋势状态,或者是水平运动状态。这种水平运动的状态通常是连接上升和下降趋势的过渡阶段,而且大多数情况下都会表现为某种确定的形态,即技术分析中的价格形态。形态分析就是研究价格在振荡走势中的波动轨迹,分析多空双方力量对比状况,及时发现价格打破平衡向上或向下突破的信号,进而指导我们的投资行为,把握有效的买卖时机。

(二)形态分析的内容

一般而言,形态分析至少包括以下四个方面的内容:

1. 形态构成

形态构成是指价格在多空平衡的区域内上下振荡形成的波动轨迹、成交量的配合等方面的具体特征,这是识别形态、分析形态的基础。通过价格的波动轨迹,可以看出投资者的情绪。价格运行到关键位置时,市场参与者的认可程度可以通过成交量反映出来。所以,成交量是形态分析中必不可少的确认条件。

2. 颈线位置

分析形态时,往往需要在价格走势图中画出一条或多条切线,其中最重要的一条线称为“颈线”(Neck Line),它揭示了形态中最重要的支撑阻力位置,犹如战争中某个重要的地理位置被形容成咽喉要塞一样,是多空双方必争之地。如果价格有效突破了颈线的位置,说明多空较量胜负已分，平衡状态被打破，意味着形态已经完成突破。

3. 买卖时机

不同的形态有着不同的买卖时机。只有价格走势发出了明确的买卖信号时才能进行操作，不能想当然地猜测价格可能会在何时或何处突破而自作主张提前进行买卖，这样往往会导致严重的失误。同一种形态也可能提供多个买卖时机，但最佳的买卖时机往往发生在该形态的颈线位置被有效突破时。

4. 预测价值

形态完成之后，价格将开始一段上升或下降走势，其未来的涨幅或跌幅通常可以用该形态的高度来测量。测量的起点为有效突破颈线的位置，形态的高度取形态中的最高点（或最低点）到颈线的竖直距离。

（三）形态的基本类型

根据价格形态所起的作用不同，通常可以将其分为反转形态和巩固形态（整理形态、持续形态），如图 10—25 所示。

反转形态是指打破平衡之后，价格移动方向与原来趋势方向相反的形态。这意味着价格无力维持原来的趋势，即将发生逆转。例如，之前是上升趋势，经过一个反转形态后，价格将进入一个下降趋势。通常把这种由升势转为跌势的反转形态称为头部或顶部形态；把由跌势转为升势的反转形态称为底部形态。常见的反转形态有头肩形、双重形、三重形、岛形等。

巩固形态，也称整理形态或持续形态，是指打破平衡之后，价格移动方向与原来趋势方向相同的形态。这意味着价格经过一番休整之后，将继续维持原来的趋势。例如，之前是上升趋势，经过一个持续形态后，价格将继续保持上升趋势。通常把这种上升趋势中出现的持续形态称为上升持续形态；把下降趋势中出现的持续形态称为下降持续形态。常见的持续形态有三角形、矩形、旗形、楔形等。

价格形态反映的是多空双方的较量进入一个相持阶段，最终哪一方的力量取得决定性的胜利，价格就会朝哪个方向运动，从而结束过渡阶段，形成新的趋势。

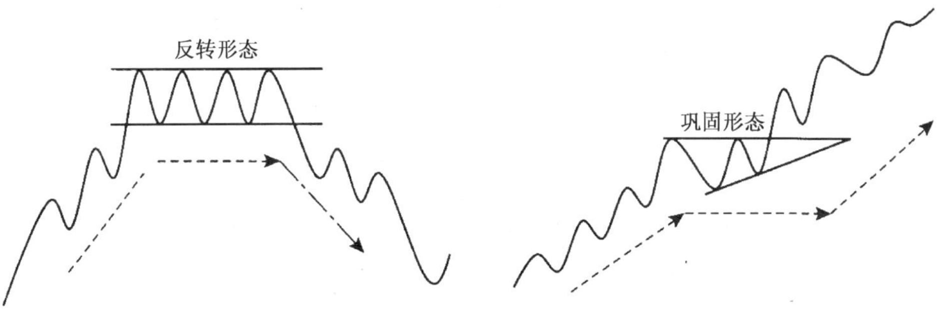

图 10—25　价格形态的基本类型

（四）价格形态的应用

价格形态可以适用于从分钟、小时，到日、周、月、年的任何时间跨度。然而不同时间单位的价格形态对趋势预测的意义是不同的，一般来说，价格形态持续时间越长，该形态完成后的价格走势就越强。

此外，价格形态的预测意义与形态的波动范围通常具有正相关的关系。形态形成时所跨越的价格区间越大，该形态完成后价格运行的动能越大。

（五）价格形态的突破

与切线分析方法类似，价格形态的突破对于投资操作也具有重要的意义。在确定是否是有效突破时需要注意以下几个方面的问题：

1. 突破的幅度。通常认为大于3%的突破才是有效突破。但是在实际应用时，需要结合突破的具体情况、价格所处的位置、投资品种价格波动的特点及有关的技术指标等进行全面的分析。

2. 突破的时间。有效的突破应当保持一定的时间，形态突破后，价格必须在新的支撑或阻力位之外站稳，才能保证新一轮价格趋势的顺利开展。

3. 突破时的成交量。与趋势线的突破相似，向上突破形态时，通常伴随成交量的放大才能确认，而向下突破形态时，则无须成交量的配合。需要注意的是，向上突破时成交量的放大应该在一个合理的范围内，过度放量往往是上冲动能即将衰竭的信号。

二、主要的价格形态

（一）三角形(Triangles Formation)

通常三角形作为巩固形态出现的概率较高，但是在一个三角形形成的过程中，很难准确预测未来的价格走势，直到最后的突破发生。通常我们默认过三角形的第一个反转点所做的垂线段为三角形的底边，因此一个三角形的确立，至少要有细小趋势的四个反转（两个顶部 A、C 和两个底部 B、D）来确定三角形的另外两个边，如图 10—26 上升三角形中所示。

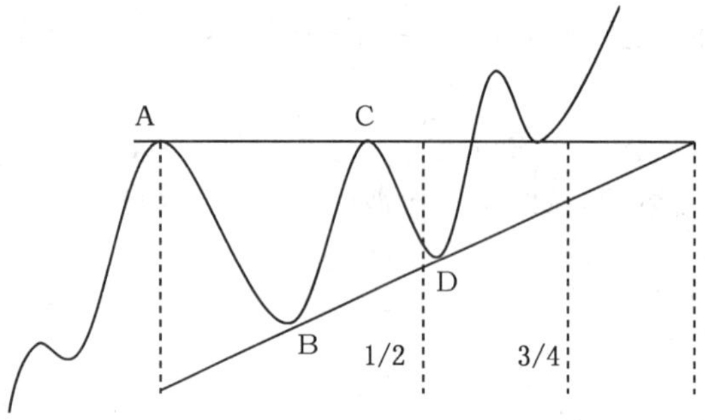

图 10—26　上升三角形

除了上升三角形还有下降三角形和对称三角形，如图 10—27 所示。

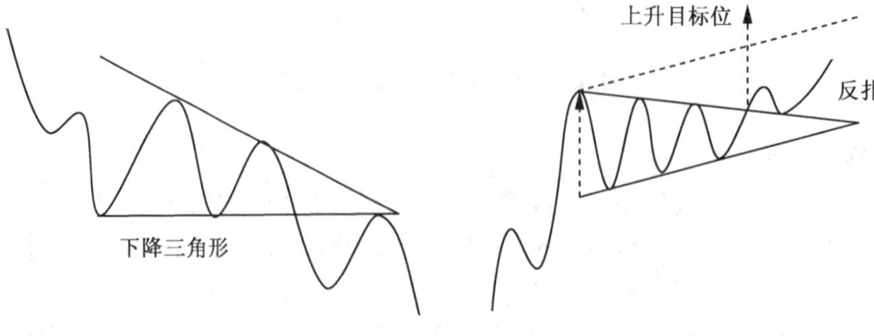

图 10—27　下降三角形和对称三角形

三角形突破的最佳位置，在底边至顶点距离的1/2～3/4处。三角形的形成过程中，成交量通常是逐渐减少的，向上突破需有成交量的放大，向下突破不一定放量但跌破之后一般有成交量的放大。通常周线中的三角形突破清晰可靠，而月线中的三角形一般无法提供有效信息。

(二)矩形(Rectangle)

矩形在投机盛行和股价操纵猖獗的20世纪20年代美国证券市场比较常见(图10－28)，它由一系列横向价格波动(交易区域)组成，这些价格波动的顶部和底部都可用水平线来界定。矩形是一种非常标准的横盘整理形态，但是同三角形一样，在矩形的形成过程中，无法判断其究竟为反转形态还是巩固形态，直到矩形被有效突破为止。

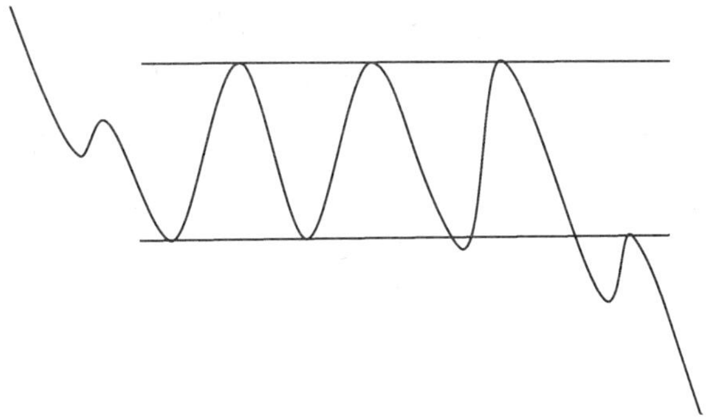

图10－28　矩形

矩形描述了两个势均力敌的群体，即想在某价位卖掉证券的投资者与想在某一稍低的价位买入证券的投资者之间的竞争，直到最后一方的力量衰竭，另一方取得胜利。如果矩形的顶部和底部之间的距离足够大(如8%～10%)，则会吸引相当多的短线投机者利用股价在两个价位间的波动获取短线利润。

(三)旗形(Flags)

行情经过一段时间涨升或下跌后，进入盘旋整理阶段，此时由于多空双方呈现拉锯战，致使股价仅能以较小幅度且形态紧密的价格产生类似于平行四边形的变动，这种形态就是“旗形”(图10－29)。

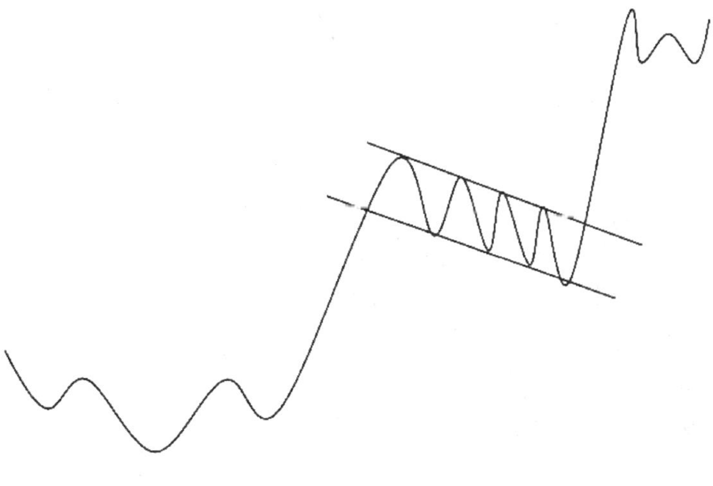

图10－29　旗形

旗形经常出现在股价急速上升或急速下跌的走势之后，其形态走势与其未来的价格走势方向相反；旗形极少在行情的顶部或底部出现。构成旗形的阶段，其成交量大多会逐渐减少，但在其突破上下边界时，成交量却大多突然增加。这与其他形态向下突破时，成交量不需要增加的情形不同。

（四）头肩形(Head & Shoulders)

头肩形是所有价格形态中最可靠的形态，头肩形的形成，往往意味着趋势即将发生反转，因此大多数情况下头肩形属于反转形态，在市场顶部出现的头肩形称为头肩顶，在市场底部出现的头肩形称为头肩底。

图 10—30 显示的是一个标准的头肩顶，头肩顶由中间的一个头部和左右两个肩部组成，两肩的价位一定低于头部的水平，通常左肩的成交量最大，右肩的成交量最小。连接两肩与头部之间的两个低点的直线被称作“颈线”，头肩顶形态被有效突破的标准就是颈线被有效跌破。

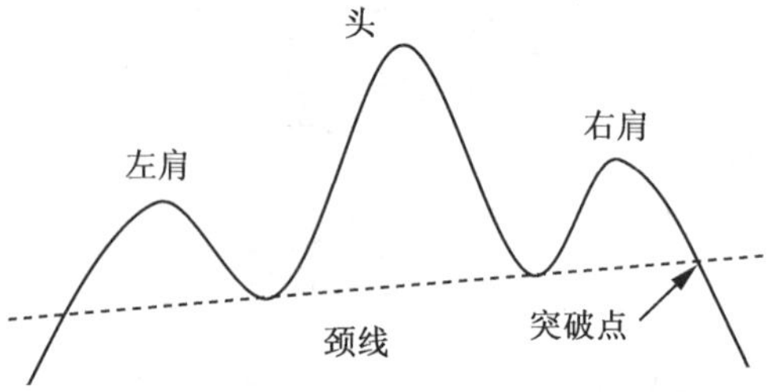

图 10—30 头肩顶形态

图 10—31 显示的是头肩底形态。头肩底是头肩顶的对称形态，同样由一个头部和两个肩部构成。其中头部的价位必须低于肩部，一般左肩和头部成交量较大，股价下跌到右肩底部时成交量明显萎缩，随后价格向上突破颈线时成交量会显著增大。

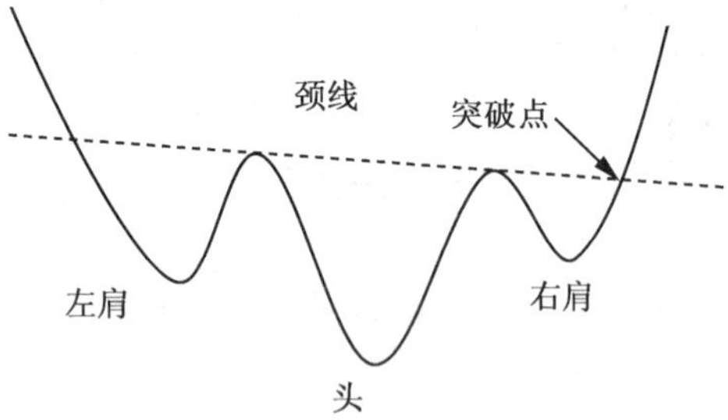

图 10—31 头肩底形态

除了标准的一头两肩的头肩形外，还有可能出现多头多肩的复合头肩形，复合头肩形被有效突破后，价格运行的幅度往往比标准头肩形被突破后更大。此外，虽然头肩形通常以反转形态的角色出现，在某些情况下它也会演变为巩固形态，而作为巩固形态的头肩形通常比作为反转形态的头肩形在股价波动的幅度上要平缓得多。

（五）双重形态

双重形态在现实中极少出现，即便出现也很难被及时地察觉。

双重顶又称 M 头，由两个并列的头部构成，其中右边头部成交量小于左边头部的成交量。

双重顶的两个顶部之间的时间间隔一般超过1个月以上，且顶部之间一般有深而圆滑的市场回调，回调幅度大于20％。双重底又称W底，是M头的对称形态（见图10－32）；M头的对称形态，由两个并列的底部构成，其中第二个底部一般形状较为圆滑，且从第二个底部开始的反弹成交量增加，当两个底部间的顶部价位被超过时，成交量应该明显放大。

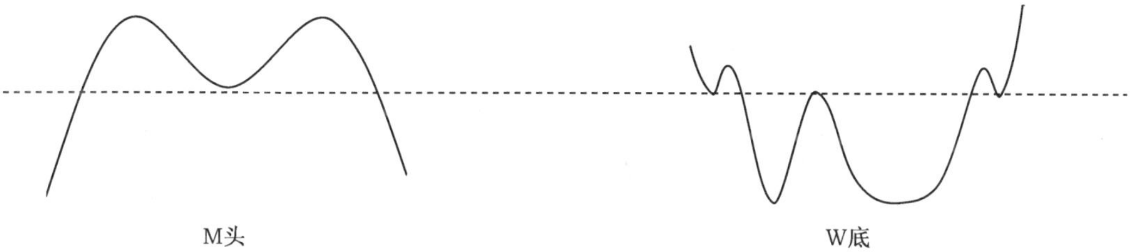

图10－32　双重顶与双重底

三、其他价格形态

（一）楔形（Wedges）

楔形（图10－33）是一种价格在两条同时上倾或同时下倾的收敛界线内变动的形态。其中上边与下边都向右上倾，下边上倾角度比上边陡的楔形称为上升楔形，而两边都向右下倾，但上边比下边陡的形态称为下降楔形。

图10－33　楔形

上升楔形是买方力量渐呈转弱的技术分析图形，而下降楔形表示股价已经逐步盘低，近期可望步入横向整理的图形。上升（下降）楔形中，70％是看跌（涨）的。楔形上边被突破后，不论成交量如何变化，行情大部分只能呈现小幅上涨的横向整理形态。楔形在形成过程中成交量逐渐缩小，且常在其形态要向上或向下的最后时刻以较大的成交量作为结束。

（二）扩散形态（Broadening Formation）

传统的扩散形态（图10－34）为顶部形态，包括三个渐高的波峰，且三个波峰之间有两个底部，第二个底部比第一个底部要低。当扩散形态顶部已经完成，且从第三个峰的回撤将价格带至低于第二个底部时，预示着市场将出现大幅下跌的行情。

扩散形态貌似反转的三角形，实际上两者有明显的区别：三角形边界清晰，且顶部和底部都相当准确地落在边界上，在扩散形态中，反弹和下跌一般不停在明确标记的边界线上；三角形的形成伴随着缩减的成交量，而扩散形态的形成过程一般伴随着较高的成交量，且成交量在整个形态形成过程中没有规则。

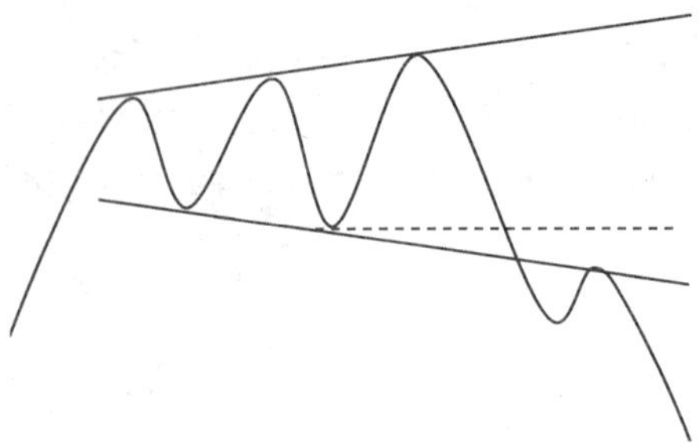

图 10－34 扩散形态

(三)三重形态

三重顶由三个高度相近的头部组成,三重顶的确认是在价格有效跌破三个顶部间的两个波谷中的价格较低者的水平。三重底与双重底相似,第三个低点交易量应较少,但随后上涨时交易量应有明显增加,使价格明显地高过两个反弹顶端中的较高者,没有完成的三重底失败的可能性极高,所以一定要等到有效突破再做买入(图 10—35)。

图 10－35 三重顶和三重底

第六节 指标分析

一、指标分析概述

(一)技术指标的含义

技术指标(Technical Indicator)是技术分析的重要手段,它是运用一定的数学、逻辑方法对价格和成交量等市场原始数据进行处理,进而为市场预测提供依据的技术分析方法。

技术指标种类繁多,常用的技术指标都是前人对市场规律的概括和总结。随着计算机的普及和先进的技术分析软件的应用,技术指标已经逐渐成为投资者所熟悉技术分析方法。自编指标的功能更是让专业的投资者可以根据自己的偏好和投资习惯编制个性化的技术指标甚至技术指标交易系统。

但是随着投资技术的发展,很多常用的技术指标的有效性正在不断降低,如果教条地根据经典技术指标及其应用方法来进行投资操作,往往不但不能获得盈利,反而可能带来亏损。因此,技术指标可以帮助确认而不能取代基本的图表分析,对技术指标的正确使用也必须建立在全面掌握技术分析的基本理论和方法的基础上。

(二)技术指标的分类

1. 顺势指标

顺势指标是能够识别和追踪既有趋势的指标。顺势指标的典型代表是移动平均线指标MA、平滑异同移动平均指标MACD、趋向指标DMI、抛物转向指标SAR等。

2. 摆动指标

摆动指标(Oscillators)又称动能指标(Momentum),它的数值总是从一个极端摆动到另一个极端,这两个极端即"超买"(Overbought)和"超卖"[①](Oversold),因此摆动指标可以识别和追踪趋势运行的转折点。典型的摆动指标有乖离率BIAS、随机指标KDJ、相对强弱指标RSI、变化率指标ROC、威廉指标W%R等。

3. 通道指标

通道指标也称为压力与支撑指标,是通过顶部轨道线和底部轨道线与价格走势之间的关系来预测股价走势的指标。常用的通道指标有布林带指标BOLL、薛氏通道指标XSTD等。

4. 其他指标

除了上述三种主要的指标种类之外,还有量价指标、大盘指标、成交量指标、状态指标等。本节将选择最常用的几个指标进行简要介绍。

(三)技术指标的研判角度

1. 技术指标的背离(Divergence)

指标的背离指技术指标线的波动方向与价格走势方向不一致,包括两种表现形式"顶背离"和"底背离"。技术指标与价格的背离,暗示价格波动无法得到技术指标的支持,原有的趋势动力不足。应用顺势指标和动能指标时,是否存在背离是需要考量的重要问题。如图10—36所示,当价格不断创出新高时,摆动指标的峰值却在下降,出现顶背离,涨势难以继续;在价格下降过程中,当价格出现新低时,摆动指标的负值却不断升高,出现底背离,价格可能止跌为升。

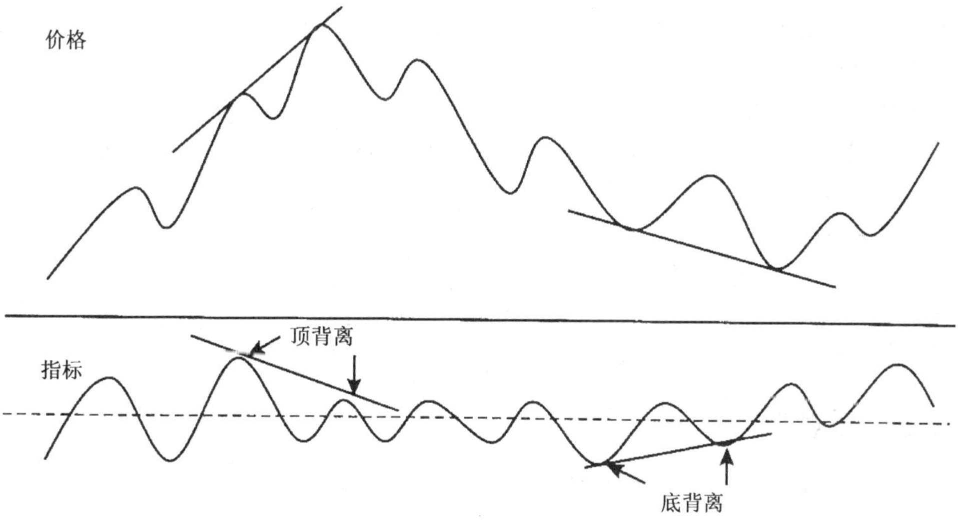

图10—36　技术指标的背离

① 超买:即过度买入,由此会出现股价的过度上涨,由于买方力量基本耗尽,一旦空方反扑,价格就会下跌。超卖的含义与之相反。

2. 技术指标的交叉(Cross)

交叉指的是两条指标线相交的现象或者是指标线与零轴、超买、超卖线相交的现象,另外一种关于交叉的表述是某条指标线向上或者向下穿越另一条指标线或者零轴、超买、超卖线。具体来说,两条指标线的交叉又分为两种,即"金叉"和"死叉",金叉指跟随价格变化较快的曲线向上穿越跟随股票变化较慢的曲线,反之跟随价格变化较快的曲线向下穿越较慢的曲线则称为死叉(图 10—37)。

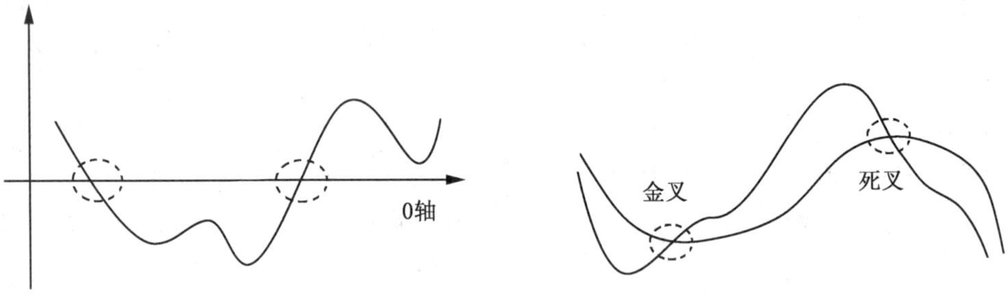

图 10—37　技术指标的交叉

3. 超买区和超卖区

前文提到摆动指标的数值总是在超买与超卖之间摆荡,当摆动指标进入超买区域,说明上涨势头反转的可能性提高,此时应该卖出证券,当摆动指标进入超卖区域时,说明市场进入一个过度悲观的状态,可以考虑买入。图 10—38 显示的是上市公司"深万科"(000002)在 2005 年年末至 2006 年 8 月份的日 K 线走势图,副图①为动能指标 RSI 线,当该指标大于 80 时,即进入超买区域,当该指标小于 20 时即进入超卖区域。

4. 技术指标的趋势和形态

技术指标在发展过程中也会出现明显的上涨、下跌的走势,甚至是前文所介绍的技术形态,当出现这种情况时,可以采用画趋势线、支撑、阻力线或者形态分析的方法来预测指标的走势,为价格趋势的判断提供参考。

5. 技术指标的转折

技术指标转折的出现往往预示着原有趋势的结束和相反趋势的开始。技术指标中转折的典型代表是趋向指标 DMI。

6. 条件选股

借助先进的技术分析软件②,可以将技术指标的判断方法及技术分析的其他方法综合起来,根据投资者的投资目标,构造一个以挑选证券品种和买卖时机为目的的特殊指标系统,利用这类指标系统可以从上千个投资对象当中迅速挑选出符合选择条件的证券。

二、主要的顺势指标

(一)移动平均线(Moving Average)

1. 指标含义

移动平均线是用统计处理的方式,将若干天的股票价格加以平均,然后连接成一条曲线,

① 在常用的分析软件中,通常将价格走势图称为主图,主图下方的各种技术指标图称为副图。见本节第三部分。
② 目前国内常用的技术分析软件有"分析家""飞狐交易师""大智慧"等。

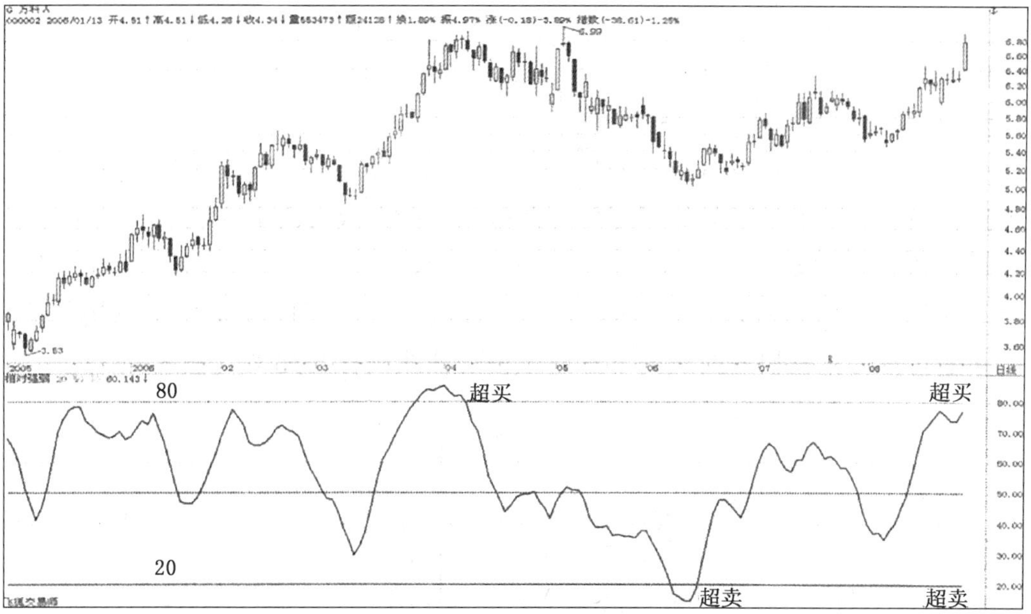

图 10－38　超买和超卖区

用以观察股价趋势。移动平均线的理论基础是查尔斯·道的“平均成本”概念，其目的在于取得某一段期间的平均成本，以该曲线配合每日收盘价的变化分析某一期间多空的优劣形势，以研判股价的可能变化。一般来说，现行价格在平均价之上，意味着市场需求较大，行情看好；反之，行情在平均价之下，则意味着供过于求，卖压较重、行情看淡。

2. MA 的计算公式

简单移动平均线的公式为 $MA(P,N)$，其中 MA 为函数名，即 Moving Average 的缩写，变量 P 代表价格，N 为时间参数，该公式代表以下的数学运算：

$$MA(P,N)=(P_t+P_{t-1}+P_{t-2}+\cdots+P_{t+1-N})/N$$

其中 P_t 为当日价格，该公式的含义即为求包含当日在内的 N 个交易日的算术平均价格。日 K 线图中参数 N 通常取 3 日、5 日、8 日、13 日、21 日、34 日、55 日、200 日、250 日；周 K 线图中，N 通常取 13 周、21 周、34 周。

3. MA 的特点和分析价值

(1)反映和追踪趋势。移动平均线相对于日常的股价波动曲线，在形态上更为平滑，这有助于消除偶然波动所产生的股价走势错觉，从而较为准确地反映一定时期股价的大致趋势。

(2)反映平均交易成本。移动平均线在一定程度上可以看作是一定时期的平均交易成本，将其与成交量结合，可用于测算股价变动的趋势、基础与程度。

(3)具有助涨、助跌性，起支撑线或压力线的作用。当股价突破移动平均线时，该线就会成为股价继续沿突破方向前行的支持力量，向上突破，该线助涨；向下突破，该线助跌。

4. MA 的应用

(1)移动平均线的买卖信号——葛兰碧(Granville)八大法则。1960 年美国投资专家葛兰碧提出的八大投资法则，是被广泛采用的运用移动平均线进行买卖的方法，该法则一共给出了 8 个买卖信号，如图 10－39 所示。

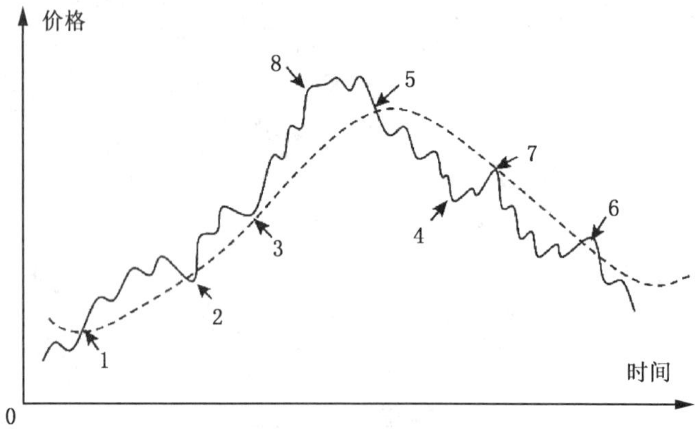

图 10—39 葛兰碧法则

信号一：当均线由下降开始走平，且有向上移动的趋势，而股价由下方向上突破均线时，是买入信号（金叉）。

信号二：均线持续上升，股价跌破均线后即迅速拉回均线之上，是买入信号。

信号三：均线持续上升，股价下跌但未跌破均线就再度回升，为买入信号。

信号四：均线逐渐平缓，股价在均线下方运行，当股价急跌远离均线时，为买入信号。

信号五：移动平均线由上升转平，股价自上向下跌破移动平均线，是卖出信号（死叉）。

信号六：均线持续下降，股价向上突破均线后即迅速拉回均线之下，是卖出信号。

信号七：均线持续下降，股价反弹未突破均线就再度下跌，为卖出信号。

信号八：股价在均线上方运行且暴涨远离均线时，为卖出信号。

（2）移动平均线系统。按照时间参数选择的范围，可以将移动平均线划分为：短期均线（参数一般为 5 天、13 天、21 天）、中期均线（参数一般为 55 天、89 天）和长期均线（参数一般为 133 天、255 天）。短期均线容易受股价变动影响，反应比较灵敏，买进或卖出的信号也较为频繁；中、长期均线反应较为迟钝，但却能说明股价运动的基本趋势。在实际操作时，通常需要同时绘制不同时间参数的均线，将价格走势曲线与各种移动平均线共同构成的系统结合起来进行分析对比，可以进行更为全面的分析。

①两条移动平均线组合的买卖信号。对于两条移动平均线的组合，通常将时间参数较小的一条称为快线，而时间参数较大的一条称为慢线。快线与慢线组合，可以套用葛兰碧八大法则，当快线上穿、下穿、远离慢线时，作相应的操作。

②多条移动平均线组合的分析。当短、中、长期均线自上而下排列时，称均线系统多头排列，均线系统多头排列表明价格处于健康的上升趋势中，应继续持有；反之，称均线系统空头排列，此时价格处于下降趋势中，应持币观望。

当多条均线纠缠在一起时，说明趋势并不明朗，此时要结合其他方法进行分析。不过，如果这种情况是在原来的均线系统呈明显的多头或空头排列后迅速形成的，可能发生变盘，值得关注。

图 10—40 显示的是由参数分别为 13（黑色实线）、34（星状线）、55（圈状线）的三条均线组成的系统①。

① 常用的行情分析软件中都提供不少于五条的均线系统。

图 10—40　均线系统

(二)平滑异同平均线 MACD(Moving Average Convergence and Divergence)

1. 指标含义

MACD 运用快速与慢速移动平均线聚合与背离的信号,加以双重平滑运算,用以研判买入与卖出的时机、信号。

运用移动平均线判断买卖时机,最棘手的是遇到横盘整理行情。根据移动平均线原理发展出来的 MACD,可以去掉移动平均线频繁出现的假信号。

2. MACD 的计算公式

$$\mathrm{DIF}=\mathrm{EMA}^{①}(\mathrm{C},\mathrm{SHORT})-\mathrm{EMA}(\mathrm{C},\mathrm{LONG})$$

$$\mathrm{DEA}=\mathrm{EMA}(\mathrm{DIF},\mathrm{M})$$

$$\mathrm{MACD}=2\times(\mathrm{DIF}-\mathrm{DEA})\mathrm{COLORSITICK}^{②}$$

含义:求快速与慢速移动平均线的差 DIF;求 DIF 的指数平滑移动平均 DEA(参数为 M);求 MACD 并且以 0 轴为中心画彩色棒状图,0 以上红色,0 以下绿色。参数 SHORT 通常取 12,LONG 通常取 26,M 通常取 9。

3. MACD 的应用

(1)在一段持续上涨的过程中,快线与慢线之间的距离必将越拉越远,DIF 的数值不断增加,反之,持续下跌的过程中 DIF 会不断减小。

(2)当 DIF、DEA 均为正值,表明处于多头市场中;DIF、DEA 均为负值,显示处于空头市场中。

(3)若 DIF 由下而上突破 DEA,为买入信号;反之是卖出信号。

(4)若 DIF 由负值转为正值,是买入信号;反之是卖出信号。

---

① EMA 指数平滑移动平均函数,是一种加权移动平均函数:函数表达式为 EMA(P.N),即求 P 的 N 日指数平滑移动平均;具体的算法是若 Y=EMA(P,N),则 $Y=[2\times P+(N-1)\times Y']/(N+1)$,其中 Y' 表示上一周期 Y 值。

② 目前市场上常见的行情软件和专业分析软件都附有常用指标的计算公式和使用方法的说明,因此本教材建议不要求学生死记硬背公式,而是通过应用分析软件来熟悉不同指标的特点之后,结合个人的兴趣再去研究指标的编制,并尝试自编指标,因此本教材只提供部分介绍指标的计算公式。

(5)若 DIF、DEA 的走势与股价走势出现背离，则意味着有变盘可能。

(6)MACD 柱状线，由红变绿(正变负)，卖出信号；由绿变红，买入信号。

图 10－41 显示的是上市公司“上海机场”(600009)2005 年 12 月之后的走势，副图是同时期的 MACD 指标。

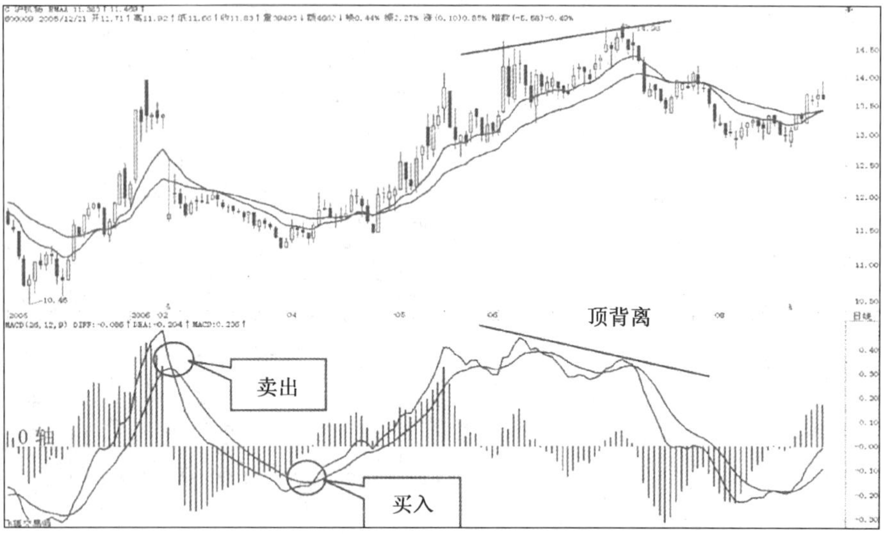

图 10－41　MACD 指标

三、常用的摆动指标

(一)摆动指标的含义

摆动指标是衡量趋势是处于加速或减速状态的指标，而这种加速或减速的状态往往是群众心理反应、市场参与者情绪变化的结果。

任何自由交易的市场中，价格都取决于交易者对于基本面的看法，而不是取决于基本面本身。这意味着市场基本上是受到心理因素的驱动。经验显示，情绪是摆动于两个极端——恐惧与贪婪、希望与失望之间。这个事实导致摆动指标的数值在超买、超卖的两个极端之间变化。

(二)乖离率 BIAS

乖离率是移动平均原理派生的一项技术指标，其功能主要是通过测算股价在波动过程中与移动平均线的偏离程度，从而得出股价在剧烈波动时因偏离移动平均趋势而造成可能的回挡或反弹，以及股价在正常波动范围内移动而形成继续原有趋势的可信度。其计算公式如下：

$$BIAS=[C-MA(C,N)]/MA(C,N)\times 100\%$$

即(当日收市价－N 日内移动平均收市价)/N 日内移动平均收市价×100%

N 的取值一般为 6、12、24、72，亦可按 10、30、75 设定。

通常对于 6 日乖离率，－3%是买进时机，＋3.5%是卖出时机；12 日乖离率，－4.5%是买入信号，＋5%是卖出信号；24 日乖离率，－7%是买入信号，＋8%是卖出信号；对于 72 日乖离率，－11%是买入信号，＋11%是卖出信号。当然，这些标准不是绝对的，在牛市中，允许的上升乖离通常会更大些；熊市中则相反。图 10－42 中主图采用了 12 日移动平均线，副图为相应的 12 日乖离率。

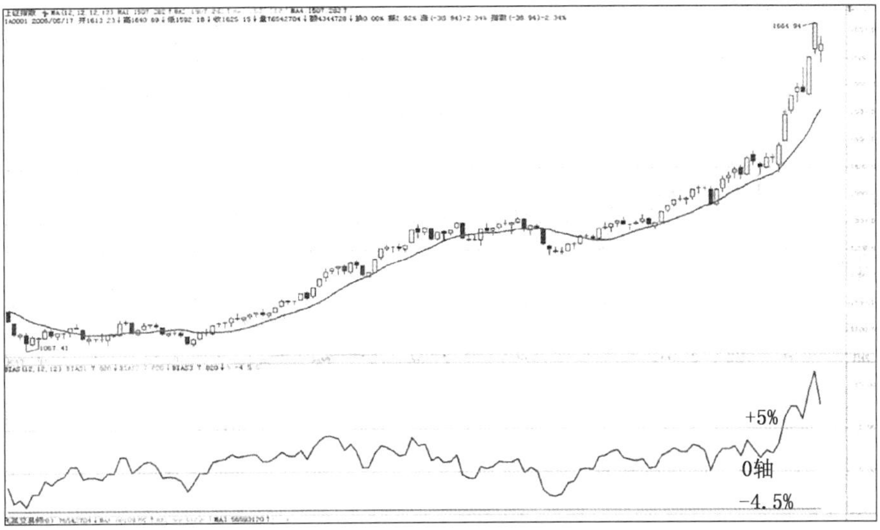

图 10－42　BIAS 指标

(三)随机指标 KDJ

随机指标在计算过程中主要研究高低价位与收盘价的关系，即通过计算当日或最近数日的最高价、最低价及收盘价等价格波动的真实波幅，反映价格走势的强弱势和超买超卖现象。随机指数还在设计中充分考虑价格波动的随机振幅和中、短期波动的测算，使其短期预测功能比移动平均线更准确有效。

指标公式：

$$RSV=[C-LLV(L,9)^{①}]/[HHV(H,9)^{②}-LLV(L,9)]\times 100$$

$$K=SMA^{③}(RSV,3,1)$$

$$D=SMA(K,3,1)$$

$$J=3\times K-2\times D$$

公式的含义是，先产生未成熟随机值 RSV(Row Stochastic Value)，然后分别定义 K、D、J 三个指标。

KDJ 指标的应用：

(1)K＞80 为超买，K＜20 为超卖；D＞70 为超买，D＜30 为超卖。

(2)指标线在超买、超卖区域时与价格的背离。

(3)K 与 D 的交叉，当 K 在超买超卖区域右侧穿越 D 时更有效。

(4)超买超卖区域指标线出现反转形态时，可靠性高。

(5)J≥100 为卖出信号，J≤0 为买入信号。

图 10－43 中的副图为 KDJ 指标，其中两条黑色的指标线为 K、D 指标线，由于 D 线是 K 值的移动平均，所以不难判断较为平滑的黑色指标线为 D 指标，灰色的指标线为 J 指标。图中

① 函数 LLV(P,N)的含义是取 N 个交易日的价格 P 中的最低值，LLV(L,9)即取 9 日内最低价。

② 函数 HHV(P,N)的含义是取 N 个交易日的价格 P 中的最高值。

③ 函数 SMA 是一种加权移动平均指标，函数表达式为 SMA(X,N,M)，求 X 的 N 日移动平均，M 为权重，算法是若 Y＝SMA(X,N,M)，则 Y＝[M×X＋(N－M)×Y′]/N，其中 Y′表示上一周期 Y 值，N 必须大于 M。

两个圆圈的位置,K 右侧穿越 D 分别形成金叉和死叉,右侧穿越的含义如图 10－44 所示,该图中实线为快线,虚线为慢线,可以看出当快线在慢线达到峰值或谷底之前,或者说是在慢线峰值或谷底的左侧向下或向上穿越慢线时形成左侧穿越;反之,则为右侧穿越。

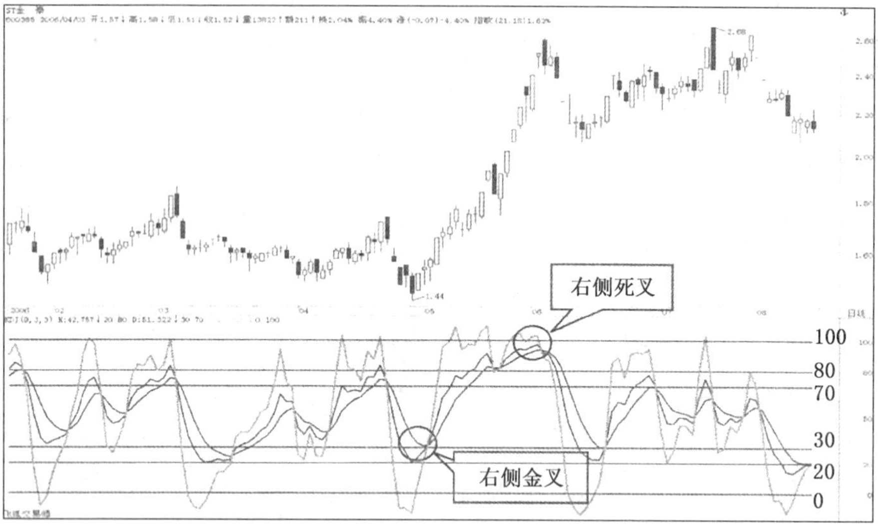

图 10－43　KDJ 指标

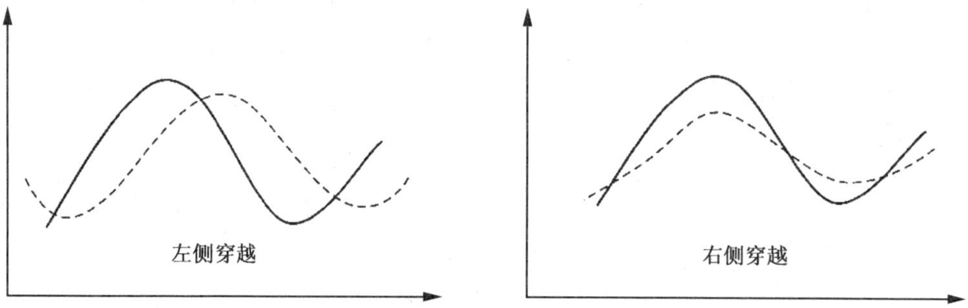

图 10－44　左侧穿越与右侧穿越

(四)相对强弱指标 RSI(Relative Strength Index)

相对强弱指标是根据股价"择强汰劣"的原理,以特定时期内股价的变动情况推测价格的未来变动方向,并根据价格涨跌幅度显示市场的强弱,通过比较一段时间内的平均收盘涨幅和平均收盘跌幅来分析市场买卖盘的意向和实力,从而做出未来市场的走势分析。

指标公式:

RSI＝N 日内收盘价涨幅平均值/N 日内收盘涨跌幅绝对值的平均值×100

注:N 通常取 6、12、24。

RSI 在 50 之上为强势,50 之下为弱势;RSI 超过 80 为超买,低于 20 为超卖;使用两条 RSI 指标线时,短期 RSI 上穿长期 RSI 为买入信号,反之为卖出信号。图 10－45 中的副图指标为 12 日(黑色)、24 日(灰色)。

图 10－45　RSI 指标

知识拓展

专栏 10.1　趋向指标 DMI 与抛物转向指标 SAR

10.1.1　趋向指标 DMI

1. DMI 指标的含义

趋向指标 DMI(Directional Movement Index)是判断市场即将经历一轮上涨或下跌趋势，还是要进行横盘整理，其基本原理是通过分析股票价格在上升及下跌过程中供需关系的均衡点，即供需关系受价格变动之影响而发生由均衡到失衡的循环过程，从而提供对趋势判断的依据。该指标由三条指标线构成：上升动向指标＋DI，下降动向指标－DI，平均定向指数 ADX (Average Directional Index)。

2. DMI 指标的应用

(1)＋DI 和－DI 两条曲线的关系能够发出买入或卖出信号，而 ADX 则能够判断价格趋势运动的特征。

(2)价格趋势向上时，＋DI 上升，－DI 下降。当＋DI 向上穿越－DI 时，表示市场内部有新的买方愿意以较高的价格买进，因此为买进信号；当－DI 从下向上递增突破＋DI 时，意味着市场内部有新的空头卖家愿意以较低价格沽售，因此为卖出信号。

(3)当市场涨跌态势较为明显时，如果 ADX 值也持续上升，意味着这种趋势仍将持续下去。当 ADX 降至 20 以下时，则意味着市场处于盘整状态，涨跌趋势不明显；而当 ADX 由上升转为下降时，则意味着原有趋势可能已走到尽头，随时会发生趋势反转。

(4)动向指标反映较长时间范围的走势，适于在市场趋势较为明确时应用，此时，其指示效果较好；但在盘整状态中，效果并不理想。图 10－46 显示的是上市公司“中国石化”(600028)在 2006 年 2 月之后的走势，主图采用的是抛物转向指标 SAR，副图采用动向指标 DMI，其中相互交错的两条黑色指标线为＋DI、－DI，灰色的指标线为 ADX。

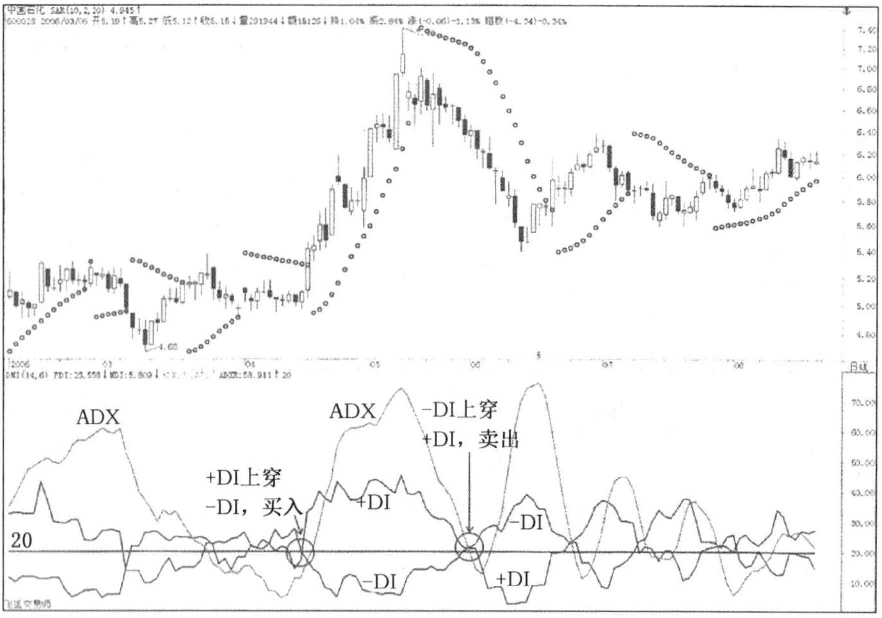

图 10—46 SAR 和 DMI

10.1.2 抛物转向指标 SAR

1. SAR 指标的含义

抛物转向指标 SAR(Stop and Reverse)，亦称停损点转向操作系统，属于价格与时间并重的指标，是利用抛物线方式，随时调整止损点位置的系统工具。SAR 图形外观上像抛物线一般，随着股价的逐步上涨，SAR 上升的速度会加快，SAR 上升的速度一旦减慢，可知上涨已遭遇阻力。

2. SAR 指标应用

(1)股价曲线在 SAR 曲线之上时，为多头市场；股价曲线在 SAR 曲线之下时，为空头市场。

(2)股价曲线由上向下跌破 SAR 曲线时，为止损卖出信号；股价曲线由下往上穿破 SAR 曲线时，为买入信号。

(3)SAR 操作简单，买卖信号明确，适合中长线操作，可避免提早卖出失去后段的利润。在趋势明显时，配合 DMI 指标，效果更理想；但在盘局(横盘整理)时，SAR 频繁出现买卖信号，失误率高，这一点从图 10—46 中不难看出。

课后练习

一、单项选择题

1. 技术分析作为一种分析工具，其假设前提之一是(　　)。

A. 市场行为涵盖了一部分信息

B. 证券的价格是随机运动的

C. 证券价格以往的历史波动不可能在将来重复
D. 证券价格沿趋势移动
2. 在技术分析中，画好股价趋势线的关键是(　　)。
A. 选择两个具有决定意义的点　　B. 找出具有重要意义的一个点
C. 不要画得太陡峭　　D. 找出具有重要意思的三个点
3. 20日均线属于(　　)股价移动平均线。
A. 短期　　B. 中期　　C. 长期　　D. 远期
4. 当计算周期天数少的移动平均线从下向上突破天数较多的移动平均线时，为(　　)。
A. 持有信号　　B. 等待信号　　C. 买入信号　　D. 卖出信号
5. 乖离率是股价偏离移动平均线的(　　)。
A. 距离　　B. 数值　　C. 百分比值　　D. 大小

二、判断题

1. 技术分析是以证券市场的过去轨迹为基础，预测证券价格未来变动趋势的一种分析方法。(　　)

2. 技术分析中市场行为涵盖一切信息的假设与有效市场假说不一致。(　　)

3. 股价运动具有趋势性，一旦上涨则将保持较长时间的上升，中途不会出现下跌的修正行情。(　　)

4. 技术分析中的反转不同于股价的变动，而是指对原先股价运动趋势的转折性变动。(　　)

5. 技术分析中的整理形态与反转形态相似，都是股价的原有趋势将要发生变动时的信号形态。(　　)

6. 股价移动平均线对股价的预期与计算周期所取的天数有关，天数越少，移动平均线对股价的变动越敏感。(　　)

7. 波浪理论中的波浪形态可无穷伸展和压缩，但它的基本形态不变。(　　)

8. 使用技术指标时，投资者还应从不同市场特性出发，在实践中修正指标的参数，验证其实用程度，并可用若干指标相互印证，而不可盲目照搬。(　　)

9. 无论在上升行情还是在下跌行情中，平均成交量没有明显变化，表明行情即将会突破。(　　)

10. 在技术分析中，选择计算 RSI 周期一般需要根据分析对象价格波动的特性和一般幅度做出决定。(　　)

三、多项选择题

1. 证券价格的变动趋势一般分成(　　)。
A. 上升趋势　　B. 下降趋势　　C. 突破趋势　　D. 盘整趋势
2. 技术分析作为一种投资工具，它的基本假设前提是(　　)。
A. 市场行为涵盖一切信息　　B. 证券价格沿趋势移动
C. 证券价格围绕价值波动　　D. 历史会重复
3. 经典的道氏理论，将股价运行的趋势分成(　　)。
A. 上升趋势　　B. 长期趋势　　C. 中期趋势　　D. 日常波动

4. 下列有关反转形态的说法中正确的有（　　）。
A. 反转形态的出现表现股价运动将出现方向性的转折
B. 反转形态出现的前提条件是确实存在着股价上升或下降的趋势
C. 通常反转形态的规模越大，则反转后价格变动的幅度将越大
D. 通常反转形态的规模越大，则反转后价格变动的幅度将越小
5. 移动平均线特征为（　　）。
A. 在一段持续的上涨行情和下跌行情中，短期移动平均线与长期移动平均线之间的差距会拉大
B. 涨势或跌势趋于缓慢时，短期移动平均线与长期移动平均线会相互接近甚至交叉
C. 在一段持续的上涨行情和下跌行情中，短期移动平均线与长期移动平均线之间的差距会相互接近甚至交叉
D. 涨势或跌势趋于缓慢时，短期移动平均线与长期移动平均线之间的差距会拉大
6. 若将 RSI 线与 K 线等配合分析，可以发现 RSI 线图形能现出清晰的（　　）形状。
A. 头肩形　　B. 头肩底　　C. 三角形　　D. M 头

四、论述题

1. 试述技术分析的三个假定前提。
2. 技术分析的四大要素是什么？
3. 图表可以记录哪些交易信息？
4. 道氏理论是怎样定义趋势的？请作图解释。
5. 根据波浪理论，一个下降的周期应该由几浪组成，请作图解释。
6. 什么是支撑与阻力？如何判断和分析支撑与阻力？
7. 什么是股价变动的趋势？如何确认趋势线的有效突破？
8. 什么是形态，形态在股价运行中的作用是怎样的？
9. 试述移动平均线的特点和应用。

五、绘图题

根据以下所给某股票 4 天的股价情况，请画出该股票价格的日 K 线，并进行市场分析。

星期	一	二	三	四
开盘价	5.20	5.30	4.96	4.90
最高价	5.20	5.30	5.20	4.96
最低价	4.85	4.96	4.85	4.60
收盘价	4.96	5.02	5.20	4.96

第四篇　证券投资管理

市场参与者对证券投资的管理主要涉及证券投资相关实务，包括当投资者面对证券市场的噪音时，应如何保持正确的投资心态、施行适当的投资决策，在面对证券市场的不确定性时，应如何适当管理风险、减少损失、获得收益、将投资心理与投资技巧结合考虑等。本篇将就这些证券投资实务知识进行介绍。

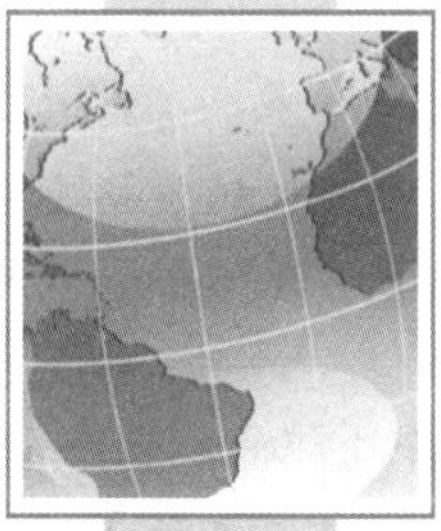

第十一章 证券投资实务

学习目标

◇ 掌握证券投资正确的投资理念，并准确洞悉市场主力。
◇ 掌握证券投资的基本原则，制定正确的投资策略。
◇ 掌握证券投资的主要方法。
◇ 掌握正确实用的投资心理与投资技巧的结合。
◇ 熟悉证券投资的风险的评估与控制。

导入案例

股神巴菲特的股票投资策略

寻找价值被低估的“超级明星”，并长期持有，是我们获得成功的唯一途径。

谈到投资，无可回避地要提到一个人，他就是世人眼中的“股神”、20 世纪最伟大的投资人——沃伦·巴菲特。1956 年，巴菲特从 100 美元起家，通过投资成为拥有 440 亿美元财富的世界第二大富翁。巴菲特 40 年来选的股票有 22 只，投资 61 亿美元，盈利 318 亿美元，平均每只股票的投资收益率高达 5.2 倍，创造了有史以来最惊人的选股神话。

更不可思议的是，巴菲特赖以创造超级财富和惊人业绩的投资策略非常简单。他认为，“在投资中，如果高等数学是必须的，我就得回去送报纸了，我从来没发现高等数学在投资中有什么作用。”他甚至告诉投资者们：“投资要成功，你不需要研究什么是β值、有效市场、现代投资(19.10，−0.57，−2.90%)组合理论、期权定价或是新兴市场，事实上大家最好对这些理论一无所知。”

在巴菲特的家里和办公室里，都没有电脑，甚至连计算器一类的东西都没有。他认为这类东西没什么用，因为他所需要做的工作没有那么复杂。巴菲特有一个简单的投资理念：“欲成非凡之功，未必需做非凡之事。”

巴菲特称自己“从来没见过能够预测股市走势的人”，那么被称为当代最成功投资者的他，采取的是什么样的投资策略呢？

“我们的投资仍然是集中于很少几只股票，而且在概念上非常简单：真正伟大的投资理念，常常用简单的一句话就能概括。我们喜欢一个具有持续竞争优势，并且由一群既能干又全心全意为股东服务的人来管理的企业。当发现具备这些特征的企业而且我们又能以合理的价格购买时，我们几乎不可能出错。"巴菲特如此阐述他的基本投资策略。

"我们始终在寻找那些业务清晰易懂、业绩持续优异、由能力非凡、为股东着想的管理层来经营的大公司。这种目标公司并不能充分保证我们投资盈利：我们不仅要在合理的价格上买入，而且我们买入的公司的未来业绩还要与我们的估计相符。但是这种投资方法——寻找超级明星——给我们提供了走向真正成功的唯一机会。"

"如果我的公司投资机会范围非常有限，比如，仅限于那些在奥马哈这个小镇的私营公司，那么我会这样进行投资：首先，评估每一家公司业务的长期经济特征；其次，评估负责公司经营的管理层的能力和水平；最后，以合情合理的价格买入其中几家最好的公司的股份。我当然不会想把资金平均分配投资到镇上每一家公司。因此，为什么对于更大范围的上市公司，就非得采取完全不同的投资策略？而且既然发现伟大的公司和杰出的经理是如此难寻，那为什么我们非得抛弃已经被证明了的成功的投资策略？我们的座右铭是：如果你一开始就确实取得了成功，那么就不必再做新的尝试。"

"最终，我们的经济命运将取决于我们所拥有的公司的经济命运，无论我们的所有权是部分的还是全部的。"巴菲特的投资策略，用简单的一句话来概括就是：以大大低于内在价值的价格，集中投资于优秀企业的股票并长期持有。

实际上，投资者在股票市场中唯一的敌人就是自己。什么样的股票值得我们长期持有？

股票市场并非零和游戏，也不是只有从别人的口袋中掏钱才能盈利。战胜市场、战胜庄家、战胜基金，是热门投资书籍经常提到的字眼，而股票市场真正的敌人却很少有人提及。实际上投资者在股票市场中唯一的敌人就是自己，贪婪、恐惧，害怕困难，不能坚持原则，没有信心，没有耐心，没有勇气，没有目标和信念，这些才是我们最大的敌人。深度解剖并清晰地认清自己，克服人性的弱点，成功投资者制胜的法宝就是战胜自我。

人性的弱点埋藏在灵魂的深处，如果我们不能有意识地进行系统分析，并针对性地防范，同样的错误总会在投资决策中一犯再犯，而犯错的驱动力也永远不能消除。要战胜敌人，首先要认清敌人。清楚自己的弱点所在并克服它，你才会在投资市场上立于不败之地。

第一节　证券投资观念

我国证券市场上存在的盲目投机的现状，是多种原因长期综合作用的结果，其中很重要的原因是相当部分投资者的投资观念不正确，没有树立理性投资、价值投资、中长期投资的观念。盲目投机、追涨杀跌，不仅加剧了证券市场的大涨大跌，甚至暴涨暴跌，而且也导致相当部分中小投资者亏损累累。通过各种方式，倡导并逐渐引导投资者树立理性投资、价值投资与中长期投资观念，很有必要。

一、树立正确的投资理念

(一)稳固基础理论

稳固基础理论认为每一种投资工具，均有它们某种叫作"内在价值"的稳固基础，其投资理论的核心在于通过研究寻找股价低于内在价值的上市公司进行中长期投资。

稳固基础理论就是一种股票的"内在价值"等于其未来的全部股息的现在值(或称贴现

值)，用普通股票可以做出最好的说明，该理论强调指出某一种股票的价值取决于该公司未来能以股息形式发放的收益的总和，现在的股息及其递增率越大，该股票的价值就越大，收益增长率之间的差异就成为该股票估价的一个主要因素，“股票不仅是对将来，而且也是对将来的将来贴现”。

稳固基础理论要求证券分析集中精力估计某种股票的“内在价值”，而影响这个“内在价值”的基本因素主要有：预期增长率、预期股息支付、风险程度和市场利率水平。

(二)空中楼阁理论

空中楼阁理论是著名的经济学家和成功的投资家凯恩斯爵士于1936年所提出的，和稳固基础理论不同，空中楼阁理论比较注重投资者心理价值研究而不是计算股票的“内在价值”。它分析许多投资人在将来可能会如何行动以及在充满信心的时候他们会怎样把希望寄托在空中楼阁上，一个成功的投资人会估计到何种股票的投资形势在何时最受公众的追捧，最宜建造“空中楼阁”，然后抢先一步，在众人行动之前买入该股票。

空中楼阁理论的第一条原则是认为每家公司的收益、股息及未来的收益等各方面信息都自动反映在这家股票过去的市场价格中。第二条原则是，股票价格将按一定的趋势方向波动，即一种价格上涨的股票会继续上涨，一种价格下跌的股票会继续下跌，而价格稳定的股票会继续保持稳定。

空中楼阁理论在金融界、学术界和证券市场的广大投资人中都有许多拥护者，现代派的技术分析家则多数是对股票市场空中楼阁观点的拥护者，为了能够做到抢先一步买进股票，就研究出各种类型的技术分析工具，它涉及试图估量公众心理及其建造空中楼阁的倾向。

稳固基础理论的拥护者，基本分析家与技术分析家则与空中楼阁理论相反，认为股市90%符合基本分析，只有10%是受心理因素的影响，他们极少注意过去的价格动向，只是通过预测股票的“内在价值”来决策买进或卖出。

以上两种投资理论，可以看作是两个极端的理论，一个比较理性的投资者应当吸取两种理论中的精华，去其糟粕，战略上注重基本分析，战术上则应注重研究技术图表分析，两者相互结合才能相得益彰。

二、准确洞悉市场的主力

主力即庄家，是股票流通市场一定发展阶段的历史产物，过度的庄家行为会损害股票市场的健康发展，甚至危及市场的安全性和稳定性，但适当的庄家行为是活跃市场的润滑剂。

21世纪初的中国证券市场虽然正在向规范化、国际化的方向稳步发展，但不可否认，庄家这一特殊的投资群体仍活跃在股票市场上，甚至有些庄家不惜违法违规，进行股票价格的过度操纵。作为普通投资者要想在这样的市场环境下获得较好的投资收益，就要认识庄家，分析庄家，从而战胜庄家。

(一)认识庄家

在市场中可能成为庄家的机构大户有：投资基金、证券商、企业或上市公司、大户机构、过江龙资金、联合坐庄。这六类机构中都具备坐庄的条件，因为当前的股市中股票的流通市值一般都在5亿元以上，坐庄要收集20%以上的筹码，如能收集40%以上的筹码就可以游刃有余地操作。

(二)庄家操作手段

庄家进入股票市场并不是盲目的，是经过周密分析的结果。庄家追求的并不是账面利润，而是可以兑现的利润，所以进庄之前必须选择适当的时机、挖掘炒作题材和进行小规模的试盘，在完成一系列的准备工作后，才正式进行投资策略的实施。

通常情况下，庄家炒作某家上市公司的股票一般都经历收集、震仓再收集、拉升和派发等四个阶段。

1. 收集

(1)下跌时收集。在大盘下跌过程中进行收集，这一过程时间比较长，庄家采取每日少量收集吸纳的方法，不给市场留下明显的痕迹。

(2)平台型护盘收集。这样的庄家规划早，某股票一旦经过长期调整跌到底价区，庄家进场进行护盘收集，股价不再下跌，也没有上涨，经过相当长的一段日子庄家终于实现了收集目的，大盘大跌时它也不再下跌了，此种股票就值得投资者的重点关注。

(3)拉高建仓。此类庄家大都表现出一种短期行为，拉高建仓的庄家一般会有后续手段和题材，有很强的资金实力，赚钱速度也最快。

2. 震仓

震仓是庄家惯用的手段之一，震仓的方法很多，但目的都是一个，震出其他投资者手中的股票，洗出浮动筹码，增加其他投资者的持股成本，其手法主要有以下两种。

(1)趁利空消息出现时震仓。股市中常会出现一些不可避免的利空消息，在有重大利空消息出现时，不乏是一些庄家对个股进行吸纳的好机会，也有少数上市公司为了配合主力庄家进行震荡吸筹，故意发出一些利空消息。在利空消息出现时，股价的跌幅并不深，而成交量比较大，这类个股很可能成为庄家吸纳的对象。

(2)对技术图形进行破坏。庄家在收集某股票时，经常故意对技术图形进行破坏，使众多技术派人士纷纷抛出股票，特别是价位进入关键技术点位时，庄家利用自己手中的筹码进行震仓，故意打压，并将其中一些支撑技术点位击穿，甚至击穿上升趋势线，此时许多人抛出股票，庄家趁机吸纳整理后又一路拉升上行，中小散户想从中赚钱是比较困难的，在这些庄家之前所有技术分析特别是短期指标是无能为力的。

3. 拉升

庄家坐庄的目的是为了获利，庄家吸纳了足够的筹码就会将股价拉上去从而获利。所以庄家必须选择一个比较合适的时机顺大势而为开始拉升行动。

拉升过程中庄家的手段：

(1)慢牛拉升势态。每天都有一定的涨幅，但决不进入涨幅前几名，在不知不觉中累计涨幅已非常惊人，而且常会在盘中高抛低吸，在拉升过程中获利或者降低拉升成本，使一些意志不坚定者轻易让出筹码。

(2)强行拉升。这类庄家控制的筹码较多，拉升往往是急升形态，成交量也不会太大，在一定的时间就将股价拉升至某价位，同时完成派发任务，一般投资人不敢轻易跟进，因为稍不注意就有被高位套牢的风险。

4. 派发

庄家进驻某只股票，进行收集、震仓洗盘和拉升的最终目的是为了能顺利出货派发，把账面利润变为实际利润，庄家派发主要有以下几种手段。

(1)构筑平台进行派发。庄家在拉升某一股票至一定价位后，开始进行构筑平台运行，给多数人一个整理再上升的假象。但该股在平台整理中往往会向下突破，庄家在构筑平台时，逐渐派发完毕，随后将一些剩余筹码进行砸盘，股价顺势下跌，平台进入的投资者全部套牢。

(2)在向上拉升中派发。此种派发多数发生在大盘行情涨升时期,在大盘上涨时,人们大多喜欢不计成本进行买进,期望第二天高开有利可图,实际上,此类股票很难有利可获,因为庄家的行为是出货,第二天往往是压低价格继续派发。

(3)在股价拉升至目标位后,直接向下派发。由于此类庄家持筹成本比较低,当股价被拉升至几倍以上的价位后,接着出现下跌,甚至跳水行为,庄家不计成本地抛售出货,一些抢反弹的投资者很可能成为接盘的对象,但是这种股票一般不会出现反弹,接连几日连续下跌,直至庄家出货基本完毕方才止跌,显示庄家的凶悍程度。这类庄家又称为恶庄。

(4)打压出货。有些庄家由于某种原因迫使庄家连续出货,开盘直接跌停板,许多人一见股价如此便宜,常常会有抢反弹的冲动,投资者千万别以为庄家只有拉高股价才能出货,实际上庄家持股成本远远低于大众持股水平。因为如果不是出货,股价会立刻复原。庄家即使用此手法出货也有丰厚的利润,通常情况下,此法多在庄家发现突发性利空消息,必须迅速撤庄时采用,此类庄家也是恶庄。

(5)除权后大量出货。这种出货的方法在有送配的股票中较为普遍而有效,庄家常在股票除权后,用少量的资金拉升股价,给人们一个短期能够填权的假象,采用多卖少买的操盘手法达到顺利派发的目的。

(三)识别庄家陷阱

庄家在整个炒作过程中设有多个陷阱,主要表现在两方面,一是信息方面的陷阱,二是技术分析上的陷阱,手法多种多样,变化无常,常使中小投资者无所适从,但是有一点是改变不了的,庄家的目的亦是为了赚钱,在正常情况下不赚钱它是不会走的。识别庄家的陷阱应从以下三方面着手。

1. 信息发布的陷阱

通常情况下,庄家选定坐庄的股票要制定周密的收集、震仓洗盘、拉高、派发的计划,这个计划只有庄家自己才知道,不可能让任何人知道,否则就难以成功。也就是说在庄家收集筹码的过程中,绝对不会发布任何利好消息,甚至会发布利空消息,在建仓过程中纪律性越强的庄家,其炒作的股票以后会涨得越好。

2. 技术点位上的陷阱

庄家在关键技术点位上设置种种陷阱,例如:

(1)庄家在底部建仓完毕初步拉高后,有一天突然低开,这是庄家故意低开以吸引市场的注意;

(2)庄家洗盘就是在关键点位利用自己的筹码向下抛压,连续出现小阴线,把庄家自己给套住,洗盘最主要的特征是跌的时候无量;

(3)庄家震仓是庄家经常使用的操盘手法。震仓是要在股价上涨了一段时间后用快速下跌的方法把不坚定分子震出去,震仓的量常常比较大,图形也很难看;

(4)庄家派发前的特征。从形态、技术、基本上分析都要涨的股票,如果第二天不但不涨,反而放量出现了阴线,这是庄家出货的征兆。

3. 从判断庄家的成本价和持仓量识别庄家的陷阱

判断庄家收集的成本价和持仓总量有很多方法,这里介绍一种较为简单的方法,就是当你判断庄家在收集的时候,庄家的成本原则上大约等于一段时间以来的最高价加上最低价除以2。需要注意,得出的结果是大约数字,仅起到一个估算作用。

三、明确投资的基本原则

1. 投资的收益和风险是正相关的。

2. 投资分散组合原则:将资金投资于不同种类的证券,建立有效的资产组合,从而降低风险。

3. 止亏策略原则:计算盈亏平衡点,出现亏损及时制止,将损失减少到最小。

4. 理智投资原则:对证券投资有客观的认识,经过认真分析后再投资,切忌盲目跟风、追涨杀跌。

四、制定正确的投资策略

(一)低价圈操作策略

市场中的各类投资者都知道买股票要买入低价圈中的股票,它的风险最小,通常黑马又多在低价圈股票中诞生。如何寻找低价圈,可以从以下三个方面来综合判断。

(1)从K线图来分析,某股票经过连续下跌,通常在跌势的末期会出现连续几根阴线,甚至出现衰竭缺口,股价加速下跌,股价大幅下跌引发众多的杀跌盘涌出,多方完全放弃抵抗之后反而引来了新的投资者或新的庄家进入市场,之后很快出现反弹或在低位进行整理,此时即表示低价圈形成。

(2)从移动平均线系统来分析和确认,在一个中级的下跌行情中,股价基本上在30日平均线之下运行,而且受到5日平均线的压制。随着时间的推移,股价跌势趋缓,30日线缓慢由向下方运动变成横向运动,股价慢慢接近30日平均线,如若某一天股价上穿30日平均线并收盘在30日平均线之上,此时表明低价圈形成的可能性较大。

(3)从成交量的变化来分析和确认,通常来说,随着股价的下跌,成交量会逐渐萎缩,在成交量的柱状图上往日的电线杆不见了,而只是出现一颗小芝麻点,这些小芝麻点的成交量比起5日、10日、30日均量线来显得矮多了,即使股价再继续下跌,成交量拒绝创出新低,这就是低部量价背离现象,转机即将出现。

(二)中价圈操作策略

在一轮上升行情中,股价从底部向上突破上升了一段时间,用百分比来表示也就是上升了20%~50%,上升速度减缓,而后开始回档整理,有时候股价一连几根阴线,屡创新低。此时要注意区分到底是头部形成,还是庄家有意震仓,如若是头部形成庄家出货,那应立即卖出,如若是庄家震仓则中长线投资者可以稳坐钓鱼台,短线投资者则逢高派发,逢低吸进,波段操作。

中价圈属于风险比较大而收益也大的区域,短线高手的操作策略可以眼明手快,来回做波段操作,中长期投资者一定要紧跟庄家的行动,逢高适当减仓,逢低适当加仓,在主升浪未产生之前牢牢握住持有股票,将差价利润最大化。

(三)高价圈操作策略

高价圈的操作策略总的来说,要远离尘嚣,因为高处不胜寒,高价圈内莫久留。

股票的需求与股票价格成正比关系,股票经过一段时间上涨后,投资者买进的股票逐渐有了丰厚的利润,赚钱的示范效应促使更多的投资者蜂拥而来,成交量急剧放大,庄家趁机出货,牛市行情将在欢乐的气氛中结束,随着庄家的顺利派发,股价步步走低,大量的筹码被套牢在某一高位,这个高位套牢区域便是高价圈。

高价圈何时形成,亦可从K线图、移动平均线和成交量的变化三方面来进行综合判断。

(1)从股价上涨的幅度和时间来分析。股价在上涨的后期,通常会出现连续几根长阳线,甚至出现跳空上扬,进入最后的冲刺阶段,这个跳空缺口应该研断为衰竭性缺口,下跌随时都会出现,此时应谨慎对待,甚至卖出持有股票,若出现一根大阴线使股价跌去了百分之几时,更应斩仓出局。

(2)从移动平均线来判断。强势股一般在 5 日、10 日均线上方运行,5 日均线和 10 日均线之间有一定的距离,随着升势趋缓,两均线逐步靠近,甚至拐头向下,形成盖头形态,表明高价圈有可能形成。如 5 日均线下穿 30 日均线形成死亡交叉,则应尽快卖出股票,空仓出局。

(3)从成交量变化情况来判断,通常来说,天量附近必然有天价,在出现天量之后成交量无法再持续放大,则意味着高价圈形成,应立即卖出股票,否则将被套牢在高价圈中。

(四)牛市操作策略

牛市市场即为多头市场,主要特征表现为股指处在上升行情,市场的重心在买方,大盘指数不断创出新高,买方的力量在不断增加,股价不断出现新的高价,卖方阵营处于明显的劣势,虽然有时会出现下跌,但仅是上升趋势中的整理或回档,不影响上升的主要趋势。

牛市中的操作策略初步分析如下:

(1)不要频繁换股,追涨杀跌,尽量减少操作次数。一般投资者在牛市行情中最好减少操作,如果发现自己的股票不好应该依据市场热点或预测可能变成市场热点的某些板块在低价圈买入或在中价圈追进,切记不能去追那些已经热了很久,股价已上升了很多,甚至股价已翻了番的热点股票,否则将被套牢在高价圈内。

(2)紧跟市场热点,在众多强势股中选择龙头股或龙头板块股票。

(3)重点关注第一只进入涨停板的股票,这类个股即使没有中线价值也会有较佳的短线机会,在牛市行情中往往涨幅较其他股票大,可以耐心持股至有一定升幅后获利了结。

(4)对于连续涨停板的股票,通常情况下,某股票在第一个涨停板出现时应观察其状态,如若该股票在上午开盘后迅速被拉升进入涨停板,说明后市还有上升空间,还有些是封了涨停板又被打开,但迅速又被封死,仍然属于强势,反之涨停板打开后不能再封死,则应采取逢高出货的方法。

(5)不要在跌停板的当天买入跌停板股票,需要投资者具体研究其跌停的原因。

(6)整理已经很久的股票突然涨停板可在回调时积极介入买进。

(7)整理已久的股票突然跌停或大幅下跌可在反弹时坚决卖出。

(8)集中优势兵力打歼灭战,严格制定盈利计划和止损计划。

(五)熊市操作策略

熊市即所谓空头市场,是指大盘经过长期牛市之后进入长期下跌趋势之中。

(1)熊市来临,投资者应该以持币为主。让资金处于安全又主动的地位是每个投资者必须追求的,只有如此才会使投资者处于灵活的操作境地,有效控制投资风险。

(2)杜绝违规操作。在牛市行情中,不少投资者为了尽快实现自己的致富理想,常向券商违规透支或借贷增加资金投入,但是在熊市行情中,应杜绝此种操作行为,因为借贷操作时的心态不稳,且极为浮躁,一旦操作失败,风险会相应地增加。

(3)坚持只做短线操作,坚决不做中长线打算。熊市行情中的反弹多为短暂的,下跌是主趋势,是不可改变的,所以一个成熟的投资者应放弃中长期的打算,坚持用少量的资金做短线,快进快出,适可而止。

(4)熊市行情中下跌幅度不大,坚决不做反弹操作。

(5)大暴跌中抢反弹。在熊市行情中，股价指数已经下跌了一段时间，接着下跌速度加快，甚至在某一天产生暴跌，就是一次抢反弹的好机会。

(6)抢反弹应坚持短线操作。

(六)选择个股的策略

在证券市场上，投资者判断大势并不是最终的目的，选择个股才是制胜的关键。通常情况下，个股选择应遵循以下几条原则：

(1)选择市场属性优异的股票；

(2)选择有潜力的低价股；

(3)选择强势产业股票，如软件业、生物制药业、环保产业、网络产业等；

(4)选择有实质性资产重组的股票；

(5)新上市的股票应予特别注意。

(七)资金管理策略

投资者入市首要任务不是要赚多少钱，而是要管理好自己的资金，通常投资者应依据市场情况制定不同时期的资金管理策略。

(1)在市场处于牛市行情的初期，投资人可以用少量的资金进场，逐步吸纳那些有潜力的个股，一旦形势比较明朗，则可加大筹码至自己资金的二分之一，如若选股正确，大势已确认反转向上，则应重仓买入所持股票，等待上涨，这就是集中兵力打歼灭战的策略。

(2)在牛市行情进行途中，投资者仍然可以满仓操作，但要注意持仓对象，短期涨幅过大的股票不宜重仓持有，以适当规避投资风险。

(3)在牛市行情末期，空仓是上策，即使还有余波，也只能以短线少量快进快出为主。

(4)在熊市行情中，对于一般投资者来说，远离市场是最佳的策略；对于短线高手来说，可以进行一些博反弹性质的短线操作。

(5)在操作过程中，除了控制好仓位之外，还须制定年度赢利计划。年度赢利计划不能定得过高，要在分析市场和自己以往投资业绩的基础上确定一个合适的计划，这样投资者才有奋斗的目标，获得较好的投资回报。

(八)个人投资策略

个人在证券市场进行投资，由于知识、经验、实力以及精力等方面的限制，风险较大，需要考虑以下几个方面的问题：

(1)正确处理好证券投资与日常生活的关系。因为对从事证券投资的大多数个人来讲，均是依靠工薪收入来维持日常家庭开支的，自身资金并不充裕，这就要求个人投资者在从事证券投资时，应首先安排和保证家庭生活所必需的开支，再将结余资金的一部分而不是全部投资于证券，必须避免投资失误使家庭正常的生活支出受到影响。

(2)合理地筹措资金来源。用于证券投资的资金，一般情况下主要是家庭的结余资金，如果使用暂时闲置留待未来有特定用途的资金，则应考虑投资于风险相对较小的证券，如国库券、存款单等。绝对禁止负债投资，除非所投资的证券是限期较短、可靠性极强、且收益较好的国库券。

(3)合理确定投资证券的期限。一般讲，投资期限越长，收益也越高，但风险也越大，这时，则应以投资者本人可支配资金的时间为期限界限，防止出现资金周转困难。

(4)尽量投资于变现能力强的证券。这样，在投资者需要现金时，或者需要调整投资证券的种类时，能够及时变现。投资者在选择投资品种时，应首先考虑投资于上市证券，因为上市证券的流动性和变现性最强。

(5)权衡证券投资收益与风险的利弊得失，特别要分析自身对风险的承受能力，做好承担风险的心理准备和物质准备，然后再进行投资。风险越大的证券，所投入的资金应该越少；风险越小的证券，所投入的资金应该越多。

(6)投资者应该考虑能够投放在某项投资上的时间和精力有多少，以及获得信息的渠道、手段和时效等因素，如果条件都不充裕，就不应选定价格波动较大的短线股票作为投资对象，而应以购买绩优股和成长股等较长线的股票为投资项目。

(7)考虑心理因素。在证券投资中，投资者的心理素质有时比资金的多少和水平的高低更重要。优柔寡断的投资者应该避免进行风险较大、起伏跌宕的短线股票投资。心理素质差会导致恐惧和盲目乐观，进而出现追涨杀跌的错误操作。

(8)考虑知识和经验因素。投资者的知识结构中对哪种投资方法更为了解和信赖，以及人生经验中对哪种投资的操作更为擅长，都会对制定投资计划有帮助。相对来说，选择自己熟悉了解的投资项目，充分利用自己已有的专业知识和成熟经验，是投资稳定成功、安全获益的有利因索。对于股票投资，选择自己熟悉了解的行业的上市公司、运用自己便于掌握的方法来决定操作手段，对成功获利会大有裨益。

(9)遵循多元化投资策略。投资的风险与收益并存，收益越高往往风险也越大，好的投资方案可以使投资者较大限度地提高收益，躲避风险。多元化投资是通过将资金分布于不同的投资对象以规避风险的一种策略。选择多种投资对象，比如债券、储蓄、股票、集邮等，就可以在一个投资项目收益不佳时，有其他投资项目补足。证券作为投资对象时，同时持有国库券、金融债券、股票等证券，当一种证券蒙受损失时，它种证券可能带来收益，整体的风险就相对降低。多元化投资降低风险的效果取决于投资组合之间的相关程度。只有当一种投资的盈亏和另一种投资的盈亏经常出现相逆的情况，才可能达到较大程度降低风险的目的。在股票市场，投资者很难准确预测出每一种股票价格的走势。假如贸然把全部资金投至一种股票，一旦判断有误，将造成较大损失。如果选择不同公司、不同行业性质、不同地域、不同种类的股票，会相应降低投资风险。

(九)企业投资策略

企业在进行证券投资时，除了要考虑个人投资者注意的因素，还要考虑以下因素：

(1)首先要分析、比较从事证券投资与进行商品生产经营投资的收益率，选择投资收益率较高的投资形式，在投资收益率比较的基础上，还要比较扣除各项成本、税金后的净收益。

(2)作为企业进行投资，还要对证券发行单位的资信等级、经营状况以及发展前景、财务状况及其变动趋势等情况进行分析评价，从中选择信誉高、营运能力强且具发展前景的政府债券或企业证券作为投资对象。

(3)要合理选择投资证券的期限，既要考虑证券的收益率，又要考虑证券的风险性，最重要的是不能为了进行证券投资，而使企业的生产经营受到影响，特别是不能挤占企业的流动资金。

第二节　证券投资方法

投资者要想在证券市场上获胜，必须了解和掌握一些行之有效的投资方法。在实务操作中，投资者应熟练地运用各种投资方法，以便在证券投资中立于不败之地。

一、分散投资法

投资者经常听说一句话"不要把鸡蛋放在一个篮子里"。其意思是在进行证券投资选择投资对象时，投资者绝不能把全部的资金押在某一种股票或债券上，而是应该根据实际的需要和条件，把资金在各种不同的金融商品上进行合理的分配，分散投资。

这是因为，尽管市场上供你选择投资的金融商品很多，但那种既能获得很高的收益，又万无一失、风险很低的十全十美的投资对象并不存在。投资者必须根据各种投资对象的不同特点，趋利避害，同时，结合本身的客观情况与实际条件，找出一个资金的最佳投资组合，以获取较高的投资报酬。

(一)投资三分法

在一些西方国家，流行的投资三分法是：

三分之一资金存银行以备急需，三分之一资金购买股票、债券等有价证券作中长期投资，三分之一资金购置土地、房屋等不动产，长期持有，以获取增值利益。在有价证券的投资上，投资者也往往把资金合理地分成三部分：三分之一资金投资于安全性高的国家公债券或优先股；三分之一资金购买具有潜在成长能力的普通股；三分之一资金用于投资或投机操作，长期获取买卖股票差价收益，对于保守型投资者来讲，也可以把这部分资金用作投资的预备金。

在我国由于可供投资的品种不多，又受经济条件的限制，因此，购买房地产的还很少，投资于实业、开公司的也不多。

所以，对于广大中小投资者而言，把三分之一资金存银行或持以现金，以备不时之需，三分之一资金购买安全可靠的债券，三分之一资金投资于经营管理好、经济效益高的公司股票是明智之举。

这样，投资者既能获取投资收益，又不至于遭受很大损失，同时，也可以抓住有利时机投资获利。

(二)分散投资法

1. 不要集中购买同一行业、同一企业的股票和债券

因为每一行业都有周期性，包括开创期、扩张期和停滞期。

开创期，由于技术创新、整个行业成长迅速，利润高，但由于竞争激烈，企业经过合并和退出，只有几家公司能生存，因此风险大，股价波动也大。扩张期，只有少数几家财力雄厚、经营效益好、技术先进的公司，其成长仍在继续，利润稳定上升，股价可能因此而上扬。

停滞期，成长开始缓慢，甚至出现衰退。由于竞争相当激烈，以致利润微薄，有些行业因为产品过时，因此股价呈平稳移至下跌走势。

由于各行业间景气程度不同，生命周期不同，因而各行业在财务状况、业绩及获利能力方面有高低之分，导致各行业股价变动有很大差异，投资者可以选择处于开创期和扩张期的行业股票，其获利潜力大，上涨空间亦大，但不宜集中投资于某一行业，而应分散投资于几个具有成长性行业的股票。

同时，也不要把全部资金集中购买某一个企业的股票。即使该企业业绩好，也不能集中购买，因为自然风险和市场风险是难以准确预测的，而政治风险和军事风险更难以估计。

2. 在投资时间上进行分散

上市公司收益回报消息的公布具有时间上的不一致性，而各上市公司也经常会发布各种信息，这些消息和信息传播，都会影响股价。如有利多消息的传出，股价会升高；反之，股价会

下降。

因此，投资者可在不同时点上进行投资，即使在某一时间买进股票因遭公共风险而受损失，但还可在另一时间买进股票获利而补偿损失。

3. 在投资区域上进行分散

许多投资者在购买上海股票的同时，还兼购深圳股票。就是因为上海和深圳上市公司由于受市场、税负、法律、政策等因素影响而产生不同的经营业绩，如上海股票价格盘整或下降时，深圳股票价格可能呈上升或平稳走势。

在地域上分开投资可收到“东方不亮西方亮”之效果，从而降低投资风险。

二、摊平法

投资者在买进股票之后，如遇股价行情急剧下跌，便会遭受亏损，但在未卖出了结之前，还没有完全失败，只要认真地分析股市状况，认为股市发展仍有希望，就可耐心持股等待，总会有扳回成本的机会，甚至可以转亏为盈。

如果投资者想尽快捞回成本或赚取利润，就可能用摊平法，使投资成本降低，以获取利润。

（一）逐次等额买进摊平法

在股票市场上，再高明的投资者都不可能做到在股价跌入最低谷时买进和最高峰时抛出。为了能应付瞬息万变的股市，最好的自我保护方法是分期分批购买。

自第一次买进高价圈的股票以后，由于股价下降被高档套牢，投资者可等股价下跌到一定程度之后，再次买进与第一次数额相等的股票。

运用这种投资方式，重要的是，在第一次投资时，只能投入全部资金的一部分，以便能有留存资金作等额摊平之用。如果投资者准备分三次来购买摊平，则第一次买进股票花三分之一资金，第二次、第三次再各花三分之一资金购买股票。

这种方法主要在股价下降时应用，以利于减少风险，主要着眼于股价行情不可能永远只跌不涨，如果投资者判断股价会反弹，那么可以运用这种方法。

（二）金字塔式投资法

金字塔式投资法又称倍数买进摊平法，这是一种“低进高出”往下承接，以正三角形方式往下买进筹码，以倒三角形方式出脱筹码的方法。当投资者第一次买进股票以后，如果行情下跌，则第二次再加倍买进，当行情一路下降时，还可往下进行第三次、第四次加倍买进，增加持股数量，降低总平均成本，此为正三角形往下承接，呈金字塔形，故称金字塔式投资法。

至于倒三角形清仓抛售所持股票，则为在股价反转一路上涨时，一路向上清仓经营，获利了结。因随股价上升，卖出的股票成倍增加，越卖越多，呈倒三角形卖出，犹如金字塔，故也称为金字塔式投资法。

三、公式投资计划法

公式投资计划法是指按照某种固定公式来进行股票和债券组合投资的方法。采用投资组合的方法，可以减少整体股票投资的风险。

投资组合的构成可以简单地分为两部分：一是防御性构成部分，其主要是由价格相对稳定的债券组成，也可以由多种优先股和价格相对稳定的绩优股组成；二是进取性构成部分，其主要由各种普通股组成，可以是具有成长性的成长股，也可以是具有投机性的投机股。公式投资计划的着眼点不在于股票市场价格波动的长期或主要趋势，而在于利用股市行情的短期趋势变化来获利。

投资者在采用公式投资计划时不必对股市行情走势做任何预测，只要股价水平处于不断的波动中，投资者就必须机械地依据事先计划好的方案买卖股票。

(一)等级投资计划

这种投资计划是公式投资计划中最简单的一种。

当投资者购买股票时，首先要确定股价变动的某一等级或幅度(如确定上升或下跌 10 元、20 元或者 30 元为一个等级)，每当股价下降一级时，便购进一定量股票。这样，投资者可以使他的平均购买价格低于平均出售价格。

等级投资计划，是根据事先确定的等级来买卖股票的，投资者可以不顾及投资时间的选择。然而，这种计划不适用于持续上升或持续下降的股票市场。因为在持续上升的多头市场中，投资者会由于分次出售而失去本来可以得到的更大利润。

而在持续下跌的空头市场中，投资者要连续购进。如股价继续下滑，回升无期，投资者就要遭受损失，因此，这时投资者要停止再购买。一旦市况下降到平均成本以下，且反弹无望，投资者应售出持有股票，以免遭受更大的损失。

(二)定时定量投资计划

这种投资计划主要适用于股价波动幅度大并且股价呈上升趋势的那些股票，而如果投资于价格平稳，波动幅度小，且股价呈下跌趋势的股票，则投资会发生亏损。

实施这种投资计划有两个步骤:第一步，选择具有长期投资价值的股票，并且这种股票价格具有较大的波动性;第二步，投资者选择一个投资期间，可以长一些，也可以短一些，在投资期间必须以相同的资金定期购买股票，不论股价怎样变化都必须持续投资，这样可以使投资者的每股平均成本低于每股平均价格。

如果股价波动幅度大，股价呈上升趋势，则投资者有更多的机会在低价时购买较多股票，从而在股价上升中获利;反之，如股价持续下跌，在整个投资期间投资者就会亏损。

因此，这种投资方式适合一些刚入市的新手操作，投资人只要定期投资，而不必考虑投资的时间。但是，运用这种投资方式，投资者很难获取巨额利润，并且要求定期定量地投入资金:当股价持续下跌时，可能会发生亏损。

(三)固定金额投资计划

固定金额投资计划是指投资者以一个确定的资金总额进行投资的计划。这种投资方法以股票价格为操作对象，依据“逢低进，逢高出”的原则，当股价高时，卖出股票;当股价低时，买进股票，这样不断循环操作，投资者便可获利。

从长期看，随经济周期性变动，在经济复苏和繁荣时期，上市公司盈利上升，股价也上涨，而同时银行存款利率也上升，从而导致债券价格下降，因此，卖出股票，同时买进债券可获价格差额;反之，在经济衰退和萧条时期股价下跌，而债券价格可能上升，从而卖出债券，购进股票，同样也可获利。但固定金额投资计划不适用于股价持续上升或者持续下降的股票。

在固定投资计划中，投资者必须确定股票的适当固定金额，随后确定适当的买卖时间。

依据有两个:其一是根据股价变动超过一定比率来确定买卖时间;其二是根据股价指数变动超过一定比率来确定买卖时间。应尽量避免在股价最高时入市，而在股价跌至谷底时清仓出货。

(四)固定比率投资计划

这种计划也称耶鲁投资计划，是固定金额投资计划法的变形。

差别在于固定比率计划是股票投资额在投资总额中所占比率固定；固定金额投资计划是股票投资金额固定。

（五）可变比率投资计划

这种投资方法是将投资资金分别投资在股票及债券上，并确定两者恰当的比率，以后随着股价的变动随时调整股票在投资总额中的比率。

可变比率投资计划按照在股票买卖行动点的行动规则的不同可划分为非标准型计划和标准型计划两种。前者是随股价的上涨或下跌，积极减少或增加投资组合中的股票比率；后者是在股价呈上涨但未超过平均价值时，并不降低股票比率；反之，在股价虽下跌但尚未低于平均价值时，就不考虑增加股票比率。

在实施可变比率投资计划时，要做好以下几项准备工作：

第一，通过计算以往几年股价或股价指数的平均水平，确定平均价值；

第二，确定持有股票的最大比率及最小比率；

第三，在持有股票的最大与最小比率之间，确定每一次股票买卖的点数；

第四，调整股票与债券比率时的股价或股价指数水平；

第五，确定在股票买卖的行动点上的股票与债券的比率。

四、其他投资方法

（一）以静制动操作法

这种方法是指当股市处于“换手”“轮做”阶段时投资者选择涨幅较小或价格未动的股票，以期在这些股票随后的大幅度上升中获取收益的方法。

在股票市场上，股民往往对那些股价“安静”的股票不感兴趣，而一味追逐上涨幅度较大的“好动”股票。但在股票轮做、行情此起彼伏时，若不管某种股票已涨至何种程度，而贸然追涨，其结果经常是买到上涨股票后，这些股票却止步不前甚至随后下跌了，而此时未持有的其他一些股票倒是上升了。因此，追逐上涨股票的投资者若追到的是最后一段上涨行情，结果常常是无利可获，甚至亏损。

主张以静制动的投资专家认为，如果没有把握追逐刚刚开始上涨且幅度较大的股票，可以选择涨幅较小或者刚开始调整价位的那些价格变动较“安静”的股票，待其他同类的“好动”股票涨足以后，自然会有市场主力或大户发现这些“安静”股票的潜力，这些先前未动的股票也就自然会动起来。

该操作法的要点在于，投资者在难以及时买进上涨股票的情况下，应善于去寻找那些股价暂时落后却具潜力的股票。

这种做法看似消极，实际上却是积极的，因为待日后该股票大步向前，而其他投资者纷纷涌来时，采用该方法的投资者已经领先一步了。

（二）顺势投资法

这是指顺着股价走势买卖股票以求获利的一种投资方法。一般多为小投资者所采用。

由于小投资者的买卖行为无法影响股市行情，若在上涨行情中不尽早买进就会失去获利机会；在下跌行情中不及时卖出则难免遭受损失。故该方法要求在整个股市大势向上时，以买进为宜；而股市大势超跌时，尽早出手较好。

在操作此法时，应明确股价涨跌的趋势，如趋势不明，则无法顺势而为。即使看准了趋势，也要在有足够理由说明该趋势属中长期趋势时，才能顺应涨跌趋势而买卖。

若在确定趋势太迟或在短期趋势中买卖，就会买进涨势中无人接手的高价股票或者卖出处于回升边缘的低价股票，投资者将因此而蒙受损失。

（三）"拔档子"操作法

所谓"拔档子"就是指投资者卖出自己的持股，等价位下降以后，再补回来。如果投资者预期股价上升受阻，将回落或下降，趁价位高时，来个"多翻空"，先行卖出，以便自己赚自己的一段差价。

采用这种操作方式的目的在于多头降低成本，保持实力。通常"拔档子"卖出与买进之间，不会相隔太久，最短期可能只有一两天，最长也不过个把月。

"拔档子"一般有两种操作方式：

一是"挺升行进间拔档子"。这是多头在推动股价行情上升时，见价位已上涨不少，或者股价上涨遇到了沉重的阻力区，就自行卖出，多翻空，使股价回跌，以便化解上升阻力，推动股价行情再度上升，以获取价差收益。

二是"滑降行进间拔档子"，这是投资者预期股价行情下跌，局势无法挽回，于是趁价位高时卖出，多翻空，等股价继续跌落后再买回反攻空头。

股票投资大户也常运用"拔档子"方式对股价的涨跌做技术性调节。

但这种投资方式是以正确预测为前提条件的。

如预测错误，卖出后，股价不降，反而一路挺升，则投资者将增加投资成本而减少获利甚至亏损。

（四）最大风险法

该方法以获得最大收益为着眼点，甘冒最大风险的确定购买股票数量的方法。当拟定购买某只股票后，将股票收益前景分为好、中、差三种可能，相应制定大量、中盘、小量三种购买方案，并且要估算出每一种方案收益。这种方法以出现最好情况并获得最大收益为决策前提，具有较强的赌博性质，因此要求投资者具备相当的冒险精神和强劲的心理素质，特别是投资者要有很强的损失承受能力。

（五）最小风险法

该方法力争最大限度地降低购买股票风险的投资方法。在确定购买某只股票后，将股票前景分为好、中、差三种可能，以最差的前景为前提，相应制定大量、中量、小量三种购买方案，投资者以三种方案可能发生的三个最小收益值中的最大值作为选择方案。这种方法风险最小，是一种相对稳妥的投资方法。

（六）后悔值法

股市风云难测，时机稍纵即逝，后悔是经常的事，因此该尽量避免。后悔值法是一种在可能发生的不同经营状况下所引起的后悔因素降低到最小的方法。这种方法首先要计算出每种购买方案在不同投资方案下的最大收益值然后求出相应的后悔值（后悔值＝采取其他方案的最大收益值－目前投资方案的实际收益值），然后找出各方案不同经营状况下的最大后悔值，并以其中数值最小的所对应的方案为选定的最小后悔方案。

（七）保本投资操作法

投资者需要事先确定在最坏情况下也不愿损失的基本金额，即确定最多亏损到什么程度的止损点。当股价上升时，在适当的时机先出售一定数额的股票，以收回预定保本金额的一定比率的资金，股价连续上升时，投资者不但可以收回全部保本资金，还可能持续获利。当股价下跌停至损失点时，就将股票全部卖出，以确保事先预定的基本金额。

(八)高抛低吸法

投资者在较高价位时出手股票,待价格下跌后再买回补仓,赚取一段价差,这是降低成本、获得收益的快捷手段。当价格处于上升阶段,在涨价一定幅度后卖出,价格回落后再买回;在价格下跌阶段,趁价位仍较高时卖出,价格跌至低位时再买进,这是主力大户经常使用的左右股市的方法。

(九)逆向思维操作法

当市场的情绪感染你趋于购入股票时,考虑卖出股票;当市场情绪使你觉得应该卖出股票时反而购入。这是因为,市场上大多数投资者纷纷购入股票时,往往价格也会较高,上升的空间已经比较小,风险却相应加大;而股市长期大幅下跌后,大多数投资者因为惧怕套牢,卖出股票,此时以较低价位购入股票,就有机会在将来市场回转时卖出获利。

以上这些投资方法虽然都有可取之处,但都存在这样那样的缺点,最大的问题是难以适应多变的市场形势,所以,要想取得好的投资收益,必须刻苦学习研究、灵活把握、融会贯通。

第三节　证券投资心理与技巧

为什么说"人们倾向于过早地卖出赚钱的股票,而长期持有亏钱的股票?"华尔街有句古老的格言:市场由两种力量推动,一种是贪婪,一种是恐惧。投资的目的是赚钱,可是投资一定可以赚钱吗?如果可以赚钱,那么可以赚多少钱呢?对这两个问题的不同回答,实际上是代表了完全不同的投资动机,不同的投资动机带来的是不同的投资行为,不同的投资行为对应不同的投资心理。

一、证券投资心理误区

(一)过分自信与控制性幻觉

一项专业调查显示:82%的驾龄超过一年的司机认为自己超出一般水平。很显然,大部分人高估了自己的水平。

在硬币抛出前下注是几乎所有赌场的规矩。比如玩骰子猜大小,赌场老板发现赌徒在摇骰子之前下注,明显比骰子摇完之后下注要大得多。当投资人做出投资决策时,他会认为自己对未来的事情有足够大的把握,似乎自己可以掌握未来的变化。而实际上你对未来发生的事情没有任何控制能力,只是因为自己参与其中,你便认为自己有了控制能力。这是一种过分自信导致的控制幻觉。

实际投资中,过分自信与控制幻觉至少导致三个问题:

首先是频繁交易。我们高估信息的准确性和自己分析信息的能力,导致频繁交易。不但提高了交易成本,也导致我们更容易做出错误的投资决策。

其次是不能充分分散化投资。因为过于自信,导致集中投资,风险集中,投资于股票等权益类产品,完全失去了对于大类资产配置的把握。例如,"基民"将绝大多数的资产集中于股票基金一种投资品种上,即便不考虑后期的市场行情到底如何变化,从资产组合、风险管理等任何一个角度,这种做法本身是不合理的。

最后是选择性过滤。只愿意接受支持自己判断的信息,而过滤掉不支持自己的判断的信息,导致更加相信自己的判断。市场每天都存在多空争夺,看空看多各有理由,资本市场随时如此,但是坚决看多的人往往忽视掉看空的理由,即便这些理由非常明显。

(二)骄傲与遗憾心理

人们会避开导致遗憾的行为,而去追求自以为好的行为。遗憾就是当人们认识到以前的一项决定被认为是糟糕的时候情感上的痛苦;自豪是当人们认识到以前的一项决策被认定是正确的时候引发的情感上的快乐。

一个更具体的假设:你有两只股票,股票甲和乙。股票甲目前盈利20%,股票乙目前亏损20%,你会卖出谁?绝大多数投资人的选择是卖出甲而持有乙,因为卖出甲给自己带来情感的快乐,而卖出乙则给自己带来情感的痛苦——我要至少等到乙回到成本价再卖掉。这就得到了那个看似可笑、却真实地发生了很多次的结论:人们倾向于过早地卖出赚钱的股票,而长期持有亏钱的股票。

(三)眷恋过去

所谓眷恋过去,是指人们倾向于将过去的类似投资结果作为评估一项风险决策的考虑因索,甚至是非常重要的。2007年为什么出现了基金销售如此火爆的情景?并不是广大的普通老百姓发现了基金的投资价值,并不是他们对于这项投资进行了风险决策,哪怕仅仅是借助银行客户经理的专业知识进行风险决策。他们仅仅是根据邻居买了基金赚钱了,亲戚买了基金赚钱了等原因,做出了投资决策。我们称之为"财富效应"。而等他自己投资赚到钱以后,这种财富效应就更明显了,而实际上,稍具投资经验的投资人都知道,投资的风险和收益与过去该项投资的业绩没有直接的关系,基至过去的高收益一般会代表透支其未来收益,从而导致高收益的保持是非常困难的。

一个很有名的心理学实验。第一次实验要求95名金融学本科生做出参与或者不参与关于硬币正反面的赌博决策,41%的人选择参与。第二次实验,另外找同样教育背景的95人参与该实验,不同在于,事先由组织人员无偿赠送给他们参与这项赌博的赌金15美元。结果,78%的人选择了参与。这就是有名的"赌场的钱"效应:在赌场里,人们倾向于不把赌博赚来的钱当作"自己的",而是当作"赌场的",大不了输回去。拉斯维加斯的每家赌城里,只要你入住酒店,房间里几乎都有赠送的一点筹码,这就是赌场老板的高明之处。同样的,在一般的投资决策中,一旦以前的同类的投资决策赚了钱,许多人倾向于两种判断:第一个判断,用经验来判断这个投资是很好的,继续投资至追加。第二个判断,这钱是白赚来的,不是我的,继续投资,大不了亏掉。从而,我们不断地看到有人在大牛市的历程中不断地追加投资。

把"眷恋过去"作为一种心理误区,并不是否认总结投资经验的重要性。必须承认,在资本市场的背后有维持其运作的最基本的规律所在,这是难以改变的。但是我们同时认为,这种不变的规律,表现形式却是多种多样的。以2005年年底到现在的市场为例:2006年的时候,我们沉浸在漫长的熊市思维中;2007年,"5·30大跌"让我们把前期辛苦总结的垃圾股、概念股、ST股行情彻底颠覆;当我们又花了几个月时间才好不容易欣喜地发现了价值投资、长期持有、蓝筹股、资源股的时候,长期持有又让我们受害颇深。

不是资本市场没有规律,而是我们还不够认识它。我们对其规律的粗浅的认知,可能导致的是更大的亏损。于是,有了业内资深人士一句让我们回味无穷的话:赚大钱靠智慧,赚小钱靠技术,亏钱靠知识。

(四)代表性思维与熟悉性思维

心理学研究发现,人的大脑利用捷径简化信息的分析处理过程。利用这些捷径,大脑可以估计出一个答案而不用分析所有的信息。这无疑提高了大脑的工作效率,但同时也使投资者难以正确分析新的信息,从而得出错误的结论。

代表性思维根据固定的模式进行分析判断，认为具有相似特征的事物是相同的。

熟悉性思维是指人们喜欢熟悉的事物，做出投资决策的时候也是如此。经常有人对同一支基金、同一只股票反复地操作。

总结来讲熟悉性思维导致两个问题：第一，高估自己熟悉的投资品的投资价值；第二，投资集中度仅因熟悉而大幅度提高。两个问题结合在一起，那就是大问题了。

（五）长期后悔和短期后悔

假设有两位股民，一位将他买的B公司的股票换成了A公司的，结果，现在B公司的股票大幅上涨，他发现如果当初继续持有这些股票，就能赚得1 200元；另一位股民，他一开始买的就是A公司的股票，虽然曾经打算换成B公司的，但是终究没有付诸实施，同样，他也很后悔，因为如果当初换股，现在就能赚得1 200元。

虽然故事的经过不同，但他俩都损失了假想中的1 200元，现在，又同样陷入了自责和后悔中。问题是，你觉得他俩哪个更后悔呢？

这是美国普林斯顿大学教授丹尼尔·卡内曼（Daniel Kahneman）及其长期合作伙伴阿莫斯·特韦尔斯基（Amos Tversky）在1982年进行的一项经济心理学研究（2002年，卡内曼凭借在经济心理学领域的开拓性研究而获得了诺贝尔经济学奖）。在当时的测试中，92%的受试者认为前者更后悔。研究者推测说，这是因为想象前者没有换股继续持有，比想象后者换了股更容易。这项研究被认为是关于后悔研究的经典实验。

二、证券投资心理的重要性

同样一只股票，买入初期，你的目标是长期持有，或者是短期持有，更或者是赌博性质的2～3天持有，在这期间股价的波动都会对你产生不同的影响。

对于长期持有的股票，由于你买入前，必然做过周密的计划，对股价的波动肯定做过心理预期。此时的短暂的下跌都不会对你造成较大的影响。

而对于短期持有还有赌博性质的2～3天持有的这类股票，买入之后，受大盘或者一些不利消息的影响，更或者是一些不可预知的因素影响，造成股价的波动（这里尤指下跌），都会对买入者造成较大的心理暗示。即使自己买入时的判断是正确的，但是由于买入后股价的前期走势和心里预期的走势不符，给自己较大的心理压力，开始怀疑自己早期的判断，而造成小亏出局，从而造成不必要的损失。

针对这种情况，我们在买入前，针对不同的持有时间的股票就要有不同的仓位标准。

长期持有的股票最好仓位重一点，全仓也未尝不可，但是短期持有，尤其是赌博性质的2～3天持有的股票，仓位要轻一点（特殊情况除外），这样就可以较大程度地避免由于心理上的压力而造成判断上的失误，从而避免损失。

例如，研究报告显示，做证券投资：学心理胜过学经济。

波恩大学和海德堡大学的经济学家牵头做了一个试验，查看几十个大学里学各种专业的学生交易股票的成功率，结果是：学心理学的学生买卖股票的成功率高于学习经济学等的学生。

这个互联网试验是在35个德国大学中举办的，共有约6 500人参加。专家连续几个月观察学习各种专业的人购买与出售股票的情况。结果，学心理学的人平均赢利超过8%，高于学企业经济学和数学的，甚至相当于学国民经济学和物理学的人的3倍。

这个研究报告的撰写人之一，波恩大学的安德列斯·罗伊德尔认为，心理学学生和老师取胜的原因在于："他们不信任被捧得过高的证券，经常反对一种有许多人去购买，从而使之变得太贵的股票。"

游戏的方法是，参加游戏的人要在A和B两种虚拟的股票中做出选择，这两种股票只有一种是赚钱的，而另一种是赔的。组织者提供了1.1万欧元的奖金，目的是让游戏参加者对他们的决定做出认真思考。在购买股票前，他们得到投资银行的咨询意见，但投资专家们的看法只有2/3是正确的。同时，参加游戏者可以随时看到，其他参与者做出了什么样的选择。

这个研究报告得出的一个重要结论是，这些虚拟投资者往往不像人们想象的那样重视其他人的购买行为，经常选择大多数人选择的反面。罗伊德尔说："在许多专家的想象中，股票投资人就像北极旅鼠，他们购买抢手的股票，从而把股值推向过高。"(传说中，北极旅鼠繁殖过多后就涌向一个地方去集体自杀。)

股票市场上出现大波动，专家们就经常认为是群体旅鼠行为造成的。罗伊德尔说："完全可能的是，每个股票投资者不去管别人的行为，而独立地自己做出决定。不管怎么说，群体论是应该被怀疑的。"

当然，并不是所有专家都持罗伊德尔这种看法。金融服务公司Cognitrend的约阿希姆就认为："市场上是存在一种群体行为，这是很久以来就众所周知的事，而且有研究报告为证。"他指出，股票投资人经常相信所谓的重要信息，"比较也起到作用：我的邻居在干什么，为什么他比我成功"。

然而，在这份研究报告里，股票投资者们却绝不是盲目地随大流的。有些参与者甚至故意为终止当前的趋势而投资，从而导致市场价格稳定下来。在人们认识到股票市值被夸张了，反其道而行之的行为往往是有意义的。罗伊德尔说："心理学家们对这种发展有一种良好的嗅觉，这对他们的成就是关键的。"

所以，要学会不管股市上如何发展，都保持冷静，避免过度反应。约阿希姆说："值得推荐的是，在投资之初搞一个计划，然后坚持这个计划。"罗伊德尔说，一个重要结论是"谁能够把自己的直觉考虑在内，保持一定的距离认真观察，谁就给股市上的成功创造了良好前提"。

投资是高智商的游戏，在这个游戏里，只有战胜了自己，才能战胜别人。既然称之为心理误区，那就不可能完全避免，但是对于这些误区的把握可以帮助我们尽可能地避免这一类的错误。最后，我们再次传诵巴菲特的名言：我跟大多数的投资者一样，也会贪婪和恐惧。但是我跟大多数投资者不同的是，别人贪婪的时候，我恐惧；别人恐惧的时候，我贪婪。

三、树立正确的投资心理与技巧

股市投资，盈亏都很正常，关键需要一个良好的心理状态，心境淡然开阔，眼光长远。在此，简单谈一下比较正确实用的投资心理与投资技巧的结合。

(一)顺势而为，劳逸结合

势，指的是大势。股票市场在运行中，最基本的有熊市和牛市之分。熊市是一种长期的跌势，牛市是一种长期的涨势。每一只股票，不管其基本面多好，主力资金介入程度多深，市场大的走势不好，股票也难以上涨，难以有好的收益，"覆巢之下，岂有完卵"。当市场是牛市时，应该集中资金，深度介入；当市场是熊市时，应该撤出资金，避而远之，等待机会。牛市时，多投入时间和精力关注市场，多劳；熊市时，多休整，劳逸结合。

(二)分辨信息，正确判断

股票市场上各类信息交错纵横，很多信息都对股价的变动作用很大，信息中有真信息，还有假信息；有全面的信息，还有不全面的信息，分析错误，判断不对，都会造成损失。投资者一般需要关注宏观面信息，上市企业的信息和股市交易信息。宏观面信息对整个市场影响很大，上市公司的信息对个股影响较大，股市交易信息对股票走势影响较大，每条信息都不应错过。

（三）关注主力，适度跟进

主力是指那些资金实力雄厚、持股很多的投资者，很多是机构投资者。他们的资金成千万上亿，通常都有资深的专业人士作为智囊，有灵通准确的信息网络，有手法精熟的操盘手专门操作，兼备天时、地利、人和的优势。主力的行为具有强烈的投机色彩，获取价差是他们的唯一目的。主力的资金入市或离市不但可能影响某个股价位，甚至引起大盘整体的波动。尤其是主力联手炒作时，股价走势会呈现明显的特征，而这种主力操纵股市的现象在股市中又绝非少见。作为主力财源的普通投资者，必须关注主力行踪，巧妙利用机会，防止落入圈套。但是，如果能通过仔细认真的观察研究，发现主力的行踪，并适当操作，往往能够获得丰厚的利润。

（四）独立思考，切忌盲从

投资者千差万别，心态各异。股市似乎有一种神奇的魔力，使他们在相互的影响之下逐渐减小异议，形成一种整体性的倾向。这种倾向不但可以操纵很多人的情绪和行为，有时甚至可以成为左右股市行情的最大力量。当股市人声鼎沸，大多数人会受到感染争相入市，股价自然升；当这种倾向趋于冷漠，大多数人悲观涣散，抛售离市，股价就会下跌。

初入股市者往往看见别人都在买股票，自己唯恐丧失时机，马上跟进，但刚买到手股价就开始下跌。当别人竞相出售时，自己也赶紧卖出，但刚卖掉股价就开始上涨。理智的投资者应冷静考察股市潮涨潮落的原因，独立思考，正确判断。

（五）当机立断，遇事不慌

在股市，一旦认定某只股票后市看好，就应该坚决买入，切不可犹豫不决，在几分几毛上斤斤计较，失去时机，结果要么买不到，要么价位已高。卖出股票时，一旦认定跌势已定，就要坚决卖出，不能犹豫，否则会受到很大损失。

（六）被套不惊，冷静化解

股市被套是常有的事，如果被套的是业绩较优的股票，所占投资比重不大，投资者不急用资金，又有足够的心理承受能力，可以继续持有，因为这类股票每年还有股息和红利收入。如果被套的股票业绩不好，所占的投资比重大，价位比较高，后市也不看好，则需要割肉。在熊市后期被套，随着行情下跌，可以增仓，降低平均成本，缓解被套的深度。熊市中前期被套，最好割肉；牛市调整洗盘时被套，坚决持有，还可增仓。

（七）落袋为安，切忌贪婪

投资股票的目的就是获利，但对利益的追求要有尺度。贪婪是最大的敌人，也是股市上最大的陷阱，特别是在股市暴涨时，投资者已经忘乎所以，总以为股价还会上涨，老认为自己赚得少，股票在手中迟迟不卖，结果牛市转熊，股价暴跌，高位被套。所以，投资者应该适可而止，分批卖出股票，落袋为安，不可贪婪。

股市瞬息万变，机会稍纵即逝，信息和走势也真假难分，没有绝对正确的理论和技巧，没有放之四海而皆准的经验，不可生搬硬套，一切都需要灵活运用。

知识拓展

专栏 11.1　证券投资风险管理

证券投资风险管理是证券投资的第一要务。由于证券市场的不确定性，证券投资者常常面临诸多投资风险。证券投资风险如何评估进而又如何控制是证券投资风险管理的主要内容。

11.1.1　风险管理概述

投资，从本质上来说就是在正确的时间做正确的事情，风险管理就是如何避免在不正确的时间去做不正确的事情。风险管理作为投资策略中最为重要的组成部分之一，一方面直接受到既定投资策略的制约；另一方面，证券投资中良好的风险管理又是既定投资策略取得成功的基础。

风险管理是研究风险发生规律和风险控制技术的一门新兴管理学科，各经济单位通过风险识别、风险估测、风险评价，并在此基础上优化组合各种风险管理技术，对风险实施有效的控制和妥善处理风险所致的损失，期望以最小的成本获得最大的安全保障。

风险管理的基本程序是风险识别、风险估测、风险评价、选择风险管理技术和风险管理效果评价的循环过程。

11.1.2　证券投资风险的评估

证券投资风险可分为系统性风险和非系统性风险两大类。证券投资风险评估，是指测算各种不确定因素(即系统性风险和非系统性风险)导致证券投资收益水平减少的程度或可能给投资者造成经济损失的程度。

风险评估的方法多种多样，主要取决于评估的意图、评估的对象和评估的条件。投资者可根据自己的情况做出选择，也可以综合运用多种方式来进行。目前比较常用的评估方法主要有：专家调查法、经济计量评估法和财务指标评估法。

专家调查法又称德尔斐法。它是20世纪40年代由美国兰德公司研究人员设计的一种信息调查法，以希腊名城阿波罗神殿所在地德尔斐命名。这一方法的基本特点是：以问卷的形式向众多的专家个别征求对某种事的看法，在此基础上做出决策。

经济计量评估法将计量经济学原理运用到证券投资风险评估中。它认为投资者在从事证券投资时，对未来的状况都有自己的预期，而未来实现的收益与预期收益之间往往存在着差异即实际收益可能大于或小于预期收益。

对于大多数证券投资者来说，财务指标评估法是一种比较直观、容易掌握的风险评估方法，它主要用来评估证券的非系统性风险。财务指标评估法的基本原则是利用企业财务报表和证券市场提供的信息，编制一套指标体系，反映企业的经营状况和证券市场价格水平。常用的财务指标有三类，即企业偿债能力指标、企业营运能力指标及企业盈利能力指标，具体指标见课本第九章。

而目前，全球学术界和实务界公认的投资风险评估方法是风险价值(Value at Risk, VaR)。

风险价值亦称“受险价值”或“风险估值”。是1993年J. P. Morgan集团在考察衍生产品的基础上提出的一种新的风险测度方法。它是指在正常的市场条件下，给定的置信水平和给定的时间间隔内，某项资产或某项资产组合预期可能发生的最大损失。风险价值的公式如下：

$$Prob(\Delta P\Delta t > VaR) = 1 - \alpha$$

其中，ΔP 表示投资组合在持有期 Δt 内的损失；VaR 为置信水平 α 下处于风险中的价值。

运用风险价值方法去度量风险，最明显的优点是其简洁的含义和直观的价值判断。它使得资产组合风险能够具体化为一个可以与收益相配比的数字，从而有利于经营管理目标的实现。由于持有期及置信区间的选择都是根据决策者的具体情况做出的，风险价值在实际风险管理中得到了广泛的运用。

11.1.3　证券投资风险的控制

风险控制的方式主要有三种：基本分析与技术分析、投资组合法和衍生品交易。

在投资证券前，投资者应对证券进行充分的分析，从而降低投资风险。证券分析包括基本分析和技术分析。基本分析主要用来确定证券的内在价值，通过对宏观经济、行业及公司的分析，了解证券的内在品质，确定证券的基本价格定位。技术分析主要根据证券的市场价格及交易量的变动情况及两者之间的联系，对证券的价格走势进行预测，以期在合适的时机买进或卖出证券，获取投资收益。

投资组合法是最能体现分散风险思想的投资方法。投资组合又称资产组合，是指投资者将资金同时投入收益、风险、期限不相同的若干种资产上，借助资产多样化效应，分散单个资产风险进而减少所承受的投资总风险。投资组合理论是目前非常流行的风险控制理论。

衍生品交易主要包括期货交易和期权交易。期货交易的最终目的不是商品所有权的转移，而是通过买卖期货合约，回避现货价格风险。期货交易之所以能够回避价格风险，是由以下两方面决定的：一是同种商品的期货价格与现货价格走势基本一致；二是现货市场与期货市场的价格随期货合约到期日的临近，存在两者合二为一的趋势。期权是适应国际上金融机构或企业等控制风险、锁定成本需要而出现的一种重要避险工具，越来越受到投资者的青睐。

课后练习

一、名词解释

1. 稳固基础理论
2. 空中楼阁理论
3. 庄家
4. 震仓
5. 风险价值

二、单项选择题

1. 对证券进行分散化投资的目的是(　　)。

A. 取得尽可能高的收益

B. 尽可能回避风险

C. 在不牺牲预期收益的前提条件下降低证券组合的风险

D. 复制市场指数的收益

2. 下列行为中不属于积极的投资组合策略范畴的是(　　)。

A. 预测股票未来的收益

B. 预测未来的利率

C. 按上证 50 指数权重购入 50 个样本股

D. 预测未来的汇率

3. 最常见的股票投资风格分类方法是将股票分为(　　)和(　　)两类。

A. 增长型 价值型　　B. 大盘股 小盘股

C. 绩优股 绩差股　　D. 进攻型 防御型

4. 某一行业有如下特征:企业的利润由于一定程度的垄断达到了很高的水平,竞争风险比较稳定,新企业难以进入。那么这一行业最有可能处于生命周期的(　　)。

A. 幼稚期　　B. 成长期　　C. 成熟期　　D. 衰退期

5. 下列方法中获得的信息具有较强的针对性和真实性的是(　　)。

A. 历史资料　　B. 媒体信息　　C. 实地访查　　D. 网上信息

三、判断题

1. 在市场上任意选择一定数量的证券拼凑成一个证券组合就可以到达分散风险的目的。(　　)

2. 分散投资只能消除证券组合的系统风险,而不能消除非系统风险。(　　)

3. 在实际操作中,由于不能确切地知道市场证券组合的构成,我们往往可以用某一市场指数来代替市场证券组合。(　　)

4. 证券投资的风险主要体现在未来收益的不确定性上,即实际收益与投资者预期收益的背离。(　　)

5. 收益与风险的关系表现在一般情况下,风险较大的证券,收益率也较高;收益率较低的证券,风险也较小。(　　)

6. 对单一证券的风险的衡量就是对证券预期收益变动的可能性与变动幅度的衡量,只有当证券的收益出现负的变动时才能被称为风险。(　　)

7. 积极的股票投资策略包括对未来收益、股利或市盈率的预测。(　　)

8. 资产配置是指证券组合中各种不同资产所占的比率。(　　)

9. 评估投资业绩的依据不能只看投资组合的收益,还要考虑其风险。(　　)

10. 如果股票的市场价格低于它的理论价值,以基本分析为基础策略的建议是买入该股票。(　　)

四、论述题

1. 简述庄家炒作股票的一般过程。

2. 作为个人投资者进行投资应该遵循哪些基本原则?投资策略又该如何制定?

3. 试简述对分散投资法的理解。

4. 试分析投资心理对投资行为的影响。

5. 什么是证券投资的风险?证券投资的风险有哪些类型?

6. 简要分析证券投资收益和风险的关系。